KB111529

국치를 잊지 말라

역사적 기억으로 본 중국의 정치와 외교

국치를 잊지 말라

왕정 지음 | 피경훈 옮김

여문책

차례

그림 목록

표 목록

일러두기

- 이 책은 2013년 국제관계연구협회The International Studies Association가 선정·수여하는 '올해의 책Book of the Year Award' 수상작인 왕정의 *Never Forget National Humiliation*을 우리말로 옮긴 것이다.
- 원주는 각 장별로 미주 처리했으며, 본문 대괄호 안의 부연설명과 하단의 각주는 모두 옮긴이가 단 것이다.

이 책을 읽어주셔서 감사드립니다. 그리고 중국 정치와 외교에서 역사적 기억을 다룬『국치를 잊지 말라*Never Forget National Humiliation*』를 한국어로 출판해주신 여문책에 깊은 감사를 표합니다. 이 책은 중국인들이 민족 경험을 기억하는 방법과 이러한 역사의식이 그들의 사고와 행동에 어떻게 영향을 끼치는지를 탐색한 결과물입니다. 제가 이어질 내용을 통해 보여드리게 될 것처럼, 역사적 기억은 중국인들의 인식과 세계관을 해석하는 데 가장 유용한 열쇠입니다.

중국과 한국은 단순히 이웃에 그치는 것이 아니라 일본과의 현대적 관계에 대해 유사한 역사적 경험을 공유하고 있습니다. 또한 그러한 역사적 경험은 양국에 잊을 수 없는 민족적 트라우마를 남겼습니다. 한국에는 1910년부터 1945년까지 일본의 점령과 관련된 경술국치庚戌國恥를 비롯해 위안부, 잔인한 전쟁, 분단이라는 민족적 치욕에 관한 서사가 존재하고 있습니다. 더 나아가 역사적 기억은 현재의 정치적 서술과 양국의 국가 교육에서 매우 중요한 역할을 하며 민족 정체성을 형성하는 핵심 원천이기도 합니다. 동아시아의 복잡한 관계와 다수의 영토 분쟁도 역사에 깊게 뿌리를 내리고 있습니다. 모든 책은 저자와 독자의 상호

작용을 통해 완성됩니다. 한국 독자들이 이 책의 내용에 남다른 이해와 공감을 가질 것으로 기대합니다. 여러분의 피드백을 기다리겠습니다.

이 책의 영어판은 2012년 여름 미국 컬럼비아 대학교 출판사에서 최초로 출판되었습니다. 지난 12년 동안 중국, 한중관계, 동아시아와 전 세계는 상당한 변화를 겪었습니다. 그러나 이 책의 주제인 역사적 기억과 그것의 정치적 활용은 최근의 이러한 변화를 이해하는 데 있어서 중요한 요소이자 변수입니다.

이 책은 두 가지 주요 질문에 관한 답을 제시하고 있습니다. 중국공산당CCP이 1989년 톈안먼 사태 후에 어떻게 생존했을 뿐만 아니라 번영할 수 있었을까요? 그리고 1980년대 독재에 항의하고 민주주의를 요구했던 중국의 청년들이 어떻게 1990년대 중국에 대한 서구의 적대적 태도에 대해 항의하는 방향으로 돌변했을까요?

이 책은 이와 같은 이상한 변화에 관한 중요한 설명을 역사적 기억이 제공한다고 주장합니다. 이 책은 중국공산당이 역사 교육, 특히 민족적 치욕에 관한 역사를 활용해서 중국의 포스트 톈안먼과 포스트 냉전 시대의 이념적 공허를 채우고 민족주의를 강화하고 정당성을 재설정하며 국가 정체성을 강화하는 방법에 관한 상세한 설명을 제공합니다. 이 조작된 역사적 의식의 제도화는 또한 정치적 담론과 외교정책을 형성했습니다.

이 책이 출판된 후 12년이 지난 지금 우리는 중국공산당이 현재의 목적을 위해 역사를 활용한 결과를 좀 더 장기적인 관점에서 온전하게 바라볼 수 있게 되었습니다. 이러한 노력이 12년 전 중국공산당이 생존했을 뿐만 아니라 번영하고 특히 청년들 사이에서 국민적 지지를 얻는 것을 성공적으로 도왔다면, 오늘날 우리는 중국 민족주의의 급속한 굴기가 (이 책에서 정확하게 예측한 대로) 중국의 외교를 겸손하고 우호적인 것에서 공격적인 것으로 전환시켰음을 확인할 수 있습니다.

실제로 역사적 기억의 정치적 활용은 최근 몇 년간 인류 역사에서 그 전례를 찾을 수 없는 새로운 수순에 도달했습니다. 이 민족주의적 변화는 중국이 세계와 맺고 있는 관계, 특히 서구는 물론 한국과 같은 이웃 나라들과의 관계에 큰 어려움을 초래했으며, 중국이 세계와 중국 경제의 더 나은 발전을 향해 나아가는 것을 방해했습니다. 이 책에서 논의된 바와 같이, 민족주의는 언제나 양날의 검입니다. 다시 말해 단기적으로 지도자들에게 매혹적일 수 있지만, 장기적으로 그것이 초래할 수 있는 피해는 엄청납니다.

이 책을 읽을 때 유의할 점 몇 가지를 말씀드리겠습니다.

첫째, 이 책은 역사가 아니라 역사적 기억에 관한 책입니다. 다시 말해 이 책은 과거에 무슨 일이 있었는지가 아니라 중국의 역사 이해와 엘리트가 주도하는 역사 만들기에 관한 책인 것입니다. 같은 역사적 사건이라도 중국과 한국에서 완전히 다르게 묘사하고 이해할 수 있습니다. 두 나라의 국민들은 서로의 역사 해석에 동의하지 않거나 심지어 그것 때문에 놀라거나 충격을 받을 수도 있습니다.

이 책은 역사적 기억에 관한 것이므로 독자들이 열린 마음을 가지고 읽기를 권합니다. 역사에 대한 사람들의 이해는 실제 사실과 사건에 근거할 수 있지만 다른 요소에도 영향을 받을 수 있습니다. 일정 정도 동아시아의 많은 문제는 역사적 기억의 충돌입니다. 따라서 상대방의 역사 인식을 올바르게 이해하는 것이 매우 중요합니다.

둘째, 중국 민족주의는 단순히 정부의 조작을 통해 설명할 수 없는 매우 복잡한 사회 현상입니다. 이 책은 또한 중국인들이 서구에 대해 반감을 갖는 이유를 단순히 역사적 불만으로 설명하는 것이 아닙니다. 다시 말해 이러한 설명방식은 역사적 기억에 대한 이해에서 얻을 수 있는 풍부한 지식을 너무 단순하게 받아들인 것입니다. 아시아·아프리카·라틴 아메리카의 많은 나라, 특히 탈식민지 국가에서 역사적 불만은 실제로 반서구적 민족주의의 중요한 원천이었습니다.

그러나 역사적 기억의 함의는 그렇게 단순하지 않습니다. 많은 사회에서 역사적 기억은 민족의 '심층문화'에서 구축된 사회적 규범이 되어 사람들의 생각과 행동에 깊은 영향을 끼쳤습니다. 독자들도 이 책을 전체적인 관점에서 읽어주시기를 바랍니다. 내용을 문맥에서 분리하거나 일부분을 선택적으로 인용하는 것은 지나친 단순화로 이어질 수 있습니다.

셋째, 이 책이 역사 교육과 역사 서술의 중요성에 대한 사람들의 관심을 불러일으킬 수 있기를 바랍니다. 사람들은 종종 역사 문제가 사람들의 인식과 태도에 미치는 영향에 대해 논의하지만, 역사적 서술과 역사 교육에 변화를 가져오는 데는 오랜 시간이 걸릴 것으로 생각해 실제적인 조치를 취하지 않습니다. 하지만 이 책에서 보여주는 바와 같이, 역사 교육은 보통 교과목 중 하나일 뿐만 아니라 민족 정체성과 인식을 구축하는 중요한 역할을 합니다. 이러한 깊은 원천과 어려운 장애를 해결하지 않으면 동아시아 국가들이 실제적인 화해와 지속 가능한 공존의 길을 찾는 것은 불가능할 수도 있습니다.

동아시아는 현재 주요한 안보적 도전에 직면해 있습니다. 그러나 지리적 분석에만 의존하는 것은 제한적이고, 심지어 오해를 불러일으킬 수도 있습니다. 우리의 분석에 역사적 기억과 민족 정체성을 통합해야만 비로소 충돌의 근본적인 원인을 포괄적으로 이해할 수 있습니다. 그리고 이것이야말로 평화를 진작하기 위한 첫 번째 단계입니다.

마지막으로, 제가 알지 못하는 언어인 한국어로 이 책을 번역해주신 피경훈 교수님께 진심으로 감사드립니다. 이 책을 통해 한국 독자들과 자주 만나고 소통할 기회가 많아지기를 기대합니다.

미국 뉴저지에서

왕정Wang Zheng, 汪錚

오늘날 중국을 움직이는 가장 강력한 추동력이 민족주의라는 사실은 이제 놀랍지도 새롭지도 않다. 1970년대 말 개혁·개방 노선이 시작된 후 약 반세기 정도의 시간이 흐른 오늘날의 상황에서 중국이 사회주의 노선을 추구해 언젠가 공산주의를 실현할 것이라고 믿는 사람은 극소수에 불과하다. 또한 이렇게 중국이, 혹은 좀 더 정확히 말해 중국공산당이 완전한 공산주의 사회의 실현을 국정 운영의 궁극적 목표로 삼지 않고 있다는—또는 사실상 그렇게 할 수 없다는—것을 중국공산당의 변절 탓으로만 돌릴 수도 없다. 완전한 공산주의의 실현이 불가능하다는 모종의 '깨달음'은 차라리 이상사회의 실현에 관한 시나리오의 원작자인 서구 지식계 스스로의 '자각'(그리고 이러한 자각의 명칭이 곧 포스트모던이다)에 가깝다. 그렇기에 중국이 사회주의에서 민족주의로 전향한 것은 중국이라는 한 나라의 선택인 동시에 근대의 종언이라는 좀 더 보편적인 차원의 문제이기도 하다.

공산주의의 실현이라는 이상이 파산하고 중국이 사회주의에서 민족주의로 전향하는 사이 세계적 환경과 그것을 구축하는 지적 환경 역시 극적으로 변했다. '인간'이라는 개념이 언젠가 모래사장의 낙서처럼 파도에 쓸려 사라질 것이라는 푸코의 예언은 말할 것도 없거니와, 한때 모든 시공간을 관통해 전 세계를 '평평하게' 만들 것이라고 예견되었던 글로벌리즘의 힘도 점차 쇠락해가고 있다. 20세기 후반 프랜시스 후쿠야마가 '역사의 종말'을 선언하고, 21세기 초반 안토니오 네그리와 마이클 하트가 '제국'을 제시했을 때만 해도 전 세계는 초국적 자본에 포획되어 모조리 동질화될 것이라는 전망이 우세했다. 그리고 이러한 전망 속에서 많은 사람이 중국 역시 '경세발전에 따른 민주화'의 궤도를 따르게 될 것이라고 예상했다. 하지만 21세기가 시작된 후 약 20년 정도가 흐른 오늘날, 누구도 중국이 경제발전에 따른 민주화의 노선을 따를 것으로 생각하지 않는다. 세상은 평평해지지 않았다. 그리고 중국은 세상이 평평해질 것이라는 예측을 비웃기라도 하듯 모든 수단을 동원해 자신만의 길을 밀어붙이고 있다. 그리고 이렇게 중국이 자신만의 길, 즉 '중국 특색의 길'을 때로는 무자비하게 보일 정도로 과감하게 추동할 수 있는 가장 중요한 사상적 자원이 바로 민족주의다.

이러한 관점에서 보았을 때 중국의 민족주의에 대한 깊이 있는 이해가 오늘날의 중국을 온전하게 파악하는 데 있어 가장 핵심적인 사안임에는 이론의 여지가 없다. 그런 의미에서 중국 출신으로 미국 학계에서 활동하고 있는 왕정 교수의 『국치를 잊지 말라』는 시의적절하면서도 중요한 의미를 갖는 책이라고 할 수 있다. 앞서 언급한 것처럼, 민족주의는 오늘날의 중국을 떠받치고 있는 가장 중요한 정치적·문화적(그리고 심지어 경제적) 자원이다. 중국의 이러한 상황을 반영해 국내외를 막론하고 중국의 민족주의를 분석한 수많은 저서와 논문이 출판·간행되고 있다. 최근 국내에서 출판된 중국의 민족주의 관련 서적의 면면을 살펴보면, 특히 중국의 젊은 세대, 이른바 '바링허우八零後 세대'(1980년대 이후 출생자)의 민족주의에 주목한 책들이 주를 이루고 있음을 확인할 수 있다. 중국의 정치적·경제적 위상이 높아지면서 중국 젊은 세대의 민족주의적·국가주의적 경향이 폭발적으로 강화되고, 그에 따라 인터넷 공간을 중심으로 극단적인 민족주의적 언설들이 생산되어 그러한 인터넷 공간 속의 '단어들'이 실제 행동으로까지 이어지면서 젊은 세대의 민족주의적 경향에 주목하는 연구 성과들이 줄을 잇고 있는 것이다.

이러한 최근의 학술 경향에 비추어 보았을 때, 『국치를 잊지 말라』의 관점은 좀 더 장기적이면서도 근본적인데, 저자인 왕정 교수는 중국 민족주의의 '현상'이 아닌 그것의 근본적인 '원인'에 초점을 맞추고 있기 때문이다. 이 책의 전체적인 구도는 크게 '방법론 탐색 → 사례 조사 → 최근 상황에 대한 분석 → 해결책 모색' 정도로 요약·정리할 수 있다. 저자는 우선 방법론을 다루는 장에서 역사와 기억에 관한 방법론을 검토한 후 양자를 분석하는 시좌視座를 제시한다. 저자는 방법론을 고찰하는 부분에서 역사와 기억의 상관관계를 매우 세밀하고도 정밀하게 분석하고 있는데, 이러한 분석은 비단 중국의 사례와의 관련성 속에서만이 아니라 민족주의를 단순히 '상상의 산물'로 보는 관점 자체를 비판적으로 생각해볼 수 있는 계기를 마련해준다는 점에서도 그 의미를 찾을 수 있겠다.

저자의 상세한 분석에 따르면, 민족주의는 규범적 차원과 제도적 차원에서 상당한 힘을 발휘한다. 1장에 정리된 표(69쪽)에 나타나 있듯, 민족주의는 누가 민족의 적인지를 결정하는 것에서 시작해 공동체 구성원이 따라야 할 가치와 규범을 구분·결정하고 정치제도에 삽입되어 정책 결정에 영향을 미치는 정도에 이르기까지 다차원적인 영향력을 행사한다. 언젠가부터 한국 사회에는 민족주의를 '철 지난 이데올로기' 정도로 치부하는 경향이 생겨났는데, 실상 이는 민족주의가 가진 힘을 너무 경시하는 관점이다. 민족주의의 역할에 대한 저자의 상세한 분석은 비단 중국 민족주의의 문제만이 아니라 한국의 민족주의에 관한 분석에 대해서도 상당한 시사점을 마련해주고 있다는 점에서 주목할 만하다.

이후 본론에 해당하는 2장에서 8장에 걸쳐 저자는 중국의 민족주의를 만들어낸 역사적 사건과 그것에 관한 기억이 어떠한 방식으로 구성되었는지를 고찰한다. 옮긴이의 소회를 밝히는 부분에서 이 책의 모든 내용을 언급할 필요는 없을 것이다. 다만 이 책을 처음부터 끝까지 한 자 한 자 읽은 역자로서 가장 기억에 남은 부분은 5장과 7장이었다(이는 결코 해당 부분이 다른 부분에 비해 더욱 중요하기 때문이 아니라 역자 자신의 연구 분야와 관련되어 있다는 매우 사적인 이유 때문이다). 2장에서 4장까지가 주로 중국의 민족주의를 만들어낸 치욕의 세기와 그 기억에 관한 부분이라면, 5장에서 7장까지는 중국공산당의 성격 변화, 자연재해, 올림픽, 대미관계와 같은 가장 최근의 동향에 관한 부분이라고 할 수 있다. 특히 7장에서 저자는 세간에는 잘 알려지지 않은 중국공산당 최고위층의 대화록을 소개하고 있다는 점에서 흥미롭다.

5장에 따르면, 중국공산당은 장쩌민 체제가 들어선 이후부터 본격적으로 중국공산당의 정체성을 민족주의적인 방향으로 전환한다. 실상 개혁·개방 노선이 본격화된 1980년대 초반부터 중국공산당이 혁명당에서 집권당으로 변화하고, 그러한 변화의 과정에서 '민족당'이라는 정체성이 점차 짙어지고 있었다는 것은 공공연한 사실이었다. 하지만 장쩌민 체제에 들어서면서 중국공산당은 좀 더 본격적으로 그러한 정체성을 분명히 하고 정책의 방향성 역시 민족주의의 강화에 초점을 맞추게 된다. 이러한 변화 양상은 중국공산당의 자기 기술에도 선명하게 반영되었다. 5장의 [표 5-2](225쪽)에 잘 정리되어 있는 것처럼, 당의 정체성을 구성하는 핵심 사안이라고 할 수 있는 당원의 자격, 정당성의 원천, 당의 임무와 목표에 있어서도 그 정체성이 민족주의로 전환한다는 사실이 분명하게 명시된다.

　7장은 최근 악화일로를 걷고 있는 미중관계, 그 사이에서 상당히 곤란한 처지에 놓여 있는 한국의 상황이라는 맥락에서 주목해볼 만하다. 저자는 7장에서 최근 중국의 민족주의를 촉발하는 가장 중요한 대외조건인 대미관계를 고찰한다. 7장에 따르면, 중국은 미국과의 관계에 있어 사안별로 매우 다른 태도를 보이고 있고, 선별적인 정보 공개를 통해 미국에 대한 중국 인민의 감정을 협상카드로 활용하고 있기도 하다. 또한 앞서 언급한 대로, 저자는 『1999년의 주룽지Zhu Rongji in 1999』라는 책을 인용하면서 1999년 주유고슬라비아 중국대사관 폭격 당시 중국의 최고위층 인사들이 어떠한 말들을 주고받았는지를 생생하게 보여준다.

　대화록을 찬찬히 읽어보면 중국의 최고위 엘리트들이 미국에 대해 어떤 생각을 하고 있었는지가 선명하게 드러난다. 모호한 외교적 수사가 아닌, 막후에서 오간 날것 그대로의 발언들에서 중국이 미국을 얼마나 뿌리 깊이 불신하고 있는지를 느낄 수 있으며, 최근 격화되고 있는 미중 갈등이 결코 지난 몇 년간의 변화에 따른 것이 아님을 알 수 있다. 또한 저자에 따르면, 중국은 미국을 제외한 다른 국가들에 대해서는 사안에 따라 매우 유연하면서도 포용적인 모습을 보이는데, 한국의 입장에서는 중국이 어떠한 사안에 대해 특히 민감하게 반응하는지, 왜 그러한지를 가늠할 수 있는 부분이라고 할 수 있다.

민족 공동체가 공유하고 있는 과거에 대한 기억(민족사)이 민족주의 형성에 결정적인 힘을 발휘한다는 관점은 한국 사회에서도 전혀 낯설지 않다. 일본과의 관계는 물론이거니와 '혐중' 정서가 한국 사회에 만연하게 된 이후 악화일로를 걷고 있는 한중관계에 있어서도 역사와 그것에 대한 기억은 갈등과 충돌을 불러일으키는 가장 결정적인 기제가 되고 있다. 또한 이른바 '신냉전'이라는 최근의 정세를 가만히 살펴보면, 그 진영 구도가 '구냉전' 시대의 경험과 그것에 대한 기억의 방식과 매우 밀접한 관계를 맺고 있음을 알 수 있다. 요컨대 오늘날의 '신냉전'은 '구냉전'에 대한 기억을 밑바탕에 깔고 있는 셈이다.

하지만 우리는 이러한 상황일수록 무지야말로 혐오의 근원이라는 사실을 명심해야 한다. 우리가 어떤 대상을 혐오하는 것은 사실 그 대상을 잘 알지 못했을 때다. 왕정 교수 역시 8장에서 언급하고 있듯이 21세기 초반 한국·중국·일본은 서로의 역사를 통합·화해시키기 위해 노력한 바 있다. 이는 결국 한중일 3국의 역사를 함께 다룬 교과서를 만들어냄으로써 각국이 지닌 원한과 오해를 풀고 함께 화합할 수 있는 공통의 기억을 만들어내기 위한 노력의 일환이었다. 하지만 신냉전의 도래와 함께 이러한 의식적인 노력 역시 점차 퇴색되어가고 있다. 그리고 그러한 노력이 퇴색한 자리에는 무지에서 비롯된 혐오의 감정만이 난무하고 있다.

그렇다면 우리는 과연 이 혐오의 감정을 넘어설 수 있을 것인가? 우리가 혐오의 감정을 넘어 과거의 상처를 털어내고 미래로 나아갈 수 있는 유일한 길은 결국 우리가 가진 '앎에 대한 의지'가 얼마나 강한지에 달려 있다고 해야 할 것이다. 민족주의라는 감정은 무엇인가, 권력은 민족주의가 가진 파괴적 힘을 어떻게 조직하고 활용하는가, 나아가 우리는 민족주의를 생산하고 활용하는 권력과는 다른 종류의 권력을 만들어낼 수 있을 것인가? 이러한 물음들에 대한 해답을 도출할 수 있는 가능성은 결국 '앎에 대한 의지', 즉 새로운 종류의 지식을 만들어내야 한다는 우리의 의지에 달려 있다. 그래서 『국치를 잊지 말라』는 이 책의 제목은 역설적이다. 우리는 오히려 국치를 건강하게 잊는, 혹은 지양할 수 있는 지식을 만들어내야 하는 상황에 놓여 있다. 그리고 그런 건강한 망각을 가능하게 하는 힘은 결국 '앎'에서 만들어질 것이다.

이 책을 번역하게 된 계기는 역시 한국 사회를 휘감고 있는 이른바 '혐중'이라는 정서 혹은 문화 현상 때문이었다. 한때 모두가 중국을 기회의 땅으로 여겼던, 그래서 모두가 중국만을 쳐다보던 시대에 중국을 직접 만나고 그곳에서 오랜 시간을 보냈던 옮긴이는 혐중이라는 정서가 한국에 만연하게 되는 일련의 과정을 지켜보면서 극단적인 숭배와 마찬가지로 혐오라는 감정 역시 무지에서 비롯된다는 생각을 하게 되었다.

사실 자신을 스스로 냉정하게 되돌아보면, 우리는 미국을 숭배하고 일본을 미워하며 중국을 혐오하지만, 도대체 그 숭배와 미움, 혐오의 감정이 왜 생겨났는지에 대해서는 잘 모르거나 관심이 없다. 실제로 주변 사람들에게 미국이 상원과 하원으로 이루어진 양원제를 택하고 있다는 이야기를 하면 대부분은 그러한 사실을 아예 모르거나, 설사 안다고 할지라도 왜 그러한지에 대해 무지한 경우가 태반이다. 또한 일본에 왜 천황이 존재하느냐는 질문을 던져보면, 절대다수가 천황에 대한 극단적 증오를 표하면서 일본에 천황이 존재한다는 사실을 일본 문화의 미개함 혹은 후진성 탓으로 치부해버리는 경우가 많다. 중국 역시 마찬가지다. 한국인들은 중국공산당 일당 독재를 구시대의 산물로 무시하지만, 그러한 '구시대'적 체제가 어떻게 성립되었는지, 그것이 왜 예상과는 다르게 쉽게 무너지지 않는지에 대해서는 무관심하다. 이러한 이유로 우리는 덮어놓고 미국은 '무조건 좋고' 일본과 중국은 '무조건 싫은' 것이 아닐까.

이렇게 우리는 이웃 국가를, 좀 더 정확히 말해 국제관계를 '싫음'과 '좋음'으로 판단해버린다. 매우 감정적인 판단이 앞설 수밖에 없는 이유다. 그리고 그러한 감정적인 판단은 가혹한 후과로 되돌아오고 있다. 최근 동아시아의 국제징세는 점차 그 누구도 한국의 안정적인 위치를 보장해줄 수 없는 상황으로 흘러가고 있다. 자의든 타의든 중국과의 인연은 끊어지고 있고, 일본 역시 과거의 경험 탓에 여행과 소비 이상의 존재가 되기는 어렵다. 북한은 우리와 같은 민족임을 부정하면서 노골적으로 적대적인 태도를 보이고 있다. 또한 유일하게 기댈 수 있으리라고 여긴 미국마저 트럼프의 등장 이후 점차 고립주의 노선으로 선회할 가능성이 커지고 있다.

이제 우리는 좋음/싫음과 같은 감정적이면서도 이분법적인 사고방식으로 이웃 국가들을 판단할 수 없는 상황에 놓여 있다. 아니 어쩌면 과거 우리 민족이 겪은 수많은 전란과 치욕은 좋음/싫음과 같은, 단순하면서도 감정적인 구도로 주변국들을 판단해왔기에 생겨났다고 말하는 편이 더욱 정확한지도 모르겠다. 완전히 동일한 형태는 아니라고 하더라도 인간사는 일정 정도 반복되는 측면도 있는 것이 사실이다. 많은 사람이 최근의 국제정세가 구한말과 비슷하다는 이야기를 한다. 구한말의 결과를 생각해보면 우리는 결코 과거의 실수를 반복해서는 안 된다. 그리고 실수를 반복하지 않기 위해서 우리는 감정이 아닌 '이성'과 '지식'이 필요하다.

마지막으로 감사의 말을 적으면서 이 글을 갈음하려 한다. 시간이 갈수록 한국에서 책을, 특히 학술서를 출판한다는 것이 얼마나 무모한 일인지, 얼마나 서글픈 일인지를 더욱 절감하게 된다. 특히 '혐중' 감정이 난무하는 상황에서 중국 관련 서적 출판의 어려움과 곤란함은 그 정도를 가늠하기조차 힘든 실정이다. 이러한 상황 속에서도 묵묵히 그 가치를 가슴에 품고 자신의 자리를 지켜주시는 분들이 있기에 그래도 아직은 이 사회가 버틸 수 있는 것이라고 생각한다. 출판과정의 모든 어려움과 곤란함을 담담하게 품어주신 여문책 소은주 대표님께 존경과 감사의 말씀을 올린다.

2024년 6월
피경훈

나는 중국 서남부 윈난雲南의 성도인 쿤밍昆明에서 자랐다. 내가 소년이었을 때 중국은 막 10여 년간의 폐쇄정책을 끝내고 개혁·개방을 시작하고 있었다. 나는 처음으로 서양 사람을 봤을 때를 기억한다. 내 친구들과 나는 그들이 지나갈 때 길거리에서 놀고 있었다. 우리는 낯선 사람들의 등장에 넋이 나가서 그들이 우리 도시를 탐색하러 다닐 때 그들을 따라다닐 수밖에 없었다. 얼마 지나지 않아 수많은 중국 어린이와 어른이 모여들어 그들의 길을 막게 되었다. 우리에게 그들이 낯선 만큼이나 이 서양 사람들에게도 중국인은 낯설었을 것이다. 분명 그때의 우리—서양 사람이든 중국 사람이든—는 누구도 중국이 30년 후에 이러한 모습으로 바뀌게 될 것이라고 기대하지 않았다.

오늘날 나는 뉴욕에서 그리 멀지 않은 한 대학에서 국제관계를 강의하고 있다. 내가 근무하는 대학에는 나와 같은 교수들이 열 명 이상이 있고 그들은 나처럼 중국에서 자라 미국에서 박사학위를 받은 이들이다. 그리고 중국에서 이곳 학교로 오는 학생의 숫자는 더욱 많다. 우리 부부가 딸의 생일선물을 살 때, 우리는 장난감 대부분에 '중국 제조made in China'라는 라벨이 붙어 있는 것을 발견할 수 있다. 중국은 세계와 분리되어 있지 않으며, 세계의 공장이 되었다. 중국과 미국, 여타의 세계가 오늘날처럼 서로 밀접하게 연결된 때는 없었다.

올해 여름[2012년] 나는 가족을 만나러 중국을 찾았다. 내가 탄 보잉 777기의 300여 석에는 빈자리가 하나도 없었다. 내가 탄 항공편과 동일한 30여 편이 넘는 항공편이 매일 수천 명을 두 나라 사이에서 실어 나른다.

미 국무부에서 오래 근무한 한 관료는 내게 30년 전 미국이 중화인민 공화국과 외교관계를 수립했을 때 대사관에는 50명이 채 안 되는 외교관과 직원이 근무하고 있었다고 말해주었다. 2008년 새로운 미국대사관이 정식으로 베이징에 개설되었다. 오늘날 1,100명의 미국 연방 공무원이 이 거대한 건물에서 일하고 있으며 중국의 다른 도시 네 곳에 미국 영사관이 존재하고 있다.

하지만 30년 전과 비교했을 때 근본적으로 바뀌지 않은 것이 하나 있다. 그것은 대다수의 서양인들에게 중국은 여전히 의문투성이인 곳이라는 점이다. 국제관계학 교수인 나에게 학생들은 종종 중국의 미래에 대해 질문한다. 하지만 나는 언제나 그들의 질문에 답을 할 수가 없다. 너무나 많은 변수와 관점, 불확실성이 존재하고 있기 때문이다. 조지워싱턴 대학교의 데이비드 샴보David Shambaugh 교수가 중화인민공화국 60주년을 기해 『타임Time』지에 썼던 기고문이 생각난다. 그의 기고문은 1949년 중화인민공화국이 수립된 후 중국이 겪은 민족적 경험에 대한 종합적이면서도 깊이 있는 시각을 보여주었다. 하지만 그토록 통찰력 있는 관점을 갖춘 샴보 교수도 자신의 기고문을 다음과 같이 끝내고 있다. "한 가지는 분명하다. 중국이 복잡함과 모순으로 점철된 국가로 남을 것이라는 점이다. 그리고 그러한 이유로 중국 연구자들과 중국인들도 마찬가지로 영원히 그 미래에 대해 추측할 것이다."[1]

중국이 여전히 미스터리한 이유는 정보 혹은 통계의 부족 때문이 아니다. 중국 정부가 그 불투명성에 대한 인민들의 불만을 충분히 언급할 수 있다고 할지라도 중국의 미스터리는 그대로 남게 될 것이다. 그러한 의문의 뿌리는 중국 인민의 내면세계에 대한 이해 부족에서 기인하는 것이기 때문이다. 그들의 동기는 무엇인가? 그들의 내면세계에는 무엇이 깃들어 있는가?

하지만 이러한 문제가 중국인들만 가지고 있는 숨겨진 비밀은 아니다. 중국인들 역시 이러한 질문에 관한 답을 가지고 있지 않다. 중국 정치 전문가이자 미 국무부 차관보를 역임한 수잔 셔크Susan Shirk가 적절하게 지적한 것처럼, 중국을 둘러싼 논쟁의 핵심 문제는 중국의 힘을 가늠하는 것이 아니라 중국의 의도를 이해하는 것이다.

중국이 다른 나라에 위협이 될 것인가 하는 문제는 많은 예측 전문가처럼 중국의 능력(성장률, 기술발전이나 군비)을 미래로 투사해보면 알 수 있다. 힘은 그러한 방정식의 일부분일 뿐이다. 중국이 자신의 힘을 어떻게 쓸 것인지에 관한 그 의도가 전쟁과 평화를 가르게 된다.[2]

거시적인 관점에서 내가 이 책에서 시도하려는 것은 중국의 인민들, 그들의 내면세계와 그들의 동기, 그들의 의도를 더욱 잘 이해하도록 하는 것이다. 중국 전문가들은 여러 가지 이슈들에 대해 서로 다른 견해를 가지고 있을 수 있다. 하지만 그들은 한 가지 점에서 합의를 이루어야 할 것인데, 그것은 바로 중국의 과거를 모르고서는 중국의 현 상황을 이해할 수 없다는 것이다. 이 책에서 나는 역사적 기억이 중국인의 내면세계를 여는 가장 유용한 열쇠라는 생각을 제시할 것이다. 한발 더 나아가 나는 다음과 같은 좀 더 대담한 주장을 제기하고자 한다. 많은 사회가 '지배적 이념'이나 '민족적 이념'—제프리 레그로Jeffrey Legro가 "어떻게 행동할 것인지에 관한 사회와 조직의 집단적 믿음"이라고 정의한[3]—을 가지고 있지만, 나는 신화와 트라우마에 관한 중국 인민들의 역사의식과 그 복잡성이야말로 중국의 공적 수사에서 지배적인 이념이라고 주장하려 한다. 민족적 이념은 바뀌기 어렵다. 제도적으로 뿌리내린 모든 전통처럼, 그러한 이념은 공적 수사와 관료적 절차에 깊이 배어들기 때문이다. 그러한 이념은 종종 무의식적으로, 하지만 근본적으로 인민들의 지각과 행동에 영향을 끼친다.

이 책에서는 역사적 기억을 중국의 민족적 정체성을 구축하는 주된 원재료로 본다. 민족적 정체성이 민족적 이해관계를 구축하고 반대로 민족적 이해관계가 외교정책과 국가 행동을 규정하기 때문에, 중국의 역사의식에 관한 철저한 이해는 중국의 정치와 외교정책에서 나타나는 행동을 이해하는 데 있어 필수적이다. 이 책의 역사적 기억에 대한 묘사가 포스트 톈안먼 시기와 탈냉전 시기 중국의 정치적 변화, 대중적 감수성, 국제적 행동을 해석하는 데 활용될 수 있기를 희망한다.

'탱크맨'에서 신新애국자로

중국을 떠올릴 때 대다수 서양인은 중국 정부가 베이징에서 시위자들을 폭력적으로 진압한 다음 날인 1989년 6월 5일, 톈안먼 광장에서 세로줄로 늘어선 탱크들을 가로막았던 중국의 젊은이를 떠올리곤 한다. 이 유명한 장면은 의심의 여지 없이 중국 인민들과 중국공산당 정권이 서로 대립하고 있었음을 보여준다. 그리고 이와 같은 1989년의 초기 민주주의 학생 운동 덕분에 많은 사람이 중국 정부가 정당성을 갖고 있지 않으며 인민들은 정부를 전복시키길 원한다는 시각을 갖게 되었다.

하지만 20여 년 후 2008년 티베트 소요 사태에서 2008년과 2010년의 비극적 지진, 2008년 베이징 올림픽에서 2010년 상하이 엑스포에 이르는 최근 일련의 사건을 통해 전 세계를 경악하게 만든 것은 중국 인민(특히 젊은 세대)과 집권당 사이의 관계였다. 최근의 경험에 따르면 베이징은 많은 정부가 부러워할 매우 애국적이면서도 정권 친화적인 대중을 보유하고 있다. 『뉴욕타임스*New York Times*』 기자가 2008년 베이징 올림픽 성화 봉송을 둘러싼 논쟁에서 목도한 것처럼, 일정 수준의 지식을 갖춘 중국의 젊은이들은 "당신이 만날 수 있는 사람 중에 가장 애국적이며 체제 지향적 성향을 지닌 사람들이다."[1]

그런데 미국과 유럽의 엘리트 학교에 다니고 있는 이 중국의 젊은이들이 **왜** 그토록 애국주의적이고 민족주의적인 성향을 띠는 것일까? 분명 오늘날의 중국 젊은이들은 40년 전 고립된 나라에 살던 홍위병이 아니다. 하지만 그들은 또한 20년 전[현시점에서는 35년 전] 반독재 지향적인 '톈안먼 세대'도 아니다. 그들은 인터넷 세대이며 대부분은 영어를 구사한다. 지난 30년 동안 진행되어온 중국의 대외적 개방과 국제사회의 중국에 대한 개입은 새로운 반서구적 애국주의 세대를 키워낸 것으로 보인다. 그러나 이 젊은이들이 단순히 세뇌된 외국인 혐오자들은 아닐 것이다. 그렇다면 우리는 오늘날 중국의 젊은이들 사이에서 나타나고 있는 서구를 향한 진심 어린 분노를 어떻게 이해할 수 있을까? 중국의 새로운 민족주의의 자원은 무엇인가? 거시적인 차원에서 지난 20년 동안 무슨 일이 일어났던 것일까?

최근 중국에서 일어난 일련의 사건들에 대한 이와 같은 질문은 실상 1989년 이후로 중국을 지켜봐온 이들을 혼란스럽게 만든 두 가지 중요한 문제들과 밀접하게 연결되어 있다. 톈안먼 사건 이후 여러 학자는 베이징 정권이 오래가지 못할 것이라고 예상했다. 그 이유는 사회주의라는 공식 이데올로기가 이미 그 신뢰성을 상실했기 때문이다. 그러므로 첫 번째 문제는 대중의 신뢰를 잃은 중국공산당이 어떻게 살아남을 수 있었는지, 그리고 1990년대에도 대중적 지지를 얻어낼 수 있었는지에 관한 것이다. 두 번째 문제는 대중을 동원한 중국의 사회 운동이 어떻게 그토록 빠른 속도로 1980년대의 내부 지향적이고 반부패 지향적이며 반독재적 민주주의 운동에서 1990년대와 2000년대의 외부 지향적이고 반서구적인 민족주의로 전향될 수 있었는지에 관한 것이다.

이 책의 목적은 이러한 문제를 이해하는 데 있어 역사적 기억의 연관성과 중요성을 설명하는 것이다. 비록 이러한 문제에 대한 직접적인 답을 제공할 수는 없겠지만, 복잡하고도 중층적인 문제를 사유하기 위한 중요한 배경지식과 관점, 통찰을 제공하는 것이 이 책의 목적이라고 할 수 있다. 특히 이 책은 최근 20년 동안 중국의 정치적 변화와 국제적 행동을 설명하는 데 있어 역사적 기억의 연관성과 중요성에 주목할 것이다. 그리고 기존의 이론과 인구 싱과들이 중국의 정치적 변회와 국제적 행동에 관한 특정한 측면을 잘 드러내고 있기는 하지만 역사적 기억이라는 렌즈를 통해 분석했을 때에야 비로소 그러한 현상들을 온전히 설명해낼 수 있다는 사실을 보여줄 것이다.

역사와 기억

이 책의 주제는 역사적 기억이다. 하지만 역사적 기억이란 정확히 무엇인가? 왜 역사적 기억이 문제가 되는가? 그리고 인민들의 집단적 기억과 역사 교육에 관한 연구가 어떻게 그들 나라의 정치적 변화와 대외관계에 관한 질문들에 답을 할 수 있는 것인가?

나는 항상 '역사적 기억'이라는 것이 무엇인지를 소개하기 위해 네 장의 사진을 보여주면서 나의 연구를 소개한다. 이 사진들은([그림 1-1]을 볼 것) 중국의 젊은이들이 '국치를 잊지 말라'는 뜻의 사자성어 **'물망국치 勿忘國恥'**와 연계되는 다양한 방식을 보여준다. 자동차 트렁크에 매우 감정적인 문구를 쓰고 있는 어린 소녀에서부터 교실 칠판에 적힌 구호 앞

[그림 1-1] 위 두 사진에 표시되어 있는 한자는 '물망국치勿忘國恥'(국치를 잊지 말라)로 동일하다.
(a) 아홉 살짜리 소녀가 반일 시위 중 자기 아버지의 차 트렁크 위에 '물망국치'라고 쓰고 있는 모습.
정저우鄭州, 2005년(아시아 뉴스 포토Asia News Photo 제공).
(b) 일본의 중국 침략 77주년 교육 행사에서 경찰관들이 '물망국치' 글자 모양을 만들어 도열하고 있다.
선양, 2008년(아시아 뉴스 포토 제공).

국치를 잊지 말라

(c) 일본 침략 피해자가 '물망국치'가 새겨진 동으로 만든 커다란 종 앞에서 아이들에게 자신의 이야기를 들려주고 있다. 2002년(신화통신 제공).

(d) 초등학교 학생들이 '물망국치', '강아국방强我國防'(나를 강하게 하고 국가를 지킨다)이라는 구호가 적힌 칠판 앞에서 국가에 대한 충성을 맹세하고 있다. 창춘長春, 2009년(신화통신 제공).

에서 충성을 맹세하는 어린 학생들에 이르기까지, 이 네 장의 사진은 오래전에 일어난 역사적 사건들을 적극적으로 기억해야 한다는 이념이 사회 곳곳에 널리 퍼져 있음을 생생히 보여준다. 사진에 찍힌 사람들은 분명 이른바 치욕의 세기 혹은 '100년의 민족적 치욕'이라는 민족적 트라우마를 실제로 겪었다고 하기에는 너무나 어린 것이 사실이지만, 그들은 그 희생자들의 감정을 실제로 느끼고 있는 것처럼 보인다.

이 사진을 본 사람이라면 누구나 '국치를 잊지 말라'는 구호에 대해 젊은이들이 가지고 있는 깊은 감정적 연대를 알아보고 싶다는 충동을 느낄 것이다. 그리고 그들이 어디에서 그러한 이념을 구축하게 되었는지 궁금해 할 것이다. 이 책은 이 젊은이들이 어떻게 그리고 왜 그러한 집단적인 울분에 동참하게 되었는지를 설명하려 한다. 그들의 가족사, 역사 교과서, 정부 행사 참여를 조사함으로써 나는 어떻게 그들이 민족적 구호와의 관계를 발전시키게 되었는지, 또 그러한 관계가 그들이 자신을 이해하는 방식과 외부 세계를 인식하는 방식에 어떠한 영향을 끼치는지를 보여줄 것이다.

역사적 기억은 단 하나의 사건에 연결될 수 있다. 미국인들 중 오직 일부만이 2001년 9월 11일 세계무역센터의 붕괴를 직접 목격했지만, 미국의 미래 세대는 분명 뉴스, 가족사, 역사 수업을 통해 민족적 트라우마가 다시 서술됨으로써 그러한 트라우마에 지속적으로 연계되어 있을 것이다. 하지만 중국이 겪은 민족적 치욕이 중국 사람들에게 그들이 누구이며, 그들의 세계관은 무엇인지를 가르쳐주는 것과 똑같은 방식으로, 9·11 사건이 미래의 미국인들에게 자신들이 살고 있는 세계에 관해 가르쳐줄 것인가?

우리는 종종 나무만 보고 숲을 보지 못한다. 우리의 역사적 기억은 무형의 것이고, 역사에 대한 자신의 관점을 인공적 구축물에 가까운 자신의 민족적 서사에서 말끔하게 분리해낸다는 것은 거의 불가능하다. 한 사회의 엘리트들은 종종 시민들이 민족 서사를 기억하게 하는 상징물을 만들어내기 위해 민족적 기념물을 활용한다. 하지만 엘리트들은 역사의 어떤 부분이 기억되어야 하고 또 어떤 부분이 망각되어야 하는지를 선택한다. 워싱턴 DC의 대형 공원인 내셔널 몰National Mall은 미국인들에게 미합중국의 영광과 트라우마를 일깨워준다. 해마다 수많은 학생이 거창한 상징물들과 미국인을 규정하는 것은 무엇인지에 관한 이야기를 듣기 위해 그들 나라의 수도를 방문한다. 이 책의 4장에서는 1991년부터 시작된 애국주의 교육 운동을 위한 중심 장소로서 전국적으로 1만여 곳이 넘는 곳에 중국 정부가 어떻게, 왜 기념관을 건설하거나 리모델링했는지를 상세하게 설명할 것이다.

국경일과 국가 기념일은 항상 휴일의 연장 그 이상이다. 엘리트들은 시민들에게 단일한 인민의 역사를 반복적으로 상기시키기 위해 국경일과 국가 기념일의 중요성을 이용하고 그러한 날들에 특별한 주의를 기울인다. 해마다 각각의 국경일을 통해 왜 그날이 축하해야 하는 날인지를 반복해서 말하고, 각각의 국경일은 민족 서사를 상기시키는 기제로 활용된다. 하지만 어떤 날을 경축할 것인지를 선택하는 것은 곧 한 민족이 어떠한 이야기를 잊고 싶어 하는지를 드러내는 것이기도 하다.

예컨대 2009년은 중국에서 뜻 깊은 해였는데, 중요한 기념일이 매우 많았다. 전 세계는 중화인민공화국 건국 60주년을 기념하는 거대한 축하 행사를 지켜보았다. 정부는 인민들에게 민족의 경험을 일깨워주기 위해 본 행사의 세세한 부분까지 계획했다. 행사를 시작하기 전에 중국의 엘리트 기수단은 국기를 게양하기 위해 톈안먼 광장 중앙에서 국기 게양대까지 완벽하게 발을 맞춰 정확히 169걸음을 행진하기 시작했다. 이 169걸음은 아편전쟁이 발발한 1840년부터 2009년에 이르는 169년을 의미하는 것이었다. 이러한 상징주의는 중국 문화에 깊이 스며든 무언가를 강조하는 것이었고, 기수단의 행진과 같은 단순한 이벤트를 이해함으로써 우리는 중국이 스스로를 어떻게 인식하고 있는지에 관해 많은 것을 배울 수 있었다. 또한 중국이 미래에 어디로 나아가기를 바라는지도 이해할 수 있었다.

중국 정부가 공식적으로 무시해왔던 1959년의 티베트 반란, 1979년 시단西單 민주벽의 폐쇄, 1989년 톈안먼 광장의 비극과 같은 '어두운 기념일dark anniversary'을 통해서도 많은 것을 알 수 있다.[2] 중국 정부는 어떤 기념일을 축하할 것인지를 계획할 때 중국 역사의 특정한 부분을 애써 모른 척한다. 베이징은 잊고자 하는 특정한 사건에 대해서는 단순한 토론마저 금지하기도 한다.

무엇을 기억하고 무엇을 잊어야 하는지를 선택하는 것은 역사 교육을 위한 단순한 분류 작업이 아니다. 역사적 기억은 역사를 이해하는 일 그 이상의 것이다. 정부가 어떻게 역사를 규정하는지는 정부의 정당성과 밀접하게 연계된 매우 정치적인 이슈이며, 당연하게도 중국의 민족적 정체성 형성과 관련된 것이다. 역사적 사건 그 자체는 전 세계적 범위에서 학술적인 작업을 통해 지속적으로 검토되어왔지만, 그러한 사건을 정부가 어떻게 그려내고 있는지는 충분히 분석되지 않았다.

앤서니 D. 스미스Anthony D. Smith가 주장한 것처럼 "기억 없이 정체성 없고, 정체성 없이 민족은 없다."[3] 특정한 인민을 하나의 집단으로 묶는 것은 과거에 대한 집단적 기억이다. 민족적 수준에서 정체성은 민족의 관심사를 결정하고, 다음으로 정책과 국가의 행동을 결정한다.[4] 한 인민의 집단적 기억을 이해하는 것은 그들의 민족적 관심사와 정치적 행동을 이해하는 데 도움을 준다. 강렬한 집단적 기억—그것이 실제적인 것이든 날조된 것이든—은 또한 편견과 민족주의, 심지어는 충돌과 전쟁의 뿌리가 될 수도 있다.[5]

역사적 기억은 특정한 학문적 구분 기준에 딱 들어맞지 않기 때문에 여전히 본격적으로 연구되지 못한 영역으로 남아 있다. 역사적 기억이라는 주제 자체와 그 함의가 여러 영역에 걸쳐 흩어져 있는 관계로 그것을 종합적인 분석을 통해 세밀하게 따져보려는 학자가 거의 없는 것이다. 국제관계를 연구하는 학자로서 나는 역사학자·인류학자·사회학자 혹은 심리학자와는 다른 방식으로 연구하는 것을 택했다. 내가 역사적 기억이라는 개념을 연구하는 것은 중국 인민들이 자신들을 어떻게 바라보고 있는지를 이해하지 못하면 그들의 민족적 관심사를 알 수 없기 때문이다. 민족적 관심사라는 것은 외교정책에 관한 그 어떠한 논의에서도 근본적인 초석이며, 역사적 기억은 종족성과 민족적 정체성을 구축하는 주된 '1차 자료'다.[6] 이것이 바로 내가 역사적 기억이야말로 중국의 정치와 대외관계를 이해하는 열쇠라고 믿는 이유다.

특정한 나라를 이해하기 위한 정통적인 조사방식은 정치, 정치경제, 안보 관련 정보를 수집하는 데 초점을 맞추고 그러한 바탕 위에서 제도, 정책, 의사결정에 관한 거시적 분석을 수행한다. 하지만 그러한 접근방식은 그 나라의 깊은 곳에 존재하는 구조와 역학을 이해하는 데 있어 치명적인 한계를 지닐 수밖에 없다. 이 책에서 나는 한 나라를 이해하기 위해서는 그 나라의 초등학교와 고등학교를 방문해 역사 교과서를 읽어야 한다고 주장할 것이다. 한 민족의 역사는 과거에 대한 단순한 재검토가 아니다. 개인과 나라가 무엇을 기억하고 무엇을 잊으려고 하는지는 곧 그들이 현재 가지고 있는 가치관과 인식, 심지어 열망을 말해주는 지표다.[7] 중국의 역사와 기억에 관한 연구는 중국은 무엇인가, 중국인은 누구인가라는 물음과 같은 기본적인 질문에 관한 대답을 제시해줄 수 있을 것이다.

중국의 역사 인식

중국에서 근대적 역사 인식은 1800년대 중반에서 1900년대 중반에 걸친 '치욕의 세기'로부터 강력한 영향을 받았다. 중국인들은 이 시기를 제국주의자들이 중국을 공격하고 괴롭힌 탓에 갈기갈기 찢긴 시대로 기억한다. 중국 문제에 관한 여러 권위자는 중국의 역사와 그 기억에 대해 이 시기가 갖는 중요성을 줄곧 강조해왔다. 예컨대 정치학자인 피터 헤이스 그리스Peter Hays Gries는 다음과 같이 말한다. "분명 중국에서 과거는 그 어느 나라들보다도 더욱 생생하게 현재 속에 살아 있다는 사실을 부정할 수 없다. (중략) 하지만 중국은 종종 그들 역사의 노예인 것처럼 보인다."[8] 이와 비슷하게 사회학자인 조너선 웅거Jonathan Unger는 "여타의 대다수 나라보다 [중국에서] 역사는 일종의 거울과도 같은 것으로 여겨졌고 또 여겨지고 있는바, 이 역사라는 거울을 통해 현재와 관련된 윤리적 잣대와 도덕적 범주를 가늠할 수 있다"[9]라고 썼다. 앞서 제시한 견해에 또 다른 관점을 보탠다면 앤 F. 서스턴Anne F. Thurston의 민족 심리에 대한 언급을 참조해볼 수 있다. "개인적 심리에 관해 우리가 알고 있는 모든 것에 따르면, 다수의 중국인이 과거 10여 년 전, 30년, 50년, 100년, 150년 전에 겪은 트라우마는 매우 고통스럽고 극도로 극복하기 어려운 것이다."[10]

많은 학자가 이미 중국 정치에서 역사와 기억이 가지고 있는 중요성을 인정했지만, 기존의 수많은 연구는 역사와 기억이 중국의 대외관계에서 나타나는 행동방식과 맺고 있는 관계를 그저 간접적이고 표면적으로 다루었을 뿐이다. 해당 주제에 대한 기존의 통찰력 있는 관찰들은 역사·정치·문화·커뮤니케이션에 관한 연구들 속에 널리 퍼져 있다. 다른 나라에 관한 연구에 있어서 역사와 기억이 정치에서 갖는 역할에 대한 직접적인 연구가 상당수 존재한다는 점을 고려하면, 중국의 경우 비슷한 연구 성과가 존재하지 않는다는 사실은 놀라운 것이다.

싱크탱크에 소속되어 있는 중국 전문가들 몇몇은 해당 주제를 직접적으로 다룬 일련의 논의를 짧은 정책 문건을 통해 내놓았다. 예를 들어 페이민신Pei Minxin은 신문의 기고문을 통해 "중국의 민족적 경험과 집단적 기억은 외교정책의 의사결정에 대해 강력한 힘을 발휘한다"[11]라고 썼다. 하지만 그러한 통찰은 경험적인 조사를 필요로 하는 것이다. 더구나 중국의 정치와 외교정책의 의사결정에서 역사와 기억이 가지고 있는 심층구조와 함의에 대한 체계적인 조사는 여전히 부족하다. 이 책은 중국의 역사와 기억을 둘러싼 국내 정치를 국제적 행동에 체계적으로 연계시키는 시도를 보여줄 것이다.

국제관계와 정치학의 영역은 서양 문화 속에 뿌리를 두고 있는 모종의 요구, 가치, 합리성과 같은 구미의 지적 전통 안에서 발전되어왔다. 하지만 사람들은 종종 서구적 이론과 모델이 가지고 있는 유용성과 응용 가능성을 비서구 문화에 적용시키는 것을 문제 삼지 않는다. 특정한 문화적 틀은 자신만의 지적·문화적 유산을 가지고 있다. 중국처럼 세계에서 가장 오래된 문명을 가진 나라를 이해하기 위해서는 외교정책과 행동을 추동시키는 중국만의 고유한 태도와 자원, 동기를 연구해야 한다는 것은 상식이다. 이러한 상식이 서양인과 중국인 간의 모종의 격차를 좁힘으로써 서로를 이해하는 데 도움을 줄 수 있다.

중국은 분명 평화와 충돌에 관한 고유한 지적·문화적 유산을 보유하고 있다. 그리고 더욱 중요한 것은 이 유산이 충돌-이전pro-conflict과 평화-이전pro-peace에 관한 담론 역시 포함하고 있다는 사실이다. 예를 들어 중국이 과거의 전쟁에서 얻게 된 기억이라는 유산—중국의 민족사를 다룬 교과서에 따르면 일본에 의해서만 약 3,500만 명의 희생자가 발생했다[12]—은 전쟁이 빚은 파괴라는 커다란 깨달음, 충돌을 해결하는 더욱 평화적인 방법을 위한 노력으로 이어지는가? 아니면 이러한 강력한 역사적 기억은 현재의 반감을 부채질하고 새로운 편견과 민족주의, 심지어 전쟁의 씨앗이 되는가? 이 책을 통해 나는 중국의 고유한 태도와 자원, 동기를 해석할 것이다. 그리고 이러한 문제에 대한 탐색은 중국의 굴기는 물론 그것과 연계된 기회와 도전에 접근할 수 있는 독특하고도 중요한 경로를 제공할 수 있을 것이다.

이 책은 정당성의 도전에 직면한 중국공산당이 역사 교육을 당의 영광, 민족적 정체성의 공고화, 톈안먼 사건과 냉전 이후 중국공산당의 일당 독재를 떠받치는 정치 체제의 정당화를 위한 도구로 어떻게 활용하고 있는지를 보여줄 것이다. 최근 몇 년간 애국주의 교육 운동은 중국 민족주의의 굴기에 지대하게 공헌해왔다. 그리고 오늘날 중국에는 민족사 교육이 민족주의의 굴기를 부추기고, 민족주의의 굴기가 민족주의적 메시지를 위한 더욱 거대한 시장을 제공하는 일종의 순환고리가 존재하고 있다.

이와 더불어 민주화가 중국의 이념 시장ideas market으로부터 민족주의적 신화를 자연스럽게 '소독'시켜줄 것이고, 역사적 이슈에 관해 좀 더 조화로운 견해를 위한 길을 터줄 것이라는 예상 역시 필연적인 것은 아니다. 민주적인 국가에서도 기억이 조화로운 것이 되기보다는 국수주의적인 것이 된 사례가 있다.[13] 자신들의 나라를 역사적 신화와 트라우마에 관한 강력한 콤플렉스에 침잠시켜놓은 채 민족주의적 지도자들은 역사와 기어을 동원의 도구로 이용하고 있다. 많은 사람이 중국의 일당 통치와 비약적으로 발전하고 있는 군사력이 세계 평화에 위협이 되고 있다는 견해를 유지하고 있지만, 나는 반드시 언급되어야 하는 진짜 문제는 정체성 교육과 중국 내에서 세계가 이해되는 방식이라고 생각한다.

역사적 기억은 또한 베이징의 외교정책과 행동, 특히 국제적 충돌을 이해하는 새로운 관점을 제공해준다. 이 책에서 나는 중국인들이 자국이 겪은 트라우마에 가까운 민족 경험에 대해 가지고 있는 집단적 역사 인식과 국가의 과거사에 대한 정치적 이용이 외부적 충돌을 개념화하고 관리하며 해결하는 방식에 대해 강력한 영향력을 발휘하고 있다고 주장할 것이다. 이 연구가 밝혀낸 핵심 사안 중 하나는 역사와 기억의

내용이 어떻게 중국의 민족적 관심사와 민족적 목표를 규정했는지에
관한 것이다. 지배 정당의 입장에서는 민족적 자존심과 체면, 다른 나라
에서 받는 존경 같은 역사적 기억으로 규정되는 비물질적 관심사가 무
역·안보·영토 같은 물질적 관심사와 비슷한 정도로 중요하거나 그것보
다 더욱 중요할 수도 있다.

시간이 해결해준다?

이 책을 집필하는 오랜 시간 동안 내가 왜 이 주제를 선택했느냐와 연관
된 많은 질문이 떠올랐다. 이 책의 한 부분으로서 그러한 의문점을 직접
언급하는 일 역시 적절하고 또 중요할 것이다.

**질문 1: 국치를 당한 이후 꽤 많은 시간이 흘렀는데 시간이 중국을 치
유해주지 않았을까?**

그렇다. 일반적으로 시간은 모든 곳의 상처를 치유해준다. 하지만 모
든 사회에는 언제나 자신들의 후손이 과거 조상들에게 일어난 일을 잊
지 않기를 바라는 교육자, 엘리트, 국가 지도자 같은 사람들이 있다. 모
든 민족에게는 집단으로서 자신들이 현재의 위치로 어떻게 오게 되었
는지에 관한 이야기가 있다. 그리고 이러한 서사 창조의 중심 요소가 되
는 것은 그들이 무엇을 기억할 것인지, 무엇을 망각할 것인지 선택하
는 것이다. 이것이 바로 국가가 민족적 정체성을 구축하는 방식이다. 교

육 시스템은 일정 정도 그러한 민족적 정체성을 바탕으로 이상화된 시민에 관한 주형mold을 만들어내기 위해 설계된 것이다. 이 책의 주제 중 하나는 바로 냉전의 종결, 1989년 중국의 정치적 변화 이후 새로운 중국적 정체성을 재구축하고 재탄생시키는 데 있어 역사적 기억, 역사 교육, 국가의 이데올로기 교육 운동이 어떻게 이용되었는지를 드러내는 것이다. 다시 말해 이 책은 중국의 민족 건설에서 역사적 기억이 담당한 역할을 보여주려는 것이다.

중국에 주목해온 사람들에게 중국의 젊은이들이 점점 더 먼 과거의 일이 되어가고 있는 사건들에 근거해 더욱더 민족주의적인 성향을 갖게 되는 현상은 이해하기 힘든 것이었다. 동아시아에서 민족주의가 굴기하고 있는 것이 세대교체와 연관된 것으로 보인다는 사실을 포착한 이는 프랜시스 후쿠야마Francis Fukuyama다. 놀랍게도 점증하는 민족주의의 전위가 되어가고 있는 것으로 보이는 이들은 구세대가 아니라 신세대다. 이들 신세대는 민족주의 서사를 구축하는 군사적 충돌을 직접 경험한 바가 없는데도 말이다.[14] 이러한 현상은 앞으로 좀 더 논의되어야 할 사안이며, 그러한 연구는 중국의 민족적 정체성에 대한 새로운 이해를 도모하는 데 도움이 될 것이다.

질문 2: 중국은 현재 굴기하는 권력이다. 중국의 성공이 상처를 치유해 줄 수 있지 않을까?

과거의 치욕에 대한 중국의 감정은 민족적 정체성을 구축하는 데 있어 상당한 영향력을 행사해왔다. 그것은 다름 아닌 중국인들이 자국의 고대 문명과 여타의 역사, 나아가 최근의 영광에 대해 매우 자랑스럽게 생각하고 있기 때문이다. 이 책은 [중국의] 새로운 성취와 점증하고 있는 자신감이 어떻게 신화적/트라우마적 콤플렉스를 강화하고 있는지에 관해 설명할 것이다. 새로운 성취와 점증하는 자신감은 때로는 과거의 치욕에 대한 인민들의 역사적 기억을 누그러뜨리는 것이 아니라 더욱 활성화시킨다. 이러한 역설이야말로 중국이 현재 굴기하고 있으며, 사람들이 'G2'에 대해 언급하면서도(글로벌 이슈에서 미국과 중국이 'G2' 그룹에 속한다는) 오늘날 중국의 역사적 인식을 이해하는 것이 중요한 이유다. 중국의 굴기는 경제 혹은 군사적 성장과 같은 단일 렌즈를 통해 이해되어서는 안 된다. 그것은 민족적 정체성을 설명하는 좀 더 복합적인 렌즈를 통해 고찰되어야 한다.

서구에서는 중국의 외교정책과 관련된 위와 같은 의도들과 가끔은 혼란스러운 행동방식에 대해 상당히 오랫동안 우려해왔다. 역사적 기억을 돌아보는 것은 단순히 과거를 바라보는 것이 아니다. 오히려 역사적 기억을 들추는 것은 중국이 어디로 가려 하는지를 이해하기 위해 전방을 쳐다보는 것이다. 중국의 의도를 이해하기 원한다면 우리는 우선 중국의 의도에 담긴 구성요소를 인식해야 한다. 우리가 자신이 누구인지를 생각하는 방식이 우리가 무엇을 원하는지를 결정한다. 이러한 관점에서 중국의 민족적 정체성을 이해하는 것은 중국이 세계의 여타 국가들에 비해 빠른 속도로 굴기하면서 무엇이 되려고 하는지를 포착하는 중요한 통찰력을 제공해줄 수 있을 것이다.

질문 3: 나는 네가 무엇을 하고 있는지 알고 있다―혹시 이 책은 중국

의 반서구적 민족주의를 설명하기 위해 단순하게 역사적 트라우마를 이용하고 있는 것은 아닌가?

이 책은 왜 중국이 서구를 불편해하는지와 같은 단순한 이념을 설명하려는 것이 아니다. 그것은 역사적 기억에 관한 이해에서 얻어낼 수 있는 풍부한 지식을 너무나 단순하게 적용한 것이다. 아시아·아프리카·라틴아메리카의 많은 나라, 특히 식민 경험이 있는 나라들에서 역사적 불만은 반서구적 민족주의의 중요한 자원이 된다. 하지만 역사적 기억의 함의는 그렇게 간단하지 않다. 많은 사회에서, 특히 중국에서, 역사적 기억은 이미 민족적 '심층문화deep culture' 속에 존재하는 사회적 규범을 구축하게 되었고, 사람들의 생각과 행동에 영향력을 행사하게 될 것이다. 우리가 보고 듣고 만질 수 있는 음식, 복장, 관습과 같은 '표층문화 surface culture'에 비해 심층문화는 우리가 자신의 경험을 해석하는 데 적용하는 의미·가치·규범과 숨겨진 가정에 관한 무의식적 프레임을 의미한다.[15]

이 책은 중국의 정체성 형성과 정치적 담론에 대해 역사적 **기억**이 갖는 힘을 탐색한다. 그리고 이 책은 중국의 민족주의와 그 의도, 굴기의 문화적·역사적 토대를 설명하기 위해 역사적 기억을 활용한다. 그리고 그러한 과정을 통해 중국이 자신의 권력을 행사하는 데 있어 역사적 기억이 가장 커다란 요소 중 하나이며, 바로 그것이 중국의 정치와 외교관계를 이해하는 관건이 된다는 사실을 보여줄 것이다. 하지만 역사적 기억은 여전히 오늘날 중국의 정치를 논함에 있어 가장 잘못 이해되고 가장 적게 언급되는 요소이기도 하다.

질문 4: 역사적 기억에 관한 책이 어떻게 과학적인 고찰을 수행할 수 있는가?

나는 왜 사람들이 이러한 질문을 하는지 이해하고 있으며, 안드레이 마코비츠Andrei Markovits와 사이먼 라이히Simon Reich를 인용함으로써 그러한 질문에 답하려 한다. 그들은 독일의 과거가 어떻게 자국의 현재 정책에 지속적으로 영향을 끼치는지를 탐색하면서 집단적 기억을 "독일의 권력을 완화시키는 가장 커다란 요소"로 간주했고, 독일의 과거야말로 "많은 정치학자가 일반적으로 회피하지만 독일에서 활동하고 있는 저널리스트들이 주기적으로 그것이 작동하고 있음을 목도하게 되는 요소"라고 썼다.

양적으로 측정할 수 없고 인터뷰 조사를 통해 측정하기도 어렵지만 여전히 매우 현실적인 존재인 집단적 기억의 정치는 모든 정치 영역, 공공 담론, 정책 설정에서 중요한 요소다. 그것은 받아들일 수 있는 것의 범주를 설정한다. 다시 말해 해당 국가의 대다수 시민이 느끼는 자존심·치욕·두려움·복수심·편안함과 같은 핵심적인 요소들을 결정한다. 그것은 민족주의의 힘을 이해하는 데 있어 핵심적이다.[16]

이러한 연구는 정치적 행동을 설명하기 위한 변수로서 정체성을 활용하는 것과 관련된 방법론적 논의에 도움을 줄 수 있다. 이러한 연구를 수행하기 위해 이 연구는 심층적인 질적 조사와 역사적 접근방식을 따랐다. 대량의 역사 교과서, 공식 문건, 회고록, 인터뷰를 통해 증거를 수

집했다. 정치에서 이념적인 요소들을 어떻게 다루어야 하느냐는 퍼즐을 풀기 위한 노력의 일환으로 나는 경험 자료를 분석하기 위한 두 개의 프레임을 만들어냈고, 역사적 기억이 단순한 우발적 징후가 아니며, 중국의 국내 정치와 외교관계에 관해 설명해줄 수 있는 모델이 될 수 있다는 것을 입증하기 위해 그러한 프레임을 적용했다.

비록 화학자나 수학자가 자신의 연구에 스스로의 경험을 보태는 것은 기대할 수 없는 일이지만, 니의 경험은 한편으로는 구체적으로, 다른 한편으로는 방법론적으로 적절한 연구를 위한 맥락을 제공해주었다. 폴 코헨Paul Cohen이 언급한 것처럼, 대다수 역사적 기억의 중요한 구성 요소들은 매우 미묘해서 일종의 '내부자적 문화지식'을 필요로 한다.

중국인들이 외국인들한테 일부러 숨기는 형태의 지식이 있는 것이 아니다. 그것은 차라리 지식이 획득되는 방식 그 자체에 은폐되는 경향이 내재해 있는데—가족 내의 전달, 초기 학교 교육, 라디오를 통해 청취되는 경극 등등—중국의 문화적 환경 안에서 성장한 경험이 없는 사람에게는 일반적으로 전달되지 않는다.[17]

이 책은 외부자의 시선으로 쓰이지 않았다. 나는 소년 시절 내가 논의하려 하는 교과서에서 직접 배웠다. 베이징 대학에서 나는 애국주의 교육 캠페인에 참가했으며 이후 중국 정부에서 일했다. 나는 그러한 교육의 산물인 셈이다. 나는 이 책이 독자에게 중국의 역사적 기억을 맥락화할 수 있는 내부자의 이해를 제공하길 바란다.

국가의 역사 활용, 중국의 정치적 전환, 외교정책에서 기억의 정치를 연구하는 것에 초점이 맞춰져 있기에 이 책에서는 종종 중국의 공식 문서, 정치 지도자들의 연설, 역사 교과서를 직접 인용한 번역문이 등장한다. 이 책을 통해 나는 역사 교과서에 나와 있는 과거의 적과 민족적 치욕에 관한 단서 혹은 텍스트(예를 들어 공식 문건, 기자 회견문), 서술, 지도자들이 현재 시점과 역사적 사건을 등치시키기 위해 사용한 역사적 비유와 같은 광범위한 자료를 조사했다. 나는 또한 이 책의 몇몇 장에서 정보와 연구 대상의 선택에 대한 논의를 포함시키기도 했다. 중국과 서구 양쪽에서 모두 교육을 받은 사람으로서 나는 의미 있고 실행 가능한 방식으로 하나의 문화를 다른 문화로 번역할 수 있게 되기를 희망한다.

조직

이 책은 역사적 기억의 두 가지 측면에 주로 초점을 맞추고 있다. 하나는 자신들의 나라가 경험한 트라우마적 민족 경험에 대해 중국 인민들이 가지고 있는 집단적 역사 인식이고, 다른 하나는 그러한 과거에 대한 국가의 정치적 이용이다. 일반적으로 이 책은 역사적 불만과 민족적 치욕이 정치 담론의 중심에 오게 되었을 때 정치에 무슨 일이 일어나는지를 탐색한다. 또한 이 책은 트라우마적 민족 경험에 관한 중국의 역사 인식이 과거에 대한 국가의 이용과 결합해, 중국의 정체성 형성과 중국이 외부적 충돌을 개념화하고 관리하며 해결하는 방식에 어떻게 강력한 영향력을 행사하는지를 탐색한다. 그리고 이러한 문제의식에 바탕을 두고 다음의 두 가지 주요 문제에 초점을 맞춘다.

1. 중국공산당 지도자들은 냉전의 종결 이후 중국 통치에 대한 자신들의 정당성을 강화하기 위해 어떻게 역사와 기억을 활용해 민족 정체성을 재형성해왔는가?
2. 그러한 정체성의 재구축이 중국의 정치적 전환과 국제적 행동에 어떠한 영향을 주었는가?

이 책은 모두 아홉 개의 장으로 구성되어 있다. 1장 "역사적 기억, 정체성, 정치"에서는 국내 정치와 외교관계에서 역사적 기억이 차지하는 역할에 관한 연구를 위한 이론적·분석적 프레임을 제공한다. 여기서 제공된 문헌과 이론은 중국의 사례를 전 세계적 맥락에 적용시키는 데 도움을 줄 것이고, 경험적 데이터를 분석하는 데 필요한 이론적 프레임도 소개한다.

2장 "선택된 영광, 선택된 트라우마"는 중국이 겪은 치욕의 세기에 대한 개관을 제시함으로써 이 책의 본론 부분을 논의하기 위한 무대를 마련한다. 특히 이 장에서는 오늘날 중국의 정서에 큰 영향을 끼치고 있는 역사적 사건을 강조하고, 그렇게 함으로써 중국의 선택성-신화-트라우마Chosenness-Myths-Trauma, CMT 콤플렉스를 조사할 것이다.

3장 "'천하'에서 국민국가로: 민족적 치욕과 국가 건설"에서는 민족적 치욕의 담론이 어떻게 만청 시기, 민국 시기, 마오쩌둥毛澤東 시기라는 서로 다른 세 시기에 걸쳐 민족적 정체성의 구축과 민족 건설을 통합시키는 장이 될 수 있었는지를 탐색한다.

이어지는 세 개의 장에서는 국가가 과거를 정치적으로 이용하는 방식, 포스트 톈안먼 시기와 포스트 냉전 시기 역사적 기억의 기능을 탐색한다. 4장 "승리자에서 희생자로: 애국주의 교육 운동"은 1991년 이후 전국적인 애국주의 교육 운동을 통해 이데올로기적 교육을 수행하기 위해 정부가 어떻게 중국의 치욕적인 현대사를 이용하고 있는지에 초점을 맞춘다. 5장 "전위에서 애국자로: 중국공산당의 재구축"에서는 공산당 정부가 집권당의 통치와 규범을 구축하기 위해 어떻게 역사와 기억을 활용하는지를 탐색한다. 이어지는 6장 "지진에서 올림픽으로: 새로운 트라우마, 새로운 영광"에서는 역사적 기억과 민족적 치욕이라는 각도에서 올림픽 기간과 2008년 쓰촨四川 지진 구호 활동에서 나타난 중국인들의 행동방식을 설명한다.

이어지는 두 개의 장에서는 중국의 제도화된 역사 인식이 중국의 외교관계, 특히 미국·일본과의 관계에 대해 가지고 있는 영향을 탐색한다. 7장 "기억, 위기, 대외관계"는 최근 미국과 충돌하는 과정에서 나타난 중국의 공격적 행동의 변수인 역사적 기억을 설명한다. 이 장의 연구 결과에 따르면, 역사적 기억은 종종 국제적 충돌의 주요 발생 요인이 되고 있는데, 특히 중국인들이 그러한 대립을 국가의 근본적 정체성과 체면, 권위에 대한 공격으로 인식할 때 그러하다. 8장 "기억, 교과서, 중일관계 회복"에서는 중국과 일본 사이에 존재하고 있는 역사와 역사 교과서 수용을 둘러싼 논쟁에 대한 사례 연구를 진행한다. 합동 역사 서술에 관한 논의가 어떻게 평화 건설과 동아시아의 화해를 위한 도구가 될 수 있는지에 특별히 주목하면서 충돌 해결을 위한 관점이라는 각도에서 해당 주제를 다룬다.

마지막 장인 9장 "기억, 민족주의, 중국의 굴기"에서는 이 책의 핵심 주제를 정리하는데, 특히 역사와 기억의 렌즈가 어떻게 중국의 굴기와 그 의도, 민족주의를 좀 더 잘 이해할 수 있게 해주는지를 논의한다.

이 책을 읽으면서 역사와 역사적 기억 사이에 존재하는 차이점을 민감하게 인식하고 있어야 한다는 것을 염두에 둘 필요가 있다. 이 책의 초점은 역사 인식의 형성과 전략적 이용에 관한 문제에 맞춰져 있다. 여기서 역사 인식은 집단적 기억, 역사 서술, 과거의 이미지를 만들어내는 여타 방식이 대중의 마음에서 서로 융합되는 장소로 규정된다.[18]

이 책이 보여주게 될 것처럼 구체적인 사건이 필연적으로 역사적 기억을 규정하는 것은 아니다. 실제로 무엇이 일어났느냐는 문제로 편향된 논의만을 자세히 들여다보면, 집단적 기억의 형성과 그것이 민족 건설에서 수행하는 기능에 대한 큰 그림을 볼 수 없게 된다. 역사적 기억에 대한 이러한 거시적 그림은 중국의 세계관, 관심사와 의도를 이해할 수 있는 관문이 될 것이다.

1장

역사적 기억,
정체성, 정치

사회적 삶에 관한 연구에서 과거가 항상 딱딱하고 객관적이거나 실제적 현실―붙잡을 수 있고 전유할 수 있는 '주체 외부에 있는 무엇something out there'―로 존재하는 것은 아니다.[1] 과거는 응고되거나 불변적인 것이 아니며, 심지어 측정될 수 있는 것은 더더욱 아니다. 차라리 그것은 이념적 배치의 흐름이자 시간과 감정에 따라 형성되는 것이며 정치적인 지식에 가깝다. 게다가 우리가 과거를 구성하는 요소들, 다시 말해 우리의 사유를 형성하는 이야기들에 접근하기 위해 우리 자신의 문화로부터 물러서는 것은 거의 불가능하다. 그러므로 우리는 종종 역사와 기억이 현재에 대해 수행하는 역할을 간과하곤 한다. 하지만 중국을 포함한 많은 사회에서 집단적 기억과 역사의 정치적 활용은 사회 집단 내부와 집단과 집단 사이의 관계 모두에서 매우 중요한 역할을 한다.

동시대적 충돌의 자원과 동역학, 그 구조를 탐색하면서 학자들은 인간의 사유와 감정, 행동에 대해 역사적 기억이 갖는 힘에 특별한 주의를 기울여왔다. 이러한 경향성은 특히 냉전의 종결 이후 종족 집단 사이에서 벌어진 치명적 충돌의 주목할 만한 확산에 관한 연구에서 두드러졌다. 예컨대 아일랜드의 역사학자 이언 맥브라이드Ian Mcbride는 "과거에 대한 해석은 언제나 민족적 충돌의 핵심을 차지하고 있었다"[2]라고 썼다. 사이프러스 대학교의 빅토르 루도메토프Victor Roudometof는 "각기 다른 편이 가지고 있는 충돌하는 종족 중심적 민족 서사는 1990년대 그리스-불가리아-마케도니아 사이의 충돌을 불러일으켜왔다"[3]라고 확신한다. 게릿 W. 공Gerrit W. Gong에 따르면, 이슈의 기억과 망각은 동아시아의 국제관계를 형성하게 되었다.[4] 그리고 폴란드의 역사학자 예르지 예들리츠키Jerzy Jedlicki에게 "20세기 동유럽의 역사는 과거에 대한 진정한 혹은 표면적인 기억이 어떻게 현재의 충돌을 일으키는지, 그리고 그러한 기억들 자체가 어떻게 일련의 과정 속에서 수정되는지 확인할 수 있는 완벽한 실험실이다."[5] 동유럽에서 중동과 동아시아에 이르기까지 이러한 사례들은 다루기 힘든 충돌들이 서로 얽혀 있는 당파들의 역사와 기억에 깊이 뿌리내리고 있다는 것을 보여준다. 역사와 기억에 대해 면밀한 주의를 기울이지 않는다면 충돌의 해결을 위한 그 어떤 과정도 실패하기 마련이다.

비록 많은 역사적 충돌이 다양한 분파의 역사와 기억에 그 기원을 두고 있는 것이지만, 민족 정치와 국제관계에서 그러한 개념이 수행하는 역할은 확실히 제대로 연구되지 않은 영역으로 남아 있다. 역사적 기억의 이론에 대한 통찰은 역사·정치·문화·철학·커뮤니케이션과 같은 다양한 연구 대상에 산재되어 있다. 역사적 기억이 이렇게 상대적으로 덜 주목을 받은 이유는 여러 학문 분과에 걸쳐 매우 다양하게 존재하고 있다. 루도메토프는 역사학 분야에서 그 이유를 '과학적 객관성'의 추구라는 오랜 전통이 최근까지도 역사 서술로 하여금 집단적 기억과의 절합*과 연계되어 탐색되지 못하도록 만들기 때문이라고 주장한다.[6] 사회학과 인류학 영역에서 에밀 뒤르켐Emile Durkheim과 모리스 알박스Maurice Halbwachs와 같은 선구자들의 유산은 "미국 주류 사회학의 경험주의적 성향과 실증주의적 전통에 밀려 20세기 중반 사라지고 말았다."[7]

이념은 (역사적 기억과 여타의 이념적 요소들을 포함해) 국제관계 영역에서 완전히 무시당하지는 않았을지라도 저평가되어왔다. 국제관계 연구에서 널리 수용되고 있는 체계적이고 가장 최신의 접근방식이 현실주의적이면서도 자유주의에 기반을 둔 제도주의적 접근방식이기 때문이다. 이러한 접근방식은 모두 합리주의 모델을 그 출발점으로 상정하고 있으며, 구조가 어떻게 행위자들의 도구적 합리성에 영향을 끼치는지에 초점을 맞춘다. 그러한 모델 안에서 행위자의 선호와 인과적 믿음은 기정사실로 여겨진다. 이러한 접근방식에 근거하고 있는 대다수의 분석가는 이념을 단지 부차적인 역할로 강등시킨다.[8]

실상 이념적 요소들이 국제관계에 어떻게 영향을 끼치는지는 학자들을 괴롭힌 가장 당황스러운 퍼즐 가운데 하나였다. 인식론적 변수들을 의사결정에 관한 경험적 연구에 대입시키는 연구방식의 발달 속도는

---

* articulation: 이질적인 요소들이 서로 연결된 상태를 가리키는 용어로, 특히 알튀세르가 경제 결정론적 마르크스주의를 비판하면서 제시한 '과잉결정' 개념을 설명할 때 썼다. 알튀세르는 『맑스를 위하여』에서 "맑스주의에서 말하는 통일성은 복합체 자체의 통일성이며 복합체의 조직과 절합의 양식이 바로 복합체의 통일성을 구성하는 것이다. (중략) 이는 복합적 전체가 하나의 지배소에 따라 절합된 구조의 통일성을 내포하고 있음을 긍정하는 것이다"라고 말한다. 이에 대해 진태원은 "사회적 전체를 지배소를 갖는 구조에 따라 파악하는 것은 막연한 다원주의를 넘어서 구조를 구성하는 다양한 요소들 사이의 위계 관계, 또는 불균등한 절합 관계를 인식 가능하게 해준다는 점에서 의의가 있다"라고 해설한다. 요컨대 '절합'은 구조를 구성하는 다양한 복합체들 사이의 비균질적이면서도 우발적인 결합관계를 가리킨다고 할 수 있다(인용문은 진태원 엮음, 『알튀세르 효과』, 서울: 그린비, 2011, 82~83쪽 참조).

상대적으로 느리고 일정치도 않았다.[9] 이러한 문제와 씨름해온 학자들은 정체성을 변수로 삼는 연구에 어려움을 초래하는 세 가지 요소를 제시한다. 첫 번째로, 보편적이지만 대체로 함축적인 개념인 정체성의 존재를 고립시켜 이해하는 것은 어렵다.[10] 정체성과 인식이 의사결정 행위에 **영향**을 끼칠 수 있지만 그러한 행동을 일방적으로 **결정**하는 것은 아니기 때문이다. 정체성과 인식은 그저 의사결정을 설명하기 위한 풍부하고도 복잡한 인과적 프레임 속에 존재하는 변수들의 다발에 불과하다.[11] 두 번째로, 인식과 행동에서 1대 1의 대응관계를 찾아내는 것은 극도로 어렵다.[12] 세 번째로, 정체성이 측정되었을 때 활용한 기술(정책 입안자들과 나눈 인터뷰, 민족지 필드 연구와 같은 large-N 조사방법*)은 폐쇄되거나 준폐쇄된 상태에서 엘리트를 연구한 사회과학자들에게는 아무 소용이 없는 것이다.

이번 장에서 나는 역사적 기억의 정치를 이해하기 위한 이론적 프레임을 형성한 주요 연구들을 검토하고 해당 분야의 최근 상황에 대한 평가를 제시할 것이다. 여기서 나는 집단 정체감group identity**의 형성에서 역사적 기억이 갖는 기능을 이해하고, 특히 충돌 혹은 재난적 상황일 때 역사적 기억이 사람들의 인식·해석·의사결정 과정에 어떻게 영향을 끼치는지에 초점을 맞출 것이다. 여기서 제시된 연구 성과와 이론은 중

---

*   통계학 용어로 '라지 함수'라고도 한다. 이 함수는 데이터 값을 큰 값에서 작은 값의 순으로 나열한 후 'N번째로 큰 값'을 구하는 방식이다. 이 부분에서는 해당 지역에 대한 조사에서 얻은 데이터 값을 큰 값에서 작은 값 순서로 나열하는 정량적 조사방식을 가리킨다.

** 저자는 'collective identity'와 'group identity'를 모두 쓰고 있다. 한국어판에서는 전자를 '집단 정체성'으로, 후자를 '집단 정체감'으로 옮겼다.

국의 사례를 세계적 맥락에 연계시키는 데 도움을 줄 것이고, 경험적 데이터를 분석하기 위한 일반적인 이론 프레임을 소개해줄 것이다.

역사적 기억에 대한 체계적 연구의 수행이라는 도전에 부응하기 위해 나는 역사적 기억에 관한 기존의 연구 성과와 정체성, 믿음에 대한 이론에 토대를 두고 두 가지 연구 프레임을 만들었다. 한 가지는 역사적 기억을 집단 정체성collective identity으로서 평가하는 방법이다. 그리고 역사적 기억의 내용이 다음과 같은 정체성의 내용에 관한 네 가지 유형으로 기능하는지, 만일 그렇다면 어떻게 그러한지를 평가하기 위해 몇 가지 질문을 제시했다.

1. 구성적 규범(집단의 자격을 규정하는 규범 혹은 규칙)
2. 관계적 내용(여타의 정체성 혹은 집단에 대한 참조와 비교)
3. 인식론적 모델(집단 구성원들이 세계를 해석하고 이해하는 방식에 영향을 주는 내용)
4. 사회적 목적(집단이 수행할 사회적으로 적절한 역할을 부여해주는 내용)

정체성의 내용에 관한 이러한 네 가지 유형은 각각 집단 정체성과 정책 행위자 혹은 실행 사이의 교차적 인과 경로alternate causal pathway라는 경로를 포함한다.

두 번째 프레임은 사람들의 인식·해석·의사결정 과정에서 역사적 기억이 갖는 기능을 조사하는 문제에 관한 것이다. 이러한 프레임에 따르면, 역사적 기억에 관한 믿음이나 이념이 정치적 행동에 영향을 줄 수 있는 세 가지 인과 경로가 존재한다.

1. 행위자가 목적 혹은 목적-수단의 관계를 명확히 하는 데 도움을 주는 로드맵 역할을 하는 인과 경로.

2. 특정한 집단의 응집을 용이하게 하거나 충돌을 일으키고, 그러한 충돌의 해결을 어렵게 하는 일종의 초점 역할을 하는 인과 경로.

3. 정치제도와 정치적 담론의 패턴에 각인되어 정책을 제한하는 제도화된 이념이나 믿음 구실을 하는 인과 경로.

이러한 두 가지 프레임을 연구에 적용해서 나는 연구자가 역사적 기억에 대한 좀 더 엄밀한 연구를 수행할 수 있는 모델을 제공하고 싶다. 이러한 프레임들은 범주화에 도움을 줄 수 있을 뿐 아니라 역사적 기억의 효과를 드러내는 데도 도움이 된다. 역사적 기억이 단순히 민족적 관심사가 불러일으킨 행동에 대한 사후적 합리화가 아니라 정책적 행동의 동기를 만들어내는 직접적 자원이라는 사실을 입증하기 위해 이 책에서는 일관되게 이러한 프레임들을 활용했다. 나는 이러한 프레임들이 역사적 기억에 관심이 있는 이들에게뿐만 아니라, 특히 중국의 외교 관계에 관심이 있는 이들에게도 도움이 되기를 바란다.

역사적 기억과 정체성의 형성

1990년대 사회학적 구성주의가 굴기하면서, 민족적 정체성이 민족적 관심사를 결정하는 요소이고 또 그것이 결국에는 정책과 국가의 행동을 결정할 수 있는 것으로 인식되면서 역사적 기억과 정체성에 더욱 많은 관심이 쏠리게 되었다.[13] 기억의 정치에 대한 상당량의 연구 성과가 집단의 소속감과 정체성의 형성에서 역사적 기억이 갖는 역할에 집중되어 있다. 집단적 기억은 사람들을 하나로 단결시키며, 종족성을 구축하는 1차 자료는 바로 역사다.[14] 앤서니 D. 스미스에 따르면 종족적·민족적·종교적 정체성은 누가 집단의 일원인가, 집단의 일원이 된다는 것은 무엇을 의미하는가, 일반적으로 누가 집단의 적인지를 규정하는 역사적 신화에 토대를 두고 있다.[15] 이러한 신화는 통상 사실에 기반을 두고 있지만 역사를 재현하면서 선택되거나 과장된다.

또한 집단 정체감은 많은 부분에서 집단이 겪어온 특정한 투쟁을 통해 형성된다. 이러한 투쟁은 '선택된 트라우마'와 '선택된 영광'으로 분류할 수 있다.[16] 노르웨이의 학자 요한 갈퉁Johan Galtung에 따르면, 중요한 역사적 사건은 집단의 정체성을 결정하고 충돌의 상황에서 해당 집단이 어떻게 행동할 것인지를 결정하는 데 있어 중요하다. 갈퉁은 '선택성chosenness'(초월적 힘의 선택을 받은 인민임을 뜻하는 이념), 트라우마, 신화라는 범주를 식별하는데, 이러한 범주들은 일종의 징후를 만들어내는바, 그것은 바로 선택성-신화-트라우마 콤플렉스 혹은 좀 더 긍정적인 용어로 표현한다면, 집단적인 메갈로-파라노이아 신드롬megalo-paranoia syndrome이다.[17]

이와 비슷하게 버지니아 대학교의 심리학자 바믹 볼칸Vamik Volkan은 어떻게 개인의 정체성이 특정한 거대 집단(즉 종족)의 정체성과 불가분하게 얽혀 있으며, 어떻게 역사적 사건이 정신에 반영되어 정체성을 형성하는지를 조사했다. 볼칸은 집단 정체감의 발달에서 선택된 트라우마(미래에 그림자를 드리우는 과거에 대한 공포)와 선택된 영광(종종 영광스

러운 과거에 대한 재현으로 보이는 영광스러운 미래에 관한 신화)을 핵심 요소로 파악한다.[18]

선택된 트라우마는 부모와 교사를 통해, 또는 과거의 성공적 사건이나 트라우마를 안긴 사건을 회상하는 의례적 행사 참여를 통해 후대로 전해진다.[19] 한 집단은 트라우마적 사건의 기억을 자신의 정체성에 포함시키며, 그것은 한 세대가 다음 세대로 적대감을 전달하게 한다. 다시 말해 다음 세대는 그들이 트라우마적 사건 자체에 직접 참여한 적이 없는데도 과거 세대의 고통을 공유하는 것이다.[20] 선택된 트라우마와 마찬가지로 선택된 영광은 시간이 지나면서 심하게 신화화된다.[21] 그러한 선택된 트라우마와 영광이 유대감을 형성하며 집단 구성원들을 더욱 커다란 집단에 묶어주고 연계시키기 때문이다. 그리고 그러한 유대감과 연계는 영광과 연결됨으로써 구성원들의 자존감을 드높인다.[22]

정체성의 형성이라는 차원에서 역사적 기억을 바라보는 세 가지 주요 접근방식이 있다. 시원주의적 접근방식, 구성주의적 접근방식, 도구주의적 접근방식이 그것이다. 첫 번째 접근방식에 따라 어떤 학자들은 집단적 기억과 정체성이 혈연과 친족관계, 공통의 역사를 근거로 해서 형성된다고 주장한다. 그리고 이러한 혈연, 친족관계, 공통의 역사는 하나의 집단을 다른 집단과 구분해주는 객관적인 문화적 기준이 된다.[23] 이에 대해 게릿 W. 공은 "대를 이어서 역사와 기억이라는 이슈는 조부모와 손자들에게 우리가 누구인지를 말해주고, 나라에 민족적 정체성을 부여하며, 과거라는 이름으로 미래를 기록하는 가치와 목적을 연결시켜준다."[24] 시원주의라는 렌즈를 통해 사람들은 종종 중일관계와 같이 오늘날 벌어지고 있는 폭력의 배후에는 오래전에 발생한 종족투쟁과 '축적된 증오의 세기'가 존재한다고 말하기도 한다.

　다른 한편으로 구성주의는 정체성을 주어진 것이라기보다는 만들어진 것으로 보며, 종족성과 정체성이 사회적으로 구축된 것임을 강조한다. [이 접근법에 따르면] 사람들은 역사와 공동체의 혈통을 선택하고 다른 집단과의 차이점을 만들어낸다(또한 발견해낸다). 『과거는 낯선 나라다The Past Is a Foreign Country』에서 데이비드 로웬덜David Lowenthal은 다양한 근거를 제시하면서 과거를 선택적으로 구축하는 것은 우리, 동시대인들이라고 주장한다. 이 주제에 관해 혁신적인 연구를 수행한 알박스에 따르면, 집단적 기억은 자신을 동시대적 이념과 관심사에 맞춰 기억을 재구축한다.[25]

　또한 베네딕트 앤더슨Benedict Anderson은 인쇄 언어가 교환과 커뮤니케이션의 통합된 장을 만들어냄으로써 민족의식의 토대를 놓는다고 주장한다.[26] 그에 따르면, 인쇄 자본주의(도서시장, 대중매체 등)는 이질적인 지역의 사람들을 좀 더 큰 상상된 민족적 공동체로 연결시킨다. 그리고 사람들은 비단 자신의 부모와 조부모로부터 그들 집단의 역사를 배우는 것만이 아니라 역사책과 대중매체뿐 아니라 형식적인 교육을 통해서도 역사를 배운다.

　세 번째 접근방식에 따르면, 역사와 기억은 개인 혹은 지도자들의 집단적 관심사를 내세우기 위해 도구적으로 이용되기도 한다. 권력투쟁 속에서 서로 경쟁하는 엘리트들은 대중의 지지를 동원하기 위한 도구로 역사를 이용한다. 종족적 범주 역시 지배 집단의 권력을 유지하고 타자 집단에 대한 차별을 정당화하기 위해 조작될 수 있다. 과거에 대한 조작이 현재와 미래를 만들어내는 기회를 제공해주는 것이다. 도구주의적 접근방식은 종족성을 주로 정치 전략의 즉각적 요소로 다루는데, 이해 집단은 부나 권력, 지위 같은 목표를 달성하기 위해 그러한 요소를 활용하기도 한다.[27]

『현대적 증오: 종족전쟁의 상징정치Modern Hatreds: The Symbolic Politics of Ethic War』라는 책에서 스튜어트 J. 카우프만Stuart J. Kaufman은 사람들이 종족적 증오를 선천적으로 갖고 있는 것이 아니라 **교육받는 것**이라고 주장한다. 충돌하고 있는 종족들이 수백 년에 걸쳐 서로를 미워하고 있다는 개념이 항상 진실인 것은 아니다. 오히려 그러한 나라의 권력자들이 적대감을 만들어내고 사람들을 동원하기 위한 수단으로서 그들 역사 속에서 실제로 일어났던 사건을 가져다가 과장하는 것이다. 전쟁은 종족 지도자들 혹은 활동가들이 타자 집단에 대한 적대감을 상승시키고 종족적 지배를 추구하기 위해 감정적이고도 문화적인 상징을 이용하는 상징정치의 결과로 발생한다.[28]

실제로 무슨 일이 일어났는지, 그러한 사건들을 어떻게 절합할 것인지에 해당하는 문제, 다시 말해 과거를 어떻게 기억하느냐를 둘러싼 논쟁은 거의 보편적인 현상이다. 종종 선택된 후 수십 년간 언급될 이야기는 권력을 가진 사람들의 지원을 받는다. 정치인들과 여타의 권위를 가진 인물들은 특정한 이야기를 하기 위해 혹은 사람들이 특정한 방식으로 생각하도록 만들기 위해 기억을 조작할 수 있다. 그리고 권력 집단은 자신들을 좋은 방식으로 반영하거나 자신들의 필요에 맞는 사건의 양식을 유포시킬 수 있다. 설사 그렇게 유포된 사건의 양식이 완전히 정확한 것은 아닐지라도 말이다.[29]

몇몇 학자는 역사 교과서의 정치와 정치권력이 어떻게 그 내용에 영향을 끼치는지를 연구한 바 있다. 예컨대 마이클 애플Michael Apple과 린다 크리스천-스미스Linda Christian-Smith에 따르면, 교과서는 중립적이고 객관적인 사실을 가르친다고는 하지만, 종종 특정한 믿음체계를 고양하고 "기존의 정치적·사회적 질서를 정당화하기 위한 이데올로기적 도구"로 이용되기도 한다.[30] 교육 시스템 안에서 활용할 지식을 고르고 조직하는 것은 특정한 계급과 사회 집단의 이해를 도모하기 위한 이데올로기적 과정이기도 하다. 국민국가가 부상한 이후 국가는 역사 교과서를 "국가의 영광을 기리고, 민족적 정체성을 공고히 하며, 사회와 정치 체제의 특정한 형식을 정당화"[31]하기 위한 도구로 이용했다.

이에 더해 충돌 그 자체가 집단의 정체성을 형성하기도 한다. 집단 사이에 더 많은 충돌이 발생할수록, 각 개인은 각각의 개성보다는 그들의 집단적 소속에 근거해 서로를 판단하기 쉽다.[32] 충돌이 사회적 정체성을 발생시키고 유지하는 데 중요한 역할을 할 수 있는 것이다. 다시 말해 뿌리 깊은 충돌이 대립하는 정체성의 산물인 만큼 뿌리 깊은 사회적 정체성이 충돌의 산물일 수도 있는 것이다. 이러한 순환관계에 대한 광범위한 무지는 대체로 사회적 정체성이 넓게 퍼져 있는 집단의 DNA에 새겨져 있는 태생적이고 원초적인 것이라는 명제에서 비롯된 것이다.

세대 간의 세뇌, 인쇄매체, 교육 시스템이나 충돌 그 자체 가운데 무엇을 통해서든지 역사적 기억은 정체성의 형성에 중요한 역할을 한다. 정체성은 개인과 사회 모두의 경험을 바탕으로 형성되는 것이다. 그러므로 그러한 정체성이 종족 집단 혹은 사회가 세계를 이해하는 방식을 어떻게 형성하는지를 이해하기 위해서는 먼저 그 형성과정을 알아보는 것이 중요하다.

역사적 기억, 프레임, 인식

인간이 데이터를 조직하고 분석하는 능력에는 한계가 있기 마련이다.[33] 결과적으로 우리는 일상생활에서 마주치게 되는 막대한 양의 정보를 처리하기 위해 그러한 처리과정을 단순화하는 메커니즘에 의존해야 한다. **프레임**은 사람들이 복잡한 정보를 이해하는 데 도움을 주는 지름길이라고 할 수 있다. 종종 이러한 프레임은 믿음과 가치, 경험의 근본 구조 위에 세워지는데, 그것은 문화와 민족에 따라 다양한 방식으로 존재할 수 있다. 더불어 프레임은 의식적인 의사결정에 앞서 존재하며 후속 결정에 영향을 끼칠 수도 있다. 그러므로 프레임이 형성되는 방식과 시기라는 특성에 따라, 관심사·믿음·가치의 차이는 물론이고 사람들이 의식과 잠재의식의 수준에서 세계를 어떻게 받아들이고 이해하고 있느냐에 따라 분파가 나뉠 수 있다.

프레이밍framing과 재프레이밍reframing은 협상과 갈등 관리 과정에서 매우 중요하다.[34] 어떤 프레임이 활용되고 그것이 어떻게 구축되는지를 아는 것은 협상에 참여한 사람들로 하여금 충돌의 발전 방향에 대한 결론을 끌어내게 한다. 다시 말해 프레이밍을 이해하는 것은 미래에 발생할 수도 있는 충돌에 영향을 줄 수도 있다는 뜻이다. 충돌 상황 속에서 사람들이 활용하는 프레임을 분석하는 것은 충돌의 역학과 발전과정에 관한 새로운 통찰력과 더 깊은 이해를 제공해준다.

사람들이 새로운 상황을 이해하는 방법 중 하나는 그것을 이미 자신의 기억 속에 저장된 오래전의 상황과 비교해보는 것이다. 특정한 사람들의 역사는 그들이 자기를 둘러싼 세계를 인식하는 데 있어 근본적인 영향을 끼친다. 그러므로 역사적 기억은 외부 세계와 특정한 상황에 대한 행위자의 해석은 물론 이해에도 영향을 주며, 그것은 행위자가 특정한 집단에게 모종의 동기를 부여하게 만들고, 부분적으로는 그러한 동기들이 규정한 프레임을 통해 세계를 해석하도록 만든다. 문화와 마찬가지로 역사와 기억은 충돌의 거의 유일한 **원인**이 되지는 않지만, 우리가 세계를 바라보고 그것에 초점을 맞출 수 있게 해주는 렌즈를 제공해준다. 그리고 그러한 렌즈를 통해 차이들은 확대되고 충돌이 발생하세 되는 것이다.[35] 또한 역사적 기억은 대중과 엘리트가 현재를 해석하고 미래를 위한 정책을 만드는 데 도움을 주기도 한다.[36]

유엔 풍 콩Yuen Foong Khong은 『전쟁의 유사점Analogies at War』에서 지도자들이 정책을 정당화하기 위해서뿐만 아니라, 정치적 의사결정에서 핵심적인 역할을 하는 특정한 인지적 차원의 임무와 정보처리 임무를 수행하기 위해서도 역사적 비유들을 이용한다고 주장했다. **역사적 비유**라는 용어는 만약 시간적으로 서로 분리된 두 가지 혹은 그 이상의 사건이 어떤 하나의 측면으로 수렴한다면, 다른 측면에서도 그러함을 가리킨다. X라는 특성에 있어 사건 A가 사건 B와 유사한데, 사건 A가 또한 Y라는 특성을 가지고 있다는 것을 알게 되면 사건 B 역시 특성 Y를 갖게 된다고 추론할 수 있기 때문이다. 이것을 논리적으로 축약해 표현하면 AX:BX::AY:BY가 된다.[37] 이러한 역사적 유추는 종종 외교정책과 정치적 선전에서 활용된다.

학자들은 미국의 정책 입안자들이 주기적으로 이러한 역사적 유비에 의존해왔는지를 논의해왔다. 콩에 따르면, 1차 세계대전에서부터 사막의 폭풍 작전에 이르기까지 미국의 정책 입안자들은 참전을 고려할 때 반복적으로 '역사의 교훈'을 언급했다.[38] 최근 몇 년간 역사학자들, 전문가들, 정치인들은 이라크와 베트남 사이의 역사적 유사성을 활용해왔다.[39] 진주만에 대한 공격과 비교해 미국이 9·11 공격에 어떻게 대응해야 하는지를 둘러싼 여러 논의가 이루어지기도 했다.[40]

문화적 맥락, 민족적 경험, 정치 이데올로기, 사유의 패턴상에 존재하는 세계 여러 나라들 사이의 차이점에 따라 각 나라의 사람들은 의심의 여지 없이 다양한 '역사적 감각'을 갖추게 된다. 각 민족에게 있어 역사와 기억에 관한 이슈·구조·함의는 각기 다양하다. 예컨대 콩에 따르면, 미국의 이민 전통은 단일한 '구세계 정체성' 대신 영원히 변화하는 '신세계 정체성'을 부여했다.[41] 이를 통해 콩은 미국이 과거가 미래에 별다른 영향을 주지 못한다는 전제 아래 과거보다는 미래를 강조하게 되었다고 말한다.

하지만 여타의 사회들, 특히 아시아의 몇몇 나라에서 사람들은 종종 뒤를 돌아보며 동시대적 상황과 미래의 방향성을 규정하기 위해 그들의 과거를 활용한다. 콩은 미국과 여타 나라들 사이에 존재하는 역사적 감각의 차이가 주요 이슈에 대한 서로 다른 관점을 만들어내고, 궁극적으로는 국가 간의 대화에서 오해와 오역으로 이어질 수 있다고 주장한다. 1999년 미국의 중국대사관 오폭 사건을 사례로 들면서 콩은 다음과 같은 흥미로운 견해를 내놓았다. "베오그라드[세르비아의 수도] 주재 (중국)대사관에 대한 미국의 우발적 폭격은 특정한 역사적 문제에 대해 중국의 기억은 너무 오래 지속되는 데 반해 미국의 기억은 너무 짧게 지속된다는 것을 선명하게 보여준다."[42]

페이민신은 『포린 폴리시 Foreign Policy』에 발표한 "미국 민족주의의

국치를 잊지 말라

역설"이라는 기고문에서 콩의 주장에 호응했다. 페이민신은 미국의 미래 지향적이고 보편주의적인 관점이 불가피하게 다른 나라들의 종족 중심적 민족주의의 과거 지향적이고 특수주의적 관점과 충돌할 수밖에 없다고 생각한다. 역사와 기억에 대한 이렇게 상이한 접근법은 '역사의 충돌'을 만들어낼 수 있다. 페이민신은 또한 서로 다른 관점과 세계관에 대한 상대적인 경시가 미국과 다른 나라들 사이의 거대한 커뮤니케이션상의 장벽을 만들어낼 수 있다고 주장한다. 의식적으로든 무의식적으로든 미국의 역사 감각은 미국인들로 하여금 대체로 다른 나라 사람들의 역사적 불만에 무감각하게 만들 수 있는 것이다.

역사적 기억, 동기, 충돌 행위

과거에 대한 사회적으로 공유된 이미지를 통해 특정 집단은 사회적 응집력을 강화하고 사회적 정체성을 강화·보호하며 현재의 태도와 수요를 정당화할 수 있다. 충돌의 시기에 지도자들은 자주 사람들을 행동하도록 부추기고 더욱 단합하도록 만들기 위해 트라우마로 남은 과거의 기억을 상기시킨다. 역사적 적대감이 전기적 회로 순환의 증폭기처럼 작동하는 것이다.[43]

과거 사건에 대한 집단적 기억은 대중의 지지를 동원할 수 있는 토대를 제공해준다. 학자들은 특히 국가와 엘리트가 어떻게 정치적 동원을 만들어내기 위해 역사와 기억을 도구로 삼았는지를 논의해왔다. 볼칸에 따르면, 일단 고통스러운 기억이 선택된 트라우마가 되면, 그 뒤에 존재하는 역사적 진실은 그다지 문제가 되지 않는다. 그렇기 때문에 선택된 트라우마는 정치 엘리트들의 목표 실현이라는 단일한 목적을 위해 이용된다. 위기의 순간 점증하는 긴장감 속에서 사람들은 과거에 등을 돌린다. 그리고 정체성 그 자체가 도전받거나 약화되거나 심지어 산산이 부서지게 되면 기억이 등장하고, 그 기억은 자아와 공동체에 대한 감각을 통일하고 재강화하기 위해 다시 형성된다. 예들리츠키는 "생생한 역사적 기억이 현재 존재하는 반감의 불꽃을 타오르게 만드는"[44] 두 가지 방식을 논의한 바 있다.

첫째로 날짜·장소·행위자·유물을 강력한 상징으로 전환하고, 그와 관련된 이야기들을 단일한 신화로 자리매김하는 어떤 역사적 사건에 대한 신성화의 과정을 통해 역사는 반감의 불꽃을 타오르게 만든다. 둘째로 다른 민족이 저지른 과거의 집단적 잘못과 그에 따른 상실에 대한 기억, 그뿐만 아니라 그것이 아무리 흐릿하다고 할지라도 자신이 다른 나라 사람들에게 행했던 잘못된 행동에 대한 책임감은 현재의 충돌에 강력한 분노를 부여한다. 그리고 그것을 역사의 반복 혹은 역사적 배상으로 보이게 만든다.[45]

역사적 기억과 민족주의의 굴기 사이에 존재하는 고리는 특기할 만하다. 신화·기억·전통과 종족의 유산에 대한 상징은 민족주의에 힘을 실어주기 때문이다. 그리고 아마도 더욱 중요한 것은 현대의 민족주의적 지식 엘리트들이 행하는 과거에 대한 이상화 작업이 새롭게 발굴되고 해석될 수 있는 방식이다.[46] 다른 집단에 대한 적의를 정당화하는 민족주의적 (혹은 종교적) 신화는 폭력이 발생할 수 있다는 핵심적인 지표다. 이러한 신화들은 국영방송, 학교의 커리큘럼, 공식적인 정부 문건, 연설, 대중문학, 역사를 통해 선명하게 드러난다. 그러한 신화와 이데올로기가 적대적일수록 폭력이 발생할 가능성은 더욱 커진다.[47]

역사적 기억과 정치적 정당성 사이에도 중요한 연관관계가 존재한다. 그리고 이 연관관계는 민족주의 운동이 공통의 과거를 강조하고 공통의 운명을 확신시키는 거대 기념 시사master commemorative narratives를 만들어내려는 시도를 통해 가장 잘 드러난다.[48] 정치 지도자들은 종종 자신들의 합법성과 관심사를 고취시키며 민족주의적 정신을 북돋고 사회적 충돌에 대한 대중의 지지를 동원하기 위해 역사적 기억을 이용하는 것이다.

기억의 정치는 전 세계에 걸쳐 민주주의로 전환하는 데 있어 핵심적이었다.[49] 지금도 과거에 대한 인식은 이전 정권을 탈정당화하고 정치적 정당성에 대한 새로운 주장을 위한 근거를 마련하는 데 있어 핵심적이다. 예컨대 1991년 러시아 공산주의의 붕괴는 다른 무엇보다도 역사 교과서에 대한 수정을 필요로 했다.[50] 집단적 기억을 만들어냄으로써 정부는 자신들의 정당성을 치켜세울 수 있었고 여타 세력들을 권좌에서 쫓아낼 수 있는 이유를 마련할 수 있었다.

집단적 기억은 해결할 수 없는 충돌로 보이는 상황에서 특히 중요하다. 집단적 기억은 사람들이 몇 가지 경로를 통해 충돌을 관리하는 접근 방식에 영향을 준다. 첫 번째 방식은 충돌의 발생과 그것의 발전 방향에 대한 정당화다. 만약 당신이 역사적으로 부당하게 대우받았다고 믿고 있다면 당신이 충돌에 개입하게 될 가능성은 더 커진다. 두 번째 방식은 다루기 힘든 충돌에 있어 집단적 기억을 통한 집단의 믿음은 그것이 강도 높은 자기정당화·자기미화·자기예찬에 개입하게 되면서 집단 자신의 긍정적인 이미지를 제시하게 되는 방식이다. 자신 스스로가 피해자가 되고 자신의 역사를 역경 극복의 역사로 만드는 것은 한 집단의 자존감을 구축하는 데 도움을 준다. 이는 집단 구성원들이 자신들을 긴 줄을 선 생존자들의 후손으로 보기 시작하면서부터다. 세 번째 방식은 집단적 기억이 상대방의 정당성을 박탈하는 것이다. 이전의 부당함에 대한 집단의 기억은 반대편의 눈으로 충돌을 바라보는 것을 가로막는다. 마지막으로 특정 집단의 믿음과 기억은 해당 집단을 반대편에게 희생당한 존재로 제시하는 것이다.[51] 이러한 네 종류의 방식은 종종 집단이 충돌에 개입하게 만드는 불가분의 망web을 만들어낸다.

집단 정체성으로서의 역사적 기억: 첫 번째 프레임

하버드 정체성 연구 프로젝트는 정치적 행동을 설명하는 데 도움이 될 만한 변수로서 정체성을 활용하는 것에 관한 주목할 만한 연구를 수행한 바 있다.[52] 이 연구에 따르면, 정치적 행동을 설명하는 데 도움을 줄 수 있는 변수로서 정체성을 좀 더 체계적으로 도입할 때 그것을 정의하고 측정하는 과정이 가장 대표적인 걸림돌이다.

정체성을 어떻게 규정할 것인지에 대한 합의는 별로 존재하지 않는다. 또한 정체성의 내용과 범위를 결정하는 데 필요한 절차에서 일관성이 존재하는 것도 아니다. 정체성이 지식·해석·믿음·선호·전략에 정말로 영향을 끼친다는 증거를 찾기 위해 어디를 쳐다봐야 하느냐에 대해서도 온전한 합의가 이루어진 적은 없다. 그리고 정체성이 그러한 행동의 내용에 어떻게 영향을 끼치는지에 대해서도 온전한 합의가 이루어진 적은 없다.[53]

집단 정체성은 두 가지 차원에서 사회적 범주로 규정된다. 그것은 바로 내용과 주장이다. 이러한 규정은 해당 분야에서 과거에 관한 연구에서와 마찬가지로 사회적 정체성 이론, 역할 이론과 같은 행동 이론에 토대를 두고 있다.

정체성의 **내용**은 상호 배타적이지 않은 구성적 규범, 관계적 내용, 인지 모델들, 사회적 목적이라는 네 가지 유형을 취한다([표 1-1]을 볼 것).[54] 구성적 규범이 제시되면, 집단적 기억의 규범은 집단적 소속감(범주화)

[표 1-1] **정체성 내용의 유형**

구성적 규범 (규범적 내용)	정체성에 관한 구성적 규범은 집단의 소속감, 관심사 그리고/또는 집단의 목표나 목적을 규정하는 규범이나 규칙을 명시한다.
관계적 내용	정체성의 관계적 내용은 여타의 정체성 혹은 집단에 대한 비교와 참조를 제공한다.
인지 모델	정체성의 인지적 내용은 집단이 세계를 해석하고 이해하는 방식에 영향을 준다.
사회적 목적 (목적 지향적 내용)	정체성의 목적 지향적 내용은 집단에게 수행해야 할 적절한 역할을 부여해준다.

과 수용된 자질(신원 확인)을 명시한다. 구성적 규범은 집단의 관심사를 규정하는 데 도움을 주는 방식으로 행동을 조직하기도 한다. 이러한 정체성은 행위자들에게 그들이 수행해야 하는 사회적으로 적절한 역할을 부여해준다. 이러한 개념화에 관해 특정한 방식으로 행동해야 할 이유를 특정한 역할 수행에 대한 결정에서 찾을 수 있다. 결코 선호하는 결과를 산출할 수 있는 경로들의 선택에 관한 결정에서 찾을 수 있는 것은 아니다.

다른 한편으로 관계적 내용은 사람들이 타자들과 맺고 있는 관계에 주목한다. 집단 정체성은 항상 부분적으로는 관계적이며, 자신들과 구별되는 타자의 집단 정체성에 대한 비교와 참조로 구성되어 있다. 그리고 집단 정체성의 이와 같은 관계적 특성은 배타성·신분·적개심을 포함한다. 그러므로 관계적 내용은 하나의 사회적 정체성이 타자를 어느 정도로 배제시키는지(배타성)를 결정한다.

예컨대 만약 당신이 집단 X의 구성원이라면 당신은 집단 Y의 구성원일 수 없다. 관계적 특성은 또한 특정한 하나의 정체성이 다른 정체성에 대해 갖는 지위를 만들어내고, 이러한 과정을 통해 집단 X는 집단 Y에 비해 상대적으로 우수한 것으로 규정된다. 그리고 이러한 우열의 이분법은 또 다른 정체성에 의해 제시되는 적대감의 수준을 끌어올린다. 집단 내부적인 정체성의 창출은 외부 집단에 대한 경쟁적인 행동을 만들어낼 수도 있고, 최소한 외부 집단에 대한 평가를 격하시키는 것으로 이어지기도 한다.[55]

집단 정체성의 내용은 인지적인 것일 수도 있는데, 이는 곧 집단의 소속감이 특정한 원인-결과의 관계와 같은 세계가 작동하는 방식, 집단의 사회적 현실성에 대한 묘사라는 개념과 연계되어 있다는 것을 설명해 준다. 이 모델은 집단 정체성이 개별 행위자가 세계를 이해하는 방식에 영향을 끼칠 수 있음을 함의한다. 다시 말해 어떤 특정한 행동에 대한 물질적·사회적 보상은 특정인의 정체성에 따라 다른 가치를 지닐 수 있다는 뜻이다. 그러므로 행동은 물질적·사회적 보상을 따라 흐르지만, 그러한 보상에 대한 평가에 영향을 끼치는 것은 다름 아닌 정체성이다

마지막으로 집단 정체성의 내용은 목적 지향적일 수 있는데, 특히 어떤 집단이 자신의 정체성에 특정한 의미와 목적을 부여했을 때 그러하다. 이러한 목적 지향적 내용은 집단이 원하는 것은 그들이 스스로를 누구라고 생각하느냐에 달렸다는 상식적 개념과 유사하다. 게다가 정체성은 행위자들로 하여금 행동에 집단의 목적을 부여하게 하며, 그러한 목적과 연계된 렌즈를 통해 세계를 해석하도록 유도한다.

요약하면 정체성의 **내용**에 관한 이상의 네 유형은 각각 집단 정체성과 정책 행동 혹은 실천 사이에 존재하는 교차적 인과 경로를 내포하고 있다는 것이다. 이와 같은 집단적 기억은 최소한 이러한 네 유형 중 하나를 포함하고 있으며, 대다수의 집단적 기억은 이 네 유형을 모두 포함하고 있다.[56]

또한 정체성의 내용은 고정되거나 사전에 결정된 것이 아니다. 오히려 내용은 사회적 논쟁과정의 결과다. 우리가 정체성에 관한 담론이라고 생각하는 것 중 대다수는 특정한 집단 정체성의 의미에 대한 논쟁이다. 정체성의 의미에 관한 특정한 방식의 해석은 어떤 때는 구성원들 사이에서 널리 공유되고, 어떤 때는 그다지 널리 공유되지 못한다. 결국 논쟁은 정도의 문제라고 생각될 수 있는 것이다. 다시 말해 집단 정체성

의 문제는 많고 적음에 관계없이 논해질 수 있는 것이다. 한 사회가 외부적 위협과 같은 특정한 환경을 경험했을 때 정체성에 대한 논쟁은 급격히 줄어들 수 있다.

사회적 정체성 이론은 집단행동에 관한 영향력 있는 또 다른 형태의 동시대적 이론이며, 하버드 정체성 연구 프로젝트가 제시한 모델에 유용한 보완점을 제공해준다. 사회적 정체성 이론은 사회적 범주화와 비교의 과정에서 어떻게 정체성이 나타나는지, 그것이 집단 간의 관계에 어떠한 영향을 주는지를 설명해준다. 사회적 정체성 이론은 집단 간 행동에 관한 범주화, 신분 확인, 비교라는 세 가지 중심 개념에 토대를 두고 있다.[57]

우리는 대상을 이해하기 위해 그것을 범주화한다. 그리고 우리는 내가 속해 있는 집단과 나 자신을 동일시하면서 내가 처한 사회적 환경을 이해하기 위해 사람들을 범주화한다. 이러한 방식으로 한 집단에 속한 사람들이 어떻게 '우리 대 그들' 혹은 '내부 집단 대 외부 집단'이라는 도식으로 스스로를 생각하는지 이해할 수 있다. 긍정적인 자기개념이 일반적인 심리 기능의 일부분이라는 것은 분명해 보인다. 긍정적인 자기 존중을 유지하는 방식으로서 우리는 자신의 집단이 타 집단과 다를 뿐 아니라 우수하다고 생각하게 해주는 집단 간의 비교에 참여한다.

사회적 정체성 이론은 개인에 대한 집단 정체성과 자존감이 미치는 영향력을 강조한다. 집단에 속해 있는 개인을 조사하는 대신에, 사회적 정체성 이론은 개인 안에 담겨진 집단에 초점을 맞춘다. 개인은 긍정적인 자기정체성과 자존감을 찾고, 그것은 집단 소속감과 공감대의 발전, 집단 내부의 정체성에 따라 획득된다. 개인은 스스로를 개별적 개인이라기보다는 집단 구성원으로 보며, 집단적인 행동을 통해 일사불란하게 움직인다. 동일한 집단 정체성을 공유하는 사람들은 자신들끼리 공통의 관심사와 두려움을 가진 것으로 생각한다. 통상 집단적 문화의 강도가 셀수록 더욱 많은 사람이 자신의 집단과 스스로를 동일시하고, 더욱 많은 사람이 다른 집단과 자기 집단 사이의 차별을 강조한다.[58]

사회적 정체성 이론은 또한 개인이 부정적인 사회적 정체성에 대해 어떻게 반응하는지도 언급한다. 헨리 타시펠Henry Tajfel과 손 터너는 사람들의 사유를 형성하는 중요한 두 가지 믿음체계를 강조한 바 있다.[59] 첫 번째 체계는 **사회적 이동성**social mobility으로 개인이 살고 있는 사회가 유연하고 투과적permeable이라는 일반적 가정에 토대를 두고 있다. 사회적 이동성을 통해 개인은 부정적으로 구분되는 내부 집단을 떠나 더욱 선호하는 집단의 소속감을 얻으려 한다. 그러므로 특정한 집단에서 자신의 삶에 만족하지 못하면, 그 사람은 재능, 치열한 노력, 이민 등을 통해 다른 집단으로 이동하는 것이 가능하다고 믿는다.

또 다른 한편에서 **사회적 변화**는 집단의 경계가 비투과적이라는 믿음에 근거를 두고 있다. 이는 곧 개인이 내부 집단의 비교를 통해 선호하는 바를 성취하기 위해 상호 비교가 벌어지는 상황의 특정한 부분을 바꾸려고 노력하는 것을 의미한다. 사회 변화를 위한 전략에는 비교를 위한 새로운 범주를 찾고 자질에 부여된 가치를 재정의하는 사회적 창조성, 집단의 현 상황 속에서 실제적 변화를 이루기 위해 외부 집단과 직접적으로 비교하는 사회적 경쟁, 나아가 사회적 저항과 사회 운동, 혁명 같은 사회적 행동이 포함된다. 긍정적인 사회적 정체성을 위한 집단적 소속감에 대한 열망은 또한 공격적인 지도자들에게 대중적 지지를 위한 사회적 동원의 기초를 마련해줄 수도 있다.

하버드 정체성 연구 프로젝트와 사회적 정체성 이론 모델은 정체성에 대한 좀 더 철저한 연구에 도움이 되는 가이드라인을 제공해준다. 이 두 이론을 바탕으로 나는 [표 1-2]와 같이 연구를 위한 분석 프레임을 만들어보았다. 각각의 질문은 집단 정체성으로서의 역사적 기억에 관한 내용과 쟁점을 측정하기 위해 배치되었다. 이 표는 또한 사회적 정체성 이론의 이념에 근거한 범주화, 신분 확인, 경쟁의 측면들을 포함하고 있다.

[표 1-2]의 분석 프레임에 근거해 집단 정체성이 구성적 규범으로 작동할 때, 그러한 집단 정체성은 다음과 같은 특징을 갖게 될 것이다. 그 것은 집단의 소속감을 위한 규칙(범주화)과 수용된 자질(신분 확인)을 명시하고, 집단의 자존감과 신화의 요소들을 포함하며, 사회의 구성원들에게 자신이 수행해야 하는 역할에 필요한 적당한 사회적 역할을 부여하고 집단의 관심사를 정의하는 데 도움을 주는 방식으로 행동을 조직한다. 특정한 집단의 정체성 구축에서 역사적 기억이 수행하는 역할을 조사할 때, 다음의 질문들은 구성적 규범으로서 존재하는 역사적 기억의 내용을 가늠하는 데 도움이 될 것이다.

1. 역사적 기억의 내용은 집단의 소속감과 자질을 결정하는 규칙을 명시해주는가? 예컨대 누가 집단의 일원인가? 집단의 일원이 된다는 것은 무엇을 의미하는가?
2. 역사적 기억의 내용이 집단의 관심사를 규정하는 데 도움을 주는가?
3. 역사적 기억의 내용이 집단의 자존감, 자존심, 위엄의 토대를 구성하

[표 1-2] **집단 정체성으로서의 역사적 기억**

내용	구성적 규범	범주화	역사적 기억의 내용이 집단의 소속감과 자질을 결정하는 규칙을 명시하는가? 예컨대 누가 집단의 구성원인가? 집단의 구성원이 된다는 것은 무엇을 의미하는가?
		신분 확인	역사적 기억의 내용이 집단의 관심사를 규정하는 데 도움을 주는가?
		자존심과 자존감	역사적 기억의 내용이 집단의 자존감, 자존심, 위엄을 구성하는가?
		역할 정체성	역사적 기억의 내용이 수행해야 할 사회적으로 적절한 역할을 제공하는가?
	관계적 내용	사회적 비교와 경쟁	역사적 기억의 내용이 누가 해당 사회 집단의 비교 대상인지 그리고 누가 적인지를 규정하는 데 도움을 주는가?
			역사적 기억의 내용이 때로는 좀 더 사회적으로 비슷하다고 인식된 집단과의 협조적인 관계로 이어지는가?
		사회적 이동성과 변화	역사적 기억의 내용이 집단 구성원들의 사회적 이동성과 사회적 변화의 자원인가?
			역사적 기억의 내용이 정치 지도자들에게 대중 지지를 동원하기 위한 토대를 제공하는가?
	인식적 모델	해석	역사적 기억에 대한 인지적 내용이 세계의 작동방식—특정한 원인-결과의 관계—그리고 집단의 사회적 현실에 대한 묘사에 대한 설명과 집단적 소속감이 어떻게 연계되는지를 묘사하는가?
		프레임과 분석	역사적 기억의 내용이 프레임과 렌즈, 세계를 해석하기 위한 비유의 자원을 제공하는가?
	사회적 목적		역사적 기억의 내용이 집단의 목적을 규정하는가?
쟁점			어느 정도로 집단이 역사적 기억의 내용을 공유하거나 이에 대해 논쟁하는가?

는가?

4. 역사적 기억의 내용이 행위자들에게 수행해야 할 사회적으로 적절한 역할을 제공해주는가?

역사적 기억이 정체성의 내용에 관한 또 다른 관계적·인지적·목적지향적인 세 유형으로 기능하는지, 그렇다면 어떻게 기능하는지를 가늠하기 위해 여타의 질문도 설정할 수 있다. 마지막으로 이 프레임을 통해 역사적 기억의 내용이 어느 정도로 집단 안에서 공유되고 논의되는지를 가늠할 수 있다. 이러한 개념화는 역사적 기억의 기능을 체계적으로 조사하기 위한 분석적 프레임을 제공해준다. 역사적 기억과 집단적 동역학 혹은 종족적 특이성의 영향력을 탐색할 때 이러한 질문들은 역사적 기억의 효과를 범주화하고 가늠하는 데 필요한 가이드라인으로 유용하다.

특정한 집단의 행동 혹은 실천(외교정책과 충돌 행위와 같은)에 관해 역사적 기억의 역할을 탐색할 때 이러한 프레임을 활용함으로써 우리는 우선 집단 정체감의 형성에서 역사적 기억이 어떠한 역할을 수행하는지 찾아낼 수 있다. 그리고 해당 집단의 범주화와 신분 확인, 정체성을 비교하는 과정에서 역사적 기억이 어떠한 역할을 하는지를 알아보는 것이 특히 중요하다. 5장에서 역사와 기억이 중국공산당의 정체성과 세계관을 어떻게 규정하는지를 조사하기 위해 이러한 프레임이 활용될 것이다.

믿음의 세 가지 인과 경로: 두 번째 프레임

주디스 골드스타인Judith Goldstein, 로버트 코헨Robert Keohane과 그들의 동료들은 외교정책의 이념에 대한 또 다른 중요한 작업을 수행한 바 있다. 저서『이념과 외교정책: 믿음, 제도, 정치적 변화*Ideas and Foreign Policy: Belief, Institution, and Political Change*』에서 그들은 이념이 정치적 결과를 설명하는 데 어떻게 도움이 되는지를 연구하기 위한 체계를 제시했다.[60]

이러한 의미에서 이념은 또한 집단 정체성의 인지적 내용이라고 할 수 있다. 앞의 프레임을 활용함으로써 역사적 기억이 그러한 집단 정체성을 형성하고 특정한 집단이 자신의 구성원들과 상대방에 대해 가지고 있는 이념을 강화시킨다는 사실이 분명해졌다. 골드스타인과 코헨은 역사적 기억을 구축하는 이념을 포함해서 정치적 행위에 영향을 끼치는 이념에 내재된 세 가지 '인과 경로'를 식별해냈다. 그것은 바로 지도, 초점과 접착제, 제도화의 역할을 하는 이념이다.

가장 합리적인 분석조차 사람들이 자신이 선호하는 결과를 추구하기 위한 전략을 선택할 때 불완전한 정보를 가지고 있다는 데 동의한다. 그러므로 정책을 설명할 때 개인이 가지고 있는 이념과 믿음의 체계가 가장 중요한 요소가 된다. 불확실한 조건 속에서 믿음과 이념은 세 가지 방식으로 지도처럼 작동한다. 첫째 이념은 특정한 상황에 관한 행위자의 해석과 판단에 영향을 주며, 그런 상황적 조건 속에서 행위자들은 여타의 변수를 배제하거나 대안적 선택지를 제공할 수도 있는 상반되는 해석을 거부함으로써 정책의 선택지를 제한한다. 이러한 방식으로 이 넘은 정책 선택을 제한하는 필터처럼 기능한다. 둘째, 믿음과 이념은 또한 행동을 위한 강제적인 윤리적·도덕적 동기를 제공할 수 있다. 셋째, 이념과 믿음은 인과적 패턴을 규정함으로써 행동방식을 통솔할 수 있다. 이념은 행위자가 자신이 식별한 인과적 연계 혹은 자신이 회고적으로 만들어낸 규범적 원칙을 신뢰할 때 중요해진다.

이념은 또한 뚜렷한 평형 상태가 부재한 상황에서 모종의 결과를 낳을 수 있다. 그것은 특정한 집단의 응집력을 가능케 하는 연합적 접착제로서의 협력적 해결 방안 혹은 행동을 규정하는 초점이 될 수도 있다. 정치적 행위자들이 근본적인 선택을 함에 있어 '객관적'인 기준이 없는 결과들 중 하나를 선택해야 할 때, 이념은 기대와 전략에 관한 초점을 마련해준다. 정치 엘리트들은 공유된 문화적·규범적·종교적·종족적·인과적 믿음에 근거해 행동방식을 결정할 것이다. [그리고 그렇게 결정되었을 때] 여타의 정책은 무시될 것이다. 이념이나 정체성은 협력과 집단적 동의를 조정함으로써 정책적 행동에 영향을 주는 인과적 요소로 기능할 수 있다. 하지만 그것은 또한 충돌과 혼란을 초래함으로써 그 반대 방향의 결과로 이어질 수도 있다.

마지막으로 일단 이념이 규칙과 규범에 새겨지면, 다시 말해 제도화되면 그것은 공공 정책을 구속한다. 정책 선택은 조직과 규범 구조에 대한 강제력을 만들어내는데, 그러한 강제력은 선택된 정책을 최초로 지지했던 이들의 이해관계가 전환된 지 한참 지난 이후에도 직업 정치가들의 인센티브에 영향을 준다. 일반적으로 제도가 개입할 때 이념의 영향력은 수십 년에서 수 세대에 걸쳐 지속될 수도 있다. 이러한 의미에서 이념은 사람들이 그것을 원칙적 혹은 인과적 언설로서 더는 신뢰하지 않을 때도 영향을 끼칠 수 있다.

요약하면 이념은 그것이 상징하는 원칙적·인과적 믿음을 바탕으로 행위자들의 목적 혹은 목적-수단 관계에 관한 명확성을 증대시키는 지도를 제공할 때, 특정한 평형 상태가 존재하지 않는 전략적 상황의 결과들에 영향을 끼칠 때, 정치적 제도에 삽입되었을 때 정책에 영향을 끼친다. 역사적 기억의 이념이 집단의 정책과 실제적 행동에 관한 지도 그리고/혹은 초점으로 작용하는지를 식별하기 위해서는 위와 같은 세 가지 범주와 관련된 구체적 질문을 탐색해보아야 한다. 세 가지 범주와 관련된 구체적 질문은 [표 1-3]처럼 개괄할 수 있다.

첫 번째 범주의 질문은 역사적 기억에 대한 특정한 믿음이 충돌 그리고 특정한 상황 속의 반응과 행동을 위한 지도road map의 역할을 제공하는지에 관한 것이다. 앞서 제시한 개념적 프레임을 고려하면, 이념과 믿음은 다음과 같은 세 가지 방식으로 지도의 역할을 수행한다.

1. 해당 상황에 대한 행위자의 해석과 판단에 영향을 주는 방식
2. 행동에 대한 윤리적 혹은 도덕적 동기를 제공하는 방식
3. 인과적 패턴을 규정함으로써 행동양식을 규제하는 방식

다음에 제시된 부가적 질문들은 위와 같은 세 가지 측면을 조사하기 위해 고안된 것들이다. 예컨대 첫 번째 범주의 질문은 역사적 기억에 대한 믿음이 충돌에 관한 행위자의 해석과 판단, 그 충돌에 대한 반응과 관련된 정책적 선택지에 어떻게 영향을 주는지에 초점을 맞춘 것이다.

두 번째 범주의 질문은 역사적 기억에 대한 믿음이 협력과 집단적 공

[표 1-3] 믿음의 세 가지 인과 경로

지도	정보 처리와 의사 결정	역사적 기억에 대한 믿음이 충돌 상황에 대한 해석과 판단에 영향을 주는가? 역사적 기억에 대한 믿음이 여타의 변수들과 다른 선택을 제안할 수도 있는 반대되는 해석을 배제함으로써 선택지를 제한하는 필터로서 기능하는가?
	동기와 동원	역사적 기억에 대한 믿음이 행동을 위한 윤리적 혹은 도덕적 동기를 제공하는가? 정치 지도자들이 대중적 지지를 동원하거나 다른 집단에 대한 적대심을 정당화시키기 위해 역사적 기억에 대한 믿음을 활용하는가?
	가이드라인	역사적 기억에 대한 믿음이 불확실한 상황에서 행동을 규제하는 인과적 패턴을 규정하는가?
조정	협력	역사적 기억에 대한 믿음이 협력적 해결책을 규정하는 초점으로 활용되었는가? 역사적 기억에 대한 믿음이 특정한 집단의 공감대를 활성화시키는 협력적 접착제로 기능하는가?
	충돌	역사적 기억에 대한 믿음이 충돌을 만들어냈는가? 역사적 기억에 대한 믿음이 그 충돌에 대한 합의와 해결의 구축에 어려움을 초래했는가?
제도화		역사적 기억에 대한 믿음이 정치적 제도에 삽입되었는가? 역사적 기억에 대한 믿음이 제도화되어왔는가?

감대를 조정하는 초점이자 접착제로 작용하는지, 혹은 반대로 그러한 믿음이 충돌과 무질서를 초래하는 결과를 만들어내는지를 탐색하는 작업과 연관된 것이다. 그리고 마지막 범주의 질문은 역사적 기억에 대한 믿음이 정치구조에 삽입되어 있는지, 어떻게 제도화되어왔는지에 관한 질문이다.

역사적 기억이라는 변수

역사적 기억은 그야말로 중요한 연구주제다. 그것은 전前의식적 혹은 잠재의식적 차원에서 기능하며, 집단적 기억은 종종 우리의 '집단 무의식'이 되기 때문이다. 민족의 '심층문화'로서 역사적 기억은 객관적인 지식이 아니며, 종종 분명하게 인식할 수 없는 것이기도 하다. 정체성을 형성하는 역사적 기억의 이념이 일반적으로 인정받는 데 반해, 학자들은 그것의 효과를 가늠하고 분석하기 위한 효과적인 수단을 찾아내지 못했다. 하버드 정체성 연구 프로젝트가 제시한 모델은 정체성을 행동 이면에 존재하고 있는 인과적 요소로 규정하는 큰 걸음을 내디뎠다. 하지만 그러한 이론은 역사적 기억이라는 변수를 연구하기 위한 기능적 프레임으로 조직되어야 한다. 이번 장에서는 역사적 기억에 관한 기존 연구를 개관하고 역사적 기억과 그 효과를 연구하기 위한 두 가지의 분석적·이론적 프레임을 제시했다.

나는 정치적 행동을 설명하는 변수인 역사적 기억의 활용에 관한 방법론적 논의에 이 책이 도움이 되기를 목표로 삼고 있다. 그와 마찬가지로 이 두 가지 프레임이 역사적 기억에 관한 연구를 수행하는 데 필요한 지도가 되기를 희망한다. 피터 J. 카첸슈타인Peter J. Katzenstein이 주장한 것처럼 민족적 정체성은 구체적인 역사적 배치 안에서 경험적으로 조사되어야 한다.[61] 앞서 살펴본 두 가지 프레임은 연구자들에게 경험적 데이터를 분석할 수 있는 수단을 제공해주고, 역사적 기억의 효과를 가늠하는 문제에 관한 연구를 진작시키는 데도 적용할 수 있다. 그와 반대로 이러한 활용은 연구자들이 특정한 사건 혹은 충돌의 어떠한 측면이 고려할 가치가 있는지를 결정하는 데 도움을 줄 것이다. 연구자들은 이러한 두 가지 프레임을 역사적 기억의 효과를 범주화하고 가늠하는 데 필요한 가이드라인으로 활용할 수 있다. 나아가 이러한 역사적 기억을 집단적 기억으로 활용하는 데 초점을 맞추고 있지만, 사회적 정체성의 기타 유형을 탐색할 때도 적용할 수 있다.

각각의 프레임은 좀 더 체계적인 연구를 위한 완전체integral whole로 활용될 수 있고, 혹은 역사적 기억이라는 이슈의 특정한 측면에 초점을 맞추기 위한 몇몇 요소로 나누어질 수도 있다. 예컨대 첫 번째 프레임은 정체성의 내용에 관한 네 가지 유형을 언급하고 있다. 비록 여러 집단 정체성이 이 네 가지 유형을 모두 가지고 있다고 할지라도, 연구 프로젝트는 그것 중 하나에만 초점을 맞추는 것을 선택할 수도 있다. 앞서 언급한 것처럼, 나는 5장에서 구성적 규범에 포함된 정체성의 첫 번째 유형에 초점을 맞출 것이다. 그리고 이러한 유형의 프레임을 사용해 중국 공산당이 추진하는 정체성 재구축의 작업에서 역사적 기억이 수행하는 역할을 탐색할 것이다. 특히 이 장에서는 엘리트들이 집권당의 규칙과 규범을 만들어내기 위해 어떻게 역사와 기억의 내용을 활용하는지를 탐색할 것이다. 앞으로 이어진 다섯 개의 각 장에서 나는 역사적 기억이라는 이슈의 여러 측면을 언급하면서 민족적 정체성의 형성에서 역사적 기억이 차지하는 역할을 탐색하려 한다.

두 번째 프레임은 과거의 부당함에 대한 기억이 현재적 충돌 상황에 대한 사람들의 해석과 판단에 어떤 영향을 주는지를 탐색하는 데 특히 유용하다. 7장은 중국이 미국과 겪은 세 가지 재난을 개념화하고 관리하며 해결하는 방식에서 믿음과 이념으로서의 역사와 기억이 어떻게 지도와 초점의 역할을 수행했는지를 탐색한다. 그리고 4장과 5장에서 나는 역사적 기억이 어떻게 정치제도와 중국 정치 담론의 패턴에 삽입 되었는지, 즉 제도화의 과정을 언급할 것이다.

☆☆★☆☆

다음 장에서는 중국의 독특한 역사적 경험―가장 중요하세는 고대 문명에 대한 자부심, 서구 권력과 비교하며 겪은 치욕의 세기로부터 유래한 집단적 기억―이 어떻게 중국의 민족적 정체성을 형성하는 데 결정적인 역할을 했는지를 논의한다.

2장

선택된 영광,
선택된 트라우마

1840년 1월 15일, 아편무역을 관장하던 임칙서林則徐는 빅토리아 여왕에게 다음과 같이 편지를 썼다.

우리 천조天朝는 수많은 국가를 거느리고 감독한다. 그리고 가늠할 수 없는 정신적 위엄을 분명히 가지고 있다. 하지만 황제께서는 지침을 통해 사람들을 우선 개혁해보려 하지 않고 처형하는 것을 참을 수 없어 하신다. 그러므로 황제께서는 확정된 규정을 특별히 널리 공표하려 하신다. 당신 나라의 야만적인 상인들이 오랜 시간에 걸쳐 사업을 하고자 한다면 우리나라를 충실히 따르고 아편 자원을 영원히 끊어야 할 것이다. 그리고 그들은 결코 자신들의 목숨을 걸고 법의 효과를 시험하려 해서는 안 된다. 상인들이 중국으로 오기 전에 당신 나라의 평화를 보장하기 위해, 당신의 공손함과 복종의 진실함을 더욱 보여주기 위해, 양국이 평화의 축복을 함께 누리기 위해 사악한 이들을 검사하고 사나운 백성들을 면밀히 조사하라.[1]

임칙서의 '빅토리아 여왕에게 보내는 조언 서한'은 아편전쟁이 벌어지기 전에 쓴 것이다. 이 서한은 광저우에서 공식적으로 발행되기 이전에 도광제道光帝의 승인을 받은 것이다. 오늘날에 이르기까지 이 편지는 아편전쟁 이전 중국인들의 자신감과 자존심을 일깨워주는 확실한 지표로 남아 있다.

중국에 당도한 영국군과 1840년 6월에 발발한 전쟁은 임칙서에게 외부 세계에 대한 자신의 무지가 어느 정도였는지 일깨워주었다. 1842년 8월에 친구에게 보낸 편지에서 임칙서는 왜 자신의 천조가 패배했는지에 대한 이유를 다음과 같이 밝히고 있다.

영국의 대포는 우리에게서 10리 떨어져 있었다. 우리의 대포는 그들에게 닿지 않았지만 그들의 대포는 우리에게 닿았다. 우리의 무기가 열등했던 것이다. 그들의 대포는 멈춤 없이 계속해서 발사되었지만, 우리 대포는 한 번 발사한 후 한동안 기다렸다가 다시 발사할 수 있었다. 우리의 기술이 뒤처졌던 것이다. 우리 장군들과 병사들은 경험이 많은 군인들이었지만, 이번 전쟁처럼 서로 보지 않고 참전하는 경우는 경험해본 적이 없는 것이었다.[2]

임칙서는 천조 제국이 이미 상당히 뒤처지고 있었다는 것을 깨닫고 있었던 몇 안 되는 중국인 가운데 한 명이었다. 중국인의 자존심과 우월함으로 가득 차 있던 1840년의 편지에서 중국의 후진성에 대한 선명한 좌절감으로 쓰인 1842년의 편지에 이르는 두 통의 편지에서 임칙서는 아편전쟁이 중국인의 자기정체성과 세계관을 어떻게 바꾸어놓았는지 보여준다.

라나 미터Rana Mitter가 언급한 것처럼 중국인들은 군사기술의 후진성을 보여주는 대표적인 사례로서 늘 아편전쟁이라는 최악의 순간을 꼽았다.[3] 서유럽은 명 중기에서 청 중기에 이르는 기간 동안 르네상스 시대와 콜럼버스의 대항해 시대, 종교 개혁, 스페인 왕조의 흥망을 거쳐 계몽의 시대와 프랑스 혁명, 산업 혁명에 이르기까지 그야말로 급진적인 전환의 시대를 거쳐왔다.[4]

이에 비해 중국은 정치 조직에서부터 경제 관리와 군사 사상military thought에 이르기까지 모든 영역에서 상대적으로 열악한 위치에 놓여 있었다. 장팅푸蔣廷黻는 자신의 독창적인 저서 『중국근대사』에서 다음과 같이 결론 내리고 있다.

아편전쟁에서 중국이 패배한 근본적인 이유는 우리의 후진성 탓이었다. 우리의 무기와 군대는 중세 시대의 수준이었고 우리 정부 역시 중세 시대의 수준이었다. 학자와 엘리트 계층을 포함한 우리의 인민도 중세 수준이었다. 우리는 열심히 싸웠다. 하지만 결국 패배했다. 그것은 자연스럽고 불가피한 결과였다.[5]

앞 장에서 소개한 것처럼, 트라우마적인 것과 영광스러운 것 모두를 포함한 역사상의 핵심 사건들은 종족 혹은 거대 집단의 강력한 표식이 된다. 특정한 집단이 과거의 상실과 패배, 심각한 치욕을 겪었을 때, 그러한 사건들이 남긴 정신적 트라우마는 정체성의 일부가 되고 구성원들을 더욱 가깝게 해준다. 마찬가지로 성공과 승리의 느낌을 포함하는 역사적 사건을 정신적인 차원에서 재현하는 것은 많은 수의 구성원들

을 함께 묶어준다.[6]

요한 갈퉁은 예컨대 종족 집단과 같은 대형 집단의 정체성이 작동하는 방식과 충돌 상황에서 집단이 어떻게 행동하는지를 이해하기 위해서는 과거의 영광과 트라우마를 해당 집단이 어떻게 선택하고 또 신화화하는지를 이해해야 한다고 주장한다. 선택성-신화-트라우마 콤플렉스는 민족적 정체성을 규정하는 데 결정적인 역할을 수행한다.[7]

이 책에서 내가 강조하고자 하는 바는 오늘날 중국의 정치와 사유가 '치욕의 세기' 동안 형성된 일들을 바탕으로 만들어졌다는 것이다. 하지만 이 '치욕의 세기'라는 기간이 중국 문명의 오랜 역사 속에서 보면 아주 짧은 기간에 불과하다는 맥락에서 그것을 이해하는 것이 중요하다. 중국인들이 선택한 영광에 관한 이해 없이 그들이 선택한 트라우마를 온전히 이해하는 것은 불가능하다. CMT 콤플렉스의 세 가지 부분은 사회적으로 각기 서로를 강화시킨다.[8]

중국의 CMT 콤플렉스를 살펴보는 것은 치욕의 세기를 중국의 전체적인 역사적 경험이라는 맥락에 자리매김하는 데 도움을 주고, 그를 통해 우리는 좀 더 종합적인 역사적 관점에서 그것의 기능을 규정할 수 있을 것이다.

이 장에서는 오늘날까지도 중국인의 심리에 영향을 주고 있는 역사적 사건들에 초점을 맞춤으로써 중국의 CMT 콤플렉스를 살펴본다. 집단적 역사 인식의 형성을 분석·조사하기 전에 역사에서 무슨 일이 일어났는지를 아는 것이 중요하다. 이 장의 목적은 역사를 되새기는 것이 아니라 중국인들이 어떻게 역사를 기억하는지에 초점을 맞추고 있다.

국치를 잊지 말라

선택

선택성(신과 같은 모종의 초개인적인 힘이 자신을 선택했다는 믿음)이라는 것이 중국에서만 특별한 것은 아니다. 많은 집단과 문화가 자신들이 초월적 힘의 선택을 받아 타자들보다 우월한 위치로 승격되었다고 믿는다. 중국에서 이러한 선택에 대한 믿음은 심지어 언어에도 깊이 스며들어 있다.

고대 중국에서 중국인들이 가지고 있던 선택에 대한 감각은 그들이 자기 나라에 부여한 이름을 통해서 분명하게 드러난다. **중국**中國이라는 이름 자체가 그러하다. 첫 번째 글자인 '중'은 '중심' 혹은 '가운데'를 의미하고 '국'은 '왕조' 혹은 '국가'를 의미한다. 중국 사람들은 자신들이 천하의 중심 왕조에 살고 있다고 믿고 있다. 장제스蔣介石에 따르면, 중심 왕조라는 이름은 지리적·문화적 개념일 뿐만 아니라 정치적 의미도 포함한 것이다. 누가 중국을 통치하든 간에 중심 왕조라는 개념은 천하 지배를 위한 정당성의 근거가 된다.[9]

중국은 또한 **중화**中華라고도 불린다. 고대 중국에서 '화'는 '훌륭한' 혹은 '번영한'이라는 뜻이고 아름다운 옷이나 화려한 장식을 의미하는 것으로 쓰이기도 한다. 고대 중국인들은 자신들을 일러 '화'라고 불렀고, 문화적으로나 종족적으로 외부자인 사람들을 일러 '이'夷('이'는 종종 오랑캐로 번역된다)라고 불렀다.[10] 로타르 폰 팔켄하우젠Lothar von Falkenhausen에 따르면, '중국인'(스스로를 **중화** 혹은 **화하**華夏라고 부르는)과 '오랑캐'의 대조는 동주 시대(기원전 770~256) 동안 강조되었고, 당시에는 주나라의 예법을 따르는 것이 점차 '문명의 기준'으로 인식되고 있었다.[11] 중국의 문화적 우월성에 세례를 받은 지배 엘리트는 '중국의 길을 따르지 않는 자'를 오랑캐로 규정하는 기준에 따라 외부 집단을 분류했다.[12]

화이의 구분법은 분명 중국 중심주의적인 것이고, 특히 전쟁 기간 종족주의적이거나 인종주의적인 함의를 내포하는 것이지만 중국인들이 오랑캐의 동화를 환영했다는 점을 이해하는 것이 중요하다. 프랭크 디쾨터Frank Dikötter의『현대 중국의 인종 담론The Discourse of Race in Modern China』에 따르면, 고대의 중국인들은 외부자들이 문화적으로 흡수될 수 있고, 중국의 문화와 관습을 받아들임으로써 중국인(화하)이 될 수 있다고 믿었다. "오랑캐를 변화시키기 위해 중국의 길을 따르는 것用夏變夷에 관한 이론은 강력한 지지를 받았다."[13]

중국을 가리키기 위해 흔히 사용되는 또 다른 이름은 **신주**神州로, 이것은 문자 그대로 '성스러운 땅' 또는 '신성한 땅'으로 번역할 수 있다. 그리고 이러한 명칭은 세계가 아홉 개의 주요 국가로 나뉘어져 있고, 그중 하나가 성스러운 땅, 즉 신주라는 생각에서 유래한 것이기도 하다. 이 단어는 전국 시대 중기(기원전 476~221)에 만들어졌다. 어떤 중국인들은 중국을 일러 **천조**라고도 한다. 이 '천조'라는 이념은 하늘이 지명한 왕조가 통치하는 중심 제국이 바로 중국이라는 생각을 반영하는 것이기도 하다. 오늘날 인터넷 토론 공간에서도 이 '천조'라는 개념은 많은 젊은이가 중국을 가리킬 때 선호하는 이름이기도 하다.

중국인들은 또한 자신들을 일러 '용의 자손龍的傳人'이라고 부른다. 이 전설은 중국의 용을 황권의 상징으로 삼는 데 일조했다. 악의 상징으로 생각되는 유럽의 용과는 대조적으로 중국의 용은 전통적으로 치수·

강우·홍수 같은 강력하고 상서로운 힘을 상징한다.

　고대의 중국인들은 자신의 집단이 세계의 중심에 있는 상서로운 땅에서 살게 된 선택받은 사람들이라고 생각했다. 그들은 자신들의 아름다운 복장과 높은 수준의 문화를 자랑스러워하고 종족적 외부자들을 '비문화적'이고 '비문명화'된 사람들이라고 여겼다. 하지만 중국의 문화를 포용한 중국의 이웃 누구나 중화 민족의 일부로 변화·동화될 수 있었고, 그로써 '중국인'이 될 수 있었다. 역사적으로 중국의 문화적 공간은 중국 철학, 복장과 함께 동아시아로 확대되었고, 문자체계는 다양한 정도로 조선·일본·베트남에 수용되었다. 중국 사람들의 시각에서 외부자들의 성공적인 동화, 이웃 나라들과 맺은 사제관계는 중국 문명을 보편적이고 우월하다고 여기는 관점을 강화시켰다.

신화

궁극적으로 모든 거대 집단은 자신의 위엄에 관한 이야기를 가지고 있기 때문에 전투에서 거둔 과거의 승리, 뛰어난 기술 혹은 예술적 소질을 통한 위대한 성취는 종종 집단의 선택된 영광으로 작동한다. 최근의 것이든 고대의 것이든, 실제의 것이든 신화의 것이든, 그러한 사건들에 부여된 중요성을 공유하는 것은 개인들을 거대한 집단으로 묶는 데 도움이 된다.[14] 과거와 현재의 영광에 관한 신화는 각 나라의 정체성 교육의 핵심을 차지하며 중국도 예외가 아니다. 초등학교 교과서에서부터 문학·영화·대중예술에 이르기까지 중국의 화려한 과거와 최근의 성취에 관한 서사는 어디에든 존재한다. 중국의 신화를 보여주는 데 자주 활용되는 네 개의 관용구가 있다.

- 문명고국文明古國: 문명을 갖춘 오래된 나라
- 예의지방禮儀之邦: 예의를 갖춘 나라
- 지대물박地大物博: 땅은 크고 물자는 풍부한 나라
- 찬란문명燦爛文明: 찬란한 문명을 가진 나라

이러한 관용구는 대부분 그것이 만들어진 신화, 고사 혹은 역사적 사실과 밀접하게 연계되어 있다. 이러한 관용구를 이해하는 것은 중국의 역사적 기억, 특히 CMT 콤플렉스에 대한 이해를 도모하는 데 도움이 된다.

중국의 선택된 신화와 영광은 2008년 베이징 올림픽 개막식에서 그 모습을 드러냈다. 행사 인원 1만 5,000명 이상이 참가한 본 개막식은 네 시간 이상 진행되었고 1억 달러가 소요되었다.[15] 행사 주최자는 중국의 영광스러운 과거와 유망한 미래를 보여주기 위해 모든 기회를 활용했고 세계와 동화되기 위한 이전의 노력을 다시 상기시켰다. 주요 발명품에서 음악과 예술에 이르기까지, 중국 문명의 요소들이 중국의 영광을 강조하기 위해 개막 행사에 세심하게 녹아들었다. 개막 행사의 메인 감독이 된 유명 영화감독 장이머우張藝謀는 다음과 같이 말한 적이 있다. "이것[올림픽 개막 행사]은 블록버스터 영화 한 편 만드는 것보다 100배의 노력이 필요한 일이다. 나는 세기의 꿈이 실현되었다는 것을 축하하고 5,000년 역사의 문명을 보여주는 책임을 져야 했기 때문이다."[16] 베이징은 이 행사를 준비하는 데 2년이 넘는 시간을 썼다. 전체적인 설계에서부터 세부적인 부분에 이르기까지 2008년 올림픽 개막식의 모든 세부 사항은 최고 지도자들의 의견을 근거로 검토되고 수정되었다. 그것은 곧 중국의 신화와 영광에 대한 공식 서사였던 셈이다.

행사는 2,008명의 연주자가 두드리는 부缶 연주로 시작되었다. 부는 하 왕조(기원전 약 2070~1600)로까지 거슬러 올라가는 4,000년 된 중국의 타익기로, 당시에는 제례에서 쓰였고 이후에는 유가 음악의 기준이 되었다.[17] 부의 등장은 중국의 오랜 역사를 상징하면서 그날 밤 행사의 시간표를 제시해주는 것이었다. 중국인들에게 부여된 선택된 영광 중 하나는 중국 문명이 세계에서 가장 오래 지속된 문명으로 받아들여지고 있다는 것이다. 중국 문명이 5,000년 이상 되었다는 고고학적 증거가 존재하며 그 기록은 4,000년 이상 끊임없이 이어진 것이다. 부는 또한 제례음악의 한 요소이자 '예의지방'으로서 중국을 대표한다. 대다수의 중국인은 예의와 환대에 관한 복잡한 체계에 대해 상당한 자부심을 가지고 있다. 이러한 자존심이 중국을 '예의지방'으로 표현하는 어구에 반영되어 있는 것이다.

여러 주요 발명품에 대한 중국의 자존심은 올림픽 개막 행사의 주요 테마로 그 모습을 드러냈다. 종이·나침반·화약·인쇄(목판인쇄와 활자인쇄 모두)라는 '4대 발명품'은 중국 문명과 세계의 발전에 엄청난 영향을 끼쳤다. 본 행사의 예술적 선택은 이 4대 발명품을 특별히 강조했고, 그로써 중국의 신화를 찬미했다.

4대 발명품은 고대 중국의 발전된 사회와 기술을 대표한다. 하지만 베이징은 이에 더해 중국의 높은 수준의 문화와 도덕적 자질을 강조하기 위해 행사를 활용하고자 했다. 행사를 통해 실크로드와 정화의 원정과 같은 전시에 상당한 시간을 할애함으로써 그러한 주제가 재현되었다. 중국인들은 중국이 외부 세계와 교환을 하고 또 조우했던 가장 중요한 두 가지 사건인 실크로드와 정화의 원정을 비단 고대 중국의 문명과 힘의 전시일 뿐만 아니라, 더욱 중요하게는 자국의 높은 문화 수준과 도덕적 자질을 보여주는 것이라고 보았다.

1405년에서 1433년 사이 명 정부는 일곱 차례의 해양 원정을 지원했다. 정화는 그러한 해양 원정의 임무를 맡은 거대한 함대와 군대를 통솔하는 원수로 임명되었다. 정화의 첫 번째 원정대는 2만 8,000명의 선원과 300척의 배로 구성되어 있었다.[18] 함대는 아라비아·동아프리카·인도·인도네시아·태국을 방문하면서 물품들을 주고받았다. 정화는 명 왕조에 대한 존경을 보여주기 위해 중국으로 여행을 온 13개국에서 특사를 데리고 왔다. 행사를 개최한 중국인들의 관점에서, 실크로드와 정화의 원정은 여전히 모든 것을 포용하는 중국의 열린 마음을 보여주는 것이었다.

중국의 표준 역사 교과서에서 정화의 원정은 '평화와 우정의 항해'로 칭송받고 있다.[19] 사람들은 일반적으로 정화가 외교를 통해 자신의 목적을 달성하려 했고, 그의 거대한 군대는 잠재적인 적을 복종시키기 위해 경외심을 갖도록 하기 위한 것이었다고 믿는다. 중국의 서사 속에서 정화의 원정은 무력이 아닌 '덕으로써 사람을 감복시키는以德服人' 모범적인 사례로 활용된다. 많은 중국인은 중국이 약하고 소수인 집단을 괴롭힌 적이 없다고 믿는다. 몇몇 학자는 명대와 청대에 중국이 강한 '도덕적 우월성'을 가지고 있었다고 생각하기도 한다.[20]

하지만 정화의 원정은 또한 중국의 역사적 기억이 종종 '선택된 기억'과 '선택된 망각'에 어떻게 개입하는지에 관한 사례를 보여주는 것이기도 하다. 최근 연구에 따르면, 정화의 원정은 자주 지역 사람들에 대한 폭력적인 행동을 수반했다. 정화의 병사들은 수마트라의 팔렘방 Palembang, 자바Java, 오늘날 태국에 속해 있는 아유타야Ayutthaya와 같은 도시를 침략했다.[21]

또한 중국이 이웃 나라들을 결코 침범한 적이 없었다는 것 역시 사실이 아니다. 당나라에서 청나라에 이르는 중국의 여러 왕조를 통치했던 지배자들은 자신들의 영토를 확대하기 위해 여러 차례 군사 원정을 시행했고 세계에서 가장 넓은 영토를 가진 제국이 되었다. 여전히 '평화를 사랑하는 나라'라는 중국의 이미지는 중국의 공식 문건과 학교 교과서에 자주 등장하는 신화이자 흔한 레토릭이다. 2003년 하버드 대학교에서 행한 언설에서 원지바오溫家寶 총리는 다음과 같이 직접적으로 말한 바 있다. "평화에 대한 사랑은 중국 민족의 유서 깊은 자질입니다." 그는 또한 레오 톨스토이의 말을 인용하며 중국이 "세계에서 가장 평화를 사랑하는 민족"이라고 말하기도 했다.[22]

역사를 되돌아봄으로써 우리는 중심 제국, 성스러운 땅, 천조 제국의 시민이자 용의 자손인 중국인들이 세계와 자신들을 어떻게 바라보고 있는지를 확인할 수 있다. 아편전쟁이 일어난 1840년 이전을 되돌아봄으로써 우리는 중국인들이 방대한 범위와 풍부한 물자를 자랑하는 자신들의 국토에 얼마나 자부심이 있었는지를 상상해볼 수 있다. 수천 년의 역사에 걸쳐 중국인들은 기술과 인류의 지식을 진보시키는 데 있어 선도적인 역할을 해왔다. 또한 중국은 4대 발명품을 포함한 수많은 중요 발명품의 원산지다. 역사적 과정 속에서 과학과 예술은 번창했고, 정부는 경쟁적인 시험을 통해 선발된 관료들이 운영하는 세련된 통치 시스템으로 발전했다. 모든 사회와 마찬가지로 중국 역시 전쟁과 쇠락의 과정을 겪었지만, 새로운 왕조는 항상 사회를 새로운 융성함의 절정으로 다시 이끌었다.[23] 올림픽 개막식이 분명하게 보여준 것처럼 중국인들이 스스로를 문화적·도덕적 우월성에 대한 강한 감각을 가진 존재로 본다는 것에는 의문의 여지가 없다.

중국이 선택과 신화에 대해 가지고 있는 생각을 분명하게 이해하지 않고서는 아편전쟁 이후 100년에 걸친 역사가 그토록 강한 자존심을 지닌 중국인들에게 어떠한 의미가 있는지를 이해할 수 없다. 그리고 오늘날까지도 중국인들의 사유에 여전히 영향을 끼치고 중국의 집단적 기억에 붙어 있는 민족적 트라우마를 만들어내는 치욕의 세기가 일으킨 충격을 이해할 수 없다. 중국의 오랜 역사 속에서 수많은 왕조 교체가 진행되었고, 그러한 교체는 거대한 폭력과 전쟁을 수반하는 것이었다. 자연재해·질병·기근 역시 중국을 괴롭혔다. 하지만 많은 중국인에게 있어 이러한 일들은 1840년에서 1945년 사이에 겪은 고통과는 비교도 되지 않는 것이었다.

트라우마

그동안 많은 학자가 중국의 정체성 정치에서 민족 치욕에 관한 담론이 차지하는 중요성에 대해 논의해왔다. 예컨대 윌리엄 캘러한William

Callahan은 치욕이야말로 현대 중국의 주체를 구성하는 핵심 요소라고 생각한다. 그는 또한 치욕의 세기가 중국 현대사에 관한 '거대 서사master narrative'라고 주장한다.[24] 빌리 와이어만Billy Wireman은 "오늘날 중국의 상황에 대해 가장 잘못 이해되고 경시되어온 것이 바로 치욕이라는 요소Humiliation Factor"라는 관점을 취하면서, 미국은 이러한 "중국 감정 속에 깊이 뿌리내린 부분"을 이해하기 위해 거의 아무것도 하지 않았다는 지적을 덧붙이고 있다.[25]

피터 그리스Peter Gries 또한 "100년에 걸친 민족적 치욕"이 중국인들로 하여금 중국의 위엄에 대한 모욕에 민감하게 반응하도록 만들기 때문에 오늘날 중국의 민족주의는 그러한 역사적 맥락에서 이해되어야 한다고 주장한다.[26] 중국의 유명 작가인 후핑胡平은 다음과 같이 말한다. "중국인들에게 역사는 종교다. (중략) 우리는 옳고 그름, 선악에 대한 초자연적 기준을 가지고 있지 않다. 그래서 우리는 역사를 최종적인 판단 근거로 본다. (중략) 모든 중국인은 타고난 민족주의자다."[27] 이러한 언급들은 중국의 민족적 경험과 중국의 감정 사이의 관계를 설명하는 데 도움이 된다.

거대 집단이 그들의 역사 속에서 몇몇 트라우마를 겪을 수는 있지만, 그러한 트라우마 중 특별한 몇 가지만 오랜 후에도 남아 있게 된다. 특정 집단의 '선택된 트라우마'는 "절망과 피해의식이라는 감정을 통해 뿌리 깊은 두려움과 공포를 상징화하는"[28] 경험으로 이루어져 있다. '선택된 트라우마'는 상실을 애도할 능력마저 잃어버린 과거 세대의 무능력(이러한 무능력은 공유된 트라우마적 사건과 연계되어 있다)을 트라우마화하는 것을 반영하고, 그러한 사건으로 입게 된 상처를 집단의 자존감과 치욕으로 전환시키는 데 실패했다는 사실을 반영한다. 어떤 집단도 피해자가 되어 자존감을 상실하게 되는 것을 바라지 않는다. 하지만 해당 사건을 그것에 대해 깊이 생각하고 과장하기 위해 심리적으로 고찰하고 신화화할 수는 있다. 중국의 역사 서술에서 사람들은 종종 치욕의 세기 동안 중국이 겪은 민족적 치욕을 압축적으로 표현하기 위해 다음과 같은 세 가지 성어成語를 애용하곤 한다.

- 누전누패屢戰屢敗: 수없이 싸우고 진다
- 할지배관割地賠款: 땅을 잘라 빚을 갚는다
- 상권욕국喪權辱國: 주권을 포기해 나라를 욕보인다

외세의 침략과 패배한 전쟁은 종종 특정한 종족 집단의 선택된 트라우마를 만들어내는 중요한 자원이 된다. 중국이 치욕의 세기에 마주했던 중요한 외세의 침략에는 1차 아편전쟁(1839~1842), 2차 아편전쟁(1856~1860), 청일전쟁(1894~1895), 8개국 열강 연합군의 침략(1900), 만주사변(1931), 항일전쟁(1937~1945)이 포함된다.

영토의 양도, 배상금 지불, 주권의 상실은 모두 **불평등조약**과 연계되어 있다. 치욕의 세기는 또한 '조약의 세기'라고도 할 수 있는데, 수많은 외세가 군사적 패배에 따른 일련의 파괴적인 조약에 서명할 것을 강요했기 때문이다.[29] 중국인들은 이 조약이 불평등하다고 생각했는데 대부분의 경우 이러한 조약은 중국이 상당한 배상금을 지불하고, 항구를 개방하며, 영토를 할양하거나 외세에 대한 여러 종류의 양보를 할 것을 강제했기 때문이었다. 예컨대 1901년 신축조약만 보더라도, 중국은 청 정

부 1년 수입의 두 배에 달하는 배상금을 지불해야 했다.[30]

외세의 침략과 패배한 전쟁

1차 아편전쟁 이전 중국은 전쟁 이후 서구 열강들과 맺고 있었던 것과는 매우 다른 방식의 관계를 맺고 있었다. 1840년까지 외국 상인들이 이용할 수 있었던 유일한 항구는 광저우였다. 또한 외국인들은 오직 열세 곳의 허가받은 무역상과만 사업을 할 수 있었고, 각 지역의 관리들은 자신들의 업무에 대해 높은 '보호세'를 징수하고 있었다. 더구나 1840년 말에 이르러 외국인들을 마카오로 철수시키면서 사업은 여름과 가을로 한정되었다. 외국 상인들이 중국어를 배우는 것은 허용되지 않았으며, 나아가 그들이 거래에서 차지하는 입지를 더욱 제한했다.[31] 이러한 제한은 모두 중국의 강력한 문화적 우월감에서 비롯된 것이었다. 장팅푸Jiang Tingfu는 중국과 서구의 관계 변화에 대해 다음과 같이 언급하고 있다. "전쟁 이전 우리는 그들을 불평등하게 대우했고, 전쟁 이후에는 그들이 우리를 불평등하게 대우하기 시작했다."[32]

아편전쟁의 발발은 무역과 관련된 중국과 영국 사이의 오랜 충돌의 결과였다. 페트리샤 에브리Patricia Ebrey는 영국이 강력한 해양강국으로 우뚝 서기 위해서는 해외무역에 의존할 수밖에 없었기에 중국과의 충돌은 불가피한 것이었다고 분석한다. 다시 말해 중국은 유럽 모델을 따라 무역을 조직할 의도가 없었지만, 영국은 그것의 수용을 강제할 수 있는 힘이 있었던 것이다.[33]

1839년 6월 중국의 아편무역을 관장하던 고위 관리 임칙서는 중국에 있던 영국의 모든 아편(약 260만 파운드에 달하는)을 몰수하고, 광둥廣東의 후먼虎門 해변에서 공개적으로 모두 폐기해버렸다. 그리고 그는 영국이 아편무역을 그만둘 때까지 영국에 대해 무역 금지령을 내렸다. 임칙서가 아편을 폐기하고 무역 금지령까지 내렸다는 소식이 런던에 전해지자 인도에 주둔하고 있던 영국군이 1840년 중국으로 파견되었다. 이후 진행된 중국과 영국의 전쟁은 중국의 해안을 황폐화시켰다.[34]

영국은 우월한 무기와 더욱 빠르고 많은 양의 무기를 탑재할 수 있는 발전된 함선을 보유하고 있었다. 더군다나 영국군은 당시 가장 최신의 장총musket을 보유하고 있었는데, 이 장총은 이미 낡을 대로 낡은 중국의 대포를 완전히 압도하는 것이었다. 1841년까지 영국은 상하이를 포함한 연안의 전략적 요충지를 차지했다. 결국 영국은 장강長江[영어명 '양쯔 강']을 거슬러 올라가 난징 외곽을 차지함으로써 효과적으로 중국의 항복을 받아낼 수 있었다.[35] 1842년 **콘월리스**Cornwallis 전열함HMS 위에서 중국과 영국의 난징조약이 체결되었다.

중국인들은 자신들의 역사에서 난징조약을 결정적인 전환점으로 본다. 공식적인 역사 서술에서 아편전쟁은 중국이 "독립국가에서 반半식민지로 쇠락"[36]하기 시작하는 전환점으로 설정된다. 쑨원孫文과 마오쩌둥 모두 중국을 인도와 같이 영국의 직접적인 지배하에 놓였던 완전한 식민지와 구분하기 위해 '반식민지'라는 용어를 썼다.[37]

중국이 이 사건을 선택된 트라우마로 기억하는 방식은 흥미롭다. 임칙서가 영국의 아편을 몰수했던 바로 그 장소에 중국 정부는 1985년 아편전쟁 박물관을 건립했다. 박물관과 기념물은 여러 도시에서 민족적 기억과 정체성을 형성하는 데 결정적인 역할을 하는데, 중국에서는 특히 더 그러하다. 그러한 박물관과 기념물은 특정 집단의 구성원들이 과거의 사건을 어떻게 기억하는지를 이해하는 데 필요한 풍부한 정보를 제공해준다.

박물관에 들어서기 전에 방문객들은 먼저 매우 특별한 조형물을 볼 수 있다. 그것은 바로 두 손으로 아편 파이프를 부러뜨리고 있는 거대한 손을 형상화한 것이다([그림 2-1]). 아편을 피울 때는 연장烟槍이라 불리는 독특한 모양의 파이프가 필요하다. 박물관 안내서는 이 조형물에 대해 다음과 같이 설명하고 있다.

커다란 두 손은 외세의 침략에 저항하는 중국 인민의 힘과 중국 인민은 모욕당할 수 없다는 정신을 상징합니다. 부러진 아편 파이프는 제국주의자들의 침략 범죄가 결국 실패했음을 상징합니다. 이 조형물은 아편에 관한 역사를 잊지 말고 중국 민족이 모욕당할 수 없다는 것을 우리에게 말해주고 있습니다.[38]

임칙서는 이후 영국의 대포와 비교하면서 중국의 '열등한 무기'와 '후진적 기술'을 언급했다. 그럼에도 1985년 중국은 아편전쟁 박물관 입구에 세 명의 전사가 대포를 에워싸고 있는 거대한 조형물을 세움으로써 중국의 군대를 미화했다([그림 2-2]를 볼 것). 안내서에 따르면, 1985년 개관 이래로 50여 명의 지도자와 1,500여만 명의 사람들이 이곳을 방문했다. 아편전쟁 박물관은 1996년 국립 '애국주의 교육 기지'가 되었다.

난징조약에서 아편무역의 문제가 직접적으로 언급되지 않았기 때문

[그림 2-1] 부러진 아편대를 형상화한 조형물. 후먼, 광둥(저자 제공).

[그림 2-2] 아편전쟁 기념관 입구, 1985년 완공. 후먼, 광둥(저자 제공).

국치를 잊지 말라

에 영국은 계속 중국으로 아편을 밀수했다. 청 정부가 조약에 성의를 보이지 않거나 새로운 조약에 대해 재협상을 시도하는 것을 꺼리자 서구는 이에 분노했다. 샤프들랭Chapdelaine 신부 사건*을 빌미로 1856년 2차 아편전쟁을 일으키게 될 청과 영국 사이의 긴장감을 고조시켰다.[39] 그 와중에 프랑스는 청에 대한 영국의 침략에 동의했고, 1857년 연합군이 광저우를 차지했다. 이후 1860년 영불 원정대가 베이징에 몇 달 동안 주세하게 되었고, 베이싱 외곽에 있는 왕실 공원인 원명원圓明園을 파괴하기 시작했다.[40]

집단은 그들의 영광과 트라우마를 대표하거나 회상하게 만드는 중요한 상징을 가지고 있다. 만리장성과 4대 발명품이 중국의 영광을 드러내는 상징이 되었던 것처럼, 원명원은 중국의 선택된 트라우마에 대한 상징이 되었다. '완벽한 밝음의 공원'이라는 뜻을 지닌 원명원은 베이징의 북서쪽에 있다. 중국의 기장 아름다운 왕실공원으로 여거지는 원명원은 청나라 강희제 때인 18세기 초에 지어진 것이다. 전성기 시절 궁전은 각 성에서 바친 중국의 예술품과 문학작품들의 저장소였다. 또한 그 내부는 수많은 골동품과 보석, 예술작품으로 화려하게 장식되어 있었다.[41] 하지만 1860년 원명원은 영불 원정대의 만행으로 불타고 훼손되었으며 [많은 유물을] 도난당했다.

1949년 이후 중국 정부는 제국주의 침략으로 겪은 중국의 고통을 미래 세대가 상기할 수 있도록 파괴된 공원을 '있는 그대로' 놔두기로 결

---

* 1859년 2월 29일, 프랑스의 선교사 오귀스트 샤프들랭Auguste Chapdelaine이 광시 성에서 중국 관원들에게 붙잡혀 처형당한 사건.

정했다. 공원 건축물의 대부분은 파괴되었지만, 파빌리온을 감싸고 있던 대리석 조형물과 원영관遠瀛觀의 분수는 방화와 약탈에도 살아남아 원명원의 파괴를 상징하는 유명한 상징물이 되었다. [그림 2-3]에서 볼 수 있듯이 폐허와 그 잔해 가운데 변함없이 서 있는 원영관의 이미지는 중국에서 '민족 쇠락'의 상징으로 알려졌다. 원명원을 복구하지 않고 파괴된 상태로 남겨둔 것은 '국치를 잊지 말라'는 구호를 연상시킨다.

원영관은 건축가와 디지털 디자이너, 장인들의 노력으로 폭넓게 복제되었다.[42] 폐허를 담은 그림은 책 표지, 상표, 포스터, 달력, 티셔츠를 장식했다.[43] 파괴된 원명원은 1994년 민족 애국주의 교육 기지로 승격되었고 여러 가지 행사와 기념일, 다양한 활동 속에서 가장 인기 있는 장소가 되었다. 이 장소는 중국의 문명과 외세의 야만성 모두를 생생히 보여주는 민족적 치욕의 상징이라고 할 수 있다.[44]

고등학교 역사 교과서 편집자는 학급 토론을 위한 질문을 굵게 쓰고 거기에 색깔까지 칠하면서 다음과 같이 묻고 있다. "자기들 스스로 문명인이라고 자처한 서양인들로 구성된 군대가 왜 동방의(중국의) 문명을 파괴했을까요?"[45] 불타버린 원명원을 그대로 놔두기로 하면서, 이 폐허는 서구에 대한 적대감과 중국 '겁탈'에 관한 역사적 기억의 심리적 상징물이 되었다. 위와 같은 토론회를 활성화하고 젊은이들로 하여금 폐허가 된 원명원을 방문하게 함으로써, 학생들이 한 세기 반 전에 발생한 사건에 대한 민족적 연민을 느끼게 만드는 것이다.

산발적인 전쟁이 발발한 지 150년이 지났지만, 폐허가 된 원명원은 오늘날까지도 여전히 관심과 논의의 핵심 대상이다. 사람들이 이 황실 공원을 복원·재건해야 하는지, 아니면 있는 그대로 놔두어야 하는지에

[그림 2-3] 황실정원인 원명원, 베이징(저자 제공).

대해 계속 논쟁을 벌이는 와중에, 약탈당한 원명원 유물이 최근 국제 경매시장에 등장해 광범위한 관심과 강렬한 반향이 나타나기도 했다.[46] 여러 영화 프로젝트와 텔레비전 다큐멘터리, 인터넷 포럼에서 지속적으로 토론을 거치는 동안 원명원은 몇 년에 걸쳐 인기를 누리며 중국인들의 상상력에 지대한 영향을 끼치고 있다.

많은 중국인은 자신들의 나라가 과거 조공국이자 종속국에 불과하던 일본에 패배한 일을 치욕의 세기 동안 겪은 가장 큰 치욕이라고 생각한다. 수십 년에 걸쳐 일본은 근대화를 시작하고 조선에 대한 영향력을 확대해가고 있었다. 또한 조선은 오랜 세월 중국에 조공을 바쳐왔고 1년에 네 차례에 걸쳐 조공단을 보낼 정도로 청의 가장 충성스러운 종속국 중 하나였다.[47]

1894년 한반도를 둘러싸고 중국과 일본 사이에 전쟁이 발발했다. 같은 해 7월 23일, 일본군이 서울로 들어와 조선 황제를 권좌에서 쫓아낸 후 그 자리를 일본 정부로 교체해버렸다. 그리고 중국의 첫 번째 현대적 해전은 같은 해 9월 17일, 압록강 하구에서 발생했다. 이때 일본 해군은 중국의 북양 함대 소속 여덟 척의 전함을 파괴시켰고, 중국 함대는 웨이하이 요새로 퇴각했다. 하지만 무능한 중국 지도부는 훌륭한 방어요새인 웨이하이를 포기하는 등 부끄러운 후퇴를 결정했다.[48] 그 결과 북양 함대는 파괴되었고 함대의 원수는 결국 스스로 목숨을 끊었다.

1894년 10월 24일에 일본군은 압록강을 넘어 중국으로 진군했다. 11월에 뤼순을 포위한 일본군은 뤼순 사건으로 알려진 잔인한 학살을 자행해 수천 명의 시민을 살해하고 약탈했다.[49] 1895년 3월까지 일본은 성공적으로 산둥 성과 만주를 침공했고 베이징으로 통하는 해로를 관할하는 요새들을 점령해나갔다. 결국 중국은 평화협정을 제시했고 전쟁은 1895년 시모노세키 조약으로 종결되었다. 이로써 중일관계는 평등한 관계에서 일본의 우위로 전환되었다.

[그림 2-4]는 메이지 시기(1868~1912) 일본의 목판화다. 이 시기 동안 전투 장면을 묘사한 수많은 전쟁 관련 인쇄물들이 일본에서 만들어져 중일전쟁 동안 선전 자료로 활용되었다. 이 그림은 웨이하이 전쟁 이후 일본 해군에 항복하는 청나라 관료들의 모습을 담고 있다. 군복을 입고 있는 일본인들은 의도적으로 중국인들보다 키가 큰 것으로 그려져 있다.

2006년 4월 메이지 시대의 이런 그림들 중 일부가 '문화의 시각화'라는 연구 프로젝트의 일환으로 MIT 대학교의 웹사이트에 게재되었다. 이러한 역사적 이미지가 중국을 욕보일 수 있다는 이유로 MIT 대학교와 보스턴 지역의 중국인 학생 다수가 강력한 항의 시위를 조직했다.[50] 심지어 115년이 지난 오늘날에도 이런 역사와 관련된 그 어떤 부분도 해외에 있는 중국의 지식인들 사이에서조차 매우 민감한 사안이 될 수 있는 것이다.

중국의 역사적 기억에 따르면, 19세기 말까지 중국은 거의 60년에 걸쳐 외세의 침략과 강탈을 당했다. 우리는 중국에서 점차 서구의 영향력이 커짐에 따라 지역 차원의 저항이 확대되는 현상을 이해하기 위해 세계화에 관한 최근의 이론을 참조할 필요가 있다. 의화단 운동은 바로 그런 개방에 대한 민중적 차원의 가장 극단적인 반응들 중 하나라고 볼 수 있는 것이다.

1898년에서 1901년 사이에 폭력적·반反제국적·반反기독교적 성향

[그림 2-4] 산둥 웨이하이웨이[웨이하이에 있던 영국의 조차지]에서
일본에 항복하는 중국군(1895), 산둥, 메이지 시대 일본 목판화.

을 띤 의화단 운동이 등장했다. 급진주의자로 불린 의화단원들은 '**부청 멸양**扶淸滅洋', 즉 청을 부흥하게 하고 서구를 멸망시키자는 구호 아래 운동을 일으켰다. 북방 지역의 의화단원들은 거리로 나가 외국인들과 중국의 기독교인들에게 폭력을 휘둘렀다.[51] 이런 상황에 대응해 오스트리아–헝가리·프랑스·독일·이탈리아·일본·러시아·영국·미국으로 구성된 8개국 연합이 1900년 8월 베이징에 군대를 파견했다. 같은 해 8월 14일, 8개국 연합군이 베이징에 입성하자 서태후와 그녀의 고위 관료들은 시안西安으로 피신했다.[52] 다시 한 번 중국의 수도와 황궁이 외국 군대에 점령당한 것이다. 자금성과 원명원이 마구 들쑤셔졌고 값을 매길 수 없는 예술품들이 도난당했다.

의화단 반란 이후 단 4년이 지난 후 청은 또다시 커다란 양보를 했다. 1904년에서 1905년에 이르기까지 러시아와 일본은 중국 영토의 일부인 만주를 놓고 전쟁을 벌였다. 전쟁은 중국 땅에서 벌어졌지만, 일본과 러시아는 중국 정부와 전혀 상의하지 않았다. 그리고 중국은 전쟁을 멈추기 위해 아무것도 할 수 없었다. 라나 미터가 언급한 것처럼, 중국은 중일전쟁을 자국의 미래에 대해 조금도 선의를 가지고 있지 않은 외세의 손에 나라의 운명이 놓여 있음을 보여주는 징표라고 느꼈다.[53]

1931년 9월 18일은 중국의 집단적 기억에 있어 중요한 날이다. 그날은 민족의 현대사에서 가장 어두운 시기가 시작된 날이기 때문이다. 바로 그날 일본이 운영·소유하고 있는 철도 위의 다리 하나가 폭파되었다. 그 폭발은 1차 중일전쟁 이후로 만주 지역 일부를 차지한 일본군의 책임으로 추정되었다. 하지만 일본은 그것을 중국 반란자들의 책임으로 돌려버렸고, 그것을 중국에 대한 전면적인 침공을 위한 구실로 삼았다. '9·18 사변' 혹은 '만주사변'이라고 불리는 이 사건 이후 일본은 곧바로 선양에 대한 전면적이고도 급작스러운 공격을 시작해 쉽게 손에 넣을 수 있었다. 지역 군벌이자 만주 지역의 실질적인 지배자인 장쉐량張學良은 별다른 개입 없이 자신의 군대를 선양에서 철수시켰다. 그리고 채 일주일이 지나지 않아 일본군은 만주 지역 대부분을 차지하게 된다. 중국의 역사적 서술에 따르면, 이후 1931년부터 1945년까지 일본이 점령하고 있던 14년의 세월은 중국 역사에서 가장 암울한 시절이자 중국인들에게 가장 고통스러운 시기였다.

중국인들은 만주사변을 기리기 위해 9·18 역사박물관을 건립했고, 이 박물관은 1931년 사변이 발생한 바로 그 장소에 자리 잡고 있다. 1991년에 건립된 이 박물관의 외관은 마치 펼쳐놓은 달력처럼 생겼는데, 매우 크고 인상적인 조형물로 디자인되어 있다. 그리고 그 조형물에는 1931년 9월 18일이라는 날짜가 새겨져 있다([그림 2-5]를 볼 것). 중국인들은 이 특별한 건축물을 통해 미래 세대가 이런 역사적이고 치욕적인 날짜를 영원히 기억할 것으로 기대하고 있다. 달력의 다른 페이지에는 일본이 선양을 어떻게 침략했는지와 중국 역사에서 암울한 시기였던 당시의 특별한 사건들을 설명하고 있고, 박물관의 다른 쪽 한편에는 '물망국치'라는 문구가 새겨진 거대한 청동 종이 자리하고 있다.

일본이 만주를 차지하고 6년이 지난 후 노구교를 가로질러 베이징으로 진군하면서 전쟁이 일어나게 된다. 장제스가 세 달에 걸쳐 일본을 간신히 상하이에 붙들어놓는 동안, 일본 황군은 베이징과 톈진을 쉽게 손에 넣을 수 있었다. 국민당군은 거의 25만 명의 사상자를 내면서 엄청난 포격과 폭격을 버텨냈다. 상하이에 대한 공격 이후 일본은 당시 중국의

[그림 2-5] 선양 9·18 역사박물관, 선양(저자 제공).

수도인 난징으로 진격하기 위한 싸움을 이어갔다.[54]

중국의 역사적 기억에서 1937년 12월 13일 역시 중요한 날짜로, 그 날은 난징이 일본에 점령당한 날이다. 난징이 점령당한 후 6주 동안 일본 병사들은 난징의 중국 시민들을 겁탈하고 살해했으며 도시를 파괴했다. 당시 두 일본 신문이 이 사건을 보도했는데, 보도에 따르면 일본군은 누가 더 많은 중국인을 죽이는지 '살인경쟁'을 벌였고 2만여 명의 중국 여성을 강간했다.[55]

난징 학살로 살해당한 사람 수에 대한 통계는 다양하다. 중국인들은 30만 명이 살해당했다고 주장하지만, 극동국제군사재판소는 26만 명으로 추정한다. 일부 일본 학자들은 중국 정부가 난징을 탈환한 이후에 정치적 목적을 위해 광범위한 학살을 날조했으며 난징 전투가 그다지 폭력적이지 않았다고 주장하기도 하지만,[56] 일반적인 일본 학자들은 사망자 수를 10만에서 20만 언저리로 추정한다.[57] 하지만 많은 중국인에게 '난징 겁탈'은 타협할 수 없고 잊을 수 없는 사건이다. 난징 학살의 기억은 여전히 중국인과 일본인 모두에게 있어 해결되지 못했다. 데이비드 애스큐David Aeskew가 언급한 것처럼, 이 사건은 현대 중국의 민족적 정체성을 구축하는 데 근본이 되는 핵심이다.[58]

오늘날 일본군의 공격에 희생당한 난징 대학살 피해자들을 기념하는 건물 입구에는 '遇难者/VICTIMS/遭難者 300000'이라고 새겨진 거대한 위령탑이 세워져 있다([그림 2-6]을 볼 것). 그리고 **희생자**를 뜻하는 단어가 중국어·영어·일본어로 새겨져 있다. 기념관 내에 배치된 또 다른 기념물에도 11개의 언어로 30만 명이라는 희생자 수를 표시해놓았다([그림 2-7]을 볼 것). 이렇게 많은 언어로 숫자를 표시해두기로 한 결정

[그림 2-6] '희생자 300000', 난징 학살 추모관, 난징(저자 제공).

[그림 2-7] 11개의 언어로 표기된 '희생자 300000', 난징 학살 추모관, 난징(저자 제공).

자체가 중국이 얼마나 그 숫자를 강조하고 있는지를 여실히 보여준다. 그것은 또한 역사적 기억의 역할을 또렷이 보여주고 있으며, 특정한 집단이 자신의 역사적 서사를 어떻게 선택하는지에 대한 개념을 제공해 주기도 한다. 1985년 완공된 이 기념관은 강동문江東門으로 알려진 난징의 남서쪽에 있는데, 이곳은 '1만 구의 시체가 발견된 구덩이'로 일컬어지는 곳 근처이기도 하다. 많은 사람이 여기에 수많은 시신이 매장되었을 것으로 믿고 있다.

1941년까지 일본은 중국의 북방 지역과 동쪽 해안의 대부분 도시, 나아가 그 도시들을 연결하는 철도를 관할했다. 국민당은 서쪽 지역으로 퇴각했고 공산당은 산시 성 북쪽 지역을 확고하게 장악하고 있었다.[59] 이것이 바로 미국이 B-29 폭격기로 1945년 8월 6일 히로시마에 최초의 핵폭탄을 투하하고 8월 9일 나가사키에 두 번째 핵폭탄을 투하하기까지의 대략적인 상황이다. 그리고 같은 날 소련은 일본과 맺은 불가침 조약을 파기하고 만주 지역의 일본군을 공격하기 시작했다. 그러자 마침내 일본의 히로히토 천황은 1945년 8월 15일 연합군에 항복을 선언했다.[60]

1937년부터 1945년까지 이어진 항일전쟁으로 알려진 2차 중일전쟁은 양쪽 모두에서 수많은 사상자와 피난민을 낳았으며, 20세기 아시아 지역에서 벌어진 가장 파괴적인 전쟁이었다. 중국의 공식 역사책은 군인과 민간인을 합한 중국의 총 사상자 수가 3,500만에 이른다고 주장한다. 그리고 430만 명의 일본군 중 150만이 전투에서 죽거나 다친 것으로 추정된다.[61]

'불평등조약'

장제스는 자신의 책 『중국의 운명China's Destiny』에서 주요 충돌과 결정적인 조약을 기준으로 치욕의 세기 동안의 국제관계를 세 시기로 구분했다.[62] 첫 번째 시기는 1차 아편전쟁(1840~1842)에서 청일전쟁 시기(1894~1895)다. 두 번째 시기는 시모노세키 조약(1895)을 시작으로 8개국 연합군 원정대의 진군(1901)까지다. 세 번째 시기는 의화단의 봉기(1901)에서 2차 세계대전(1945)까지다.

장제스가 이와 같은 주요 사건을 분류의 도구로 삼은 이유는 서구 세력이 중국을 다룬 방식에 관한 그의 관점에서 그 사건들이 매우 중요한 이정표가 되었기 때문이다. 1842년에서 1895년까지의 첫 번째 시기는 "중국에서의 대등한 경쟁"[63]으로 집약할 수 있다. 조약은 일반적으로 쌍방적이었으며 최혜국 조항을 포함한 것이었다. 다시 말해 여러 세력이 무역과 재산권, 특별한 혜택을 위해 경쟁하고 있었던 것이다. 1895년에서 1901년까지의 시기는 산업 세력 간 경쟁이 격화된 시기다. 서구 열강들은 자기들끼리 동맹을 맺었는데, 영국은 일본과, 프랑스는 러시아와 동맹을 맺었다.[64]

1901년 의화단 봉기 이후 경쟁국들 사이의 충돌은 중국 영토를 두고 벌인 러시아와 일본의 충돌과 같은 무력 충돌로 귀결되었다. 마지막 시기는 일본이 자기 수중에 있던 권력을 공고화하고 여타 열강들이 중국을 분할하기 위해 경쟁하던 시기였다고 할 수 있다. 1943년 미국과 영국은 국민당 정부와 중국 내 치외법권을 포기한다는 조약에 서명했다. 1945년 2차 세계대전이 끝나고 일본이 중국에서 철수함으로써 마침내 치욕의 세기가 막을 내렸다.

최초의 치욕스러운 불평등조약인 난징조약을 통해 1차 아편전쟁이 끝났고, 이것은 중국 역사에서 전환점으로 인식된다. 그 사건이 중국의 국제관계가 조공 체제에서 조약 체제로 전환되었음을 보여주기 때문이다. 이 조약은 두 개의 부속문서와 함께 중국의 외교관계에 관한 새로운 프레임을 만들어냈다. 이후 60여 년 동안 중국말로 **'할지배관'**, 즉 땅을 할양해 배상금을 무는 것이 서구 열강을 달래는 청 정부의 기본적인 모델이 되었다. 난징조약에는 다음과 같은 여섯 개의 주요 조항이 포함되어 있었다.

1. 치외법권(외국인에 대한 재판은 해당 국가의 영사가 진행한다.)
2. 배상금(총 2,100만 달러)
3. 저렴한 관세, 세관장과 외국인의 직접적인 접촉
4. 최혜국 대우
5. 새로운 항구 개항
6. 영국에 홍콩 할양[65]

한 역사가가 적은 것처럼 "가장 아이러니한 것은 전쟁의 직접적인 원인인 아편이 언급조차 되지 않았다는 사실이다."[66]

아마도 가장 결정적인 조항은 영국에 홍콩을 할양한 일일 것이다. 이후 이 식민지는 섬 바로 맞은편의 땅으로까지 확대된다. 홍콩은 1997년에 이르기까지 중국 영토로 반환되지 않았기에 중국 입장에서는 치욕의 세기를 일깨워주는 마지막 표지로 남게 되었다.

누군가는 1842년 왜 중국이 그러한 조항에 동의했는지에 대해 의문을 품을 수도 있을 것이다. 하지만 [당시만 해도] 중국이 여전히 별다른 국제적 상호관계를 맺고 있지 않았다는 점을 기억할 필요가 있다. 당시 홍콩은 베이징 사람들에게는 알려지지도 않은 척박한 섬이었다. 만주족 출신의 최고위급 협상가들은 영국의 전함 위에서 처음으로 홍콩을 방문했던 것이다.[67] 중국인들은 관세율이 내려가는 것이 아니라 올라가는 것으로 오해했다. 그리고 지외법권은 외국인의 치안에 관한 부담을 외국인 경찰에게 지우는 것으로 보였다. 중국인들은 그러한 전략에 익숙지 않았기 때문에 그렇게 장기적인 결과에 대한 준비가 되어 있지 못했다. 도광제와 그의 원로 관료들은 그 조약이 서명한 이후 이행해야 하는 법적인 문건이라는 사실조차 몰랐다. 조약에 서명한 것은 단순히 비군사적인 수단을 통해 청 제국의 즉각적인 골칫거리인 장강 하류에 주둔하던 영국군을 털어내려는 것이었다.[68]

2차 아편전쟁은 톈진조약으로 끝났다. 이 조약은 청 정부에 더욱 막대한 양보를 요구하고 있었다. 덴마크·프랑스·독일·영국·네덜란드·포르투갈·러시아·스페인·영국의 9개국으로 구성된 외세는 중국과 쌍방적인 조약을 체결했다.[69] 각 쌍방 조약의 내용은 재판과 합동 재판에 관한 조항과 함께 좀 더 확대된 영사의 재판권을 포함한 것이었다. 이는 곧 외국 영사가 외국인을 포함한 민사와 형사 사건 모두 중국인의 재판을 감시할 수 있음을 뜻하는 것이었다.[70] 조약은 또한 중국 국경 안에 사실상 작은 국가들을 만듦으로써 외국 영사의 재판을 위한 확실한 경계를 쳐두는 것이기도 했다. 그리고 군용선박과 상용선박 모두 중국의 영해 안에 머무는 것이 허가되었다. 중국 세관에 대한 통제권은 외세에 넘어갔고, 비호혜적인 협정관세가 외세의 입맛에 맞게 확대되기도 했다.

1895년 중일전쟁을 종결시킨 시모노세키 조약 역시 불평등조약의 또 다른 사례다. 조약 1조는 다음과 같이 규정하고 있다.

중국은 조선의 완전하고 완벽한 독립과 자주성을 분명하게 공인하고, 그 결과 조선의 조공·의례·격식은 그러한 독립과 자주성에 반하므로 앞으로 완전히 폐지되어야 한다.[71]

조약 2조와 3조는 펑후澎湖군도와 타이완, 랴오둥遼東반도의 동쪽 항구와 "그곳에 배치된 모든 요새와 무기, 공공재산"에 대한 영속적 주권을 할양한다고 규정하고 있다. 이 조약에 의거해 중국은 전쟁 배상금으로 745만 톤에 이르는 은을 일본에 지불해야 했고, 일본과 무역을 하기 위해 항구 네 곳을 개항해야 했다. 이에 더해 중국은 일본에 최혜국 지위도 부여해야 했다.[72]

중일전쟁 이후 쇠락한 중국의 취약점을 활용하면서 외세는 중국에 조차組借한 땅의 안전을 확보하기 위해 서로 경쟁을 벌였고, 자신들의 영향력이 미치는 지역을 마음대로 분할했다. 이 시기 외세가 얻어낸 양보에는 1895년 톈진과 후커우의 독일 조차지, 1896년 한커우의 러시아와 프랑스 조차지, 1896년 항저우, 1898년 톈진·사스·한커우, 1899년 샤먼과 푸저우의 일본 조차지가 포함되어 있었다.[73] 서구 열강들은 또한 병영과 군사기지를 건설했고 철도 건설과 광산 개발에 대한 권리도 획득했다. 이 시기는 또한 러시아가 중국의 동부 철도(만주 철도)에 강제로 군대를 배치시킨 때이기도 한데, 이 동부 철도는 러시아가 1897년에서

1901년에 걸쳐 철도 설치를 도운 결과이기도 했다. 이 시점부터 서구 열강들은 중국에 군사를 배치할 권리를 갖기 시작했다.[74]

지금까지 살펴본 불평등조약에 대한 논의를 통해 외세의 손에 놀아 났던 중국인들이 느꼈을 민족적 트라우마에 관한 통찰을 얻을 수 있었 던 것이 사실이지만, 1901년 의화단 봉기를 처리하기 위해 맺은 신축조 약辛丑條約의 조건만큼 충격적인 것은 없었다. 1901년의 조약은 중국이 이 사건에 연루된 8개국에 39년간 은 4억 5,000냥兩을 배상해야 한다 는 조항을 포함하고 있었다.[75] 이자까지 합치면 이것은 9억 8,200만 냥 을 넘는 수치였다. 당시 환율에 따르면, 4억 5,000냥은 3억 3,500만 달 러에 달하는 것이었다. 당시 청 정부의 연간 수입은 2억 5,000냥 정도밖 에 되지 않았기에 이렇게 막대한 금액은 정부 연간 총수입의 두 배도 넘 었다.[76]

신축조약은 또한 베이징의 공사관 지역을 8개국에 할양하기도 했다. 이 지역은 외세가 관리하고 보호하는 곳이었다. 군대는 공사관 지역뿐 만 아니라 베이징에서 바다로 이어지는 길에도 주둔하게 되었는데, 이 것은 바다로 이어지는 길목을 지키기 위한 것이었다.[77] 외세는 중국의 연안 지역과 내부 수로에 항법체계를 설치할 수 있는 권한도 부여받았 다. 이 조항을 통해 외세는 흔적처럼 남아 있던 중국의 연안 방어체계를 효과적으로 파괴시킬 수 있었다.[78]

1840년대부터 서구 제국주의 세력이 중국에 가한 충격은 청 왕조의 내부적 붕괴를 촉진시켰다. [그림 2-8]과 [그림 2-9]의 프랑스 정치 풍 자만화가 보여주는 것처럼 중국 정부는 외세의 공격에 무력했다. 혁명 은 마지막 황제를 끌어내렸고 1911년에 중화민국이 건국되었다.

Dissection du monstre chinois.

[그림 2-8] "중국이라는 괴물을 해부하기"라는 제목의 정치 만평으로
프랑스 식민지 시기(1902)의 신문에 게재되었다. 이 만평은 외부 세력이 중국을 얼마나
'갈가리 찢어놓았는지'를 보여주기 위해 중국의 국사 교과서에 실렸다.

　　　　　　　　　국치를 잊지 말라

[그림 2-9] "파이 자르기"라는 제목의 프랑스 정치 만평으로 7개국 열강을 캐리커처로 묘사했다.
이 열강들이 자르고 있는 파이는 중국을 상징하는데, 영국의 빅토리아 여왕, 독일의 빌헬름 2세,
러시아의 니콜라이 2세, 프랑스의 마리안Marianne(프랑스를 의인화한 여자),
일본의 메이지 천황이 파이를 자르는 모습으로 그려졌다.

1차 세계대전은 잠시 서구 세력의 주의를 다른 곳으로 돌려놨지만, 일본은 이것을 중국에 대한 자신들의 영향력을 확대할 수 있는 기회로 보았다. 1915년 일본 정부는 위안스카이袁世凱 군벌 정부에 '21개조 요구'를 제시했다. 이것은 중국 영토 전역에 대한 확장된 경제적·상업적 권리와 중국 북부 지역에 일본 경찰을 주둔시키겠다는 요구였다. 이런 요구 조건들은 과거 여타 열강들이 차지하고 있던 특권을 강화하는 것이 목적이었다. 단 한 개의 조약으로 일본은 과거 서구 열강들이 가지고 있던 특권을 모조리 박탈했던 것이다.[79]

극심한 국제적 압박과 극단적인 중국의 저항을 맞이해 일본은 논란이 된 몇몇 요구조건을 철회했다. 중국인들은 이러한 요구조건들이 결국 중국의 주권을 일본에 넘겨주게 될 것이라고 생각했다. 1915년 5월 7일, 결국 13개로 줄어든 요구조건들이 협상 시한 이틀을 남기고 최후통첩의 형식으로 전달되었다.[80] 위안스카이 정부는 5월 9일에 치욕스러운 용어와 극단적인 요구조건들을 감수하면서 조약을 받아들였다. 그리고 5월 25일, 양측은 조약 최종안에 서명했다.[81]

이것이 세계를 경악케 하고 중국인들을 분노하게 만든 마지막 조약이었다. 이 조약은 아시아 국가들 사이의 적대감을 심화시켰고, 2차 중일전쟁 발발의 초석을 마련해놓았다. 1927년부터 1940년까지 중국에서 5월 9일은 '민족 치욕의 날'로 불리며 공식 공휴일로 지정되었다.[82] 21개조 요구는 중국 지식인들 사이에서 민족주의의 첫 번째 물결을 불러일으켰다. '국치를 잊지 말라'는 구호가 1915년 처음으로 중국의 신문과 사회적 담론으로 광범위하게 등장하기 시작한 것이다.[83]

외국 귀신

중국이 자국을 침략해 들어오는 상인들에게 최초로 문을 개방하도록 만든 것은 아편전쟁이었다. 이후 1842년부터 1860년 사이 중국은 일련의 조약에 억지로 서명할 수밖에 없었다. 난징조약과 톈진조약을 기점으로, 이와 같은 합의는 중국의 발전을 가로막는 불평등조약 체계를 구축하게 된다. 1895년 중국이 오랜 세월 자신보다 문화직으로 열등한 나라라고 여긴 일본에 패배하면서 중국은 더욱 심각한 치욕을 당하게 되었다. 그리고 불과 5년이 지난 후에 8개국 연합군이 자금성으로 진군해 들어왔다. 신축조약과 21개 요구가 이어지면서 쇠약해진 중국 군대는 일본의 전면적인 침공을 막아낼 수 없었다. 이러한 사건들이 '치욕의 세기'를 만들어냈고, 그것은 중국의 정치·사회·심리에 엄청난 영향을 끼쳤다. 그 결과 그러한 사건들은 [중국] 민족에게 오래도록 지속될 상처를 남기게 되었다.

오늘날의 연구자에게 치욕의 세월 동안 겪은 외세의 침략과 불평등조약은 그저 역사 교과서와 사람들의 기억 속에 남겨진 단순한 사건에 불과할지도 모른다. 하지만 이러한 조약과 전쟁은 중국에 직접적인 영향을 끼쳤고, [그러한 사건으로 형성된] 관념은 매우 오랫동안 중국인의 심리 속에서 유지되었다. 1943년 장제스는 다음과 같이 썼다.

불평등조약에 기댄 외세 탓에 중국의 정치적 통합과 법률·군사·경찰·세금·커뮤니케이션·광산업·염전·종교·교육—정말로 문화·정신·경제에 중요한 모든 것—이 정신적인 측면과 물질적인 측면 모두에서 극도로 파

괴되었다.[84]

중국의 공식적인 역사 교과서는 조약 체계가 중국을 점차 독립적인 농업 사회에서 반식민 사회로 '가라앉게' 만들었다고 강조한다.[85]

고대부터 중국의 경제 체계는 농업에 기반을 둔 것이었고, 황하 유역 그리고 이후에는 장강 협곡이 경제의 중심지가 되었다. 중국이 외세와 교역을 시작하면서 남동 지역과 연안 지역에서 경제 활동이 활발해지기 시작했다. 빈곤한 지역은 더욱 빈곤해지고 내륙 지역이 급속하게 황폐화된 과정을 통해서도 드러나듯, 할양 체제는 나라의 전반적인 경제 체제에 손상을 입혔다. 불평등조약에 따른 경제적 효과는 일정 정도 오늘날의 중국에서도 감지된다. 나라의 경제 체제에 대한 심각한 변화 못지않게 항구도시가 내륙 지역에서 분리된 것이 여전히 중국의 경제와 그 발전 패턴에 영향을 끼치고 있다.

불평등조약의 또 다른 직접적인 결과, 특히 할양 체제와 그에 따른 세력권 형성의 결과는 바로 군벌 세력의 등장이었다. 청 왕조가 붕괴한 이후 군벌들 사이의 경쟁이 격화되었던 것이다. 외세는 각 지역에서 행사하는 군벌의 영향력을 궁극적으로 누가 나라의 통제권을 차지할 것인지에 관한 문제로 보았고, 군벌 각자의 세력권 안에서 그들을 이용해 전쟁을 조장하고 범죄를 은닉했다. 외세는 군벌들에게 무기와 탄약을 팔았고 자신들의 입맛에 맞는 군벌들을 지원하기 위해 철도를 활용했다. 외세의 할양지에서는 연이은 쿠데타가 발생했으며, 외세는 그런 혼란을 부추겼다. 군벌들은 돈·권력·특혜를 얻기 위해 자발적으로 외국 정부의 앞잡이가 되었던 것이다.[86]

수 세기에 걸쳐 사람들이 그들의 가족과 씨족 집단, 자신들의 촌락과 공동체에 헌신했던 것을 통해 알 수 있듯, 중국 사회는 공동체에 기반을 두고 있었다. 유가는 엄격한 사회적 위계구조를 요구했고 그것은 거의 깨지지 않았다. 가족의 의례와 공동체의 규율에 의존하면서 사회는 법에 따른 통제보다는 공동체 내부에 존재하고 있던 고도의 자치정부를 통해 통치되었다. 집단적인 상호 의존과 가족적 조화는 중국 문화를 형성하는 사회적 접착제였고, 수천 년에 길쳐 그것을 통해 일상생활을 유지하고 공동체를 통제했다.

하지만 이 모든 것이 조약의 세기 동안 뒤바뀌게 되었고, 이 조약의 세기는 농업 사회에 최초로 '세계화'의 물결을 불러일으키게 된다. 이러한 과정 속에서 농촌의 삶은 쇠락하고 사람들은 직업과 돈을 좇아 도시로 이주하게 되었다. 그리고 가족, 씨족 공동체, 마을, 공동체와 같은 조직은 이런 움직임과 함께 해체된다. 중국은 이제 효과적인 중앙정부와 탄탄한 풀뿌리 공동체를 갖춘 통일된 민족이 아니게 된 것이다. 1924년 쑨원은 중국을 '흩어진 한 더미의 모래'라고 표현했다. 지도자로서 장제스는 그러한 모래 위에 현대적이고 통합된 나라의 기초를 세우려 했다. 하지만 그가 통치하는 동안 나라는 외부의 공격, 깊은 내부 분열, 부패, 국민당의 비효율적 정당 운영에 신음하고 있었다.[87]

아편전쟁 이전 중국은 이웃 나라들에 침범당하고 심지어 점령당하기도 했다. 만주족은 중국을 침범해 지배자가 된 마지막 사례였다. 그럼에도 중국인들은 외부인들을 성공적으로 동화시킨 것에 대해 자랑스러워했다. 외부인들을 문화적으로 동화시킬 수 있는 강력한 능력은 진정으로 중국 인민들의 선택된 영광이었다. 하지만 치욕의 세기 동안 침략자들은 그렇지 않았다. 중국인들은 침략자들이 동화되기보다는 중국을 동화시키려 한다고 믿었다. 피터 그리스가 언급한 것처럼, 중앙의 왕조[중국]는 군사적으로 패배했을 뿐만 아니라 보편주의적인 자신만의 주장을 갖춘 문명과 마주하게 되었던 것이다.[88] 중국인들에게 있어 이 시기 외부 침략자들에 대한 자신들의 저항은 영토의 방어였을 뿐만 아니라 중국 문화와 전통을 보존하기 위한 것이기도 했다.

고대 중국인들은 문화적·종족적 외부인을 **오랑캐**[夷]라고 불렀는데, 치욕의 세기 동안 외국인을 더욱 부정적인 명칭인 **귀신**[鬼子]으로 불렀다. 비록 그러한 명칭은 치욕의 세기에 연루된 제국주의 침략 세력만을 지칭하는 것이었고, 그들 중 몇몇은 **영국 귀신**, **일본 귀신**이라는 경멸적인 용어로 불리기도 했다(몇몇 경우는 심지어 오늘날에도 그러하다). 중국이 인도, 베트남과 전쟁을 벌였는데도 인도인이나 베트남인을 그렇게 부르는 경우는 거의 없다. 오랑캐와 귀신이라는 이러한 구별방식은 중국이 어떻게 조약의 세기를 세기의 신화로 만들어냈는지를 보여준다.

치욕의 세기에 대한 중국의 거대 서사는 중국이 자신의 정체성을 규정하기 위해 활용하는 민족적 트라우마를 규정한다. 1840년 이전까지 중국은 스스로를 세계의 중심이자 유일하고도 진정한 문명으로 생각했다. 하지만 치욕의 세기와 함께 중국은 위대함에 관한 민족적 신화의 일부를 상실하게 되었다. 선택된 영광과 선택된 트라우마는 종족 혹은 거대 집단에 대해 매우 중요한 의미가 있다. 하지만 바믹 볼칸이 언급한 것처럼 선택된 영광은 집단 구성원들의 자부심을 드높일 뿐이지만, 선택된 트라우마의 세대 간 전달은 치욕에 대한 애도나 복수심에 관한 복잡한 의무감을 불러일으킨다. 선택된 트라우마가 집단 구성원들을 좀 더 강력하게 묶어주는 것을 통해 확인할 수 있는 것처럼, 그러한 트라우마는 좀 더 근본적인 심리적 과정을 발동시키는 것이다.[89] 선택된 트라우마를 이해하는 것은 역사적 기억의 세대 간 전달과 집단 정체감의 형성과정을 식별하는 데 있어 결정적이다.

최근 역사에서 중국은 현대적 정체성을 찾는 과정과 20세기 동안 고통스러운 각성을 불러일으켰던 혁명(1911년, 1927년, 1949년, 1966년)의 과정 속에서 상당한 고통을 경험했다.[90] 패트리샤 에브리는 중국 혁명에 대해 다음과 같이 깊이 있는 논평을 한 바 있다.

> 19세기만큼이나 비극적이었던 20세기를 주의 깊게 바라본 사람은 만약 중국이 그 엄청난 굴욕을 겪지 않고 서구와의 만남이라는 단계를 적절하게 통과했다면 중국 인민들이 그렇게 큰 고통을 당하지 않았을지도 모른다는 느낌이 들게 될 것이다. 그러한 치욕의 세기를 겪지 않았다면 생각이 있는 많은 중국인에게 혁명적인 변화의 과정이 절대적으로 필요한 것으로 보이지는 않았을 것이기 때문이다.[91]

1840년 이후 중국의 모든 변화·혁명·개혁은 설사 직접적으로까지는 아니더라도, 이후 이어진 100년간의 민족적 치욕과 어느 정도 연계되어 있다고 해도 과언이 아닐 것이다. 존 킹 페어뱅크John King Fairbank와 메릴 골드만Merle Goldman이 주장한 것처럼, 중국 애국자들의 '합당한 분노understandable urge'는 '중국 인민들의 삶에 대한 외국인의 참여'를 최소화하면서 자신들만의 역사를 만들어내고 추동시켰다.[92] 그러므로 치욕의 세기에 대한 고려 없이 중국의 최근 역사를 다시 삼상하는 것은 불가능하다. 그것은 중국의 선택성-신화-트라우마 콤플렉스의 통합적 부분인 것이다.

☆☆★☆☆

이번 장에서 나는 중국의 CMT 콤플렉스의 토대를 형성한 역사적 사건을 살펴보았다. 이 책의 나머지 부분에서는 이러한 콤플렉스가 어떻게 수많은 중국인을 하나로 묶어냈는지, 국가, 정치 정당, 사회적 엘리트는 자신들의 정치적 목적을 위한 교육을 수행하기 위해 어떻게 그와 같은 민족적 트라우마를 활용했는지, 마지막으로 CMT 콤플렉스가 어떻게 최근 중국의 외교관계를 복잡하게 만들었는지를 살펴볼 것이다.

3장

'천하'에서 국민국가로

: 민족적 치욕과 국가 건설

천하에서 국가로

1893년 3월 영국 감독관 찰스 엘리엇Charles Elliot은 청의 아편무역 담당 장관 임칙서에게 양국 간의 무역 쟁점에 관한 편지를 한 통 보냈다. 이 편지에서 그는 영국과 중국을 '두 개의 국가'로 언급하고 있다. 이러한 언급이 임칙서를 매우 화나게 했고 임칙서는 편지를 돌려보내면서 "하늘 아래 그 어떠한 곳도 우리 천조와 동등하게 언급될 수 없다"라고 말했다.[1] 단순히 두 나라를 한 문장에서 언급했다는 이유로 영국의 공무원이 중국인을 화나게 한 것이다. 역사가들은 이 이야기를 아편전쟁 이전 중국이 외부 세계를 공식적으로 무시했음을 보여주는 좋은 사례로 본다. 하지만 임칙서의 반응을 중국의 독특한 세계관인 **천하**를 통해 이해할 수도 있다.

중국 전통 사상에는 국민국가*라는 현대적 개념이 없었고, 오직 왕조와 천하라는 개념만 존재하고 있었다. 그리고 중국의 특수한 지정학적 조건 때문에 중국의 문명은 비록 완전히 외부적 영향에 대해 닫혀 있던 것이 아니지만, 아편전쟁 이전까지 고립된 상태 속에서 발전했다. 사무엘 킴Samuel Kim은 자연적으로 형성된 지리학적 장벽이 중국의 세계 관을 어떻게 형성했는지를 다음과 같이 묘사하고 있다.

> 중국은 서쪽으로는 거의 끝이 없는 사막으로 막혀 있고, 남서부는 히말라야 산맥으로 막혀 있으며, 동쪽은 대양으로 막혀 있다. 북쪽과 서쪽 지역의 건조한 고산 지대에 대해서는 지배권을 행사했지만, 종종 '오랑캐'의 공격을 받기도 했다. 그리고 문명의 또 다른 중심들은 대양·사막·산으로 가로막혀 고립되어 있었기 때문에 중국은 점차 하늘 아래에서 자신만의 독특한 공간적 감각을 발달시켰다.[2]

중국인들은 자신들이 **천하**의 중심 왕국에서 살고 있다고 믿었다. 중국의 **천하** 개념과 서구의 세계 체제라는 개념 사이에는 몇 가지 차이가 존재한다. 첫 번째 차이점은 **천하**가 **문화적**으로 공동체를 규정하며, 그것은 종족적·정치적으로 규정되는 국민국가와는 다르다는 것이다. 쉬궈치가 주장한 것처럼 "국민국가라기보다는 문명이 **천하**의 기본 단위다."[3] 기본적으로 **천하**는 정치적·법적 개념이 아니며, 고정된 민족적 주권과 영토 안의 지정학적 범주도 아니다. 몇몇 학자는 천하라는 개념을 '중국적 문화주의Chinese culturalism'로 본다.[4] 그리고 제국의 독특한 문화와 유가의 교리가 특정 공동체를 규정하는 기준으로 활용된다. 고대

---

* 국내에서 'nation-state'는 민족-국가/민족국가, 국민국가, 국족국가 등으로 다양하게 번역되고 있으며, 이에 대한 통일된 의견은 아직 도출되지 않은 상태다. 이 책에서는 '국민국가'로 옮겼다.

중국인들은 그들의 중심 왕국이 수준 높은 문화와 우월한 도덕성의 중심이라고 믿었다. 그리고 더욱 중요한 것은 **천하** 체계 속에서 외부인들이 문화적으로 흡수되어 중국의 문화와 습속을 수용함으로써 중국인이 될 수 있었다는 것이다. 다시 말해 중국의 문화와 도덕성은 배타적인 것이 아니라 우월한 것이었다.

두 번째 차이점은 국민국가는 경계가 지어져 있지만, **천하**는 그렇지 않다는 것이다. 제임스 타운센드James Townsend가 주장한 섯처럼 고대 중국은 문화적 공동체였고, 그 공동체의 경계는 중국 엘리트의 문화적 전통을 통해 표현된 원칙에 대한 지식과 그것의 실천을 통해 규정되었다. 그와 같은 엘리트의 문화적 전통은 주로 유가의 철학과 도덕 전통에서 유래한 것이었다.[5] [이런 세계관 속에서] 민족 공동체는 한족이 아닌 만주족과 같은 사람들이 중국의 문화적 원칙을 수용하는 한 그들을 포함하는 유가적 문화 원칙에 토대를 두고 구축된 것이었다.[6] 지난 3,000년 동안 중국의 여러 종족 집단은 한족 정체성으로 동화되었으며, 그 과정을 통해 한족의 인구수는 급격하게 늘어났다.

세 번째 차이점은 **천하** 체계가 형식적으로 평등한 관계를 맺고 있는 국가들로 이루어진 세계를 인정하지 않는다는 점이다. **천하** 개념의 핵심 요소 중 하나는 중국이 유일하고도 진정한 문명이며 그 문화적 우수성은 도전받을 수 없다는 개념이다.[7] 그리고 **천하**는 중국적 보편주의Chinese Universalism를 대표하는 개념이다. 고대 중국인에게 있어 중국은 곧 세계이지 '세계 속의 일국a country in the world'이 아닌 것이다. 이것이 바로 영국과 중국을 '두 개의 국가'로 표현한 엘리엇의 언급을 임칙서가 거부한 이유다. 임칙서와 엘리엇은 서로 완전히 다른 두 체계에서 말하고 있었기 때문에 둘 사이의 대화는 실패할 수밖에 없었다.

네 번째 차이점은 국제관계에 대한 서구의 체계와는 다르게 **천하** 체계는 문화·도덕성·조화와 같은 소프트파워에 초점을 맞추고 있었다는 것이다. **천하** 체계는 세계 질서를 유지하기 위해 군사적·경제적 권력을 사용하는 것을 무시한다. **천하** 체계의 유지는 국민국가의 현대적 개념에 바탕을 둔 민족주의에 기반을 둔 것이 아니라, 공통 역사의 유산과 공유된 믿음의 수용에 바탕을 두고 있는 것이다. 그리고 이 공동체의 구성원이 될 수 있는 자격은 중국 황제를 중심으로 구축된 중국의 이념과 윤리에 대한 충성을 상징하는 의례적 질서에 참여하는 것으로 규정된다. 국가가 아니라 문화 자체에 대한 지대한 충성이 무엇보다 중요하다. 이러한 중국의 **천하** 체계와는 다르게, 서구의 국제관계 체계는 군사적·경제적 권력, 영토 확장, 무자비한 경쟁과 같은 하드파워에 기반을 두고 있다.[8]

또한 전통적 제국과 현대적 국민국가 사이에도 근본적인 차이점이 있다. 대다수 중국학자는 국민국가 중국은 비교적 최근에야 발전된 것이며, 그러한 발전과정을 통해 20세기로 전환되면서 비로소 민족이 제국을 대체했다고 본다.[9] 왕조의 이름을 제외하고 중국 민족은 공식적인 이름이나 제대로 된 민족적 표식national flag을 가지고 있지 않았다. 이매뉴얼 C. 쑤Immanuel C. Hsu가 언급했듯이 "의심의 여지 없이 제국 중국은 국민국가가 아니었다."[10] 루시안 파이Lucian Pye 역시 "중국은 국민국가인 척하는 문명이다"[11]라고 언급한 바 있다. 전통 중국의 주된 자기 이미지나 정체성은 문화적인 것이다. 오랜 세월 동안 스스로 초래한 고립과 우월감이라는 잘못된 인식에 사로잡혀 중국은 국민국가라는 현대

적 개념을 제대로 갖추지 못하고 있었다.[12]

만약 국민국가가 없었다면 어떻게 민족주의가 존재할 수 있었는가? 한스 콘Hans Kohn의 규정에 따르면, 민족주의는 "무엇보다도 마음의 특정한 상태이며…… 그것은 국민국가를 정치 조직의 이상적인 형태로, 민족성을 모든 창조적인 문화적 에너지와 경제적 안녕의 원천으로 본다."[13] 중국의 민족주의를 연구하는 많은 연구자는 현대적인 민족주의 개념이 19세기 말까지는 중국인들의 마음속에 자리 잡지 못했다고 본다. 쉬궈치徐國琦에 따르면, 특유의 '중심 왕국 신드롬Middle Kingdom Syndrome' 탓에 중국은 국제관계의 새로운 현실을 심리적으로 받아들이기 어려웠다. 아편전쟁 이후 서구가 중국을 외부 세계에 개방하도록 강제한 후에도 중국은 동등한 회원으로서 민족이라는 가족 공동체에 참여할 준비가 되어 있지 못했던 것이다.[14]

서구 세계에서 민족주의에 대한 최초의 위대한 징후는 프랑스 혁명이었는데, 그것은 민족주의라는 새로운 움직임에 역동적인 힘을 부여했다.[15] 하지만 중국과 중국의 국민국가적 의식을 일깨워준 것은 서구 열강과 조우하면서 생긴 트라우마, 즉 전쟁의 패배와 그에 따른 불평등 조약이었다. 여러 측면에서 중국의 민족주의는 서구 제국주의의 산물이었다. 실제로 외세의 침략과 강제적인 조약만큼 중국의 민족적 정체성과 민족주의적 감정을 불러일으킨 사건은 없었다.

많은 학자는 [청일전쟁인] 1차 중일전쟁(1894~1895)을 전환점으로 본다. 1920년대 중국을 대표하는 지식인인 량치차오梁啓超(1873-1929)가 언급한 것처럼, 중일전쟁은 "중국을 4,000년 동안의 잠에서 깨어나게 했다."[16] 량치차오에 따르면, 일본에 군사적으로 패배한 일은 중국인들로 하여금 민족의 미래에 대해 심각하게 고민하도록 만들었다. 저명한 학자이자 중국공산당 창립자 중 하나인 천두슈陳獨秀는 1915년 "만약 1894년과 1900년의 군사적 패배가 아니었다면 중국은 여전히 팔고문을 쓰고 변발을 하고 있었을 것"[17](팔고문은 명·청대 과거시험에 통과하기 위해 학자가 익혀야 했던 고전적인 글쓰기 형식이다)이라고 말했다.

19세기의 두 번째 시기에 겪은 실패와 치욕은 중국인들로 하여금 점차 자신들의 **천하** 체계가 붕괴하고 있다는 사실을 깨닫게 했다. 안타깝게도 중국은 이제 세계의 중심이 아니었던 것이다. 그리고 더욱 불행한 일은 중국이 반식민 상태로 몰락하게 되었고 세계의 여러 민족 사이에서 생존을 위해 싸워야만 한다는 것이었다. 우리는 이를 통해 당시 중국인들, 특히 애초부터 무슨 일이 벌어지고 있는지 알아챘던 지식인들이 엄청난 인지 부조화를 겪었음을 쉽게 짐작해볼 수 있다.

중국에서 국민국가에 대한 인식이 나타난 것은 중일전쟁 이후다. 하지만 중국인들은 얼마 지나지 않아 정글의 법칙이 난무하고 그들의 평화로운 제국이 붕괴 직전의 허약한 상황에 처하게 된 경쟁적인 세계 질서 속에 강제로 편입되었다는 사실을 깨닫게 되었다. 그리고 당연하게도 20세기로 전환하는 시기에 중국의 초기 민족주의자들이 느낀 두려움은 바로 통일된 국가의 붕괴와 소멸이었다. 그리고 이러한 두려움은 '망국亡國'과 '망국노亡國奴'라는 표현에 잘 드러나 있다.[18] 천조 제국의 시민과 망국노의 기로에서 느낀 잔인한 현실과 인지 부조화는 중국 최초의 민족주의 운동에 불을 지핀 강력한 추동력이 되었다. 쉬지린許紀霖은 이 시기를 '맹목적 애국주의의 시대'라고 부른 바 있다.

개가 개를 잡아먹는 아주 위험한 환경 속에서 만청 시기의 사람들은 민족주의와 애국주의에 대한 발작, 그리고 군국주의적 시민military citizenship을 양성하기 위한 교육의 발작을 목격했다. 1895년부터 민국 초기에 이르는 시기는 극단적인 맹목적 애국주의의 시대가 되었다.[19]

외국인들 그리고 그들과 함께 들어온 상품·종교·군함은 점차 중국인들로 하여금 국민국가라는 현대적 개념을 이해하고 수용하게 했다. 조지프 R. 레벤슨Joseph R. Levenson이 언급한 것처럼, 현대 중국의 지성사는 대부분 천하에서 국가를 만들어내는 과정이었다.[20] 새로운 개념은 민족의 재생을 요구하는 중국의 민족주의와 새로운 민족적 정체성을 위한 지적·정치적 토대를 마련해주었다. 1차 중일전쟁 이후 현대 중국의 역사는 "세계 속에서 중국이 자신의 정체성과 장소를 규정하는 지배적 관점이었던 문화주의를 민족주의가 교체하는 과정이었다"[21]라고 말한 타운센드는 옳았다.

중국의 각성

중국에서 민족주의의 등장은 기층 민중적 운동grass root movement이 아니었다. 폴 코헨이 주장한 것처럼, 청 말기 당시 대부분의 불만은 다른 나라 사람들과 달리 중국인들이 민족적 수치심에 대해 무관심하다는 것이었다.[22] 사회의 밑바닥을 차지하고 있던 사람들 대다수는 하루하루의 생존을 위해 분투하고 있었고, 자신들이 겪고 있는 고통에 관한 심층적인 원인을 이해할 수 없었다. 그들은 또한 변화를 만들기 위해 무엇을 해야 하는지 모르고 있었다. 하지만 그렇다고 해서 중국의 초기 민족주의 운동이 하향식이었던 것도 아니다. 중국 민족의 치욕은 주로 청 정부의 부패와 무능력 자체에서 발생한 것이었다. 민족적 치욕이 처음으로 공론장에 등장하기 시작한 만청 시기 동안 청 정부는 조용한 구경꾼처럼 행동했다.[23]

좀 더 정확히 말해 만청 시기 중국 민족주의 담론은 '중간으로부터 middle-out'의 목소리에 대한 반응이었다. 당시 상황을 일찍 깨우친 지식인·사업가·교수들—중산층이었지만 사회적 영향력을 갖춘 이들—이 민족주의 운동의 지도자였다. 그들은 중국 사회의 하층과 상층 모두의 사람들에게 영향을 주기 위해 손을 뻗쳤다. 현대적 교육을 받은 이들 대다수는 민족적·국제적 상황을 숙지하고 있었고 민족의 운명을 심각하게 염려하고 있었다. 코헨이 말한 것처럼, 자신들의 동포가 가지고 있던 무시 혹은 망각이라는 경향성을 비난하는 데 있어 가장 강력한 목소리를 낸 중국인은 중국이 당하는 반복된 치욕에 대해 강렬한 감각을 지니게 된 지식인들이었다.[24]

이 시기 가장 대표적인 지식인 중 한 명이 바로 중국의 가장 영향력 있는 현대 작가이자 수필가인 루쉰鲁迅이다. 루쉰은 자신의 첫 단편 소설집에 '납함呐喊'이라는 제목을 붙였는데, 이것은 문자 그대로 '외침'이라는 뜻이다. 루쉰은 중국의 새로운 지식인들이 동포들을 각성시키기 위해 큰 소리로 외쳐야 한다고 믿었던 것이다. 이 단편집의 영어판 제목은 "Call to Arms"다. 루쉰 자신의 이 이야기는 중간으로부터의 민족주의 운동의 좋은 사례라고 할 수 있다.

루쉰은 1881년 샤오싱紹興에서 태어났다. 1904년 그는 의학을 배우기 위해 일본으로 유학을 갔지만, 그곳에서 의학 교육을 다 마치진 않았다. 널리 알려진 서문에서 루쉰은 그 이유를 다음과 같이 설명한 바 있다. 어느 날 방과 후 일본인 강사가 러일전쟁(1904~1905)에 관한 환등 슬라이드를 보여주었고, 그 필름에는 일본군에게 붙잡힌 중국인 스파이가 막 공개처형을 당하려는 모습이 담겨 있었다. 그리고 그 중국인의 동포들은 그를 둘러싸고 서 있었다.

당시 나는 중국인 동료를 오랫동안 보지 못한 상태였다. 하지만 그들이 슬라이드에 등장한 것이다. 뒤로 손이 묶인 한 명이 화면 가운데 있었고 다른 이들은 그 주위에 둘러서 있었다. 육체적으로 그들은 여느 사람들처럼 강하고 건강했다. 하지만 그들의 표정은 너무도 선명하게 무심하고 둔감해 보였다. 자막에 따르면, 뒤로 손이 묶인 중국인은 러시아를 위해 일본군에서 스파이 노릇을 하던 이였다. 그는 '본보기'로서 참수될 것이었다. 그를 둘러싼 다른 중국인들은 그 장면을 즐기려는 참이었다.[25]

루쉰은 처형에 대해 무감각한 중국인들에게 충격을 받았고 동포들의 육체적 질병보다 그들의 정신적 질병을 치유하는 것이 더욱 중요하다는 결정을 내리게 되었다.

1909년 학업을 중단하고 중국으로 돌아온 루쉰은 작가로서 새 삶을 시작했다. 오늘날 수십 편에 달하는 그의 소설·수필·시는 초중등 학교의 교과서에 실려 있다. 루쉰 작업의 주된 주제는 노예정신·이기심·허위의식·비겁함·수동성 같은 전통문화의 허약함을 폭로하는 것이었다

그는 신문화 운동의 '기수'로 언급된다. 한때 중화민국의 초대 임시 대통령이었던 쑨원도 의학을 공부해야 한다는 비슷한 결정을 내린 적이 있지만 그는 변화를 만들기 위해 혁명의 길을 택했다. 서로 다른 길을 걸으면서 루쉰과 쑨원은 민족을 일깨우려 했던 것이다.

만청 시기 애국적인 지식인들은 수많은 의식개혁 운동을 수행했다. 지식인들은 민족적 치욕, 특히 불평등조약의 역사를 각성 운동의 주요 주제로 활용했다. 그들은 조약과 중국 문제 사이에 분명한 연결고리를 만들었다. 1차 중일전쟁과 21개조 요구 같은 민족적 치욕에 관한 역사적 사건은 중국의 민족적 각성과 정체성 구축의 상징이 되었던 것이다.[26]

민족주의의 굴기와 함께 중국은 문화적 **천하**에서 정치적 **국가**로 완전히 전환했다. 제레미 바르메Geremie Barmé가 언급한 것처럼, 중국에서 애국주의와 보호주의는 19세기부터 제국 왕조에서 현대적 국민국가로 전환하는 것에 발맞춰 발달하기 시작했다.[27] 중국 인민의 각성은 단순히 역사적 서사나 교육 운동이 아니라 독립적인 주권국가를 구축하기 위한 정치적 기술political technique이었던 셈이다.

따라서 왕둥王棟의 주장대로 민족적 치욕에 관한 담론은 민족에 대한 헌신과 민족적 발전을 위한 기술의 저장소 같은 것이 되었다.[28] 불평등조약의 핵심은 중국인이 되는 것이 무엇을 의미하는지(희생양이 되는 것과 정복자가 되는 것 모두)를 규정하게 되었다. 한편으로 중국은 서구 제국주의의 희생양으로서 적자생존에 기반을 둔 국민국가의 세계관을 위해 **천하** 체계의 우수한 문화를 강제로 포기해야 했다. 하지만 다른 한편으로 그러한 치욕은 잿더미에서 부활하는 불사조처럼 중국이 다시 굴기해 서구를 극복하는 영광을 되찾아야 한다는 강력한 동기를 부여해주었다.

의사라는 직업을 포기한 후 쑨원은 1894년 하와이 호놀룰루에서 중국의 부활을 위한 모임 혹은 중국 사회의 부흥을 위한 모임으로 번역할 수 있는 흥중회興中會를 설립했다. 이 모임에 가입이 허락된 이는 다음과 같이 선언했다. "북쪽의 오랑캐(만주족)를 몰아내고 중화(한족)를 부활시켜 통일된 정부를 수립하자." 이 구호는 이후 1905년 동맹회—동맹회는 중국 역사에서 최초의 현대적 정치 정당인 국민당이 된다—로 이어지게 된다. 국민당은 1911년 신해혁명을 일으켰고 1912년 1월 중화민국이 건국된다.

1919년 중국 학생 운동의 첫 번째 물결이 등장하고 이것은 이후 5·4 운동으로 불리게 되는데, 당시 수천 명의 학생이 중국 영토를 일본에 할양하는 베르사유 조약에 저항해 시위를 일으켰다. 이후 중국에서 마르크스주의적 이념이 널리 퍼지게 된다. 그리고 1917년 러시아 10월 혁명은 중국 지식인들의 이목을 끌었고, 많은 사람이 마르크스의 계급투쟁 이론과 레닌의 반제국주의 이론에서 영감을 얻었다. 제3인터내셔널로도 알려진 코민테른의 도움을 받아 5·4 운동의 몇몇 지도자가 1921년 중국공산당을 창당하기에 이른다.[29]

20세기 중국의 정치를 지배한 두 정당인 국민당과 공산당은 그 초기 단계에서 '대중 각성'을 자신들의 우선 과제로 설정했다. 그들은 자신들의 혁명에 가담할 수 있는 가능한 한 많은 수의 사람들을 각성시키고 동원해야 했다. 이 두 정당은 대부분의 시간을 적대적인 관계로 보냈지만, 공통의 적인 군벌, 제국주의자와 싸우기 위해 1926년 북벌 기간 잠시

연합을 하게 된다. 그리고 1937년부터 1945년까지 일본의 전면적인 침공에 맞서 이 두 정당은 다시 한 번 연합한다. 두 정치 정당의 창당과 함께 각성 운동과 민족주의 담론은 새로운 발전 단계로 진입한다.

〈외세를 타도하라〉

중국 노래 〈외세를 타도하라〉는 또한 〈국민혁명가〉로도 알려져 있다. 이 노래는 황푸군관학교의 장교들이 쓴 것이며 1926년 7월 1일에 발표되었다. 프레르 자크Frère Jacques의 곡조에 맞춘 이 노래는 중화민국의 임시 국가國歌이기도 했다.

외세를 타도하고,
군벌을 절멸하라.
혁명을 위해 시민은 분투한다,
싸움에 참여하라.

노동자, 농민, 학생, 병사들이여
위대한 연합을 만들자!
제국주의를 타도하라,
싸움에 참여하라.

외세를 타도하고,

군벌을 절멸하라.

혁명이 성공했으니

함께 노래하자.

이 노래는 또한 북벌에 함께 참여한 국민당과 공산당의 공식 군가이기도 했는데, 군벌을 절멸하고 외세와 맺은 불평등조약을 폐지하기 위해 1926년 7월에 발표된 것이다.

20세기로 넘어가는 시기에 중국은 정치적으로나 문화적으로나 소요가 끊이지 않는 땅이었다. **천하** 개념과 같은 오래된 제국적 질서와 그 이데올로기는 붕괴하고 있었다. 중국의 전통문화와 유가적 교리 역시 위기에 처해 있었고, 이제 나라를 전진시키거나 통합시킬 수 있는 방향을 제시해줄 수도 없었다. 거대한 문화적·정신적 공백이 생겨난 것이다. 국민당과 공산당 혹은 이런 역사적 시점에 창당된 그 어떤 현대적 정치 정당도 새로운 이데올로기와 문화를 통해 그런 공백을 채울 수 있는지에 자신들의 성패가 달려 있었다. 그들은 인민들에게 무엇이 중국의 문제이며 이 상실된 나라를 위한 로드맵과 비전을 제공할 수 있는 해결책에 관해 이야기해줄 필요가 있었다. 그렇지 않으면 중국의 인민을 동원하는 것은 불가능했다.

국민당과 공산당 모두 그러한 공백을 채우기 위한 방편으로 민족주의를 선택했다. 그리고 이 두 정당 모두 제국주의와 불평등조약을 중국의 문제와 연계시켰다. 공식적인 선언문에서 두 정당 모두 '구국'을 위한 애국적 역할을 강조했다. 또한 국민당과 공산당 모두 불평등조약의 철폐를 중국을 구하고 민족의 독립을 쟁취할 수 있는 핵심 사안으로 보았다. 그리고 그들 모두 제국주의와 군벌에 대한 반대를 소리 높여 외쳤는데, 제국주의와 군벌은 국민당과 공산당이 비판한 불평등조약의 주범이었기 때문이다.[30] 그들은 모든 불평등조약의 무조건적인 철폐를 요구했다. 왕둥이 말한 것처럼 불평등조약이라는 개념 전체에 대한 대중의 분노는 '통제된 각성'으로 연결되었고, 이것은 대중 사이에서 '당이 주도하는 각성party-inspired consciousness'을 만들어내는 수단이었다.[31]

한동안 두 정당의 선전원은 같은 건물에서 일했다. 존 피츠제럴드 John Fitzgerald는 『중국의 각성Awakening China』에서 세간에 잘 알려져 있지 않은 이야기를 공개했는데, 마오쩌둥이 국민당 선전국에서 맡은 역할에 관한 것이다. 이 책에 따르면, 마오쩌둥은 1925년과 1926년 선전국의 지도자였다. 이 책에서 피츠제럴드는 국민 혁명에서 쑨원의 역할을 '각성의 지도자'로 정의하면서, 대중 각성의 정치에 있어 마오쩌둥을 그의 후계자라고 강조한다. 피츠제럴드에 따르면, 마오쩌둥은 단순한 농민 운동 활동가라기보다는 '선전과 교육의 달인'이었다.[32] 하지만 두 정당은 이데올로기와 동원에 대한 접근방식에서 중요한 차이점을 가지고 있었다.

국민당國民黨, Nationalist Party은 명칭 그대로 국민의 당, 즉 민족주의에 기반을 둔 정당이었다. 쑨원과 그의 동료들은 본래 자신들이 가지고 있는 급진주의적 접근방식('북방의 오랑캐를 몰아내자')을 이후 반제국주의적 민족주의에 초점을 맞추는 방식으로 바꾸었다. 이에 따라 모든 불평등조약의 취소가 당의 최우선 과제로 강조되었다. 1924년 1월 31일, 국민당의 1차 국민회의에서 쑨원은 다음과 같이 언급했다.

외세에 대한 양보, 치외법권, 세관에 대한 외세의 관리, 중국 영토에 행해
지는 외세의 정치권력을 포함한 모든 불평등조약은 중국의 주권에 해로
운 것입니다. 상호 평등과 주권에 대한 상호 존중의 정신을 토대로 한 새
로운 조약을 위한 길을 터놓기 위해 그것들은 모두 철폐되어야 합니다.[33]

1924년의 연설에서 쑨원은 모든 불평등조약이 중국의 '신체 매매 계
약서賣身契'[34]라고 언급했다. 1926년 12월 군벌에 점령되어 있던 우한武
汉을 정복한 후, 국민당군은 '廢除不平等條約'(불평등조약을 폐지하라)이
라는 일곱 글자가 새겨진 철탑을 구산龜山에 건설했는데, 그곳에 새겨
진 각각의 글자는 15미터 넓이에 높이가 13미터에 달했다.[35]

쑨원의 후계자인 장제스 역시 조약을 폐지하는 데 힘썼다. 흥미롭게
도 20년 동안 장제스는 '설치雪恥'(치욕을 갚는다 혹은 치욕을 씻어낸다는 뜻)
라는 글자를 매일 썼고, 날마다 자신을 일깨우기 위해 일기상 오른쪽 맨
위쪽 구석에 그것을 위한 방법을 하나씩 썼다고 한다.[36] 그의 이런 습관
은 지난濟南 사건이 얼마 지나지 않아 시작된 것이다.

5·3 참사로도 알려진 지난사변은 1928년 북벌과정에서 산둥 성의
성도인 지난에 주둔하고 있던 국민당군이 북방 군벌과 연합한 일본군
과 충돌한 사건을 가리킨다. 1928년 5월 3일 휴전협정이 이루어지는 동
안 일본은 중국 시민들에 대한 공격을 재개했다. 약 5,000명의 시민이
이 공격으로 목숨을 잃었다. 장제스가 파견한 수석 협상가 차이궁스蔡公
時는 이후 얼굴이 엉망이 된 채로 고문을 당해 죽기까지 했다. 그레이스
황Grace Huang은 장제스가 어떻게 '설치'를 쓰면서 일기를 적기 시작했
는지에 대해 다음과 같이 기록하고 있다.

사건 이후 그는 "이날부터 나는 6시에 일어나기 시작했다. 나는 스스로 이 치욕을 일깨울 것이고 민족의 치욕이 완전히 없어지는 그날까지 계속할 것이다"라고 말했다. 4일 후 그는 자신의 일기에 '치욕을 갚는 방법'을 추가했다. "나는 저 왜구를 어떻게 파괴해 민족적 치욕을 갚을 것인지에 대한 방법을 기록할 것이다." 일본이 2차 세계대전에서 패망할 때까지 장제스는 일기를 빼먹은 적이 거의 없다.[37]

황에 따르면, 1934년 3월 27일 장제스는 일기에 나라에 대한 인민의 헌신과 책임에 초점을 맞춘 교과서를 만들어야 한다고 썼다. 그는 또한 교과서에 포함될 38개의 주제를 참모에게 전보로 보내기도 했다. 몇몇 주제는 분명 치욕을 통해 중국 민족을 교육시켜야 한다는 장제스의 생각을 반영한 것이었다.

세 번째 주제는 중국이라는 영토 안의 인민을 교육하는 것을 목표로 삼는 것이었다. 장제스는 그 범위를 특정하지는 않았지만, 치욕을 갚는 것에 관한 글을 쓰기 4일 전에 다음과 같이 언급했다. "타이완과 조선을 수복한다. 본래 한漢과 당唐 왕조의 일부분이었던 땅을 수복하는 것이다. 그렇게 되면 우리는 황제의 후손으로서 부끄러움이 없을 것이다." 네 번째 주제는 최근 몇 년간 중국이 상실한 영토에 관한 간략한 역사를 기술하는 것이었다.[38]

장제스는 **설치**를 국민당의 주된 정치적 공약이자 임무로 활용했다. 그는 『중국의 운명China's Destiny』이라는 책을 쓰기도 했는데, 이 책은 불평등조약의 원인과 그 조약이 중국에 끼친 정치적·경제적·사회적·도덕적·심리적 영향을 체계적으로 살펴보는 것이었다. 1943년에 출판된 이 책에서 장제스는 "지난 100년 동안 중국의 국제적 지위가 낮아지고 인민의 도덕 수준이 타락한 주된 원인은 불평등조약"이라고 결론 내렸다. "역사가 중국에 가르쳐준 가장 중요한 교훈"을 묘사하면서 장제스는 다음과 같이 썼다.

중국의 인민들이 스스로의 목표를 위해 최선을 다하지 않는다면 그들은 자기 나라가 건강해지고 민족적 치욕을 지워버릴 수 있다고 희망할 수 없다. 그리고 그 목표는 오직 인민의 의지를 하나로 단결시키고 자신의 희망을 온전히 채워줄 수 있는 민족적 혁명을 통해서만 성취할 수 있다. 태평천국 운동에서 시작된 지난 93년 동안의 역사는 민족 혁명과 쑨원의 삼민주의가 중국 인민이 민족적 부활로 나아갈 수 있는 유일하게 옳은 길임을 충분히 증명해주었다.[39]

1920년대와 1930년대 중국공산당 당대회 성명서와 보고서를 자세히 보면, 국민당보다 민족적 치욕과 불평등조약에 대해 더욱 적게 언급하고 있다는 사실을 확인할 수 있다. 마오쩌둥과 천두슈의 글을 포함해 중국공산당의 문건은 계급투쟁과 계급억압에 더 주목하고 있다. 중국공산당의 이데올로기는 민족의식보다 계급의식의 중요성에 더욱 방점을 두고 있었던 것이다.

나는 국민당과 중국공산당이 "자신들의 정치적 목적을 위해 불평등조약이라는 동일한 단어와 그 내용을 활용했다"[40]라는 왕둥의 주장에

동의하지 않는다. 비록 국민당 역시 고조된 애국주의적 감정을 장악하기를 원했지만, 이 시기 국민당은 민족적 치욕에 대한 서사에 있어 자신만의 고유한 스타일과 어휘를 가지고 있었다. 왕둥 자신이 주장한 것처럼 중국공산당의 문건에서 중국의 경험은 종종 비슷한 상황에 처한 여타 민족들과 공유하고 있는 세계적인 차원의 치욕으로 묘사된다.[41] 피츠제럴드에 따르면, 중국공산당 이론가들은 계급투쟁이라는 영역을 국제관계의 장 안에 위치시켰다. 계급투쟁을 수행하는 단위는 민족 자체였다. 다시 말해 제국주의적 압제에 시달리는 민족은 국제 '프롤레타리아'의 구성원이었고, 압제를 주도하는 민족은 초민족적인 '부르주아'를 구성한다고 여겨졌다.[42]

이렇게 두 정당 서사에 존재하는 차이는 일정 정도 자신의 지지자로 어떤 계층의 사람들을 목표로 삼느냐는 문제에서 비롯된 것이다. 공산당은 지식인과 도시 거주자들보다는 시골 지역을 동원 활동의 목표로 삼았다. 중국 사회의 기층 민중(내륙 지역의 농부들과 공장 노동자들)은 종종 제국주의 세력보다 정부 정책 때문에 더욱 많은 희생을 당했다고 느꼈다.[43] 공산당에 비해 국민당은 대중 정당이라기보다는 엘리트 정당에 가까웠다. 국민당은 지식인과 도시 지역의 교육받은 인민들에게 더 많이 의존했는데, 이런 집단의 사람들은 민족적 치욕을 더욱 강렬하게 느끼고 있었고, 중국을 국제무대에서 다시 올바른 지위로 되돌려놓을 수 있는 사람들이었다.

장제스가 매일 **설치**를 쓰면서 일기를 시작하는 동안 마오쩌둥의 연설과 글에서는 민족적 치욕이라는 단어가 잘 등장하지 않았다. 이 공산주의 지도자는 항일전쟁에 좀 더 실용적인 방식으로 접근했다. 마오쩌둥은 장군들에게 다음과 같이 주의를 준 적이 있다. "일본과 싸우는 것이 진정한 애국이 아니다. 일본과 싸움으로써 당신들은 그저 중국에 대한 국민당의 애국자가 될 뿐이다. 우리의 적은 국민당이다." 1937년 마오쩌둥은 이와 같은 명령을 당의 원로들에게도 전달했다고 한다.

우리의 목표는 쿠데타를 일으키기 위해 중국공산당의 군사적 힘을 증진하는 것이다. 그러므로 수된 방향은 엄격하게 다음과 같아야 한다. 70퍼센트의 힘을 확장에 쏟고 20퍼센트의 힘을 국민당을 다루는 데 쏟는다. 나머지 10퍼센트의 힘을 항일에 쏟는다. 모든 당원과 단체는 이와 같은 최고 지시에 반대해서는 안 된다.[44]

8년에 걸친 항일전쟁 기간 중국공산당은 기회가 생길 때마다 더욱 영향력을 키울 수 있는 공간을 마련했다. 중국공산당은 토지와 세금 개혁을 통해 가난한 농민들의 대대적인 지지를 확보할 수 있었다.[45]

양당은 중국의 전통문화에 대해서도 서로 다른 태도를 취했다. 중국공산당은 유가 교리에 대해 더 비판적이었다. 공산주의자들은 유가를 중국의 쇠락과 치욕의 원인으로 보았다. 그렇기에 당의 임무는 제국주의, 봉건주의, 관료 자본주의라는 '세 개의 거대한 산三座大山'을 무너뜨리는 것이었다. 중국의 전통문화는 '봉건문화'로 여겨졌기 때문에 공산주의 혁명의 표적이 되었다. 중국공산당은 공산주의와 마르크스주의를 수용했다. 그래서 중국공산당은 유가의 교리를 공산주의로 대체하고 공산주의 교리와 마오이즘에 바탕을 둔 새로운 이데올로기를 만들어내고자 했다. 반면 국민당은 중국의 엘리트 문화 전통을 중국 사회의 생활을 규제하고 유지하기 위한 토대로 보았다. 국민당은 민족문화와 도덕의 쇠락이 제국주의와 불평등조약 때문에 초래되었다고 생각했다. 예컨대 장제스는 중국의 훌륭한 습속이 "아편·도박·매춘·절도 같은 악한 행위들에 눈감는 세태가 만연하면서 모두 휩쓸려 없어져버렸다"[46]라고 믿고 있었다.

양당 간의 이러한 차이점은 20세기 중국의 정치·문화·사회에 지대한 영향을 끼쳤다. 예를 들어 국민당에 대해 중국공산당이 최종적인 승리를 거둘 수 있었던 핵심 요인 중 하나는 기층 민중에 대한 마오쩌둥의 효과적인 동원이었다. 1966년에서 1976년까지 진행된 문화대혁명은 '새로운' 중국에서 봉건문화를 제거해버리려는 마오쩌둥의 노력을 고스란히 보여주었다.

두 정치 정당과 루쉰 같은 초기의 각성한 지식인의 노력 덕택에 중화민국에서는 더욱 강한 대중 민족주의가 나타나게 되었다. 윌리엄 캘러한은 민족적 치욕이 중화민국의 시민적·민족적 정체성 구축의 한 부분이었음을 밝혀냈다.[47] '국치를 잊지 말라'는 구호는 1915년부터 신문에 자주 등장했고, 이것은 "벽보로 나붙고 상표와 학용품에도 새겨졌다."[48] 폴 코헨에 따르면, 1920년대를 거쳐 1930년대에 이르기까지 신보申報는 21개조 요구안이 체결된 5월 9일을 담배와 와인에서부터 수건·기계·파라솔·시계·밀짚모자·실크스타킹·면포·치약, 은행 업무에 이르는 모든 광고와 연계시켰다.[49] 왕둥에 따르면, 1924년 베이징에서만 50개가 넘는 지식인 단체가 조직되었는데, 이들 단체는 바로 불평등조약 취소 운동과 반제국주의 운동을 위한 조직이었다.[50]

만청 시기 지식인과 중산층 중심이었던 민족주의는 민국 시기에 이르러 국가 주도이면서 전국 규모의 대중 민족주의로 발전해나갔다. 쉬지린에 따르면, 중국의 민족주의는 이 시기 고삐 풀린 '야생마'처럼 발전했다.

> 5·4 운동이 끝나고 새로운 시대의 민족주의가 등장했다. 마치 야생마처럼 맹목적 애국주의는 한 번 고삐가 풀리자 더는 통제할 수 없었고, 그것은 곧이어 20세기 전반기 중국 역사의 궁극적인 결과물을 낳기 위한 토대를 놓게 되었다.[51]

민족주의는 8년에 걸친 항일전쟁의 버팀목이 되어주었다. 하지만 전쟁이 끝나자마자 전 중국은 국민당과 중국공산당 사이의 내전으로 치닫게 되었다. 이 전쟁은 인류사에서 가장 잔혹한 전쟁 중 하나였다. 민족적 치욕은 중화인민공화국의 토대를 마련해주었다. 1949년 10월 1일, 마오쩌둥은 베이징에서 중국공산당의 승리와 중화인민공화국의 건국을 선언했다. 그는 "우리는 이제 모욕과 치욕에 굴복하는 민족이 아닙니다", "우리는 일어섰습니다"[52]라고 말했다. 마오쩌둥이 키를 잡은 공산당은 곧바로 민족적 치욕이 아닌 혁명의 승리에서 합법성을 끌어내기 시작했다.

〈동방홍東方紅〉

30세 이상의 중국인 대부분은 언제라도 〈동방홍〉이라는 노래를 부를 수 있다.

동방홍, 붉은 태양이 떠오른다. 중국이 마오쩌둥을 낳았네.
그는 인민을 행복하게 해주니, 에혜라, 그는 인민의 구원자.
마오 주석은 인민을 사랑하니 그는 우리의 안내자.
신중국을 건설하기 위해, 에혜라, 그는 우리를 이끈다네.
공산당은 태양처럼 어디든 비추네.
공산당이 있는 곳이 어디든, 에혜라, 그곳의 인민은 해방되었네.

1960년대와 1970년대 라디오와 텔레비전 프로그램은 통상 이 노래로 시작해 〈인터내셔널가〉로 끝이 났다. 그리고 동방홍은 문화대혁명 기간 중화인민공화국의 사실상의 국가였다.

막스 베버Max Weber는 정치적 정당성의 원천을 전통, 카리스마, 법-이성 이 세 가지로 식별했다. **전통적 정당성**은 오랜 기간 존속한 규범, 습속, 신성한 권력에 토대를 두고 있다. **카리스마적 정당성**은 지도자의 카리스마에 토대를 두고 있으며 종종 부분적으로는 그 지도자가 특별하거나 혹은 초자연적인 힘을 가지고 있다는 인식에 기반을 두고 있다. **법-이성적 정당성**은 정부의 권력이 이성적으로 만들어진 원칙·규칙·절차에서 유래했다는 인식에 토대를 두고 있다.[53] 쉬궈치가 언급한 것처럼, **천하** 체계에서는 국가의 정당성은 신성한 권력[天子]과 혈통 그리고 이른바 하늘의 명에 따라 결정된다. 그리고 그것은 하나의 민족적 정체성에만 특정되는 것이 아니다.[54]

내 경험상 〈동방홍〉은 마오쩌둥 시기(1949~1976) 중국공산당이 자신의 정당성을 언급하는 경로였음이 분명하다. 오늘날 많은 사람은 마오쩌둥 정부를 인류 역사에서 가장 잔인하고 전체주의적인 정권 중 하나라고 본다. 하지만 마오쩌둥 시기 중국공산당의 정당성을 걱정하는 당원은 거의 없었다. 그리고 마오쩌둥 주석의 카리스마는 당연히 그와 같은 신념의 중요한 원천이었다. 내전 기간(1945~1949) 마오쩌둥은 인민해방군을 이끌고 총통 장제스를 물리쳐 국민당 정부를 대륙에서 타이완으로 몰아냈다. 마오쩌둥이 말한 깃처럼 "권력은 총구에서 나오는 것이다."[55] 이런 정서가 중국공산당의 정당성을 이끌었다. 중국공산당의 선전물에서는 내전에서 거둔 승리가 중국 인민의 위대한 해방으로 칭송되었고, 그로써 마오쩌둥은 '위대한 구원자'가 되었던 것이다.

마오쩌둥에게 있어 '하늘의 명'은 단순히 전장에서 얻은 것이 아니라 자신의 이론과 이데올로기를 대변하는 책에서 얻어낸 것이기도 하다. 아마도 세계에서 가장 많이 출판되었을 『마오 주석 어록毛主席語錄』에서 마오쩌둥은 모든 이가 정의와 평등을 누리고 그 어떤 착취나 고통을 받지 않는 중국의 미래에 대한 아름다운 그림을 그려놓았다. 이런 공식적인 공산주의 이데올로기는 중국공산당의 합법성을 제도화하는 데 있어 결정적이었다. 역사 유물론, 계급투쟁, 과학적 사회주의에 관한 이론은 새로운 당-국가 체제에 대한 도덕적 정당성의 개념적 프레임을 제공해주었던 것이다. 마오쩌둥은 능숙하게 마르크스주의를 현지화했으며 중국의 전통이라는 틀 안에서 맥락화했다. 마오쩌둥과 그의 동지들이 마르크스주의를 중국의 전통으로 치장하자 공산주의 이데올로기는 유가적 이상 사회인 대동大同 사회와 매우 비슷한 것이 되었다.[56] 유가 사상에서 대동은 인간 사회의 조화와 통일을 의미하며, 하늘·인간·대지 사이의 조화로운 관계를 의미한다.

하지만 마오쩌둥 시기 중국공산당 지도자들은 중국의 민족사, 특히 민족 치욕의 서사를 주요 이데올로기적 도구나 정당성의 근거로 활용하지 않았다. 팍스 코블Parks Coble이 언급한 것처럼, 마오쩌둥 시기 항일전쟁의 기억은 중국의 담론 공간에서 사라져버렸다.[57] 전쟁 기억에 대한 공산당의 정통적인 접근법은 중국에서 '지배 서사dominant narrative'가 아니었던 것이다. 그것은 **그저** 서사일 뿐이었다. 베이징은 출판에 대한 면밀한 통제를 유지하고 있었고, 그것은 다른 목소리가 들려오는 것을 사전에 차단했다.[58] 예컨대 캘러한의 연구에 따르면, 중국 국가 도서관의 기록은 1947년에서 1990년 사이 중국에서 '민족적 치욕'을 주제로 한 책이 없음을 보여준다.[59]

커크 덴턴Kirk Denton은 마오쩌둥 시기 난징 학살에 관한 역사적 기록이 의도적으로 억압되었음을 찾아냈다. 예를 들어 1962년 난징 대학 역사학과의 학자들이 『일본 제국주의의 난징 대학살日本帝國主義在南京大虐殺』을 저술했는데, 이 책은 학살에 대한 2년에 걸친 조사과정에서 발견한 광범위한 자료들에 바탕을 둔 것이었다. 그러나 이후 이 책은 내부 문건으로 분류되어 공개적으로 출판할 수 없었다.[60] 이언 버마Ian Burma는 공산당이 1982년 이후에야 난장 학살에 관심을 기울였다고 주장한다.[61]

중국공산당이 이 시기에 민족적 치욕을 옆으로 치워둔 것에는 몇 가지 이유가 있다. 첫째, 1917년 공산주의자들이 러시아를 차지한 후 볼셰비키가 그랬던 것처럼 중국공산당은 종족성보다는 계급을 정치적 정체성의 토대로 만들었다.[62] 중국공산당은 민족적·종족적 당이 아니라 혁명당이 되어야 했던 것이다. 더군다나 중국공산당은 모든 중국 인민에게서 지지를 끌어내거나 그들을 대변하려 하지 않았다. 중국공산당은 오직 노동자와 농민인 프롤레타리아로부터만 지지를 끌어내고 그들을 대변하려 했던 것이다. 또한 중국공산당은 정당성의 토대를 다수파에 의한 독재에서 찾았다. 문화대혁명 기간에 민족주의, 심지어 애국주의는 '부르주아 이데올로기'라는 이유로 거부되었다.[63]

둘째, 중국공산당의 시각에서 그 어떤 민족주의적 요구도 마오쩌둥의 '국제주의'에 모순되는 것이었다. 중국 혁명 승리로 고무된 마오쩌둥은 자신을 국제 공산주의 혁명의 지도자라고 여겼고, 국제주의를 위한 공산주의 운동의 능동적인 지도자가 되었다. 이것이 바로 그가 한국전쟁과 베트남전쟁에 개입하기로 한 이유 중 하나이기도 하다. 마오쩌둥은 '편협한' 민족주의와 애국주의에 반대할 것을 당에 요구했다.

제국주의를 타도하고 우리 민족과 인민을 해방하며, 세계 여타 민족과 인민을 해방하기 전에 우리는 모든 자본주의 국가의 프롤레타리아, 다시 말해 일본·영국·미국·독일·이탈리아, 그리고 모든 여타 자본주의 국가들의 프롤레타리아와 연합해야 한다. 이것이 우리의 국제주의이며 국제주의와 함께 우리는 편협한 민족주의와 애국주의 모두에 반대한다.[64]

문화대혁명 기간 중국은 세계 혁명의 중심이 되었고 공공연히 스스로를 국제무대의 가장 '진보적'인 세력으로 생각했다.[65] 마오쩌둥의 시각에서 종족성에 바탕을 둔 역사적 불만은 편협한 민족주의의 전형이었다.

셋째, 마오쩌둥과 중국공산당은 중국 혁명과 외세 제국주의, 내전을 설명하기 위해 계급투쟁 이론을 끌어왔다. 이 이론에 따르면, 현대사에서 중국의 쇠락과 고통은 내부적 부패와 봉건적·자본주의적 지배자들(청조와 국민당)의 무능력 때문이었다. 그러므로 외세의 침략은 중국의 트라우마적인 민족 경험을 설명하는 부차적인 요소일 뿐이었다.

넷째, '승리'는 중국공산당이 정당성을 주장하는 키워드였다. 대중적 지지를 동원하기 위한 '영웅' 혹은 '승리자' 서사에 힘입어 마오쩌둥은 위대한 영도자가 되었다. 중국공산당 선전기구는 당이 연달아 승리를 쟁취할 수 있었던 것은 마오쩌둥의 눈부신 지도력 때문이었다고 인민들에게 부단히 가르쳤다. 하지만 중국의 그 어떤 민족주의 서사도 불가피하게 중국 현대사를 포함할 수밖에 없었고, 그것은 결국 민족적 치욕을 중심으로 한 것일 수밖에 없었다. 그러나 피해자의 서술은 승자의 서사를 핵심 주제로 삼는 마오쩌둥의 서술과는 맞지 않는 것이었다. 그렇기 때문에 100년간 당한 민족적 치욕의 기간 동안 중국이 겪은 고통은 강조될 수 없었다.

앞서 언급한 중국공산당의 이데올로기와 연관된 이유를 제외하고도, 마오쩌둥 시기 일본의 잔혹 행위에 대한 중국공산당의 침묵에는 또 다른 특별하고도 중요한 이유가 있다. 국민당과 비교하면 공산주의자들은 실상 항일전쟁에 별다른 공헌을 하지 않았다. 전쟁 기간 중국 공산당 세력은 명목상 국민당 민족혁명군의 일부분으로 싸웠지만, 항상 게릴라나 다름없는 지위에 머물러 있었다. 이에 대해 부루마Buruma는 다음과 같이 썼다.

난징 학살에 대해 공산주의자들은 거의 아무것도 하지 않았다. 1937년 그곳에는 공산주의 영웅이 없었기 때문이다. 정말로 그곳에는 공산주의자가 전혀 없었다. 난징, 상하이 혹은 중국 남부 어디에서도 사망한 다수의 사람은 장제스 군대의 병사들이었다. 일본 치하에서 벌어진 일에 대해 너무나도 많은 걱정을 한 마오주의자들 탓에 좋지 못한 계급이나 정치적 배경을 가진 이들은 갖은 고초를 겪어야 했다.[66]

이 시기 공식 연설과 출판물에서 중국공산당은 전쟁 승리와 치욕의 세기에 대한 복수를 모두 자신의 공으로 돌렸다. 국민당 군대의 역할은 결국 공개된 출판물에서 찾아볼 수 없게 되었다. 중국공산당이 항일전쟁을 둘러싼 논의가 세밀하게 이루어지기를 원한 것은 아니다. 전쟁에 대한 그 어떠한 상세한 연구도 주요한 군사적 개입, 연관된 부대, 전투 과정과 같은 역사적 사실을 포함할 수밖에 없었기 때문이다. 그들은 인민들이 '공산당은 그곳에 없었다'는 사실을 밝혀내기를 원치 않았던 것이다.

심지어 마오쩌둥과 그의 동지들은 일본에 대해 감사한 마음을 가지고 있기도 했다. 1937년에서 1945년까지 일본의 전면적인 침공이 없었다면 공산당 군대는 장제스에 밀려 진즉에 사라졌을 수도 있다. 8년 동안 국민당 군대가 일본과 전투를 벌이고 수많은 사상자로 고통받을 때, 공산주의자들은 산시 성의 산악 지역에 숨은 채로 3만 명 정도로 구성된 오합지졸을 100만 명 이상의 강한 군대로 길러내고 있었다. 중국공산당이 상상할 수 없는 속도로 성장할 수 있었던 것은 일본 주력 부대와의 직접적인 군사적 충돌을 회피한 마오쩌둥의 전략 덕분이었다.

바르메가 언급한 것처럼, 마오쩌둥은 일본의 침공과 중국공산당 세력의 굴기 사이의 관계를 매우 독특한 방식으로 바라보았다. 1972년 일본 수상 다나카 가쿠에이田中角榮를 만났을 때, 마오쩌둥은 자신의 관점을 '특유의 아이러니'라고 표현했다. 마오쩌둥은 다나카에게 "만약 일본이 중국을 침공하지 않았다면 우리는 국공합작을 이끌어내지 못했을 겁니다. 우리는 결코 발전하지 못했을 것이고 궁극적으로 우리 스스로 권력을 쟁취하지도 못했을 겁니다. 우리가 베이징에서 만날 수 있게 된 것은 일본 덕택입니다"라고 말했다. 다나카가 "중국을 침략해 일본이 중국에게 많은 어려움을 초래했지요"라고 대답하자 마오쩌둥은 다시 "만약 일본이 중국을 침략하지 않았다면 중국공산당은 승리할 수 없었을 것이고, 오늘날 우리가 이렇게 만나지도 못했을 겁니다. 이것이 역사의 변증법입니다"라고 화답했다.[67]

당연하게도 이 '위대하고 영예로우며 정확한' 당은 1976년 9월 9일 마오쩌둥이 사망한 이후 근본적인 정당성 위기에 직면하게 된다. 문화대혁명의 진실을 알게 되면서 중국의 인민들, 특히 지식인들은 마오쩌둥을 중국의 독재자로 바라보기 시작했다. 마오 주석은 이제 인민의 '위대한 구원자'가 아니었다. 갑자기 당 정당성의 전체적인 토대가 무너져 버렸던 것이다.

〈의용군 행진곡〉

국가는 보통 상찬의 노래다. 국가는 이상적인 관점에서 자부심, 기쁨, 축하의 성격을 띤다. 하지만 이와 반대로 중화인민공화국의 국가는 반역, 구원, 민족적 생존에 관한 것이다.

일어나라! 노예가 되고 싶지 않은 사람들이여!
우리의 피와 살을 만리장성으로 만들자!
중화민족이 존망의 위기에 처했으니
모든 사람이 최후의 목소리를 내야 하지 않겠는가!
일어나라! 일어나라! 일어나라!
우리 만백성이 일심 단결해
적의 포화를 뚫고 전진한다!
적의 포화를 뚫고 전진한다!
전진! 전진! 전진!

이 〈의용군 행진곡〉은 유명 현대 작가인 톈한田漢이 작사하고 녜얼聶
耳이 작곡한 곡에 가사를 붙인 것이다. 일본이 만주를 침략한 후 1년이
지난 1932년 〈의용군 행진곡〉은 일본이 중국에 대한 전쟁을 공식적으
로 선포하기 이전, 민족을 방어하기 위해 봉기한 중국인들에게 바치는
애국적 곡조로 지어진 노래다. 이 노래는 일본의 침략에 대한 저항 운동
에 사람들이 참여할 것을 고취시켰고, 그 결과 곧바로 전국으로 퍼져나
갔다.

중국의 지도자들은 1949년 국가 선정에 대해 논의하면서 "중화민족
이 존망의 위기에 처했"다는 부분을 두고 상당한 논쟁을 벌였다고 한다.
어떤 사람들은 그 가사가 수정되어야 한다고 주장했다. 예컨대 역사학

자 궈모뤄郭沫若는 이 부분을 "중국의 인민들이 해방의 순간을 맞이하게 되었으니"로 바꾸자고 제안했다. 하지만 총리 저우언라이周恩來는 본래 가사를 쓰자는 의견에 지지를 표했다. 그는 영혼을 울리는 곡조와 그 가사가 중국이 외세의 만행과 싸우기 위해 필요한 것이라고 말했다. 저우언라이는 중국에 바로 그러한 정신이 필요하고 이 노래가 사람들을 영원히 일깨워줄 수 있으리라고 생각했던 것이다.[68]

하지만 문화대혁명 기간 〈의용군 행진곡〉은 금지되었고 〈동방홍〉이 비공식적 국가가 되었다. 마오쩌둥에 대한 숭배가 절정으로 치달았을 때, 어떻게 중국의 국가가 마오쩌둥이나 중국공산당을 언급하지 않을 수 있겠는가?

1976년 마오쩌둥이 사망한 후 새로운 지도자가 된 화궈펑華国鋒은 1978년 〈의용군 행진곡〉을 국가로 회복시켰지만 가사는 다소 바뀌었다.

전진하라! 각 민족 영웅의 인민들이여!
위대한 공산당이 우리를 계속 대장정으로 이끈다!
만민이 하나 되어 공산주의의 미래를 향해 분투하자!
조국을 건설하고 보위하며 용감하게 투쟁하자.
전진! 전진! 전진!
우리는 만 세대에 걸쳐
마오쩌둥의 깃발을 높이 들고 전진!
마오쩌둥의 깃발을 높이 들고 전진!
전진! 전진! 전진!

하지만 위의 새로운 가사는 채택되지 않았다. 화궈펑이 실각하고 덩샤오핑鄧小平이 중국의 지도자로 복귀한 후, 1982년 12월 4일 전국인민대표대회는 1935년 톈한의 본래 가사를 공식 국가로 복귀시켰다.

중국에서 국가의 변화가 갖는 의미는 남다르다. 〈외세를 타도하라〉에서 〈의용군 행진곡〉으로, 다시 〈동방홍〉으로 이어지는 과정 속에서, 각기 다른 가사는 저마다 다른 국가 서술, 상이해진 국내외적 맥락 속에서 집권당이 정당성을 언급하는 방식을 서로 다르게 강조하고 있기 때문이다.

1921년 중국공산당의 창당에서부터 1949년 중화인민공화국의 건국에 이르기까지 중국공산당은 혁명의 두 가지 근본적인 임무에 초점을 맞춤으로써 자신의 정당성을 주장하고 인민을 동원해왔다. 하나는 보편적인 정의와 평등이라는 특징을 가진 중국에 혁명을 통해 새로운 공산주의 사회를 건설할 것이라는 점이고, 다른 하나는 그 혁명이 '허약한' 국가인 중국을 변화시켜 세계무대에서 다시 중심을 차지하게 할 것이라는 점이다.[69] 이 시기 중국공산당이 대중 동원을 위한 이데올로기적 도구로서 높이 치켜든 플래카드는 공산주의와 민족주의였다.

마오 주석의 개인적 카리스마와 공산주의적 미래에 대한 비전이 정당성에 관한 가장 강력한 토대를 중국공산당에 제공하던 시기가 바로 중화인민공화국의 건국에서 1976년 문화대혁명의 종결에 이르는 시기다. 하지만 앞서 분석한 것처럼 중국공산당은 이 시기 민족주의라는 기치를 옆으로 치워두었다. 중국공산당 지도자들은 민족사와 치욕의 기억을 주요한 이데올로기적 도구나 합법성의 원천으로 활용하지 않았던 것이다.

1976년에서 1991년에 이르는 15년은 전환의 시기였다. 당은 정당성 위기를 맞이하고 있었지만 오랜 기간 지속되어온 공산주의적·마오주의적 서술과 실천방식에서 벗어나기 위해 조정의 시간이 필요했다. 예컨대 1982년 당은 "당을 사랑하고, 사회주의를 사랑하며, 조국을 사랑한다"는 '삼애三愛 운동'을 시작했다. 이 운동을 통해 극명하게 드러나고 있듯, 당은 민족적 애국주의를 이데올로기적 도구로 새롭게 도입했던 것이다.

베이징 정부로서는 이 15년의 세월이 가장 위험한 시기였다. 개혁의 세월이 어느 정도 흐른 뒤 덩샤오핑의 정책은 경제 체제를 상당히 해방시켰고 중국을 외부적 영향력, 특히 서구에 실질적으로 노출시켰으며, 그런 방식을 통해 갈수록 다변화된 사회를 만들어냈다. 이것은 경쟁적인 이해관계가 만들어졌음을 뜻한다. 중국 사회가 근본적인 변화를 겪게 된 것이다. 이와 같은 전환과정은 불가피하게 충돌과 위기로 이어질 수밖에 없는데, 특히 강제적인 사회적 전환은 정권 세습과 함께 이루어질 수 있다. 실제로 1980년대 중국 대륙에서 중요한 정치적 쟁점은 바로 권력승계에 관한 문제였다.

덩샤오핑 그리고 그와 함께 대장정을 경험한 동지들은 1980년대 후반에 이르러 80대의 노인이 되었고 권력승계는 불가피한 것이었다. 하지만 문제는 지도자층 안에서 계승문제를 둘러싸고 격렬한 논쟁이 불거졌다는 사실이다. 논쟁은 실제적인 계승자 자체에 대한 것일 뿐만 아니라 기본 정책, 특히 새로운 상황 속에서 당의 이데올로기와 정체성에 관한 것이기도 했다. 당은 기본적으로 이 문제에 관한 내부적 합의가 전혀 없었으며 당의 정책과 이데올로기 정치—중국공산당의 용어로 '사상선전과 문화전선宣傳思想和文化戰線'—는 완전히 모호한 상태였다. 화궈펑의 애국가는 바로 그러한 모호함을 보여주는 전형적인 사례다. 한편으로 그는 〈의용군 행진곡〉을 애국가로 부활시켰지만, 다른 한편으로는 민족이 아닌 당을 드높이면서 본래 가사를 "마오쩌둥의 기치를 높이 들고"라는 가사로 바꾸었다. 간단히 말해 당은 심각한 정체성 위기를 겪고 있었던 것이다.

문화대혁명 이후 1980년대 중국공산당이 직면한 가장 심각한 도전은 '세 개의 신념 위기'였다. 사회주의에 대한 신념의 위기信心危機, 마르크스주의에 대한 믿음의 위기信仰危機, 당에 대한 믿음의 위기信任危機가 그것이다.[70] 공식적인 공산주의 이데올로기가 신뢰를 상실했을 때 공산주의 정권은 미래에 대한 사회주의적 비전을 바탕으로 한 대중의 지지를 이끌어내는 능력을 상실하게 된다. 이러한 정신적 진공 상태는 오랜 시간에 걸친 전통적·서구적 믿음 체계에 대한 공산주의자들의 억압에서 비롯된 것이다. 이러한 상황 속에서 몇몇 지식인은 자유주의적 이념과 서구 스타일의 민주적 개혁을 수용하기도 했다.

신념 위기는 민주화 전前 단계를 향한 운동으로 이어졌고 결국 1989년 봄 톈안먼 광장의 대규모 시위로 귀결되었다. 어떤 학자들은 톈안먼 사건과 신념의 위기 사이에 직접적인 연관이 있다고 본다. "[톈안먼 사건은] 공식 이데올로기가 파산한 결과다. 실제로 이전의 공식 이데올로기가 산산조각 났을 때, 중국공산당은 새로운 이데올로기를 만들어낼 수 없었다."[71] 중국공산당 지도부는 일반 중국 시민들의 마음속에서 자신들이 이미 하늘의 명이 부여한 통치자 역할을 상실한 것은 아닐까 두려워했다. 이러한 위기는 공산주의 이데올로기 자체의 국제적인 붕괴 이후 더욱 분명해졌다.

톈안먼 시위 이후 얼마 지나지 않아 국제적 상황이 급변했다. 소련이 해체되었고 동유럽의 공산주의 정권들이 실각한 후 서구 스타일의 정당들로 교체되었다. 중국 입장에서 이와 같은 혁명은 엄청난 충격이었다. 이런 변화의 결과, 중국은 세계에서 살아남은 가장 거대한 규모의 공산주의 국가로 남게 되었고, 이는 불가피하게 서구에서 중국을 비판하는 초점이 될 수밖에 없었다. 서구의 대對중국 정책의 주된 주제는 다음과 같은 것이 되었다. 중국에 대한 압력행사를 통해 동유럽 스타일의 자유화를 이끌어내고 위협적인 중국의 출현을 저지하는 것.

중국의 국제 전략적 가치 역시 하락하게 되었다. 서구는 이제 중국이 소련에 대항하는 연합국이기를 원하지 않았다. 이러한 태도는 1992년 로저 설리번Roger Sullivan이 『포린 폴리시』에 기고한 "중국이라는 카드를 버리기Discarding the China Card"라는 글에 잘 드러나 있다. 이 논문에서 설리번은 "중국이 변한 것이 아니라 세계가 변한 것이다"라고 말했다.[72] 국제사회의 대중국 인식 역시 급변한 것이다. 미국 학자인 스콧 케네디Scott Kennedy와 마이클 오핸런Michael O'hanlon은 다음과 같이 보고 있다.

1989년 봄 이래로 중국에 대한 인식은 개혁적이고 가난하며 허약한 존재에서 전체주의적이고 번영하고 있으며 강한 나라로 변해가고 있다. 이런 관점의 변화가 생긴 주요 원인은 다음과 같다. 정치적 측면에서는 1989년 시위로 맞닥뜨린 충돌과 중국공산당 통치의 지속이다. 경제적인 측면에서는 최근 중국의 경제적 호황과 미국의 점증하는 상호 무역 적자다. 안보적 측면에서는 중국이 점차 적극적인 방어 태세를 취하고 있다는 것이다. 이와 같은 요인들이 미국인들로 하여금 중국을 정치적 천덕꾸러기이자 경제적 경쟁자, 잠재적인 전략상의 라이벌로 보게 만드는 것이다.[73]

중국의 입장에서 가장 중요한 상호관계인 미중관계는 1989년부터 전반적인 하강곡선을 그리고 있다. 미국은 인권, 무기 확산과 통제, 무역, 타이완 문제에 관해 중국을 압박하고 있다. 많은 중국인은 빌 클린턴Bill Clinton 행정부의 대중국 전략인 '포괄적 개입' 전략을 포괄적 견제의 완곡한 표현으로 보고 있다. 1993년 중국의 올림픽 개최 시도에 대한 미국의 반대, 같은 해 화학무기 운반 혐의를 들어 인허호銀河號를 수색한 것, 중국이 세계무역기구WTO에 가입하려 할 때 미국이 비싼 대가를 요구한 것, 타이완·인도·베트남과 미국의 관계 개선은 모두 베이징의 시각에서 보았을 때 견제 전략에 딱 들어맞는 것이었다.

학생 시위에 대한 무력 진압 이후—다시 한 번 정치적 권력은 총구에서 나온 셈이다—중국공산당은 집권당에 요구되는 정당성을 재건하기 위해 필사적으로 노력할 필요가 있었다.

4장

승리자에서 희생자로
: 애국주의 교육 운동

집단적 기억과 역사 사이에 존재하는 강력한 연관관계는 교육 체계 안에서 특히 두드러진다. 한 나라의 집단적 기억을 구축하는 것은 민족 건설의 통합적 부분이다.[1] 학교는 과거에 대한 민족 서사를 전달하는 주요한 사회적 기구인 셈이다. 서구의 민주 사회와 비민주 사회를 불문하고 모든 국민국가는 개인적 시민과 모국 사이의 연관관계를 공고히 하려는 목적을 갖고 자신의 민족사를 강조한다.[2] 이는 정치적 전환기에 특히 두드러진다. 리처드 J, 에반스Richard J. Evans가 주장한 것처럼 "어떤 상태에서 또 다른 상태로 갑작스러운 정치적 전환이 일어나는 순간만큼 역사가 의미 있거나 중요해 보이는 때는 없다."[3]

역사 교과서는 민족 서술을 구축하고 재생산하는 주요 구성 요소로 인식되어왔다. 중국공산당은 "현재를 위해 과거를 활용하는" 유일한 집권당은 아니다. 예를 들어 블라디미르 푸틴Vladimir Putin의 러시아 정부는 급박한 정치적 전환 이후 상처받은 러시아의 자존감을 치유하기 위해 소비에트 스타일의 애국주의 교육을 부활시켰다.[4] 포스트 공산주의 동유럽에서 동아시아와 남아프리카에 이르기까지 정치적 전환은 종종 무엇보다도 학교 역사 교과서 다시 쓰기를 필요로 했다.[5] 그렇다면 역사 교육과 역사적 기억, 민족적 정체성 사이에 존재하는 관계는 무엇인가? 정치적 목적을 위한 민족사의 활용과 남용은 무엇을 의미하는가? 역사와 역사 교육은 정치적 전환과 외교관계에서 어떠한 역할을 하는가? 이런 문제들에 대한 탐색은 정치 문제를 연구할 때 독특하면서도 중요한 접근 경로를 제공해줄 것이다.

고대 중국에서 자주 일어났던 농민 봉기에 관한 중국공산당의 역사학을 연구한 제임스 해리슨James Harrison은 당이 주도하는 중국 역사 다시 쓰기를 "인류 역사상 이데올로기적 재교육을 위한 가장 거대한 시도"[6]라고 부른 바 있다. 1991년에 시작된 애국주의 교육은 이데올로기적 재교육을 위한 또 한 번의 대규모 시도였다. 하지만 당이 1970년대와 1980년대에 시작한 이전의 이데올로기적 교육 운동과 비교했을 때, 그 규모와 함의는 특별한 것이었다. 이번 장에서는 톈안먼 광장 사태와 동유럽 공산주의의 붕괴 이후 애국주의와 민족적 치욕에 관한 담론이 중국에서 왜, 어떻게 정치적 중요성을 띠게 되었는지를 탐색한다. 그런 후에 나는 역사와 기억의 내용이 중국의 교육 체제, 대중문화와 대중매체에서 어떻게 제도화되었는지를 탐색할 것이다.

역사 교육의 개혁

톈안먼 시위의 발발과 국제 환경의 변화는 중국공산당 지도부를 경악시켰다. 시위 진압 이후 얼마 지나지 않아 당은 사건의 근본 원인을 찾기 위해 과거에 대한 반성을 시작했다. 그리고 중국의 지도자 덩샤오핑은 1980년대 중국공산당이 저지른 가장 큰 실수는 이데올로기 교육에 충분한 주의를 기울이지 않았다는 것이라고 결론 내렸다.

나는 외국 손님들에게 지난 10년간 우리의 가장 큰 실수는 교육 영역, 특히 이데올로기적·정치적 교육—비단 학생들만이 아니라 인민 전체에 대해—에서 비롯되었다고 말해주었다. 우리는 지난한 투쟁과 **과거의 중국이 어땠는지에 대해** 그리고 우리나라가 어떤 나라가 되었는지에 관해 충분히 말해주지 않았다. 그것이 바로 심각한 잘못이었다.[7] (강조는 저자)

톈안먼 사건 이후 얼마 지나지 않아 시작된 애국주의 교육은 정확히 '과거의 중국이 어땠는지'—당의 지난날, 항일전쟁, 외세의 침략—에 관한 역사 교육 운동이었다. 그리고 이 운동의 주된 목표는 중국 인민, 특히 젊은이들에게 서구와 일본의 습격으로 겪은 중국의 치욕과 어떻게 중국공산당이 이끄는 혁명이 중국의 운명을 바꾸었고 민족의 독립을 쟁취했는지를 교육하는 것이었다.

이 운동은 1991년 8월에 만들어진 두 개의 문건을 통해 공식적으로 발표되었다. 「문물을 충분히 활용한 애국주의 교육과 혁명 전통 교육 운동에 관한 통지關於充分運用文物進行愛國主義和革命傳統敎育的通知」[8]가 그것이다. 이 두 문건 모두 중국공산당의 지도자 장쩌민江澤民의 지시로 작성되었다는 점에 주목해야 한다.

과거 중국 황제가 내린 모든 문자화된 지시는 **성지**聖旨라고 불렸다. **성지**를 받은 관료는 즉각 철저하게 황제의 지시를 실행에 옮겨야 했다. 중국공산당의 독재적인 리더십 아래서 하급 관료들에게 있어 최고 지도부에서 하달된 지시는 여전히 황제의 성지와도 같은 것으로 받아들여진다. 이러한 체제 속에서 정치적 활동의 일반적인 과정으로서 최고 지도자들은 잘 다듬어진 내부 문건, 공개적인 연설, 관련 공무원들에 대한 지시를 통해 자신들의 정책 지침을 전달한다. 지도자의 지침을 수령한 이후에는 중국공산당 중앙위원회 관련 부처들이나 국무원 장관들이 공식 문건의 초안을 잡기 위해 분주하게 작업한다. 비록 이 문건들이 "통지通知", "강요綱要", "의견意見"과 같은 제목을 달고 있지만, 만약 더욱 중요한 사안이 아니라면 이 문건들은 법과 규정보다 더욱 무겁고, 서로 동일한 중요성을 가지고 있다. 상층부의 공식 문건을 수령한 이후, 지방정부의 각급 기관은 지시의 실행에 책임을 진다. 중국공산당은 모든 공무원이 반드시 이 문건들을 학습하고 중앙위원회의 생각을 이해하도록 요구한다.

중국에서는 초등학교에서 대학에 이르는 대다수의 학교가 국립이다. 이는 곧 지방정부의 교육기관이 거의 모든 학교의 관료들을 임명한다는 사실을 뜻한다. 그 결과 대다수 학교에는 중국공산당 위원회 혹은 지부가 설치되어 있으며, 학교에 고용된 이는 반드시 공식 문건을 학습해야 한다.

장쩌민의 지시는 교육부 장관과 그 부속기관으로 보내졌고 『인민일보』를 통해 공식적으로 발표되었다. 1991년 3월 9일자 지시에서 장쩌민은 다음과 같이 말했다.

우리는 중등학교와 대학교의 학생들에게(유치원의 어린아이들에게도) 중국 현대사와 당대사, 민족의 상황에 대한 교육을 실시해야 한다. 교육은

쉬운 것에서 어려운 것으로 나아가야 하고 끊임없이 지속되어야 한다.[9]

중국 현·당대사로 구성된 교육—1989년의 학살 이후 5년이 지난 시점에 덩샤오핑이 언급한 '중국이 어떤 나라였는지에 관한'— 은 중국공산당이 신념과 정당성 위기의 도전을 다루기 위한 일반적인 전략이 되었다.

장쩌민 역시 자신의 지시에서 중국 현대사에 대한 생동감 있는 개괄을 제공하고 있다. 이것이 공포된 이후 중국 현대사에 대한 그와 같은 묘사는 여러 정부 문건에 들어갔고 중국판 현대사의 '거대 서사'가 되었다. 장쩌민은 다음과 같이 썼다.

[중국 공민에 대한] 교육을 수행하는 데 있어 우리는 최소한 아래의 중요 사안을 분명히 해야 한다.

1. 아편전쟁 이후 약 100년이 넘는 기간 동안 봉건적 지배자들의 부패 때문에 중국 인민은 외세의 괴롭힘과 말할 수 없는 치욕을 당해왔다. 이것은 주요 역사적 사실을 나열함으로써 더욱 상세하게 묘사할 수 있다.

2. 이 시기 높은 이상을 가진 이들을 포함해 많은 인민이 자신의 피를 뿌리고 삶을 희생했다. 외세의 침략에 저항하기 위해 다른 사람이 쓰러지면 또 다른 사람이 대신 그 자리를 채웠다.

3. '5·4 운동' 이후 중국공산당이 탄생했다. 중국공산당의 영도 아래 여러 종족 집단에 속한 중국 인민은 농촌 혁명, 항일전쟁, 해방전쟁을 거쳐 마침내 신중국에 도달했다. 중국 인민은 이러한 운동을 실행에 옮긴

이후 스스로 일어섰다. 해방 이후 중국은 또한 여러 차례의 침략전쟁을 경험했다. 이는 중국 인민이 괴롭힘을 당할 수 없다는 것을 보여주었다.

4. 물론 중국 공민은 언제나 외세의 침략에 반대해왔다. 그들은 정의를 드높이기를 원했고 잔인무도한 외세를 절대 무서워하지 않았다.[10]

자신의 서사 안에서 장쩌민은 외세에 당한 '괴롭힘과 치욕'을 강조한다. 본질적인 차원에서 그는 중국사에 대한 중국공산당의 통상적인 해석을 반복하고 있다. 중국공산당의 성공적인 혁명과 희생이 아니었다면 중국은 여전히 허약하고 분열된 나라였을 것이다. 하지만 또 다른 측면에서 그의 해석은 다소 상이하다. 과거의 지도부가 그랬던 것처럼 장쩌민은 계급투쟁에 관한 서사를 강조하는 대신 외세에 대한 투쟁에 초점을 맞추고 있는 것이다.

1991년 8월 국가교육위원회는 「초중등 중국 현대사와 국정 교육 강화에 관한 총체적 강요中小學加强中國近代現代史及國情敎育的總體綱要」를 발행했다. 이 강령은 각급 교육기관에 모든 공무원과 교사에게 해당 문건을 학습시키라고 지시하고 있다. 장쩌민 주석의 지시와 일반 강령은 적절한 역사 교육 실행을 위한 가이드라인으로 작동하고 있었던 셈이다. 강령의 전반적인 틀은 또한 모든 학교가 3년 안에 문건의 요구사항을 학교 커리큘럼에 삽입할 것을 요구하고 있다. 더불어 "역사 교육 개혁"은 "외부의 적대 세력이 주장하는 '평화적 발전' 플롯에 대항하기 위한" 중국의 근본적 전략이며, "모든 학교가 수행해야 하는 가장 중요한 임무"[11]라는 점을 강조하고 있다. 톈안먼 사태 이후 중국공산당은 중국

청년 세대의 생각과 신념에 영향을 끼침으로써 중국을 평화적으로 전환시키려는 마스터플랜을 가지고 있다고 믿고 있었다. 이런 인식 아래 일반 강령은 "중국의 현·당대사와 국정 교육의 강화가 전략적 중요성을 갖는다"라고 언급한 것이다.

이 운동이 공식적으로 시작된 것은 1991년이지만 1994년 8월이 되어서야 전면적으로 실시되었다. 1994년 8월은 「애국주의 교육 실시에 대한 강령」이 나온 해이기도 하다. 자오수이성趙穗生에 따르면, 1992년 덩샤오핑의 남순강화* 이후 폭발적인 경제성장에 따라 비교적 안정적인 정치적 상황과 지식 환경 침체의 기간이 애국주의라는 우산 아래에서 서로 다른 이해관계들이 합류할 수 있는 가능성을 만들어주었다.[12] 이렇게 3년의 준비기간 이후 베이징은 중국 전역에 걸쳐 광범위한 애국주의 운동을 실시할 수 있었다.

중국공산당은 인민들에게 왜 그러한 애국주의 운동을 시작해야 하는지를 망설임 없이 말해주었다. 1994년의 「강령Outline」은 이 운동의 주된 목표를 아래와 같이 명확하게 보여준다.

애국주의 교육 운동의 목표는 민족의 정신을 고양시키고, 일치단결을 이루며, 민족의 자존감과 자존심을 진작시키고, 가능한 한 애국주의 전선

---

* 南巡講話: 1992년 1월 18일부터 2월 22일까지 당시 지도자 덩샤오핑이 우한·선전·주하이·상하이 등을 시찰하고 중요한 담화를 발표한 일을 가리킨다. 이 담화에서 덩샤오핑은 톈안먼 사태 이후 중국 지도부의 보수적인 분위기를 타파하기 위해 상하이를 비롯한 남부 지역을 순시하면서 개혁·개방에 더욱 박차를 가해야 한다고 주장했다.

을 공고히 하고 발전시켜 중국 특색의 사회주의 건설이라는 대의에 대한 인민 대중의 애국적 열정을 지도하고 결집시키는 것이다.[13]

케네스 파일Kenneth Pyle은 "이 강령이 모든 것을 말해준다"라고 말한다.[14] 중국공산당이 더는 공산주의 이데올로기의 뒷받침을 받지 못하게 되면서 베이징의 지도부는 정당성의 새로운 원천을 찾아야 했다. 애국주의 교육은 중국공산당의 역할을 민족 독립을 위한 중국의 역사적 투쟁의 주요 담당자로서 강조하고 있으며, 그로써 중국공산당의 권위를 다시 강화시킨다.

폴 코헨은 이 운동이 정권의 '논리적인 선택logical choice'이었다고 믿는다.

많은 요소가 민족주의적 감정의 부활에 영향을 끼쳤다. 1989년 이후 비록 직접 언급되지는 않았다고 할지라도 본래의 마르크스-레닌주의-마오이즘적 비전이라는 빠르게 그 빛을 잃어가는 이데올로기를 대체하기 위해 새로운 정당화를 위한 이데올로기가 필요하다는 공감대가 중국 정부 쪽에서 형성되기 시작했고, 덩샤오핑과 장쩌민, 여타 핵심 지도부의 눈에 민족주의 교육에 관한 다면적인 프로그램을 통해 민족주의를 주입하는 것은 논리적인 선택이었다.[15]

또한 지도자들은 이 운동을 젊은이들의 에너지를 국내 문제에서 국외 문제로 돌리기 위한 수단으로 삼고자 했다. 윌리엄 캘러한이 언급한 것처럼, 이 운동은 재교육reeducation이라기보다는 새로운 방향 설정redirection이었다. 그것은 젊은이들의 분노를 당으로부터 다른 곳으로 돌리려는 노력의 산물이었던 것이다.[16] 또한 코헨은 1990년대에는 상당수의 중국인이 제국주의의 살육과 민족적 치욕을 직접 경험한 적은 없다고 주장한다. 제국주의에 대한 승리와 그에 따른 '민족적 치욕'의 종결이 중국에서 공산당의 역할을 정당화해주는 핵심 부분이었기 때문에, [그러한 경험을 직접적으로 하지 못한] 개인들은 "제국주의적 과거를 다시 소개받아야 했고 그 쓴맛과 부끄러움을 다시 경험하게 해야 했다."[17] 이러한 방식을 통해 역사 교육 운동은 공산당 정부를 재정당화relegitimize하기 위해 활용되었던 것이다.

이 운동은 주로 중국의 젊은이들을 대상으로 삼는 전국 규모의 동원 활동이었다. 운동의 핵심 부분으로서 베이징은 모든 국민에게 중국의 치욕스러운 현대사 그리고 공산주의 혁명으로 나라가 얼마나 바뀌었는지를 공부하라고 요구했다. 중국공산당은 이런 목적을 위해 전체적인 선전장치를 마련했고, 그 선전의 내용은 제도화되었다. 다시 말해 [그러한 선전의 내용이] 정치제도에 새겨지고 중국공산당의 새로운 이데올로기적 도구로서 널리 반포되었던 것이다.

새로운 서사와 새로운 커리큘럼

중국공산당은 오랜 시간에 걸쳐 '현재를 위해 과거를 활용해'왔다. 조너선 웅거는 1993년에 펴낸 책에서 중국공산당이 정치적 정당성을 드높이고 국내의 지지를 결집시키기 위해 역사와 기억을 어떻게 활용했느지를 다음과 같이 묘사한다.

> 1949년 과거 제국의 수도에 입장한 당의 지도자들은 역사에 담긴 메시지를 조정하고, 그런 메시지들을 공식적인 노선에 맞추며, 역사적 알레고리 안에 숨어 있을지도 모를 불만이나 반대의 표지를 제거하기 위해 황제보다도 더욱 노력했다.[18]

앤 서턴Anne Thurton은 이렇게 말한다. "1949년 이후부터 기억은 정치화되었다. 당은 집단적·개인적 기억 모두에 대한 공식적인 매개체로 자임해왔다."[19]

1949년 중화인민공화국이 건국된 이후 마르크스주의적 역사학이 중국사를 서술하는 데 있어 교조적인 위치를 차지하게 되었다. 카를 마르크스와 프리드리히 엥겔스에게 계급투쟁은 역사적 진보의 핵심 동력이었고, 그러므로 계급투쟁이라는 개념은 공산주의 역사학에서 특히 강조되었다. 좀 더 구체적으로 말하자면 공산주의 역사가들은 농민 반란, 제국주의, 중국공산당과 국민당 사이의 내전과 같은 사건들을 설명하기 위해 계급투쟁 이론을 적용했던 것이다. 계급투쟁의 서사 아래에서 잔혹했던 태평천국의 난(1851~1864)을 포함한 중국 역사 속의 많은 농민 반란은 압제에 저항한 영웅적인 계급투쟁으로 추앙받았다. 중국공산당은 또한 항일전쟁을 마르크스주의적 관점에서 묘사했는데, 일본의 노동자와 농민들을 호전적인 제국주의자에게 희생당한 동료로 그렸다.

제레미 바르메가 언급한 것처럼 "최근 제국의 역사에서 모든 정책적 변화는 역사와 역사적 인물들의 부활, 재평가와 수정을 포함하고 있다."[20] 1990년대 중국공산당은 다시 한 번 현재를 위해 과거를 호출하는데, 이번에는 계급투쟁 이론이 적용되지 않았다. 통치 정권이 역사 교육에 대해 중요한 수정을 가할 필요가 있다고 판단한 것이다. 그런 판단에 따른 즉각적인 반응으로, 정부가 운영하는 인민교육출판사는 1992년 중학교와 고등학교의 새로운 역사 교과서를 출판했다.[21]

실상 1992년 이전에는 고등학교에 중국사 과정이 개설되어 있지 않았다. 학생들이 중학교에서 중국사를 이미 배웠고 고등학교에서는 오직 세계사만을 가르치는 것으로 되어 있었기 때문이다. 새로운 교과서의 초점은 외세의 침략과 억압에 맞춰져 있었다. 그러므로 이전의 계급투쟁 서사는 애국주의 서사로 대체되었고, 태평천국의 난과 자본주의자인 국민당은 이제 중요하지 않게 되었다.

관방의 역사관이 바뀌었기 때문에 과거의 사건들과 잘 알려진 역사적 인물들에 대한 묘사와 평가 역시 바뀌게 되었다. 청나라 때 좌종당左宗棠 장군의 사례가 대표적이다. 좌종당 장군은 태평천국의 난을 진압하고 신장 지역에 대한 러시아의 침략을 제압함으로써 청나라의 방어에 대해 결정적인 역할을 했다. 새로운 교과서에 좌종당 장군은 농민을 억압한 악마가 아니라 외세를 물리친 영웅이 되었다.

항일전쟁에 대한 서사 역시 수정되었다. 이제 강조점은 중국공산당과 국민당 사이의 내부적·계급적 충돌이 아니라, 중국과 일본 사이의 국제적·종족적 충돌에 맞춰지게 되었다. 1980년대 초 역사 교과서는 일본에 대한 국민당의 비저항 정책과 함께 그들의 부패와 무능력을 상세하게 묘사했다. 또한 교과서는 오직 공산당의 군대만이 항일전쟁에 참여했다고 주장하기도 했다. 하지만 새로운 교과서는 국민당의 무장

투쟁에 상당한 부분을 할애하고 있다.

애국주의 교육 운동 기간에 나타난 또 다른 중요한 서사적 변화가 있다. 바로 승리자에서 희생자로 서사의 초점을 옮긴 것이다. 3장에서 논의한 것처럼 마오쩌둥 시기 교육의 강조점은 국민당과 외세에 대한 공산당의 승리를 칭송하면서 중국이 승자라는 데 맞춰져 있었다.[22] 마오쩌둥은 대중의 지지를 동원하기 위한 '영웅' 혹은 '승리자' 서사의 주인공이었다. 이것은 민족 독립의 쟁취가 공산당에 정당성을 부여해주었고 항일전쟁의 승리와 [국민당과 벌인] 내전이 전쟁 이후 공식적 역사의 중심이었기 때문이다.[23]

하지만 톈안먼 사건 이후 중국공산당 지도부는 당의 생존이 바로 서구 세력과 당에 대한 젊은 세대의 태도를 바꿀 수 있는지(그리고 얼마나 빠르게 바꿀 수 있는지)에 달려 있다는 사실을 깨닫게 되었다. 승리자 서사는 중국의 이전 적들에 대한 젊은 세대의 적대적 태도를 만들어내는 데 별다른 도움이 되지 않았고, 젊은이들이 공산주의 혁명에 대해 감사하는 마음을 갖게 하는 데도 큰 도움이 되지 못했다. 그리고 본질적으로 애국주의 교육 운동은 서구와 일본의 침략 때문에 겪어야 했던 중국의 외상적·치욕적 경험에 관한 상세한 정보를 중국의 젊은 세대에게 제시하는 것으로 설계되어 있었다. 중국공산당이 이끄는 혁명이 중국의 운명을 바꾸었고, 민족의 독립을 쟁취했으며, 그로써 민족적 치욕을 끝냈다는 것이다.

1992년 이후의 새로운 교과서에서는 마오쩌둥을 중심으로 한 승리자 서사가 중국을 괴롭힌 서구를 책망하는 희생자 서사로 대체되었다. 민족주의 담론 안에서 '승리자 중국'이 서서히 '희생자 중국'으로 대체되었던 것이다. 이러한 서사의 변화는 공식 문건, 역사 교과서, 대중문화에 각인되었다. 외세의 잔인함과 과거에 겪은 중국인의 비참함에 대한 새로운 강조는 많은 중국인, 특히 젊은 세대로 하여금 치욕의 세기 동안 겪은 외세의 잔혹 행위와 중국인의 고생을 대면하게 했다. 그들은 이제 마오쩌둥 시기의 승리자 서사에 가려져 있었던 역사의 여러 세부사항에 노출된 것이다. 이렇듯 승리자 중국에서 희생자 중국으로 전환된 서사는 중국의 민족적 정체성에 나타난 최근의 변화에 관해 많은 것을 시사해준다.[24]

「교육 강화에 대한 일반 강령」을 실행하면서 1992년 이후부터 중국 현·당대사는 고등학교의 필수과목이 되었다. **역사 교육에 관한 교학 지침**에 따르면, 필수과목은 두 학기 동안 일주일에 세 시간씩 총 99시간을 채워야 한다.[25] 중국 고대사 혹은 세계 현·당대사와 같은 여타 역사 과목은 선택과목이며, 선택과목은 주당 두 시간 또는 두 학기 동안 60시간을 채우면 된다. '교학 지침'은 각 학기에 설정된 교육부의 기준에 따라 상세하게 제시된다. 이 지침은 교육 내용과 교학방식에 직접적인 권위를 행사한다. 고등학교 역사 과목을 위한 교학 지침의 도입부에서 중국 현대사에 관한 공식적인 서사는 다음과 같이 기술되어 있다.

중국 현대사는 중국이 점차 반半식민·반半봉건 사회로 쇠락해가는 치욕의 역사다. 동시에 그것은 중국 인민이 민족의 독립과 사회적 진보를 위해 분투하고 반제·반봉건反帝反封建의 투쟁을 지속해온 역사이기도 하다. 또한 그것은 중국공산당의 영도 아래 신민주주의 혁명의 성공에 관한 역사이기도 하다.[26]

중국에서 대학에 입학하기 전 치러야 하는 전국 규모의 시험은 고등학교 교육의 '지휘봉'으로 불렸다. 대학 합격은 이 경쟁적인 시험 성적에 크게 좌우된다. 그러므로 학생들은 매우 열심히 수험과목을 공부한다. 중국의 교육 체계 속에서 수험생은 크게 인문학 또는 과학/공학이라는 범주에서 시험을 치를 수 있다. 역사는 인문학을 전공하는 사람에게만 해당하는 과목이다. 하지만 모든 학생은 주로 마르크스주의, 마오쩌둥 사상, 중국공산당의 현 정책에 초점을 맞춘 정치과목에 대한 시험을 치러야 한다. 1991년의 교육 강령은 역사가 과학/공학을 전공하는 학생들이 치러야 하는 정치과목에 포함되어야 한다고 규정한 바 있다. 이와 같은 개혁 이후 중국 현·당대사—'민족적 치욕에 대한 교육'—는 국가 교육 체계에서 가장 중요한 주제가 되었던 것이다.

애국주의 교육의 토대: 기억의 장소들

서로 다른 사회 속에서 형성된 민족적 기억과 정체성을 형성하는 데 있어 박물관과 공공 기념물은 매우 중요한 역할을 한다. 오늘날 중국 인민들은 기념물의 숲속에 살고 있으며, 그러한 기념물은 박물관, 역사적 장소, 공공 조형물을 통해 시민들에게 과거를 재현해서 보여주는 데 활용되고 있다. 물론 전 세계의 모든 인민이 자신의 역사를 소중히 생각하지만, 1991년 이후 중국 정부가 기념 장소를 구축하고 그것을 이데올로기 재교육에 활용하기 위해서 들인 노력은 유례가 없는 것이다.

1991년 중국공산당 중앙선전부는 「문물을 충분히 활용하여 애국주의, 혁명전통 교육을 진행하는 사안에 관한 통지關於充分運用文物進行愛國主義和革命傳統敎育的通知」를 반포했다. 이 문건은 애국주의 교육을 위해 역사적 장소를 활용해야 하는 이유를 다음과 같이 설명한다.

조국에 대한 사랑, 당에 대한 사랑, 사회주의에 대한 사랑을 대중적으로 교육시키기 위해 풍부한 역사적 유산을 활용하는 것은 시각화·현장감·설득력이라는 특징을 가지고 있다. 어떤 측면에서 이런 접근방식은 일반적인 구두 수업이나 글로 쓴 선전물보다 교육 효과 면에서 더 낫다. 이것은 젊은 세대가 민족사를 알고 나라의 현재 상황을 이해하며 우리의 전통을 배우는 매우 중요한 방법이자 생생한 교과서를 제공해줄 수 있다.[27]

1994년에 공포된 중국공산당 중앙위원회의 「애국주의 교육 실시에 대한 강령」은 전국 규모의 애국주의 교육 운동을 발동시켰다. 그것은 모든 수준의 지방정부에 이 운동의 가장 중요한 요소 중 하나로서 '애국주의 교육 기지'를 설치할 것을 요구했다.

여러 종류의 박물관, 기념관, 순교 기념 건축물, 혁명전쟁의 주요 격전지, 보호 역사 유물, 경관 명소는 애국주의 교육을 수행하기 위한 중요한 장소다. 각 수준의 당 조직 선전부는 해당 지역의 교서 기지를 선정·결정하기 위해 각 지역 교육·유산·시민위원회와 협력해야 한다. 도시 지역과 농촌 지역의 각급 공작조는 교육 활동을 수행하는 데 능동적으로 이런 기지를 활용해야 한다. 그리고 학교는 이 같은 종류의 교육 활동을 도덕교육 커리큘럼에 포함시켜야 한다.[28]

모범적인 사례나 모델의 설치는 새로운 정치적 어젠다 혹은 운동을 시작할 때 동원하는 관례적인 방법이다. 1995년 3월, 민정성民政省은 엄격한 추천과 선택과정을 거쳐 100곳의 장소([표 4-1]을 볼 것)를 애국주의 교육을 위한 국가급 '시연장소'로 선정했다고 발표했다. 중국공산당의 정치 운동 역사에서 모범 사례의 선택은 항상 특정한 시기에 대한 당의 관심·가치·전략을 대표했다. 100개의 기지 중에서 40곳은 과거 중국이 외국과 충돌했거나 전쟁을 벌인 기억에 관한 곳—전장, 박물관, 기념관, 희생 병사 추모 기념물을 포함한—이고, 그중 절반은 항일전쟁

[표 4-1] **국가급 애국주의 교육 기지 100곳**

범주	주제
외부적 충돌 (40곳)	항일전쟁, 1931~1945(20곳) 아편전쟁, 1839~1842, 1856~1860(7곳) 한국전쟁, 1950~1953(4곳) 러시아 침공, 1858(1곳) 중국-인도전쟁, 1962(1곳) 타이완을 둘러싼 독일과의 전쟁, 1662(1곳) 8개국 연합군의 침공(1곳) 기타 반제국주의 박물관과 기념 장소(5곳)
내전 (24곳)	국공내전 1927~1949(24곳)
신화 (21곳)	고대 건축과 문명(15곳) 선사 시대 문명 유물(4곳) 1949년 이후 성취(2곳)
영웅 (15곳)	중국공산당 지도자(7곳) 모범 노동자(4곳) 애국자(4곳)

(1931~1945)의 기억에 관한 장소다. 여타 24곳은 중국공산당과 국민당 사이의 국공내전의 기억에 관한 장소다. 이렇게 보면 시연장소의 3분의 2가 실상 과거의 전쟁과 충돌에 관한 곳임을 알 수 있다.

나머지는 신화와 영웅이라는 두 그룹으로 범주화할 수 있다. 21개는 만리장성, 고대 문명에 관한 박물관과 선사시대 문명을 포함한 중국 문명에 관한 곳이다. 그 외는 중국의 영웅을 기념하는 곳으로, 이 장소에는 마오쩌둥 주석과 저우언라이 총리와 같은 중국공산당 지도자들을 위한 기념관과 당원이었던 '모범 노동자'나 병사, 중국공산당원은 아니지만 중국 혁명에 특별하게 기여한 애국자를 위한 기념관이 포함되어 있다.

한국전쟁은 중국 영토에서 벌어진 일은 아니기에 한국전쟁 기념관 두 곳은 실상 병사들의 고향에 세워진 중국 병사들을 위한 기념관이라고 할 수 있다. 이 두 기념관은 1950년대 중국공산당의 선전에 힘입어 중국에서 널리 알려져 있다. 황지광黃繼光 기념관은 쓰촨 성에 세워졌다. 황지광은 1952년 10월 상감령上甘嶺 작전에서 심한 부상을 입었다. 자신의 마지막 수류탄을 던진 후 그는 미군이 만들어놓은 참호 속의 기관총을 향해 온몸을 내던졌다. 기관총 소리가 잦아들면서 그의 동지들이 고지를 점령했지만, 황지광은 사망하고 말았다. 이 기념관의 웹사이트는 황지광을 "마오쩌둥 주석의 훌륭한 병사"라고 칭하고 있으며, 그의 "애국심과 국제주의 정신"[29]을 배우라고 권하고 있다.

대다수의 기념 장소가 전시 기지로 선택되고 나면 새로 건립하거나 수리 또는 확장을 해야 할 때 정부 자금을 지원받는다. 이 장소들의 지위는 곧 수많은 학생·군인·공무원들이 그곳에 방문한다는 것을 의미한다. 예컨대 인민 항일전쟁 기념관은 1987년에 세워져 1995년에 확장되었다. 이 기념관은 또한 1987년 이래로 900만 명 이상의 관람객이 방문했다. 지도자 장쩌민은 1997년 이 기념관의 재개장을 기념하면서 다음과 같이 썼다. "애국주의의 기치를 높이 들고 인민을 교육하기 위해 역사를 활용하자. 중국의 민족정신을 드높이고 발전시키며 중화민족을 부흥시키자."[30]

장쩌민은 또한 1999년 선양 시 9·18 역사박물관의 재개장 축사를 직접 쓰기도 했다. 1991년에 처음 완성된 이 박물관의 리모델링에는 2년여의 시간이 걸렸고 1억 3,000만 위안(약 1,600만 달러)이 소요되었다. 장쩌민의 헌정사인 "9월 18일을 잊지 말자勿忘9·18"는 거대한 대리석에 새겨져 있다.

100개의 국가급 전시 기지를 유지하려고 한 베이징의 결정은 지방정부에 본을 보이기 위함이었다. 1994년에 「강령」이 나온 후 얼마 지나지 않아 중국의 각 성省, 자치구, 직할시는 각기 성급 애국주의 교육 기지를 설치했다. 여러 지방정부는 이 사업에 협조적인 '전위 집단'를 지지해주었다. 선전부 장관과 진행한 인터뷰에 따르면, 10여 개의 성이 애국주의 기지를 발전시키기 위해 해마다 1,000만 위안이 넘는 돈을 쏟아붓고 있다고 한다.[31] 또한 믿을 만한 정보에 따르면 베이징[32], 허베이[33], 장쑤[34], 장시[35], 안후이[36]와 같은 5개 성이나 직할시는 434개의 성급 기지와 1,938개의 현급 애국주의 교육 기지를 건설했다([표 4-2]를 볼 것). 중국에 31개의 성, 자치구, 직할시가 존재한다는 사실을 고려하면 중국 전체의 기념 장소는 1만여 곳이 넘는 것이다. 또한 이러한 기념 장소는 학교 정규 교과과정의 일부분이 되어가고 있다.

[표 4-2] **5개 성의 애국주의 교육 기지**

애국주의 교육 기지				
성	국가급	성급	현급	방문자 수
베이징	9	88	500	1994년 이래로 2억 5,000만 명 이상
허베이	6	38	113	1995년 이래로 1억 명 이상
장쑤	11	154	800ㅣ	N/A
장시	9	45	268	2004년 400만 명 이상
안후이	6	71	257	N/A

2004년 2월 베이징은 「미성년자의 사상과 도덕 건설을 한 걸음 더 진보, 강화시키는 것에 관한 몇 가지 의견」[37]을 제시했다. 이 문건은 중국사, 특히 현·당대사에 대한 교육의 중요성을 재차 강조하면서 교육기관이 "소수민족으로 하여금 중화민족의 역사와 전통에 대해 알 수 있도록 지도하고, 특히 중화민족이 겪은 대참사와 현대 이후로 중화민족이 수행한 용감한 투쟁을 기억하게 할 것"을 요청하고 있다. 특히 이 문건은 모든 애국주의 교육 기지가 초중등 학교의 방문은 무료로, 학생 개인의 방문은 반값으로 책정할 것을 요구하고 있다. 시장화된 중국에서 이런 지침은 애국주의 교육을 진작시키기 위한 매우 실제적이면서도 중요한 움직임이라고 할 수 있다.

'엔터테인먼트를 교육의 매개체로'

중국공산당이 실시한 이전의 선전 운동(특히 마오쩌둥 시대의)과 비교하면, 애국주의 교육 운동은 중국공산당의 사상과 어젠다를 파는 좀 더 실질적이면서도 세련된 방식으로 수행되었다.[38] 과거 전통적인 선전 운동은 공허한 정치적 구호와 설교로 점철되어 있었다. 선전에 마오주의적으로 접근하는 것이 이제 일반 인민들, 특히 젊은 세대에게 호소력을 갖지 못한다는 사실을 알게 되면서 애국주의 교육 운동은 '새로운 옷으로 갈아입게' 되었다.

중국공산당은 이 운동을 고취시키기 위해 전체적인 선전 체계를 마련했다. 국영 신문·잡지와 라디오·텔레비전은 애국주의 교육 운동의 주제를 다룬 특별 칼럼을 싣거나 프로그램을 송출했다. 예술가들은 문학·연극·영화를 통한 역사적 신화와 트라우마를 선전하기 위해 소환되었다. 또한 국가가 통제하는 대중문화 제작자들은 중국의 현·당대사에서 소재를 끌어들이면서, 애국주의의 주제와 연관된 수많은 영화·노래·서적을 생산해냈다. 그러므로 이 운동은 교육 체계에만 초점을 맞춘 것이 아니라 실상 모든 중국의 대중문화와 미디어에 스며들었던 것이다.

2004년 10월, 10개 부처 장관들과 중국공산당 각 부처들은 「애국주의 교육 진지 구축을 강화, 발전시키기 위한 의견」이라는 새로운 문건을 제출했다. 이 출판물은 특히 젊은 세대와의 커뮤니케이션을 포함한 '사상 해방', 교육방법을 향상시키기 위한 공무원과 교육제도에 관한 지침을 담고 있다. 그것은 또한 관료들이 "엔터테인먼트를 교육의 매개로 삼기"[39] 위해 노력해야 한다고 적시하고 있다.

같은 달, 베이징은 새로운 애국주의 교육 운동 프로젝트인 '애국주의 교육 운동 300'을 시작했다. '300'은 애국주의와 관련된 일반적인 주제를 담고 있는 영화·노래·서적의 숫자를 가리킨다. 교육부와 선전부를 포함한 일곱 명의 장관과 중국공산당 부처들은 전 사회에 배포하기 위한 100편의 영화, 100개의 노래, 100권의 책을 합동으로 추천했다. 이들 대부분은 중국의 현·당대사에 관한 것이었으며, 선전된 책들 중 한 권은 『국치를 잊지 말라勿忘國恥』였다.[40]

1950년대부터 중국의 영화 제작자들은 항일전쟁·아편전쟁·한국전쟁 같은 역사적 사건과 관련된 여러 편의 영화를 만들어왔다. 예컨대 추천 영화인 〈상감령 전투〉는 한국전쟁 중 중국과 미국이 [철원의] 상감령에서 치른 잔혹한 전투에 관한 이야기를 담고 있다. 정부는 종종 이처럼 애국심을 고취시키는 영화를 재정적으로 지원하는데, 이런 영화들은 통상 상당한 수익을 만들어낸다. 이렇게 높은 수익을 거둘 수 있는 이유는 공무원들과 각 학교가 직원들과 학생들로 하여금 추천 영화를 보게 하기 때문이다.

선정된 애국주의 교육 진지에 더욱 많은 인민을 끌어모으기 위해 중국공산당 중앙위원회와 국무원은 '홍색여행紅色旅游'이라는 새로운 프로그램을 시작했다. 홍색여행의 목적은 인민들이 과거 혁명 진지와 명소를 방문하도록 독려하는 것이다. 2005년 중국 국가관광국은 100곳의 홍색여행 경관의 목록을 발간하고 해당 장소를 여행자들에게 추천했다. 관광국은 또한 2005년을 '홍색여행의 해'로 이름 붙였다.[41] 100곳의 경관 중 많은 곳은 또한 1994년에 설립된 애국주의 교육 운동 기지였다. 특히 중국공산당은 교묘하게 '교육'이라는 용어를 '관광'이라는 단어로 교체했다. 신화통신사에 따르면, 2004년 13개의 성과 지방 자체 단위에 존재하는 150여 개의 주요 홍색관광지에는 2,000만 명이 방문했다.[42] 2004년부터 2007년까지 4억 명 이상의 인민들이 중국 각지의 홍색여행에 참여했다. 인기 있는 장소에는 마오쩌둥 주석의 고향으로 후난의 남쪽 지역에 있는 사오산과 중국공산당의 '혁명 성지'인 옌안(산시성의 작은 마을인 이곳은 항일전쟁 중 중국공산당 지도부가 거주했다)이 포함되어 있다.[43]

이에 더해 중국공산당 중앙위원회는 애국주의 교육 운동을 위해 수요 법정 휴일과 민족 전통명절을 활용하라고 지방정부에 지시했다. 1994년의 「강령」에 따르면, 애국주의적 내용은 새해 첫날, 춘절春節, 여성의 날, 노동절, 청년절, 어린이날, 당 창건일과 같은 중요 기념일에 특히 강조되어야 한다. 또한 정부는 역사적 사건과 관련된 중요 기념일을 축하하기 위해 일련의 활동을 조직했다. 자오수이성의 연구에 따르면, 1995년 항일전쟁 승리 50주년을 기념하는 1만여 건의 공식적인 행사와 수많은 축하 행사가 개최되었다.[44]

1997년과 1999년에는 전국에 걸쳐 홍콩과 마카오의 본국 귀환을 축하하기 위한 일련의 대규모 활동들이 조직되었다. 이 두 사건을 축하하기 위한 활동은 6개월 이상 지속되었다. 두 도시에 대한 중국 주권의 회복은 설치雪恥, 즉 "치욕을 씻음"이라는 제목을 달고 여러 중국 신문의 헤드라인을 장식했다.[45] 그리고 2005년 중국공산당은 반파시즘, 항일전쟁 60주년을 기념하기 위한 특별 선전 운동을 개시했다.

분명 중국공산당은 교육 정책을 교실에만 국한하지 않는다. 중국 사회 모든 곳에서 정치 교육 운동의 증거를 발견할 수 있는 것이다. 추천

문학과 영화에서 애국주의 노래와 기념일에 이르기까지, 애국주의 교육 운동은 시민의 일상생활을 파고드는 데 성공했다. 이러한 침투 전술과 함께 애국주의 교육 운동은 민족적 치욕에 관한 의식과 민족적 자존감을 고취시켰다.

제도화

2006년 중국 정부는 1976년에 시작된 '한 자녀 정책'이 "2005년까지 4억 명의 인구를 줄이는 데 기여했다"라고 자랑스럽게 발표했다.[46] 하지만 우리는 본질적으로 이데올로기적인 교육 운동인 애국주의 교육 운동의 효과와 함의를 어떻게 평가해야 하는가? 실상 안드레이 마르코비츠Andrei Markovits와 사이먼 라이히가 주장한 대로 집단적 기억의 정치는 수량화가 불가능하고 직간접적 인터뷰 조사와 같은 방법을 통해 측정하는 것이 어렵다.[47] 엘리자베스 콜Elizabeth Cole과 주디 바살로우Judy Barsalou 역시 역사 교육이 학생 개개인과 사회 전체에 미치는 영향을 평가하는 것은 매우 어렵다고 조언한다.[48]

　로버트 코헨과 주디스 골드스타인에 따르면, 어떤 사상이나 믿음이 일단 제도화되면 그것이 공공 정책을 제약하게 된다.[49] 1장에서 제도화는 믿음이나 사상이 정치적 행동에 영향을 끼칠 수 있는 세 가지 인과 경로 가운데 하나라고 소개한 바 있다. 여기서 **제도화**라는 용어는 조직, 사회 체제 혹은 사회 속에 특정한 가치와 규범을 새겨 넣는 과정을 의미하기 위해 쓰였다. 일단 어떤 사상이 제도화되면 그것은 다음 세대에게도 지속적으로 영향을 끼친다. 나아가 특정한 정책적 결정은 조직적·규범적 구조의 강제를 만들어내게 되고, 정책에 담긴 사상은 그것을 최초로 만들어낸 사람의 이해관계가 바뀐 후에도 오랫동안 정치인들에게 인센티브로 작동할 수 있다.[50]

타이렌 화이트Tyrene White는 중국 정치에서 마오쩌둥이 국가주석과 당주석을 역임한 시기(1949~1976)를 규정하는 중요한 특징 중 하나는 사회적 목표를 달성하기 위해 **대중 동원**을 지속적으로 활용하는 것이라고 주장한다.[51] 덩샤오핑은 공식적으로 중국공산당 엘리트 당원이 비엘리트 대중에게 얽매이게 되는 '문화대혁명'처럼 상향식 동원을 포기할 것이라고 선언한 바 있다. 하지만 다른 한편에서 당이 통제하는 하향식 동원 모델은 정치적 과정의 적극적인 부분으로 남아 있다. 오늘날까지 하향식 모델은 여전히 중국공산당의 통치를 위한 중요 수단이다.

'대중 동원'에 대한 당의 공식적인 정의는 "사상적 패턴, 계급/권력관계 그리고/또는 경제제도와 생산성을 바꾸는 것을 목표로 하는 집단적 행동의 조직된 동원"[52]이다. 화이트는 동원 활동의 세 가지 특이한 지표를 정보, 조직, 대중 참여로 꼽았다.[53] **정보 지표**는 신문 기사, 표어, 동원 미팅, 비판 목표, 경쟁 스토리, 팸플릿, 기호, 현수막, 전시와 같은 미디어에 등장하는 것들이다. **조직 지표**는 한 사회의 근본 조직이 교체되었을 때 등장한다. 그리고 그러한 상황에는 외부 간부의 파견, 공작팀 창출, 자원의 재분배, 공작 패턴의 붕괴 혹은 팀 재구성과 같은 일이 포함될 수 있다. 마지막으로 시민의 대규모 참여가 대중 **참여 지표**를 만들어낸다. 그와 같은 지표의 사례는 정규 근무 시간 이후의 참여이며, 여기에는 다음과 같은 조직들이 동원된다. 소수자·청년 혹은 여타 특별한 그룹과 조직의 동원, 스터디 그룹, 지역·지구 혹은 전국 단위의 연합들.[54] 궁극적으로 위에서 언급한 도구들은 애국주의 교육 운동에 활용된다.

젊은이들과 학생들을 겨냥한 이 운동은 1990년대 초에 시작되었다. 시간이 지나면서 그것은 점차 전국 규모의 동원이 되어갔다. 역사 그리고 기억과 함께 애국주의는 당-국가 체제의 이데올로기 교육의 중요한 주제가 되었다. 그리고 중국공산당은 해당 운동을 발동시키기 위해 총체적인 선진기구를 설치했다. 이에 따라 교사, 공무원, 장교, 병사, 국가기구, 국가가 운영하는 모든 조직의 피고용인은 애국주의 교육에 관한 정규 정치 수업을 수강해야 했고, 애국주의 교육에 관한 주제를 다루는 다양한 활동과 이벤트에 반드시 참여해야 했다.

중국공산당이 추진한 이전의 선전 운동과 비교하면, 애국주의 교육 운동은 새로운 사회적 맥락에서 진행되었다. 애국주의 교육이 시작된 후 20년 동안 중국 사회의 정치적·사회적·경제적 맥락이 바뀜에 따라 중국의 13억 인구가 경험한 변화도 점차 다변화되었다. 다시 말해 새로운 중산층이 등장하고 시민사회가 나타났던 것이다. 중국은 또한 국제 체제와 더욱 긴밀하게 맞물리고 있다.

『차이나 데일리China Daily』의 보도에 따르면, 중국에는 현재 국가 총세액의 3분의 1을 납부하는 1억 5,000만 명의 사기업 소유주, 기술자, 관리자, 프리랜서, 의사, 변호사, 사기업과 외국 회사에 다니는 피고용인이 있다.[55] 동시에 1억 명에서 1억 5,000만 명 사이의 농민이 자신의 마을에서 일을 그만두고 도시로 이동하고 있다.[56] 이들은 더는 시스템 안에 억눌려 있지 않은데, 이는 곧 그들이 중국공산당의 정치학습이나 여타 조직화된 이벤트에 참석하지 않는다는 것을 뜻한다, 그들은 시스템

밖에 있을 뿐만 아니라 중국공산당의 손아귀에서도 벗어나 있다. 결과적으로 최소한 대중 참여의 비율이라는 측면에서 당의 동원 운동은 과거만큼 강력하지 않은 것이다.

중국공산당 정권은 이런 상황을 깨닫고 그에 맞게 동원과 선전에 접근하는 방식을 바꾸었다. 이전의 선전 운동과 비교해 애국주의 교육 운동은 앞에서 논의한 것처럼 새로운 옷을 차려입었고 더욱 실질적이면서도 세련된 방식으로 수행된다. 특히 당은 엔터테인먼트를 교육의 매개체로 만들고 교육적 내용을 통해 인민 삶의 모든 측면을 관통하기 위해 특별한 노력을 기울이고 있다.

사기업과 외국 회사의 피고용인, 이주 노동자마저도 애국주의 교육 운동에서 완전히 벗어날 수 없다. 이런 운동의 영향을 받고 싶어 하지 않는 일반 시민이 치욕의 역사를 다룬 텔레비전 프로그램을 손쉽게 꺼버리거나 그러한 주제를 다룬 신문 기사를 넘겨버릴 수도 있지만, 국가가 통제하는 미디어가 어느 곳에나 존재하기에 애국주의와 관련된 프로그램을 자신이 임의로 처리하는 것은 더욱 어렵다. 올림픽 개막식에서 거리 구석에 놓인 기념물에 이르기까지, 정부가 인민 삶의 모든 주요 활동에 촘촘하게 애국주의 교육을 심어놓았기에 그런 운동의 메시지를 무시하기란 쉽지 않다.

중국공산당 지도자들은 또한 대중 운동에 대한 마오쩌둥식의 접근방식을 새로운 정례 활동으로 대체시켰다. 그것은 매우 빠르게 '시스템 공정system engineering'으로 변화해나가는 것이었다. 그리고 그 시행과정은 점차 제도화된 동원이라는 패턴으로 진화했다. 이것이 바로 애국주의 교육 운동과 중국공산당이 착수한 여타 정치 운동 사이의 가장 큰 차

국치를 잊지 말라

이점이다. 당은 애국주의 교육에 관한 업무를 조정하기 위해 여러 수준의 정부와 당 기구에 영구적인 '지도 그룹' 혹은 사무실을 설치했다. 그리고 정례 활동 과정은 정부 활동으로 발전되었으며, 다른 상관 부서들과 협조하게 되었다. 이에 더해 자금과 인력도 증가하고 정규화되었다.

이 같은 지도 그룹이 수행하는 중요한 역할 중 하나는 제도화된 믿음에 도전할 수 있는 모든 이질적인 사상의 등장을 감시하는 것이다. 그들은 또한 새로운 사상의 확산 가능성을 재빠르게 진압한다. 2006년 1월 중산 대학의 철학과 교수 위안웨이스袁偉時는 중등학교 역사 교과서의 한 부분을 비판하는 장문의 글을 잡지에 게재했다.[57] "현대화와 역사 교과서"라는 제목이 붙은 이 글은 중국에서 인기 있는 전국 규모의 신문 『중국청년일보』의 주말판인 『빙점氷點』이라는 잡지에 게재되었다.[58] 이 글에서 위안웨이스는 정부의 역사 교과서가 학생들에게 '가짜 약'을 먹이면서 맹목적인 민족주의와 폐쇄적인 반외세 감정을 불러일으키고 있다고 비판했다.[59] 두 사례 연구를 인용하면서 위안웨이스는 인민교육출판사에서 나온 공식 역사 교과서가 두 역사적 사건, 즉 원명원 화재와 의화단 반란에 관한 편향된 설명을 제시하고 있다고 주장했다.[60]

위안웨이스의 글이 출판된 된 지 2주 후 당 관료들은 『빙점』을 폐간하고 『중국청년일보』와 『빙점』의 편집장 교체를 명령했다. 선전부는 이 처분에 관한 모든 미디어의 보도를 금지시켰고, 기자들은 이 사건과 관련된 그 어떤 회의에도 참석할 수 없게 했으며, 모든 웹사이트에서 이 문제를 다룰 수 없게 했다.[61] 이러한 사례는 시스템이 이단적 믿음에 대해 매우 신속하게 대응할 수 있는 능력을 갖추고 있음을 보여준다. 주간지에 실린 한 편의 학술 논문이 제도의 대응 체계를 가동시킬 수 있으며, 잘못된 행동을 '교정'하기 위해 일련의 조치들이 취해졌던 것이다. 하지만 우리는 같은 정부가 최근 에이즈, 오염된 분유와 같은 공공 보건 상의 재난을 신속하고 책임 있게 처리하지 못해 강력하게 비판받았다는 점에 주목해야 한다.

중국공산당의 정치 운동은 대부분 일시적으로 강제를 강화하고 시점·강도·범위에서 지역마다 다른 단기 동원의 형태를 띤다. 하지만 「애국주의 교육 실시 강령」에서 중국공산당 지도부는 애국주의 교육 운동이 장기적인 프로젝트이며 '흔들림 없이' 그리고 '지치지 않고' 수행되어야 한다고 강조했다.

애국주의 교육은 계속해서 건설을 강조해야 한다. 특히 우리는 이론 건설, 교재 건설, 애국주의 교육 토대의 건설에 초점을 맞춰야 한다. 우리는 덩샤오핑 동지의 애국주의 교육에 관한 일련의 중요 연설에 맞춰 그것을 수행해야 한다. 우리는 애국주의 교육을 이데올로기와 정치 교육의 모든 형식에 스며들게 해야 하며, 그것을 사회주의 문명 건설의 근본적인 프로젝트로 만들어야 한다. 우리는 애국주의를 우리 사회의 주선율로 만들어야 하며, 장기적으로 그러한 프로젝트를 위해 끊임없는 노력을 기울이고 지치지 않고 일해야 한다.[62]

1991년부터 공산당 정부는 말을 행동으로 옮기기 시작했다. 앞에서 논의한 것처럼 역사와 기억은 중국의 교육 체제, 당-국가 체제, 대중문화, 공공 미디어에 새겨졌다.

과거 중국공산당의 여러 정치 운동은 엄청난 에너지를 가지고 출발

했다가 금세 꺼져버리곤 했다. 지도부의 교체가 그러한 실패를 초래하곤 했던 것이다. 새로운 지도부는 전임자와 다르다는 것을 보여주기 위해 매우 자주 자신만의 정치 운동을 발동시켰다. 하지만 애국주의 교육 운동은 예외다. 1991년 시작된 이 운동은 전혀 쇠락의 기운을 보이지 않고 여전히 잘 진행되고 있다. 현재 중국의 지도자인 후진타오胡錦濤도 장쩌민의 주도로 시작된 애국주의 교육 운동을 계속 고양시키고 있다. 예컨대 2007년에 시삭된 고능교육 개혁은 중국의 현·당대사를 모든 대학생이 들어야 하는 필수 강좌로 만들었다.[63]

흥미로운 점은 1840년 이후의 역사를 다룬 이 새로운 필수 강좌가 수십 년 동안 학부생이 반드시 들어야 했던 마르크스-레닌주의, 마오쩌둥 사상에 관한 기존의 강좌를 대체했다는 사실이다. 이를 통해 우리는 별다른 대안이 없기 때문에 통합 이데올로기인 애국주의에 대한 의존이 미래에도 지속될 기능성이 크다는 것을 알 수 있다.[64]

역사 교육의 정치학

1994년 「애국주의 교육 운동에 관한 강령」에서 중국공산당 중앙위원회는 이 운동의 목표를 다음과 같이 설정했다.

만약 우리가 애국주의 사상을 우리 사회의 핵심 테마로 만들고 싶다면, 아주 강력한 애국주의적 분위기가 만들어져 인민들이 일상생활 속에서 **언제나, 어디서나** 애국주의 사상의 영향을 받고 영양분을 공급받을 수 있도록 해야 한다. 대중에게 애국주의 교육을 실시하기 위해 발전된 미디어 기술을 활용하는 것은 언론·출판·라디오·영화는 물론 모든 수준의 텔레비전 방송국이 행해야 할 신성한 의무다.[65] [강조는 필자]

여러 지표가 위와 같은 하향식 선전 운동이 그 목적을 달성했음을 잘 보여준다. 이러한 과정 속에서 집권당은 교육 운동이 인민의 모든 일상 생활을 관통해 대중이 "영향을 받고 영양분을 공급받을 수 있도록" 하기 위해 애국주의 운동을 활용하는 데 최선의 노력을 기울였다. 줄리아 러벨Julia Lovel은 이와 관련해서 "국기 게양, 애국가 제창, 영화 관람, 교과서 읽기, 박물관 방문 등의 요법을 통해 1989년 이후의 애국주의 교육은 중국의 다음 세대가 잠재적인 민족주의자가 될 수 있는 완전한 방법을 제공했다"[66]라고 썼다.

자오수이성이 언급한 것처럼, 공산주의 정부는 "중국공산당이 비非공산주의 이데올로기를 기반으로 계속해서 통치할 수 있도록 해주는"[67] 방식을 통해 톈안먼 광장 시위 이후 리더십의 정당성을 재정의하고 재활성화하기 위해 이 운동을 시작했다. 이러한 전국 규모의 교육 운동을 통해 베이징 정부는 역사 교육을 당의 영광을 드높이고 중화인민공화국의 민족적 정체성을 공고화하며 중국공산당 일당 독재라는 정치 체제를 정당화하기 위한 도구로서 창조적으로 활용했다. 운동과정 중 당은 시민의 역사 인식을 드높이고 사회적 합의를 고취하기 위해 중국의 치욕적인 역사를 능수능란하게 이용했던 것이다.

1990년대와 2000년대는 중국에서 민족주의가 굴기한 시기였고, 몇 및 학자는 애국주의 교육 운동이 그러한 민족주의의 굴기에 엄청난 영향을 끼쳤다고 믿고 있다. 예컨대 자오수이성은 1990년대 중반의 민족주의 정서를 애국주의와 애국주의 교육 운동에 대한 의존에 따른 것으로 보는데, 애국주의와 애국주의 교육 운동은 모두 정부에 대한 지지를 만들어내기 위해 공산당이 설계한 것이었다.[68] 제프리 크로셜Geoffrey Crothall은 중국 학생들이 보통 정치 과학 수업과 공산당의 선전을 담고 있는 마르크스주의 강령을 학습하는 것을 싫어하면서도 그들이 새로운 애국주의 교육의 매력을 찾아냈다는 사실을 발견했다.

모든 지표가 정치 과학이 실패한 지점에서 애국주의 운동이 작동한다는 것을 드러낸다. 오늘날 학생들은 당을 비판하려 하지 않는다. 그렇게 하는 것이 왠지 모르게 비애국주의적인 것으로 보이기 때문이다. 나아가 학생들은 지난 5년간 생활수준의 향상과 세계에서 중국의 지위가 개선되고 있음을 목도하고 있다.[69]

몇몇 해외 지도자와 국제 미디어들 역시 중국의 역사 교육이 중국에서 대중적 차원의 민족주의가 굴기하는 토대가 되고 있다고 본다. 예컨대 일본의 외무상이었던 마치무라 노부나카는 중국의 반일 감정을 중국의 역사 교육과 연계하면서 중국이 역사 교육을 '수정modify'해야 한다고 주장했다.[70] 2005년 4월 일본의 『아사히신문朝日新聞』이 배포한 조사에 따르면, 80퍼센트 이상의 일본인이 중국의 민족주의 교육 시스템이 최근의 항의 시위를 부추겼다고 믿고 있다.[71]

나는 여기서 애국주의 교육 운동이 중국에서 민족주의의 굴기를 어느 정도로 부추겼는지 가늠하려는 것은 아니다. 하지만 이 운동에 대한 충분한 이해는 중국의 대중적 사회 운동이 1980년대의 내부 지향적, 반부패·반독재 민주운동에서 1990년대의 외부 지향적, 반서구적 민족주의로 빠르게 전환되고 있음을 이해하는 전제조건이 된다. 1990년대와 2000년대 중국의 민족주의 시위에 참여하는 사람들 대부분은 20대의 대학생과 젊은이들이었다. 애국주의 교육 운동이 1991년에 시작되었다는 사실을 감안하면, 이는 곧 이들이 초등학교나 중학교에 입학하자마자 애국주의 교육을 받기 시작했음을 의미한다. 그들은 '애국주의 교육 세대'인 것이다.

☆☆★☆☆

이번 장에서 나는 1991년 이후 실시된 민족적 애국주의 교육 운동을 통한 최근 정권의 교육적 사회화가 어떻게 민족적 치욕에 관한 역사적 기억을 강화했는지를 탐색했다. 다음 장에서는 한발 더 나아가 역사와 기억의 내용이 어떻게 중국 정치 담론의 패턴에 각인되었는지를 알아본다. 5장에서 나는 공산당 정부, 특히 그 지도자들이 중국공산당의 통치와 규범을 구축하기 위해 어떻게 역사와 기억을 이용했는지, 그리고 민족적 치욕에 관한 담론이 어떻게 중국의 민족주의를 구축하는 데 있어 통합적인 역할을 했는지를 살펴볼 것이다.

국치를 잊지 말라

5장

전위에서 애국자로
: 중국공산당의 재구축

장쩌민의 '애국주의적 전환'

1991년 이후 중국공산당은 공산주의라는 플래카드를 옆으로 치우고 온 마음으로 민족주의를 껴안는 것 말고는 별다른 선택지가 없었다. 토머스 크리스텐슨Thomas Christensen은 민족주의가 포스트 냉전 시기 중화인민공화국을 묶어주고 중국공산당 정부의 권력을 유지시켜줄 수 있는 유일한 이데올로기적 접착제라고 보았다.[1] 민주적인 선거로 구성된 정부의 절차적 정당성이 결핍되어 있고, 이와 동시에 공산주의 이데올로기가 붕괴되고 있는 상황을 맞아 중국공산당은 종종 민족주의를 사회적 접착제로 활용하는 데 의존해왔다. "중국공산당은 공산주의자가 아니기에 더욱 중국적인 것이 되어야 한다."[2]

중국의 발전이 고립된 상태에서 이룩된 것은 아니다. 냉전의 종말은 전 세계에 걸쳐 민족적 열기와 이해관계를 다시 불러냈다.[3] 제레미 바르메가 주장한 것처럼, 중국 민족주의의 부활은 중국 사회와 국제적 상황이라는 좀 더 넓은 맥락에서 이해해야 한다. 정부가 주도하는 공식적인 문화의 범주를 넘어, 민족주의나 애국주의는 실상 톈안먼 사건 이후 그리고 포스트 냉전 시대 중국 사회에 관한 합의의 형식으로 기능해왔다.

마오이즘에 대한 믿음의 급속한 쇠락과 중국공산당의 지속적인 안정성의 필요는 일종의 통합 이데올로기인 민족주의에 대한 의존을 심화시켰다. (중략) 경제적 현실과 민족 우선주의는 강력한 중앙집권적 국가를 요청했고, 국민의 지지를 둘러싼 새로운 경쟁 속에서 이데올로기적으로 취약해진 중국공산당에 쇄신의 역할을 부여했다.[4]

실제로 베이징 정부는 애국주의를 통합 이데올로기로 활용했다. 1990년에 발표된 「애국주의와 우리나라 지식인의 사명」이라는 담화에서 중국 지도자 장쩌민은 공개적으로 모든 중국인에게, 특히 1989년 민주화 운동 기간 '말썽꾸러기'였던 젊은 지식인들에게 "애국주의라는 기치 아래 단결할 것"을 요구했다. 이 담화에서 장쩌민은 자신의 당이 애국주의를 동원을 위한 새로운 도구로 포용할 것임을 언급했다. "중국 역사에서 애국주의는 언제나 단결을 위해 인민을 동원하고 또 그들에게 단결을 위한 영감을 주는 기치였으며 중국 내 모든 민족의 공통된 정신적 지주다."[5]

1989년 봄 정부가 시위대를 강제로 해산한 일은 국제적인 반발을 불러일으켰다. 많은 나라 중 특히 서구는 베이징 정부에 대해 적대적인 태도를 보였다. 하지만 여러 지식인을 포함한 많은 중국인은 정권에 대한 적대감을 서구의 차별이자 중국 전체에 대한 공격으로 인식했다. 사회적 정체성에 관한 이론에 따르면, 집단주의적 사회 속에서 각 개인은 스스로를 개인이라기보다는 집단으로 보는 경향이 있다. 또한 그들은 자기정체성과 자기존엄self-esteem을 집단적 소속감과 밀접하게 연계시킨다.[6] 그러므로 중국에 대한 세계의 부정적 반응은 중국 지도층과 일반 대중 사이에서 '우리 대對 세계'라는 감정을 불러일으켰다.[7] 서구의 적대감은 중국의 애국주의적 감정을 활성화시켰고, 베이징 정부가 내부적 단결을 강화하기 위해 외부적 압력을 이용할 수 있는 기회를 가져다주었다.

다른 한편으로 중국공산당은 또한 다음과 같은 메시지를 전달하기 위해 1990년대 동유럽과 소련의 소요 사태를 활용하기도 했다―만약 중국공산당이 무너진다면 중국은 그와 비슷한 무질서와 혼란에 빠지게 될 것이다. 1989년 학생운동을 지지한 많은 인민은 만약 중국이 자신들이 원하는 대로 정치적 대격변을 성공적으로 치러냈다면, 온 민족이 러시아의 지도자들을 붙들어 매고 있는 혼란을 마주해야 할 수도 있다는 추가적인 깨달음을 얻게 되었다.[8] 중국공산당 지도자들은 군사적 탄압 이후 간신히 숨통이 트였고, 자신들이 계획한 개혁을 시작할 수 있는 기회를 잡게 되었다.

민족주의의 새로운 부흥을 불러일으키기 위해 노력하면서 중국공산당 정부는 역사를 파헤치는 버릇을 갖게 되었다. 앞서 논의한 것처럼 현대사에서 중국의 민족적 치욕은 민족의 이데올로기적 재교육을 수행하기 위한 주된 도구로 쓰였다. 베이징 정부, 특히 최고 지도자들은 또한 집권당의 규율과 규범을 구축하기 위해 역사적 기억을 활용했다. 실제로 역사와 기억은 중국공산당의 정체성을 재정의하기 위한 완전한 이론을 제공해주었다. 이러한 재규정 프로젝트를 주도한 이가 바로 장쩌민이다.

텐안먼 사건이 진압된 지 20일 후 덩샤오핑이 장쩌민을 자신의 세 번째 계승자로 선택했을 때, 많은 사람은 그를 잠정적인 인물로 생각했다. 장쩌민은 베이징의 엘리트 정치*에서 상대적으로 아웃사이더였기 때문이다. 그는 자신만의 권력 기반도 없었고, 중앙정부에서 일을 해본 경험도 없었다. 더군다나 그는 궁극적으로 군에서 아무런 권위나 특권을 갖고 있지 못했다. 하지만 장쩌민은 정치적으로 영리했고 자신의 선임자들에게서 교훈을 얻은 것으로 보였다.

장쩌민은 반대파가 자신이 실수하기를 기다리고 있다는 것을 알고 있었고, 실수를 피할 수 있는 유일한 방법은 자신의 정책을 추진하기보다는 덩샤오핑의 정책을 따라 하는 것이라고 판단했다. 장쩌민은 자신을 덩샤오핑의 독실한 신봉자이자 옹호자로 만들면서 덩샤오핑의 계승자가 된 후 처음 몇 년 동안은 공식적인 정책에 자신의 흔적을 남기는 것을 회피했다. 1989년에서 1992년 사이 중국의 정치는 침체되어 있었고, 정책과 개혁 역시 별다른 효과를 내지 못하고 있었다. 이러한 상황에서 덩샤오핑마저 뒤로 물러나 있을 수는 없었고, 결국 그는 1992년 '남순강화'를 떠났다. 이후 그는 장쩌민과 여타 당원들에게 경제개혁에 더욱 속도를 내라고 주문했다. 덩샤오핑은 그들에게 "두려워하지 말고 더 크게, 더 빠르게 앞으로 나아가라"[9]라고 말했다.

하지만 자신의 권력을 공고히 한 후 장쩌민은 완전히 다른 지도자가 되었다. 1994년부터 2002년까지 8년 동안 장쩌민은 일련의 대담한 정

---

* 중국공산당 최고위 당원들을 중심으로 한 폐쇄적인 정치문화를 가리키는 개념.

책을 수행해나갔다. 그의 리더십 아래에서 중국은 근본적인 발전적 성장을 경험했고 시장 지향적인 경제개혁을 통해 중요한 혁신을 만들어냈다. 중국이 세계무역기구에 가입한 것도 그의 재임 기간 이루어진 일이다. 또한 그의 재임 기간 홍콩과 마카오가 평화롭게 중국으로 환수되었다. 장쩌민은 서구와 여타 주요 강국, 특히 미국·러시아와의 관계를 개선시켰다.

오늘날 사람들이 장쩌민의 유산을 이야기할 때 그들은 주로 경제개혁과 외교정책에 초점을 맞춘다. 하지만 장쩌민이 시작한 또 다른 주요 개혁에는 (미디어 혹은 학자들 모두) 별다른 주의를 기울이지 않는다. 그것은 바로 중국공산당을 혁명 정당에서 민족 정당으로 바꾼 조용한 혁명이다. 이러한 개혁에 있어 장쩌민은 공산주의와 사회주의를 대체하기 위해 중국의 새로운 이데올로기로서 민족주의와 애국주의를 활용했다.

앞선 내용에서 나는 장쩌민이 애국주의 교육을 고취하기 위해 어떻게 역사 교육을 이용했는지 살펴보았다. 이어질 내용에서는 장쩌민이 당의 소속감, 정당성과 그 목적이라는 측면에서 집권당의 서사를 재구축하기 위해 어떻게 역사와 기억을 활용했는지에 관한 상세한 설명을 제시하고자 한다.

중국공산당의 제도적 문화의 일부분으로서 그 어떤 정치개혁도 언제나 새로운 서사와 함께 시작된다. 그리고 그 새로운 서사는 당 문건에 기록되며, 통상 이 같은 문건들의 내용은 중국공산당 전국대표대회에 대한 정치보고를 통해 제시된다. 1992년, 1997년, 2000년 당대회에서 발표한 세 편의 정치보고에서 장쩌민은 중국공산당의 새로운 정당성과 목표에 대한 종합적인 서사를 제시했으며 당원의 의미를 새롭게 규정했다.

1949년 이래로 당대회는 가장 권위 있는 공적 행사였다. 이 행사는 5년에 한 번씩 개최되며 세 가지 기본적인 기능을 수행한다. 첫 번째, 대회 참석자는 지난 5년간의 주요 정책 분야에 대한 당의 공작을 평가한다. 두 번째, 그들은 향후 5년간 진행될 당의 일반적인 핵심 업무를 규정하고 모든 주요 정책 영역에 대한 우선순위와 접근방식을 규정한다. 마지막으로 그들은 당의 최고 지도자를 임명(혹은 재임명)한다.[10]

첫 번째 임무와 두 번째 임무는 지난 대회 중앙위원회의 이름으로 당 서기가 당대회에 장문의 '정치보고'를 하는 형식으로 전달된다. 이러한 기능은 근본적인 것이고, 당대회를 소집하기 위한 준비는 매우 정치적인 것이기 때문이다. 일단 전체 당대회의 지지를 얻고 나면, 당대회 정치보고에 포함된 이데올로기적 테마와 정책 노선은 당대회가 언급한 영역에서 당 정책에 관한 가장 권위 있는 표현이 된다. 최소한 원칙적으로 모든 당 지도자는 당대회에서 채택된 당 노선이라는 측면에서 혹은 이어지는 중앙위원회에서 수정된 그대로 정책 행동을 집행해야 한다.

닐 렌윅Neil Renwick과 차오칭Cao Qing이 주장한 것처럼, 중국의 정치 담론은 다음과 같은 세 가지 특징을 가지고 있다. 합의의 형성, 단결의 추구, 교육을 통한 합의사항의 선전.[11] 비록 중국의 최고 지도자가 전당대회에 주요 정치보고를 하지만, 그것은 합의된 문건이다. 최고 지도자는 종종 보고서의 초안을 잡는 데 있어 주도적인 역할을 맡기 때문에 그의 개인적인 영향력이 많이 반영되기 마련이다. 하지만 대부분의 경우 최종적으로 당대회에 전달되는 정치보고는 오랫동안 초안 작성과 검토를 거친 결과물이기에 최고 지도자의 독단적인 관점 이상의 것을 반영하고 있다.

예컨대 1997년에 개최된 15차 당대회의 정치보고 초안은 800번이 넘는 수정을 거치는 동안 10개월의 시간이 걸렸고, 열 가지 버전의 후속 초안이 만들어졌다. 하나의 초안을 4,000명이 넘는 선임 당원, 정부, 군 관료, 비당원이 검토한다.[12] 5년 전인 1992년의 14차 당대회와 5년 후인 2002년 개최된 16차 당대회 모두 3,000명이 넘는 선임 당원이 최종 보고 초안을 검토했다.[13] 또한 16차 당대회의 정치보고 초안을 잡는 데 중국공산당 지도부는 1년 이상을 투자했다.[14] 이렇게 정교한 과정이 상당한 권위를 갖춘 합의문건을 만들어내는 것이다.[15] [표 5-1]은 세 차례 정치보고의 초안 과정을 요약해서 보여준다.

[표 5-1] 중국공산당 전국회의 정치보고

정치보고	일시	길이 (글자수)	보고자	초안과정
14차 당대회	1992년 10월 12일	2만 6,348	장쩌민	620여 차례의 수정을 근거로 하여 7개월에 걸친 초안 작성과 10개 버전의 초안 작성. 하나의 초안을 3,000명 이상의 당원, 국가 공무원, 군인, 비당원이 광범위하게 검토.
15차 당대회	1997년 9월 12일	2만 8,400	장쩌민	800여 차례의 수정을 근거로 하여 10개월에 걸친 초안 작성과 10개 버전의 초안 작성. 하나의 초안을 4,000명 이상의 당원, 국가 공무원, 군인, 비당원이 광범위하게 검토.
16차 당대회	2002년 11월 8일	2만 8,184	장쩌민	13개월에 걸친 초안 작성. 8개의 조사 그룹이 16개 성을 방문하고 914명이 참석한 80차례의 핵심 회의를 가짐. 3,100명 이상의 사람이 초안을 검토함.

정치보고는 초기 중국 연구자들의 주요 정보자원이었다. 초기 중국 연구자들에게 있어 중국공산당의 문건을 해석하는 것은 기본적인 기술이었던 것이다. 하지만 최근 그러한 문건들에 대한 관심은 줄어들었다. 최근 몇십 년 동안 중국 사회는 단순한 체제에서 복잡한 체제로 거침없이 진화해왔다. 더욱 중요한 것은 시장 경제와 정치적 통제의 완화가 서구와 비슷한 대중문화 시장을 만들어냈다는 사실이다. 결과적으로 많은 중국 연구자가 당 문건에서 새로운 텍스트와 '목소리'(예를 들어 대중서적, 잡지, 영화, 포스터, 만화, 텔레비전 쇼, 인터넷 채팅)로 주의를 돌리게 되었다. 이런 새로운 '텍스트'는 의심의 여지 없이 중국 사회에 대한 연구를 풍성하게 하고 확장시켰다. 하지만 이 같은 접근은 정책 입안이라는 측면에서는 불충분하고, 심지어 오해를 불러일으킬 수도 있다. 집권당의 지도자들은 의회의 의견을 청취하거나 대중의 의견을 검토하지 않고 외교정책에 대한 결정을 내린다. 공중의 의견에 점차 더욱 많은 주의를 기울이고는 있지만, 베이징 정부는 지난 20~30년 동안 의사결정 과정에 그 어떤 근본적인 변화도 만들어내지 않고 있다.

새로운 당원의 자격

중국공산당 당원 자격에 관한 고전적인 정의는 '중국 노동자 계급의 전위'다. 1969년 당장黨章에 따르면 "중국공산당은 프롤레타리아 선진 분자로 구성되었으며 적대 계급에 대항하는 프롤레타리아와 혁명 대중을 영도하는 활기찬 전위조직이다."[16] 장쩌민은 1996년 연설에서 새로운 당원을 묘사하기 위해 일련의 최상급 단어들을 언급한 바 있다.

우리 당은 중국의 위대한 전통을 계승, 발전시키며 민족 주권의 독립과 보호에 대한 투쟁에서 **가장 큰** 희생과 **가장 큰** 공헌을 해왔습니다. 그렇기에 우리는 중국의 모든 민족과 인민으로부터 진심 어린 사랑과 지지를 받아왔습니다. 중국의 공산주의자는 **가장 확고**하고 **가장 철저한** 애국자입니다. 중국공산당의 애국심은 중국 민속과 인민에 대한 **최상의** 행동양식입니다.[17]

이 연설문에서 장쩌민은 중국공산당이 민족 주권의 독립과 보호에 대한 투쟁에서 "가장 큰 희생과 가장 큰 공헌을 해왔"다고 강조하고 있다. 그리고 그는 중국공산당의 새로운 정체성, 즉 "가장 확고하고 가장 철저한 애국자"인 공산주의자를 소개하고 있다.

장쩌민의 '3개 대표 이론三個代表理論'은 중국공산당을 프롤레타리아가 주도하는 전위적인 혁명당에서 인민의 대다수를 대표하는 집권당으로 전환시키려는 시도다. 2002년 16차 당대회에서 정쩌민이 연설한 내용에 따르면, 중국공산당은 "선진적인 생산력, 선진적인 중국 문화, 다수의 근본 이익"[18]을 대표해야 한다. 다시 말해 중국공산당은 노동자와 농민의 이익만이 아니라 부유한 기업가와 대학교수의 이익도 제고함으로써, 모든 인민을 위해 모든 것을 할 수 있다는 것이다. 실제로 이것은 이전의 중국공산당에 대한 작별인사나 다름없는데, 몇몇 정치 분석가는 얼마 지나지 않아 중국공산당이 스스로 사회주의적 민주 정당으로 탈바꿈할 것이라고 믿고 있다.

사회 정체성 이론을 적용하면 사람들은 자기가 소속되어 있다고 느끼는 집단과 동일시한다는 것을 알 수 있다. 그렇기 때문에 가끔씩 우리는 스스로를 '그들'에 대한 '우리' 혹은 내부 집단 대 외부 집단으로 생각한다. 우리가 우리의 집단과 스스로를 더욱 동일시할수록 더욱더 다른 집단과 우리 자신을 차별화한다. 1996년 10월에 개최된 14차 중국공산당 전국대회 연설에서 장쩌민은 중국 인민을 "열정적인 애국자"와 "민족의 쓰레기"라는 두 범주로 분류했다.

중국 인민은 침략자 앞에서 결코 고개를 숙이지 않았습니다. 그들은 자유를 사랑하고, 발전을 추구하며, 민족의 존엄과 주권을 보존하는 영광스러운 전통을 가지고 있습니다. 그들은 외세의 침략자들을 극도로 증오합니다. 그들은 특히 자신의 개인적 이익을 위해 변절을 한 민족의 쓰레기들을 경멸합니다. 그들은 열정적인 애국자를 열렬히 추앙합니다. 이런 것들은 이미 소중한 민족적 성격이 되었습니다.[19]

그는 또한 '올바른' 중국 시민이 되기 위한 자격 조건을 강조하고 있다. 올바른 시민은 외세의 침략자를 증오하고 변절자를 경멸하며 애국자를 존경해야 하는 것이다.

또한 사회 정체성 이론에 따르면, 사회적 정체성이 불만족스러울 때 개인은 기존의 집단을 떠나 좀 더 긍정적으로 구별되는 집단에 참여하거나(사회적 이동성), 자신이 속한 기존의 집단을 더욱 긍정적으로 구별되게 만들기 위해 노력한다(사회적 변화). 중국공산당 중앙위원회는 「애국주의 교육 실시 요강」이라는 문건에서 다음과 같이 명확하게 언급한 바 있다.

> 애국주의 교육을 실시하는 목적은 민족의식을 고취하고 민족적 단결을
> 강화하며 인민의 자존감과 자부심을 세우고 가장 폭넓은 통일전선을 공
> 고히 하고 발전시키는 것이다. 우리의 목적은 또한 인민의 애국주의적
> 열정을 중국 특색의 사회주의 건설이라는 위대한 대의로 이끌고 네 가지
> 현대화와 중국 민속 부흥의 실현을 위해 인민을 단결시키는 것이다.[20]

다시 말해 중국공산당은 교육 운동이 긍정적인 사회적 변화를 만들
어내고, 인민이 당에서 떠나거나, 더욱 나쁘게는 국가를 떠나는 '사회적
이동성'의 확산을 방지하기 위해 중국을 더욱 좋은 곳으로 만들고자 하
는 것이다.

역사적 기억 역시 중국의 대외정책과 특히 나양한 성부 형태를 가지
고 있는 나라들과 맺은 다차원적인 관계를 설명하는 데 활용되어왔다.
일반적인 외교정책 성명서에서 중국의 지도자들은 항상 중국과 제3세
계가 역사적 과정을 통해 비슷한 경험을 했고 식민 침탈과 외세의 억압
에 비슷하게 굴복했던 사실 때문에 중국과 제3세계가 더욱 나은 상호
이해와 선린관계를 공유하고 있다고 말한다. 2007년 11월 17차 당대회
에서 발표된 후진타오의 정치보고를 읽으면서, 우리는 후진타오가 중
국이 두 범주로 분류된 나라들과 맺고 있는 관계를 묘사하기 위해 선택
한 이전과는 다른 단어와 어조에 주의를 기울일 필요가 있다.

선진국에 대해 우리는 지속적으로 전략적 대화를 강화하고, 상호 신뢰를

증진시키며 협력을 강화하고 상호관계의 장기적이고 안정적인 발전을 고취시키기 위해 각자의 차이점들을 적절히 조절해나갈 것이다. 개발도 상국에 대해서 우리는 지속적으로 그들과 더 많은 연대와 협조를 해나갈 것이고, 우리의 능력 안에서 협력을 제공하고 개발도상국의 정당한 요구 와 공통의 이해를 옹호할 것이다.[21]

대다수 중국인에게 세계 속의 국가는 크게 두 집단으로 나뉜다. 과거 중국을 괴롭혔던 나라(모두 선진국이다), 중국과 비슷한 경험을 가진 나라 (제3세계 국가)들이다.

"우리가 치욕적인 외교정책을 끝낸다"

2001년 중국공산당 창당 18주년 기념 회의에서 장쩌민의 담화 역시 중 국공산당의 80년 역사를 검토하고 있기 때문에 가치 있는 연구 자료라 고 할 수 있다. 2만 자가 넘는 긴 연설을 통해 중국공산당의 정당성에 대 한 종합적이고도 새로운 서사가 그 모습을 드러냈다.

우리는 옛 중국의 흩어진 모래와 같은 상태를 완전히 끝내고 높은 수준 의 통일과 유례없는 민족적 통일을 실현시켰습니다. 또한 서구 세력이 중국에 부과한 불평등조약과 제국주의적 특권을 폐지했습니다. 봉건적 분할은 중국 땅에서 영원히 자취를 감추었습니다. (중략) 우리는 당의 절 대적인 영도 아래 인민의 군대를 양성했고 강력한 국가 방어를 구축했습니다. (중략) 우리는 현대 중국의 치욕적인 외교관계의 역사를 완전히 끝냈고 국가의 주권, 안전, 민족적 위엄을 효과적으로 보호했습니다. (중략) 사회주의 중국의 국제적 지위와 영향력은 날마다 높아지고 있습니다.[22]

높은 수준의 통일에서부터 불평등조약의 폐기에 이르는 이 같은 성취는 100여 년에 걸친 민족적 치욕과 밀접하게 연관되어 있다. 이러한 성취를 강조함으로써 장쩌민은 중국 현대사 속 중국공산당 서사의 핵심 신화를 소개하고 있다. 중국공산당의 성공적인 혁명이 없었다면, 중국은 여전히 허약하고 부패하고 분할된 나라로 남아 있었을 것이다. 아마도 이것이 중국공산당 일당 통치에 대한 가장 중요한 정당화 논리일 것이다.

집단적 기억과 사회의 정당화 사이의 관계는 특정한 민족 혹은 사회의 기념비적 사건에 관한 지배 시사를 만들어내려는 전형적인 민족주의적 운동의 시도를 통해 드러나는데, 그러한 지배 서사는 해당 구성원들에게 공유된 과거를 강조함으로써 운명 공동체라는 그들의 영감을 정당화한다.[23] 또한 그러한 서사는 공동의 경험에 기반을 둔 정당성을 구축하는 데 엄청난 힘을 발휘한다. 이 개념을 좀 더 면밀하게 설명하기 위해 우리는 장쩌민의 2001년 연설을 살펴볼 필요가 있다.

아편전쟁(1840~1842)에서부터 중국공산당의 창당에 이르기까지, 그리고 창당 이후 오늘날에 이르기까지, 중국은 80년에 이르는 세월 동안 완전히 다른 두 시기를 경험했습니다. 이 두 시대의 비교를 통해 중국 인민과 중국 민족의 모든 애국주의 세력으로 하여금 가장 비참한 환경에서 밝은 미래를 약속하는 상황으로 위대한 역사적 전환을 실현할 수 있게 해준 것이 바로 중국공산당의 영도력임을 충분히 깨닫게 해주었습니다. 중국공산당이 없으면 신중국도 없습니다. 중국공산당과 함께 중국은 새로운 비전을 열어젖혔습니다. 이것이 바로 중국 인민이 자신들의 오랜 투쟁의 세월 속에서 이끌어낸 근본적이고도 중요한 결론입니다.[24]

장문의 연설에서 장쩌민은 민족적 독립과 주권의 보호를 위한 투쟁에 쏟은 중국공산당의 희생과 공헌을 통해 중국공산당의 지도적 역할이 신뢰를 얻을 수 있었다는 중국 역사에 관한 중국공산당의 '거대 서사'를 제시하고 있다. 이러한 서사의 핵심은 결국 '중국공산당 없이 신중국은 없다'라는 것이다.

지난 세기의 엄청난 변화를 통해 우리가 이끌어낸 결론은 다음과 같습니다. 오직 중국공산당만이 인민을 이끌어 민족 독립의 승리, 인민의 해방과 사회주의를 이룩하고, 중국 특색의 사회 건설이라는 길을 개척하며, 민족을 부흥시키고 나라를 부강하게 하며 인민의 복지를 향상시킬 수 있습니다.[25]

이 연설에 따르면, 어떻게 세계가 중국 인민에게 영향을 끼쳐왔는지 설명하는 데 적용된 이론은 꽤 정확했다. 오직 중국공산당만이 중국을 구할 수 있으며, 중국을 발전시키고 부활시킬 수 있다. 앤 서스턴이 지적한 대로, 중국공산당의 정당성은 중국의 애국자들이 그토록 사랑하는 '나라'가 반드시 중국공산당의 통치를 받아야 한다는 인식을 키우는

데 달려 있는 것이다.[26]

중국공산당이 자기 정당성을 드높이기 위해 민족의 역사적 기억을 활용한 최초의 정당은 분명히 아니며, 마지막 정당도 아닐 것이다. 하지만 중요한 것은 중국의 역사적 기억과 정치적 정당성 사이의 중요한 연관관계를 인식하는 것이다. 전 세계에 걸쳐 기억의 정치는 민주주의로 이행하는 과정에서 중심적인 사항이라는 것이 밝혀졌다. 과거에 대한 인식은 이전 정권의 정당성을 허무는 동시에 정치적 정당성에 대한 새로운 요구의 토대를 놓는 데 있어 핵심적인 것이었다.[27]

이는 중국의 경우도 마찬가지다. 중국공산당은 중국의 역사에서 당의 역할을 설명하기 위한 총체적인 이론을 만들어내는 데 역사와 기억을 활용해왔다. 또한 그러한 역사와 기억에 내재된 시각은 '과거의 치욕을 끝내는' 투쟁에서 중국공산당이 가장 큰 희생과 공헌을 했다는 것이다. 이러한 일련의 이론을 바탕으로 비로 역사—지난 세기, 특히 민족적 치욕을 끝장낼 필요성에 관한 기록—가 중국을 통치하는 지도적 역할을 중국공산당에 부여해주게 되는 것이다. 닐 렌웍과 차오칭의 주장대로 중국공산당은 스스로를 민족의 통일과 실질적인 독립을 회복시킨 역사적 주체로 그려냄으로써 자신의 정당성을 만들어내고 있다.[28]

'부흥'이라는 키워드

'진흥중화振興中華'는 아마도 1980년대 이래로 가장 인기 있는 정치 슬로건일 것이다. 당시 중국의 모든 벽에 이 네 개의 한자들로 조합된 구호가 쓰여 있었다. 사실 이 문구는 1894년 쑨원이 처음 언급한 것으로, 당시 그는 이후 국민당이 된 흥중회(중국을 부흥시키기 위한 모임)를 창립했다.

윤리적·도덕적 동기 부여를 제공하는 미래에 대한 비전을 갖는 것은 모든 정당에 매우 중요한데, 그러한 동기 부여는 인민으로 하여금 당의 대의에 참여토록 하는 역할을 한다. 그렇기에 당의 임무를 명확히 하고 미래에 대한 비전을 설명하는 것—이러한 것들은 정당 건설의 정치적 정당성을 위한 전제조건이다—은 당에 필수적인 사안이다. 1976년 문화대혁명의 종결 이후 공산주의 사회의 실현이라는 중국공산당의 전통적인 목표는 중국 인민들에게 더는 매력적이지 않게 되었다. 그에 따라 중국공산당은 인민의 지지를 회복할 수 있는 미래에 대한 새로운 비전이 절실했다. 그 결과 '진흥중화'가 덩샤오핑이 선호하는 슬로건이 된 것이며, 자신의 정체성을 재정의하는 시기에 중국공산당이 이룩해야 할 과업에 관한 표현이 된 것이다.

권좌를 차지한 이후 장쩌민은 **'진흥'**이라는 단어를 **'부흥'**이라는 단어로 대체했다. **'중화민족의 위대한 부흥**中華民族的偉大復興**'**이 새로운 표어가 된 것이다. 이러한 단어 변화의 의미는 매우 깊다. '부흥'이라는 단어는 중국의 역사, 역사적 기억과 밀접하게 연계되어 있다. 이러한 단어(**진흥**이라는 단어와는 대조되는)를 씀으로써 장쩌민은 인민들에게 세계 권력의 중심에 있던 과거에 대한 기억을 다시 불러일으키면서, 중국공산당의 임무는 중국을 이전의 위치로 돌려놓고 그 영광을 되찾는 것이라고 강조하고 있는 것이다. 칭화 대학 국제관계학 교수인 옌쉐퉁閻學通에 따르면, **부흥**이라는 용어는 세계 선도적 국가로 굴기하는 중국이라는 개

넘에 담긴 심리적 권력을 언급하는 것이다. 옌쉐퉁은 또한 중국인들이 그러한 굴기를 완전히 새로운 무언가를 획득하는 것이 아니라 중국의 잃어버린 지위를 다시 획득하는 것으로 본다고 믿는다. 그와 동시에 중국인들은 중국의 굴기를 타자에 대한 우위를 얻는 것이 아니라 공평함을 회복하는 것이라고 간주한다.[29]

2001년 연설에서 장쩌민은 중국공산당의 새로운 임무에 대해 다음과 같이 밀한 바 있다.

> 19세기 중반부터 20세기 중반에 이르는 100년 동안 중국 인민의 모든 투쟁은 우리나라의 독립과 우리 민족의 해방을 쟁취하고 민족 치욕의 역사를 영원히 끝장내기 위한 것이었습니다. 이런 위대한 역사적 대의는 이미 성취되었습니다. 20세기 중반부터 21세기에 이르는 100년 동안 중국 인민의 모든 노력은 모국을 강하게 만들고 인민을 빈영케 하며 민족을 매우 부흥하게 만들기 위한 것이었습니다. 우리 당은 지난 50년 동안 전체 인민을 이끌고 그러한 역사적 대의를 수행해왔으며, 다가올 50년 동안 열심히 노력해서 그 목적을 성공적으로 달성할 것입니다.[30]

이 연설은 중국공산당이 현재까지 수행해왔고 또 앞으로 성취하게 될 두 가지 주요 역할 —장쩌민이 두 가지의 위대한 '역사적 대의'라고 부르는— 을 제시하고 있다. 그것은 바로 민족 치욕의 역사를 끝장내고 민족을 매우 번영케 하는 것이다. 이 두 가지 목표는 모두 중국의 역사와 기억에서 비롯된 것이다.

이러한 역사와 집단적 기억은 집권당이 장차 수행해야 할 사회적으로 적절한 역할을 제시해준다. 집권당이 맡아야 할 역할은 선택된 트라우마와 선택된 영광에 관한 이론을 통해 가장 잘 이해할 수 있다. 나는 집권당이 수행해야 하는 것으로 가정된 근본적인 역할이 과거의 치욕을 끝장내고 과거 민족이 누렸던 영광을 회복하는 것이라는 점을 다시 한 번 반복하고자 한다. 중국공산당의 임무는 이제 공산주의를 실현하는 것이 아니라 앞서 언급한 민족주의적 목표로 그 방향을 트는 것이다.

후진타오는 2002년 중국의 새로운 지도자가 되었다. 그는 장쩌민의 정책에 대해 여러 가지 수정을 가했지만, 장쩌민이 제시한 부흥에 관한 서사는 지속시켰다. 장쩌민과 비교해 후진타오는 '위대한 부흥'에 대한 더욱 열정적인 지지자였다. 실상 후진타오 연설 중 상당수는 인민들에게 "중국 민족의 위대한 부흥을 위해 더욱 열심히 분투"하자고 요청하는 것으로 끝난다.

베이징의 이데올로기 연구자들은 2007년 10월 17차 당대회에서 발표된 후진타오의 정치보고를 "중국 민족의 위대한 부흥을 위한 일반 강령"으로 묘사했다. 이 보고에서 후진타오는 '중국 민족의 위대한 부흥'을 중국공산당의 '역사적 임무'라고 불렀다.

1921년 창당한 이래로 중국공산당은 행복한 삶과 중국 민족의 위대한 부흥을 위한 투쟁에서 인민을 영도하는 역사적 임무에 자신을 바쳤다. 중국의 공산주의자들은 이 임무를 완성하기 위해 대대로 투쟁해왔다. 셀수 없을 만큼 많은 혁명가가 이 과정에서 목숨을 바쳤다. 오늘날의 중국에서 당원들은 이 임무를 계속해야 한다.[31]

보고는 또한 이 위대한 부흥이 이룩할 수 있는 성과에 필요한 과정에 관해서도 논하고 있다. 예컨대 후진타오는 "개혁·개방은 중국 민족을 부흥시키는 유일한 길이다"라고 말했고, "교육이 민족 부흥의 주춧돌이다"라고도 말했다. 그는 또한 "중국 민족의 위대한 부흥은 중국의 문화를 번창시킴으로써만 결정적으로 성취될 수 있다"라고 믿고 있기도 하다. 특히 그는 민족의 부흥과 중국·타이완의 통일 사이의 관계성을 강조하기도 했다. "양인은 중국 민족의 위대한 부흥과정 속에서 동일될 것이다."[32]

정부의 핵심적인 신화와 정당성이 중국이 겪은 치욕의 역사를 끝장내고 국가의 주권을 수호하는 것에 깊이 의존하고 있다면, 왜 민족의 통일이 중국공산당의 중요한 임무가 되는지는 꽤 자연스럽고 이해할 만한 것이 된다. 타이완 문제가 중국공산당의 정당성과 직결되는 것이다. 장쩌민은 2001년 연설에서 다음과 같이 말했다.

중국의 일부분이라는 타이완의 지위는 결코 변할 수 없습니다. 중국공산당은 국가 주권과 영토의 통일성을 수호하는 해결방법에 대해 확고한 입장을 가지고 있습니다. (중략) 타이완과 중국 본토 사이의 분할 상태를 끝내고 중국의 완전한 통일을 이루는 것은 중국 공산주의자의 필수적인 임무입니다.[33]

왜 장쩌민과 베이징 정부가 중국의 완전한 통일을 이루는 것이 중국공산당의 '필수적인 임무'이자 타이완 문제가 중국의 핵심 이익이라는 것을 강조하는지를 이해하기 위해서는 이와 같은 역사적 맥락을 알아야 한다.

'뒤처지면 두드려 맞는다落後就要挨打**'**는 중국에서 인기 있는 또 다른 정치 슬로건이다. 이 슬로건은 치욕의 세기 동안 중국 민족이 겪은 경험을 설명하기 위한 정치 이론으로 활용되어왔다. 후진타오 주석은 왜 중국 민족의 위대한 부흥이 중국 인민의 '변함없는' 목표가 되었는지를 설명하기 위해 이 슬로건을 내걸었다.

역사와 현실은 우리에게 뒤처지면 다른 이들한테 공격을 당할 수 있다는 것을 말해줍니다. 부흥은 오직 발전을 통해서만 현실화될 수 있습니다. 중국은 현대에 이르러 외세에 괴롭힘을 당했습니다. 그렇게 괴롭힘을 당한 주된 이유는 그 시기 동안 만성적으로 가난하고 허약했기 때문입니다. 그 이후로 중국 민족의 위대한 부흥은 중국의 각 세대가 실현하기 위해 분투해야 하는 흔들리지 않는 목표가 되었습니다.[34]

중국공산당은 군사력 발전, 핵무기 프로그램과 유인 우주선 프로그램을 정당화할 때 이러한 이론에 의존해왔다.

[표 5-2]는 1949년에서 1976년까지 그리고 1991년 이후 중국공산당의 당원 자격, 정당성, 임무에 나타난 변화에 관한 요약을 제시하고 있다. 앞서 논의한 것처럼, 1976년에서 1991년에 이르는 15년은 기본적으로 중국공산당이 문화대혁명 이후 자신의 정체성을 탐색한 변화의 기간이다. 표를 통해 드러나듯 역사와 기억에 관한 내용은 포스트 마오쩌둥 시대와 포스트 냉전 시기 중국공산당의 새로운 당원 자격, 정당성, 목표를 규정하는 총체적인 이론을 제공해왔다.

국치를 잊지 말라

[표 5-2] 당원 자격, 정당성, 임무에 관한 중국공산당 서사방식의 변화

	1949~1976	1991년 이후
당원 자격	• 프롤레타리아의 정치 정당 • 중국 노동 계급의 전위	• 가장 확고하고 철두철미한 애국주의자
정당성	• 중국 혁명의 승리 • 마오쩌둥 주석은 인민의 위대한 구원자다. • 중국공산당이 있는 곳에 인민의 해방이 있다. • 오직 중국공산당만이 중국을 구할 수 있다.	• 우리는 외세가 중국에 강요한 모든 불평등조약과 중국에 존재하는 모든 제국주의 세력의 득권을 폐시했다. • 우리는 현대 중국이 겪은 치욕적인 외교관계를 완전히 끝냈으며 국가 주권을 효과적으로 수호했다. 오직 공산당만이 중국을 발전시키고 부흥시킬 수 있다.
임무/목표	• 부르주아와 모든 착취 계급의 완전한 타도 • 프롤레타리아 독재의 건설 • 자본주의에 대한 사회주의의 승리 • 최종적인 목표는 공산주의의 현실화	• 우리의 모국을 강하게 만들고 사람들을 번영케 하며 민족을 엄청나게 부흥시킨다. • 타이완과 중국 본토의 분할 상태를 끝내고 중국의 완전한 통일을 이룩한다.

국가 이익에 관한 담론

1980년대와 1990년대 공식적인 중국 외교정책에 등장한 성명서에 익숙한 사람이라면 누구라도 그것에 스며들어 있는 도덕주의적 어조를 알아챌 수 있을 것이다. 비록 대다수의 나라가 자신들의 외교정책을 정당화하기 위해 도덕적인 정당화를 제시하지만, 베이징의 윤리적 합리화가 보여준 집요하고도 가식적인 성격은 놀라울 정도다.[35]

중국을 방문한 외국의 여러 지도자와 협상가들은 당면한 이슈를 다루기 전에 중국의 주최자들이 윤리, 원칙, 중국 철학에 관해 이야기하는

것을 알게 된다. 그들은 실제 업무로 매우 천천히 진입하며 종종 예측할 수 없게 행동한다. 중국인들이 자신의 이해관계보다 윤리와 원칙이 더욱 중요하다고 생각하는 것으로 보이기 때문에 그들이 합리적이고 '일반적인' 협상가인지 아닌지를 알아채는 것은 매우 어렵다. 세계 혁명의 원칙이나 '평화 공존에 관한 다섯 가지 원칙'을 인용하든지, 아니면 마오쩌둥 주석의 반제국주의 사상 혹은 덩샤오핑의 반패권주의 이론을 끌어오든지, 중국의 주최자들은 종종 외국의 방문객을 케네스 리버설 Kenneth Lieberthal이 '도덕주의moralism'라고 부른 윤리적 비판에 굴복시킨다.

"우리는 지난 150년 동안 산업 세력에 괴롭힘을 당하고 치욕을 받아 왔다. 당신은 우리에게 많은 것을 빚졌다. 우리가 옳고 당신은 우리 입장의 도덕적 정확성을 인지해야 한다. 그런 이후에 우리는 구체적인 사항을 이야기할 수 있다."[36] 서양인 중에 이 특별한 '대우'에 준비되어 있는 사람은 거의 없다.

중국 지식인들은 오랫동안 이와 같은 '도덕 외교'에 불만을 품어왔다. 이 불만은 영향력 있는 두 책을 통해 처음으로 공론화되었다. 쏭창宋強, 짱장장張藏藏, 치아오벤喬邊이 지은 『No라고 말할 수 있는 중국中國可以說不』은 중국 국내외에서 예상 밖의 광범위한 관심을 이끌어내고 외교 분야에서 전례 없는 베스트셀러가 됨으로써 범상치 않은 문화 현상을 만들어냈다.[37]

외교정책의 의사결정에 관한 수준에서 이 책은 통상 '반미주의anti-Americanism'로 해석되어왔지만, 중국의 국가 이익에 관한 열띤 토론을 촉발시켰다고 할 수 있다. 버클리 대학교에서 국제관계를 전공한 엔쉐

통 교수가 쓴 『중국의 국가 이익 분석Analysis of China's National Interests』은 국가 도서상을 수상하기도 했다.[38] 이 책은 추상적인 원칙이 아니라 구체적인 국가 이익이 중국 외교정책을 결정해야 하며, 중국은 자신의 국가 이익을 이야기하는 데 부끄러워하지 말아야 한다고 명확하게 주장했다.

1999년 코소보 사태와 2003년 이라크전쟁에 대한 중국 정부의 이전과는 다른 대응방식은 베이징 정부가 외교정책을 추구할 때 나타난 변화를 잘 보여준다. 예를 들어 이 두 전쟁 기간 중국 외교부장 탕자쉬안唐家璇의 연설을 비교해보면, 그가 도덕주의자에서 현실주의자(혹자는 실용주의자라고 말할 수도 있을 것이다)로 변했다고 결론 내릴 수 있을 것이다. 2003년 3월 기자회견에서 중국이 유엔안전보장이사회에서 거부권을 행사할 것이냐는 질문을 받자 탕자쉬안은 현실주의적 외교관으로서 간단명료하게 답했다. "중국이 어떻게 투표할 것이냐고 물었는데, 중국은 독립적인 판단을 할 것이고 자신의 이익에 근거해 판단할 것이며, 중국의 외교정책을 따를 것입니다. 그리고 중국 인민의 근본 이익에 기반해 나아갈 것입니다."[39]

탕자쉬안은 4년 전인 코소보전쟁 기간에 강조한 상호 불가침, 상호 불간섭과 같은 단어를 국제문제에 관한 성명에서 단 한 글자도 입에 올리지 않았다.[40] 이라크전쟁 시기 내내 베이징 정부는 낮은 자세를 유지했다. 공개적으로 중국은 유엔의 무기 감시단에게 임무를 완수하기 위해 더욱 많은 시간이 주어져야 한다는 프랑스, 독일과 같은 입장을 취했다. 하지만 중국의 어조는 침략자와 패권주의자들에 대한 프랑스나 독일의 독설에 찬 비난(코소보전쟁 기간과 같은)보다는 훨씬 부드러웠고 더욱 부드러운 담화방식으로 바뀌었다. 중국 관료들 역시 국가 이익에 관한 성명이 민족주의자들을 포함해 국내적 차원의 이해와 지지를 얻어내는 데 도움이 된다는 것을 알아차렸다. 몇몇 관료는 정권의 정당성을 확보하는 데 있어 현실주의가 도덕주의적 원칙보다 더욱 효과적임을 깨닫게 되었던 것이다.

최근 중국을 방문한 이들은 중국의 신세대 지도자들이 매우 빨리 업무로 돌입하고 당면 과제에 집중한다는 것을 알게 되었다.[41] 원칙과 도덕을 먼저 말하기 전에, 중국의 관료들은 이제 자신들의 외교정책이 자국의 이익에 관한 것임을 공개적으로 세계에 말하고 있다. 조용하면서도 빠르게, 중국은 널리 알려진 '평화 공존을 위한 5개 원칙' 같은, 한때 외교정책의 주춧돌과 같던 오래된 원칙을 효과적으로 폐기했다. 마오쩌둥 시대에도 중국의 국가 이익은 분명히 1950년대의 중소 '동맹', 1970년대 미중관계 회복과 같은 외교 사안과 관련된 행동원칙 안에서 작동하고 있었다. 하지만 오늘날 중국의 관료들은 도덕주의적 성명서 안에 국가 이익을 숨겨놓지 않는다. 베이징은 과거 도덕주의적 기반에서 자신의 국가 이익을 인정하는 좀 더 일반적이거나 전형적인 외교정책적 입장으로 빠르게 이동하고 있다.

베이징의 새로운 국가 이익 담론은 장쩌민의 '애국주의적 전환'과 그에 따른 집권당의 당원 자격, 정당성, 임무에 관한 서사 변화라는 맥락에서 이해해야 한다. 중국공산당은 이제 중국 노동 계급의 전위가 아니라 강고하고 철저한 애국주의자의 당이기 때문에, 중국 국가 이익의 수호자라는 옷을 입을 필요가 있다는 것은 당연한 일이었다. 또한 집권당에 관한 중심 신화와 정당성 역시 현대 중국의 치욕적인 외교사를 끝낸 역사적인 '희생과 공헌'에서 도출되어야 했다. 그러므로 피터 그리스가 지적한 대로 현재 중국 지도자의 정당성도 국제무대에서 임무를 성공적으로 수행하는 데 의존하게 되었다. 집권당은 다른 나라를 다루는 데 있어 중국의 '체면'[面子]을 유지하는 책임을 져야 하는 것이다.[42]

애국주의적 전환과 애국주의 교육 운동이 시작된 후 1990년대 말까지 발생한 국내적 차원의 변화가 중국의 외교정책에 영향을 끼치고 있있다. 베이징은 점차 비물질적 이해관계를 더욱 강조하게 되었다. 집권당으로서는 민족적 위엄, 체면, 타국의 존경 같은 역사적 기억으로 규정된 몇몇 비물질적 이해관계가 무역·안보·영토 같은 물질적 이해관계만큼 중요하거나 그것보다 더 중요한 사안이 되었던 것이다. 당의 임무가 공산주의의 실현이 아니라 '중국 민족의 위대한 부흥'이라는 민족주의적 목표라는 사실을 고려하면, 타이완과의 통일, 국제적인 존경이나 인정 같은 중국 민족의 부흥에 관한 중요한 지표가 베이징 외교정책의 최우선순위가 된다는 것은 당연한 일이었다.

조용한 혁명

장쩌민의 애국주의적 전환은 중국공산당 역사에서 조용한 혁명이었다. 애국주의적 전환이라는 이데올로기적 프로젝트의 주요 활동으로서 중국공산당 지도부는 집권당의 규칙과 규범을 재구축하기 위해 역사와 기억의 내용을 활용했다. 역사와 기억이 집권당의 당원 자격, 임무, 역할을 재규정하는 데 있어 새로운 자원을 제공해주었던 것이다.

1장에서 살펴본 것처럼, 특정 개념에 관한 규정과 그것을 가늠할 수 있는 기준은 정치 행동을 설명하는 변수인 정체성을 좀 더 체계적으로 분석하는 데 어려움을 초래하는 요인이었다. 1장에서 소개한 분석 프레임에 따르면, 집단 정체성이 규정적 개념으로 쓰였을 때, 그 정체성은 다음과 같은 요건을 갖추어야 한다.

- 집단적 소속감(범주)을 위한 역할과 집단이 수용한 공헌(정체성의 획득)을 해명해야 한다.
- 집단적 자기존중과 신화의 요소로 이루어져 있어야 한다.
- 사회적으로 적절한 행동양식을 제공해주어야 한다.
- 집단적 이익을 규정하는 데 도움되는 방식으로 행동을 조직해야 한다.

중국공산당의 정체성 재구축에서 역사적 기억의 활용을 설명할 때, 이러한 분석틀 안에서 우리는 먼저 역사적 기억이 해당 집단의 범주화, 정체성 부여, 자기존중, 역할 부여와 같은 사안에 관해 어떤 구실을 하는지를 알아내야 한다. [표 5-3]은 중국공산당의 새로운 정체성을 구축하는 규정적 개념으로서의 역사와 기억에 관한 대략적인 내용을 보여준다.

앞서 논의한 것처럼, 중국공산당은 이제 중국 노동자 계급의 전위가 아니므로 새로운 정체성을 만들어내야 한다. 당에 관한 이 새로운 범주화는 역사적 기억의 영향력을 정당화시킴으로써 발전해왔다. 중국공산당은 이제 '가장 확고하면서도 가장 철저한' 애국자다. 그리고 이 새로운 역할과 연계된 책임, 리더십은 대부분 지난 세기의 역사에 기반을 두

[표 5-3] 규정적 규범으로서의 역사와 기억

범주화	**역사와 기억의 내용이 집단적 소속감과 공헌을 결정하는 역할을 구체화하는가?** • "중국공산당은 가장 확고하고 철두철미한 애국자다." • "중국공산당의 책임과 리더십은 지난 세기의 역사에 의해 부여받은 것이다. 당은 민족적 독립과 민족 주권을 보호하기 위한 투쟁에서 가장 큰 희생과 공헌을 했다. 오직 중국공산당만이 중국을 발전시키고 구원할 수 있다.
정체성	**역사와 기억의 내용이 집단적 이익을 규정하는 데 도움이 되는기?** • 중국공산당은 중국의 민족적 이익의 수호자다. • 민족적 자존감, 체면, 다른 나라로부터의 존경과 같은 것들로 규정되는 비물적 이익이 무역·안보·영토와 같은 중국의 물질적 이익과 똑같이 중요하거나 더욱 중요하다.
자존심과 자기존중	**역사와 기억의 내용이 집단적 자기존중과 신화의 요소인가?** • "우리는 서구 세력이 중국에게 부여한 불평등조약과 우리 나라에서 차지한 제국주의적 특권을 폐지했다. 우리는 중국 현대사에서 치욕적인 외교를 철저하게 끝냈고 국가 주권, 안보, 민족적 자존감을 효과적으로 보호했다. 사회주의 중국의 국제적 위상과 영향력은 날이 갈수록 성정하고 있다."
역할 정체성	**역사와 기억의 내용이 집권당에 적절한 역할을 부여해주고 있는가?** • 집권당이 수행해야 하는 두 가지 핵심적인 역할은 '민족을 엄청나게 부흥시킴으로써' '과거의 치욕을 끝내고' 민족의 과거의 영향을 회복시키는 것이다.

고 있다. 다시 말해 과거의 치욕을 끝장내기 위한 투쟁에서 당은 스스로를 가장 위대한 희생자로 그려내고 있는 것이다. 이러한 정체성은 또한 집단의 자기존중과 신화, 좀 더 중요하게는 중국 통치 정당성의 토대를 구축한다.

장쩌민이 자랑스럽게 말한 것처럼 중국공산당은 "현대 중국의 치욕스러운 외교사를 끝장내고 국가 주권, 안보, 민족적 존엄을 효과적으로 보호했다." 이렇게 과거의 치욕을 중국인들의 마음속에 심어놓음으로써 중국공산당은 민족적 자존심을 구원할 구세주가 될 기회를 만들어낼 수 있었다. 당의 중심 신화는 다음과 같은 주문mantra으로 구체화된다. "오직 중국공산당만이 중국을 구원할 수 있다. 오직 중국공산당만이 중국을 발전시키고 부흥시킬 수 있다."

원자바오 총리와 어린 시절의 전쟁 기억

현재 중국의 지도자들이 집권당의 역할과 규범을 구축하기 위해 역사와 기억을 이데올로기적 도구로 활용하는 이 장의 내용을 읽은 후, 혹자는 지도자들 스스로 자신들이 인민에게 전달하는 메시지를 실제로 **믿고 있는가**라는 의문이 들 수 있다. 의사결정 과정에서 문화와 정체성의 역할을 고려할 때, 도구주의자의 설명은 현실주의자의 설명과 크게 다르지 않을지도 모른다. 현실주의 이론에서 행위자들은 종종 자신들이 처리할 수 있는 여타 자원과 마찬가지로 자신들의 이익을 극대화하기 위해 문화와 정체성을 효율적으로 활용한다. 그렇다면 중국의 지도자들은 단순히 역사적 기억을 도구적으로 활용하는 냉철한 이성주의자들이란 말인가? 부족한 몇몇 사례를 통해 이러한 질문에 대한 결정적인 답을 도출할 수는 없겠지만, 원자바오 총리가 어린 시절에 겪은 전쟁에 관한 기억은 그러한 질문에 대한 또 다른 시각을 보여줄 수도 있을 것이다.

원자바오 총리는 2003년 12월 미국을 공식 방문했다. 방문 전, 총리는 『워싱턴 포스트Washington Post』와 1대 1 인터뷰를 가졌고, 미국에 체류하는 동안 하버드 대학교와 콜린 파월Colin Powell 미 국무장관이 개최한 만찬에서 연설했다. 각각의 연설에서 원자바오 총리는 자신이 어린 시절에 겪은 전쟁에 대한 기억을 상기시키면서 그러한 기억이 왜 자신에게 중요한지 설명했다. 예컨대 하버드 연설 서두에서 원자바오 총리는 다음과 같이 말했다.

오늘 연사로서 저는 당연하게도 여러분에게 제 소개를 좀 해야 할 것 같군요. 그리고 이러한 방식을 통해 저는 여러분과 진심을 담은 토론을 할 수 있을 것 같습니다. 아마도 모두 아시다시피 저는 교사의 아들이었습니다. 저는 어린 시절 대부분을 전쟁의 포연 속에서 보냈습니다. 어린이로서 저는 여러분만큼 운이 좋지 못했죠. 일본 침략자들이 고향 사람들을 중앙광장으로 몰아놓았을 때 저는 어머니에게 바싹 붙어 웅크리고 있었습니다. 이후 제 가족 전부와 집이 불에 탔고, 할아버지가 세우신 초등학교마저 불에 타버렸습니다. 제가 일을 한 세월 동안 저는 중국에서 가장 어려운 조건 속에서 대부분의 시간을 보냈습니다. 그렇기에 제가 [공산당 관료로] 일을 하는 기간 대부분은 중국에서 가장 어려운 시기였습니다. 그런 만큼 저는 제 조국과 인민을 잘 알고 깊이 사랑합니다.[43]

파월 국무장관이 개최한 연설에서 원자바오는 자신의 어린 시절을 언급하는 이유를 한층 더 자세하게 말했고 자신의 어린 시절을 개인적 소개를 위한 소재로 활용했다.

한 사람의 성장과정을 알지 못한 채 그의 생각과 인격을 이해하는 것은 매우 어렵습니다. 저는 항일전쟁 기간에 태어났습니다. 일본군들이 총검으로 사람들을 찌를 때 어머니 옆에 웅크리고 서 있었던 기억을 잊을 수 없습니다. 할아버지가 세운 초등학교를 비롯해 제 고향은 모두 불에 타버렸습니다. 만약 미국 친구들이 제 정치적 신념에 대해 물어본다면, 저는 저 자신과 우리 인민들은 나라를 제대로 세우기 위해 우리 스스로 노력할 것이라고 분명하고 단호하게 말할 수 있습니다.[44]

2003년 총리로 지명된 지 얼마 지나지 않은 시점에 열린 첫 번째 기자회견에서 원자바오 총리는 다시 전쟁 기간 중 자기 가족이 겪은 경험에 대해 말했다. "예전에 중국이 당한 공개되지 않은 고통이 제 연약한 마음에 지울 수 없는 흔적을 남겼습니다."[45] 그는 어린 시절의 경험을 아는 것이 "그 사람의 생각을 이해하고" 누군가와 "마음을 터놓는 논의를 하는 데 있어" 필수적이라고 설명했다. 이러한 언급을 통해 그는 어린 시절 기억이 자신의 인생에서 중요한 부분을 차지하고 있으며 자신이 누구인지를 규정하는 데 도움을 준다고 강조하기도 했다. 이러한 어린 시절의 경험은 그의 정치적 신념을 형성하는 유용한 수단이었고, 그는 자신이 말한 대로, "나라를 제대로 세우기 위해"[46] 그러한 경험을 활용한 것이었다.

『워싱턴 포스트』가 원자바오 총리에게 던진 질문 중 하나는 "미국에 대한 특별한 인상을 만든 계기가 있을까요?"였다. 이 질문에 대해 총리는 1861년에 에이브러햄 링컨이 했던 연설이 가장 기억에 남는다고 대답했다. 링컨은 해당 연설에서 "우리의 본성 안에 있는 착한 천사들이 모든 전장과 애국자의 무덤에서부터 모든 살아남은 자의 마음과 각 가

정의 벽난로, 나아가 광대한 토지의 구석구석에 이르기까지 널리 퍼져 있는 기억이라고 하는 신비한 선율을 다시 어루만지게 된다면—그리고 반드시 그렇게 될 것입니다—그때는 연방의 합창 소리가 크게 울려 퍼질 것입니다"라고 말했다.[47] 원자바오 총리는 자신이 이 문장을 처음 읽었을 때 빨간 줄을 쳤고, 사실 그는 이 전체 문단의 중국어 번역을 암송할 수도 있다고 말했다. 링컨의 기억에 관한 이 문장이 발표된 이후 100년이나 지나 원자바오 총리에게 울림을 주었다는 사실은 매우 흥미롭다.

공식적인 역사 교과서에서 원자바오 총리의 전쟁에 대한 기억에 이르기까지 민족적 치욕에 관한 중국의 담론은 하향식의 일방적인 선전은 아니다. 이번 장에서 소개한 것과는 또 다른 이야기를 통해 우리는 근본주의(가족사), 구성주의(학교 교과서), 도구주의(엘리트 주도의 이데올로기 교육)가 서로 배타적인 것이 아니라, 실제로는 함께 작동하면서 중국의 치욕에 관한 담론에 좀 더 통합적인 해석을 제공하고 있음을 알 수 있었다.

☆☆★☆☆

6장에서는 역사적 기억이 어떻게 2008년 베이징 하계 올림픽 기간의 행동방식을 규정했는지, 올림픽에 이어 곧바로 발생한 2008년 5월 12일 쓰촨 대지진의 비극을 경감시키는 데 어떤 역할을 했는지를 살펴볼 것이다.

6장

지진에서 올림픽으로
: 새로운 트라우마, 새로운 영광

동상이몽

중국에서 2008년은 올림픽의 해였다. 그리고 올림픽 성화 봉송은 중국 지도부가 2008년 하계 올림픽을 준비하면서 특별히 공을 들인 여러 프로젝트 중 하나였다. 그리스에서 성대한 채화 행사를 끝낸 이후, 성화는 5개 대륙, 135개 도시를 거치면서 8만 5,000마일에 이르는, 겉으로는 그럴듯해 보이는 '조화의 여행'을 시작했다. 그것은 역사상 가장 긴 성화 봉송이었지만, 아이러니하게도 이름에 걸맞지 않게 그 조화로움은 오래가지 못했다. 성화 봉송 내내, 티베트에서 벌어진 인권 탄압부터 환경 문제, 베이징 정부의 외교정책에 이르는 중국의 수많은 문제에 대한 이목을 집중시키기 위해, 성화 봉송을 방해하고 야유하며, 심지어 성화를 끄려는 사람들까지 나타났다. 시위대가 성화를 가로채려 한 혼란 속에서, 보안 요원은 그들을 피해 버스로 성화를 옮겨야만 했다.

중국의 올림픽 개최를 반대한 이들을 예상하지 못했던 것은 아니다. 2000년 올림픽 개최 도시 유치 경쟁에 베이징 시가 뛰어들기 시작할 때부터 논란이 있었다. 그리고 2000년의 올림픽 유치 실패는 중국의 반反

서구 정서에 기름을 부었다. 심지어 많은 중국인이 올림픽 유치 실패가 서구의 음모라고 믿었지만, 정작 논란이 증폭되기 시작한 것은 베이징 시가 2008년 올림픽 유치권을 따낸 이후였다. 베이징 올림픽을 앞둔 몇 달 전부터 신문과 저녁 뉴스는 중국에 대한 비판으로 도배되었다.『포린 어페어Foreign Affairs』의 어느 기고문은 다가올 올림픽이 베이징의 '악몽'이 될 것이라고 주장하기도 했다.

정치적 자유화에 대한 요구, 티베트 자치권 문제, 수단에 대한 점증하는 압박, 환경 보호 문제, 상품 안전 기록의 개선은 다가오는 국가적 잔치에 찬물을 끼얹고 있다. 올림픽 성화가 수많은 시위대에게 둘러싸여 전 세계를 돌고 있는 와중에, 베이징 올림픽의 꿈은 대외적 선전이라는 측면에서는 빠르게 악몽으로 변해가고 있다.[1]

올림픽은 1900년의 의화단 사건과 1936년 나치 올림픽에서 나타난 외국인 혐오 정서에 비견되기 시작했다. 중국이 베이징 국가수영센터(아쿠아센터水立方)와 베이징 국가경기장(냐오차오鳥巢)을 건설했을 때, 전 세계에 걸쳐 그리고 중국 내에서도 상당한 소란이 빚어졌다.

하지만 정작 세계의 이목을 집중시킨 것은 중국 정부에 항의하기 위해 올림픽 성화 봉송을 목표물로 설정한 시위대가 자신들과 비슷한 강도로, 혹은 더욱 강한 강도로 흥분한 중국 교민과 유학생의 저항에 부딪혔다는 사실이다. 민족주의의 새로운 물결이 중국 내의 젊은 세대뿐만 아니라 상당한 수준의 교육을 받은 해외 교민들까지 사로잡기 시작했던 것이다. 런던에서 파리·샌프란시스코·캔버라에 이르기까지, 성화가

국치를 잊지 말라

지나가는 길목 어디에서나 중국 국기가 펄럭이고 있었다. 티베트 지지 시위가 있는 곳에는 언제나 중국을 지지하는 시위가 있었다. 어느 보도에 따르면, 올림픽 성화를 '보호'하기 위해 2만 명 이상의 중국인이 캔버라에 운집했으며, 그들 중 대다수는 오스트레일리아의 여러 대학에서 공부하고 있는 유학생들이었다고 한다.[2] 듀크·버클리·시카고를 비롯해 미국의 여러 대학 캠퍼스에서 중국 유학생들이 중국 지지 시위를 벌였다.[3]

파리에서 올림픽 성화 봉송이 방해를 받고 프랑스 대통령 니콜라스 사르코지Nicolas Sarkozy가 올림픽 개막 행사 참여를 거부하겠다고 위협한 이후 중국 내에서 반反프랑스 정서가 들끓었다. 중국 전역에 112개 점포를 두고 프랑스를 가장 선명하게 보여주는 대형 마켓 체인 까르푸 Carrefour는 중국인들의 공격 대상이 되어버렸다. 2008년 4월 까르푸 가맹점에 대한 시위가 중국 전역의 20여 개 도시에서 발생했다.[4] 예를 들어 4월 19일 수백 명의 중국인이 중국 산둥 성의 해안도시 칭다오靑島의 까르푸 가맹점 앞에서 시위를 벌임으로써 외국인에 대한 분노를 표출한 사건이 있었다. 시위대가 치켜든 한 대형 플래카드에는 프랑스와 관련된 쟁점이 모두 쓰여 있었는데, 그러한 이슈 중에는 1860년까지 거슬러 올라가는 것도 있었다.

까르푸 반대! 프랑스 제국주의 반대!
1860년 영국과 프랑스의 중국 침략에 강력하게 저항한다.
2008년 베이징 올림픽에 대한 모략에 강력하게 저항한다.
중국 국내 문제에 대한 프랑스의 간섭에 강력하게 저항한다.

프랑스 언론의 사실 왜곡에 강력하게 저항한다.

우리 성화를 방해하는 범죄 행위 방관하는 프랑스에 강력하게 저항한다.

달라이 라마에 대한 까르푸의 재정 지원에 강력하게 저항한다.

중국인이여, 일어나라!!!⁵

치욕의 세기는 중국인들이 활용할 수 있는 역사적 유사성을 제공해주었고, 중국인들은 종종 현재적 사건과 역사적 사건 사이의 유사성을 끌어냈다.

'하나의 세계, 하나의 꿈'은 전 세계에 걸친 조사를 시행한 후 베이징 올림픽위원회가 21만 개의 후보 중에서 2008년 하계 올림픽을 위해 선정한 슬로건이다.⁶ 하지만 문화, 민족 경험, 신념, 발전 단계가 각기 다른 세계가 같은 꿈을 공유한다는 것이 가능한 일인가? 이 슬로건은 세계가 하나 되자는 것을 의미하긴 했지만, **동상이몽**同床異夢이라는 중국의 오랜 속담을 연상케 하는 것이었다. 이 속담은 서로 밀접하게 연관되어 있지만 서로 다른 생각을 가진 두 사람을 의미한다. '하나의 세계, 하나의 꿈'은 아름다운 슬로건이지만, '같은 침대, 다른 꿈'이야말로 왕왕 현 세계의 상황을 좀 더 정확하게 묘사해주는 말일 것이다.

2008년은 중국에 있어 다사다난한 해였다. 새해가 시작되자마자 근 5년 만에 찾아온 가장 혹독한 겨울 탓에 수천 명의 사람이 춘제 기간 도로 위에서 오도 가도 못하는 처지가 되었다. 3월에 눈이 녹자마자 라싸와 티베트에서는 베이징 올림픽보다 먼저 티베트 독립의 대의에 관한 국제사회의 주목을 끌기 위한 시위가 벌어졌다. 모든 이목이 베이징과 올림픽 준비에 모여 있을 때 중국 서부는 또 다른 자연재해에 시달리게 되었다. 2008년 5월 12일 리히터 규모 8.0의 지진이 쓰촨 성을 덮쳐 수천 명의 사람이 죽거나 실종되었으며, 수백만 명이 집을 잃었다. 이러한 비극과 올림픽 준비를 향한 광분이 열광적인 민족주의를 촉발시켰다. 2008년 봄과 여름에 대다수 중국의 젊은이들이 그러한 비극과 광분을 목격했을 것이며, 이들은 각자의 고향에서 그리고 해외에서 **중국 힘내라**中國加油!"를 외치고 있었을 것이다. 역사적 기억과 민족적 치유이라는 렌즈를 통해, 올림픽과 자연재해라는 중대 사건 동안 나타난 중국의 행동을 좀 더 세밀하게 들여다보자.

금메달

2008년 여름, 미국 올림픽 남자 체조 선수단은 베이징 국립 실내 경기장에서 동메달을 따냈다. 반면 중국은 금메달을, 일본은 은메달을 땄다. 미국 선수단은 메달 수여식이 끝난 후 서로 감동의 포옹을 했다. 그들은 만면에 미소를 띠면서 동메달을 높이 들고 사진을 찍었다. 인터뷰에서 팀 동료인 조너선 호턴Jonathan Horton은 리포터에게 "우리에게 가장 중요한 사실은 시상대에 올랐다는 것입니다. 동인지 은인지 금인지는 전혀 중요하지 않습니다"라고 말했다. 미국 팀은 이렇듯 자신들의 메달 획득에 기뻐한 반면, 그날 저녁 중국의 채팅창에서는 '왜 미국인들은 동메달에 저렇게 기뻐하는가?'가 뜨거운 이슈였다.

중국에서 동메달은 실패를 의미한다. 많은 중국인에게는 오직 금메달만 의미가 있기 때문이다. 만약 2008년 중국을 방문했다면 거의 모든 신문 1면에서 금메달 수상자의 목록을 발견할 수 있었을 것이다. 해당 목록에는 항상 각 나라가 획득한 금메달 숫자의 순위가 매겨져 나열되어 있었고, 사람들은 매일매일 자국 선수가 획득한 금메달 숫자를 세고 있었다. 하지만 금메달을 따지 못한 중국 선수는, 설사 그들이 은메달이나 동메달을 획득했다고 하더라도 미디어, 정부, 일반 대중에게 금메달 리스트와는 완전히 다른 대접을 받았다.

국가 정치보도의 리더로 자임하는 CCTV의 저녁 7시 뉴스는 중국에서 가장 인기 있는 뉴스 프로그램이다. 올림픽 경기 동안 이 뉴스 프로그램을 보았다면, 중국에서 금메달보다 중요한 일은 없다는 사실을 알게 되었을 것이다. 방송사는 해당 날짜의 경기에 대한 보도 대신, 중국의 금메달리스트를 위한 메달 수여식을 상세하게 보도했다. 그리고 당일 뉴스 프로그램의 핵심 부분으로 중국 국가인 〈의용군 행진곡〉이 매일 연주되었고(중국 국가 대표팀이 올림픽 기간 매일 금메달을 땄기 때문에) 뉴스의 절반 정도를 차지했다. CCTV 뉴스가 방송되는 30분은 그날 하루 동안 일어난 수많은 사건을 담기에 매우 부족한데, CCTV는 국가 지도자들의 모든 동정도 보도해야 하기 때문이다.

CCTV의 메달 수여식에 대한 특별보도가 단지 당의 선전 활동에 그치는 것이 아니라는 점에 주목할 필요가 있다. 중국 인민들은 메달이 수여되는 장면을 사랑하고 있었던 것이다. 많은 사람이 CCTV와 신문에 편지를 써서, 자신들이 올림픽 기간 중 가장 즐겨보는 장면이 중국 국가가 연주되면서 중국 선수가 가장 높은 위치에 올라서는 메달 수여식이었다고 말했다. 몇몇 재외 교포들은 『인민일보』에 자신이 사는 지역의 방송국에서 해당 장면을 송출해주지 않아 메달 수여식을 놓쳤다는 불만 섞인 편지를 보내기도 했다. 실제로 메달 수여식이 국가 전체를 위한 축하 행사이자 통과의례가 되었다는 것은 전혀 과장이 아니었다.

1984년 올림픽 유치 경쟁에 다시 뛰어든 이래로 하계 올림픽에서 최대한 많은 금메달을 따내는 것은 중국의 국가적 전략이었다. 중국은 중국체육총국中國體育總局이라는 장관급 부처를 두고 있다. 해당 부처의 주요 임무는 올림픽과 여타 국제 체육행사에 대한 중국의 참여를 준비하는 것이다. 이 부처의 가장 중요한 프로그램은 금메달 전략金牌戰略이다. 이 프로그램의 효과적인 시행은 2008년 베이징에서 미국을 앞지르기 위한 기밀사항이었다. 또한 이 프로그램의 핵심은 올림픽 행사에 대한 종합적인 조사를 시행하고 중국이 목표로 삼을 종목(중국이 기록을 세우기에 더욱 유리한 종목)을 세심하게 선택하는 것이다.

금메달 프로젝트는 국가 프로젝트가 되었다. 중국체육총국은 '올림픽 승리 프로젝트奧運爭光企劃 2001-2010'이라는 종합전략을 세웠다.[7] 정부의 승인을 받은 이 문건은 정부 각 부처와 각 지역정부가 2004년과 2008년 올림픽에서 '영예를 얻는' 공통의 목적을 달성하기 위해 서로 협력할 것을 요구하고 있다.

수영과 육상은 역사적으로 올림픽에서 가장 크고 중요한 경쟁 종목이다. 미국·러시아·독일 같은 몇 안 되는 나라가 이러한 종목에서 우위를 차지해왔다는 사실을 고려하면, 중국이 새로운 기록을 세우는 것은 매우 힘든 일이었다. 이런 점을 고려해서 해당 종목들은 중국 선수들의 목표 종목으로 선정되지 않았다. 목표 종목 대부분은 체급, 경주 길이, 선수단 배합의 상이함 탓에 더욱 많은 금메달이 걸려 있는, 즉 메달 개수가 많은 올림픽 종목이었다. 예를 들어 카누/카약은 16개의 금메달이 걸려 있는 반면, 사격과 역도는 각각 15개의 금메달이 걸려 있다. 중국은 또한 축구와 같이 더욱 많은 팀워크와 육체적 접촉이 필요한 종목보다는 운동선수 개인의 기술과 장기간에 걸친 훈련에 의존하는 종목을 선호하는 경향이 있다. 중국체육총국 입장에서는 해당 종목이 사람들 사이에서 인기가 있는지 없는지는 중요하지 않다. 중요한 것은 금메달을 딸 수 있는 잠재적 가능성이다.

2008년 이러한 금메달 전략은 성공적인 것으로 판명되었다. 미국 36개, 러시아 연방 23개, 영국이 19개의 금메달을 획득했지만, 개최국의 이점을 등에 업은 중국은 51개의 금메달을 획득해 성공적으로 1위를 차지했다. 하지만 수영과 종합 육상에서 중국은 단 한 개의 금메달만을 따냈고, 축구·농구·배구·테니스 같은 인기 종목에서는 전혀 메달을 따지 못했다. 그럼에도 중국은 여덟 개의 금메달이 걸려 있는 다이빙에서 일곱 개의 금메달을 따냈고, 체조에서 아홉 개, 역도에서 여덟 개, 사격에서 다섯 개의 금메달을 획득했다.

중국 선수들에게 있어 금메달은 일반적인 명성과 인기 그 이상을 의미한다. 현금 보너스와 기타 상상할 수 없는 특전은 올림픽 금메달리스트를 부자로 만들어주고 그들의 인생을 영원히 바꿔놓는다. 또한 인센티브로서 국가급에서 성급, 현급에 이르는 모든 정부 단위에서 메달리스트에게 현금을 지급한다. 하지만 금메달과 다른 메달 사이에는 분명한 차별이 존재한다. 정부가 제공하는 가장 수익성이 좋은 인센티브 정책은 오직 금메달리스트에게만 부여된다.[8] 금메달리스트는 또한 은메달리스트나 동메달리스트가 받지 못하는 여러 가지 혜택을 누린다. 예컨대 아파트나 주택, 기업 찬조금, 유명 대학의 입학 특전, 홍콩의 특별한 선물인 헨리 폭Henry Fok, 霍英東 교육재단의 1킬로그램짜리 또 다른 순금 '금메달' 같은 것들이다.

2008년 베이징 올림픽에서 데뷔한 쓰촨 성 출신 체조선수 저우카이 鄒凱는 단체전과 개인 종목인 마루와 평행봉에서 세 개의 금메달을 따냈다. 중국 언론에 따르면, 올림픽이 끝난 이후 이 잘생긴 체조선수가 받은 상금 액수는 중국체육총국에서 받은 105만 위안(15만 달러에 성딩하는), 쓰촨 성 지방정부에서 받은 150만 위안, 그의 고향인 루저우 정부에서 받은 300만 위안, 홍콩의 사업가인 정셴즈曾憲梓에게 받은 150만 위안, 홍콩에 기반을 둔 엠퍼러 그룹英皇集團에서 받은 72만 위안, 헨리 폭 교육재단에서 받은 세 개의 순금 메달과 24만 달러다.[9] 저우카이는 또한 2,000제곱피트[약 185.8제곱미터, 56평]에 달하는 아파트와 폭스바겐 한 대를 선물로 받았다. 더불어 저우카이는 부동산과 광고 등에서 얻은 수입을 제외하고 1,000만 위안(143만 달러 정도) 이상의 현금 보너스도 받았다.[10]

하지만 만약 저우카이가 세 개의 금메달이 아닌 세 개의 은메달을 획득했다면 어땠을까? 그가 받은 총수익금은 200만 위안(28만 달러 정도) 정도에 불과했을 것이며, 광고를 통한 수입을 올릴 수 있는 기회도 얻지 못했을 것이다. 은메달 하나 혹은 동메달 하나를 획득한 선수들이 받는 것은 이것보다도 훨씬 적다.

예를 들어 당시 스물한 살의 베이징 출신 수영선수 장린張琳은 2008년 하계 올림픽에서 중국 남자 수영에서는 최초로 400미터 자유형에서 은메달을 획득했다. 몇몇 스포츠 전문가는 장린의 메달 획득이 갖는 역사적 중요성을 칭찬하기도 했지만, 그는 그다지 언론의 주목을 받지 못했다. 당시 모든 언론은 치솟는 중국의 금메달 개수를 보도하는 데 급급했다. 만약 장린이 금메달을 땄다면 어땠을까? 만약 그랬다면, 그는 곧바로 중국에서 가장 빛나는 스타가 되었을 것이다. 하지만 불행하게도 장린은 한국의 금메달리스트 박태환에게 0.58초 차로 뒤져 2위에 머무를 수밖에 없었고, 여타 종목에서 금메달을 획득한 선수들에게 가려져 스포트라이트를 받지 못했다.

그렇다면 왜 그토록 중국인들에게 금메달이 중요한 것일까? 이 질문에 답하기 위해 우리는 먼저 중국에서 스포츠가 갖는 정치적 의미를 이해해야 한다. 중국 지도자들은 중국공산당의 정당성과 국가의 사회적 통합을 강화하기 위해 스포츠를 정치적 도구로 삼는 전통을 가지고 있었다. 1959년 탁구 스타 룽궈퇀容國團은 중국 스포츠 역사상 최초로 세계 챔피언의 자리에 올랐다. 마오쩌둥은 그의 승리를 '영혼의 핵무기'라고 여겼다. 1980년대 초 당시 온 나라는 1984년 하계 올림픽 금메달을 포함해, 중국 여자 배구팀의 5회 연속 세계 타이틀에 빠져 있었다. 덩샤오핑과 여타 중국 지도자들은 이 배구팀의 승리를 문화대혁명 기간에 상처 입은 민족적 자존심을 드높이는 데 잘 활용했다. 동시에 그들은 여자 배구팀을 중국의 개혁과 부활의 상징으로도 삼았다. 중국 정부는 오랜 기간 국제 경기, 특히 서구가 주도권을 잡고 있는 종목의 승리를 세계 최강국으로 등극하는 통로로 보았다.[11]

비단 정부만 메달 색깔에 주목한 것은 아니었다. 중국의 일반 시민들 역시 메달 색깔에 민감하게 반응했다. 세계 챔피언이나 금메달리스트라는 타이틀이 정치적 동원이라는 목적을 위해서만 이용된 게 아니라는 것은 분명한 사실이었던 셈이다. 그렇다면 중국인들이 가지고 있는

'1등주의'의 이면에는 무엇이 있는가? 올림픽 금메달이 중국 인민들에게 갖는 함의는 무엇인가? 중국 역사와 민족적 치욕에 관한 역사적 기억을 이해하지 않고서는 그러한 질문을 온전히 이해할 수 없을 것이다. 이른바 '동아병부東亞病夫'(동아시아의 병자)에 관한 담론보다 그것을 더 잘 보여주는 사례는 없다.

동아병부

2007년 말 100만여 명의 중국인에게 설문조사를 한 결과, 올림픽에서 가장 보고 싶은 장면으로 뽑힌 것은 중국 선수 류샹劉翔이 중국 국가경기장에서 110미터 허들 경기 우승을 하는 것이었다. 그에 비해 올림픽 성공 개최라는 항목은 4위에 그쳤을 뿐이다.[12] 류샹은 4년 전 아테네 올림픽 육상 부문에서 금메달을 따낸 최초의 중국 남자 선수였지만, 그는 32명의 금메달리스트 중 한 명일뿐이었다. 또한 110미터 허들은 특히 탁구, 다이빙과 같은 종목에 비해 중국에서 특별히 인기 있는 종목은 아니었다. 그렇다면 왜 대중은 류샹과 그의 110미터 허들 경기에 그토록 열광했을까?

중국에서 이 젊은이의 인기는 그야말로 절대적이다. 류샹의 얼굴은 나이키·코카콜라·캐딜락에서 중국 내 다양한 브랜드에 이르기까지 나라 어디에서나 볼 수 있다. 류샹을 중국의 가장 부유한 연예인으로 꼽은 『포브스Forbes』는 그의 수입이 NBA 휴스턴 로켓츠의 야오밍姚明에게만 뒤진 23만 8,000달러라고 집계했다.[13] 하지만 중국에서 류샹은 야오

밍보다 인기가 더 많다. 그는 온 나라의 연인이자 중국의 '국보'로 일컬어지는데, 그의 다리에 13만 3,000달러의 보험이 들어 있다는 사실로도 그의 인기는 증명된다.[14] 그는 또한 톈안먼 광장에서 후진타오 주석에게 올림픽 성화를 전달한 유일한 운동선수다.

『차이나 데일리』는 류샹이 받는 특별대우에 관해 보도한 바 있다. "음식에 무언가 나쁜 것이 들어 있는 경우 누구도 류샹에게 외식하자고 할 수 없다. 24시간 그를 따라다니는 일군의 사람들이 있다. 그는 그 출처를 정확히 모르면 물 한 병도 마실 수 없다." 불행하게도 류샹은 발목 부상으로 베이징에서 1위를 차지하지 못했다. 그의 기권은 "국가적 슬픔"[15]으로 불렸으며, 심지어 [당시] 부주석이었던 시진핑은 전 국민에게 류샹을 이해해달라고 요청하기도 했다.

중국의 류샹 현상을 제대로 이해하기 위해서는 동아병부에 관한 중국의 특별한 민족적 담론을 알아야 한다. 많은 중국 사람은 '동아병부'라는 말을 서구의 제국주의자들이 중국 자체와 중국 인민의 취약한 정신건강을 지적하기 위해 언급한 치욕스러운 별칭으로 생각해왔다.[16] 100여 년 전 만청 시기의 작가이자 혁명가인 천톈화陳天華는 1903년에 발표한 유명한 문장 「경세종警世鐘」에서 "치욕스럽도다! 치욕스럽도다! 치욕스럽도다! 수 세기 동안 주변국들이 천상의 제국으로 칭송하던 이 위대한 중국이 오늘날 4등 민족으로 강등되었구나! 외세는 우리를 일러 동아병부, 야만인, 열등한 민족이라고 부르고 있다."[17]

동아병부에 관한 담론은 만청 시기의 중국 사회라는 맥락에서 이해해야 하는데, 당시 중국은 외세의 침략, 자연재해, 국내적 혼란에 더해 아편 중독까지 만연해서 매우 취약해져 있는 상태였다. 이 시기 많은 중국인이 아편에 중독되면서 멀쩡하던 중국인이 가족과 공동체에 대한 책임을 방기하고 상습적인 아편 중독자가 되어갔다. 이렇듯 향락적인 마약 의존은 사람들의 건강을 해쳤고 수많은 사회 문제를 일으켰다.

중국의 많은 지식인이 스스로 중국 인민의 정신 역량이 쇠락해가고 있는 것을 직접 체감하면서 이러한 상황에 대해 우려하고 있었다. 만청 시기 가장 영향력 있는 학자이자 개혁가 중 한 명인 량치차오는 동아병부라는 밀을 처음 쓴 인물이었다. 그는 1896년 10월 중국에서 발행된 영어 신문 『노스차이나 데일리 뉴스North China Daily News』에서 한 영국인이 쓴 기사를 번역하면서 이 용어를 썼다.[18] 량치차오는 인민의 정신 건강 증진의 중요성을 강조하기 위해 이 문구를 자주 언급했으며, 정치 개혁의 일환으로서 전국적인 규모의 '신체 개혁 운동'을 제안하기도 했다.[19]

수전 브로넬Susan Brownell이 언급한 것처럼, 한 세기 동안 동아병부라는 말은 일본과 서구가 중국에 붙인 모욕적인 별칭으로서 중국인의 상상 속을 맴돌고 있었다.[20] 하지만 타이완 국립정치대학 교수 양루이쑹楊瑞松은 동아병부가 사실은 중국 인민의 "상상된 치욕"이라고 주장했다.[21] 그의 연구에 따르면, 동아병부라는 표현은 최초 19세기 후반 청 제국의 허약하고 부패한 상황을 묘사하기 위해 서구에서 나왔는데, 사실 그것은 같은 시기 쇠락해가던 오스만 제국을 유럽의 병자로 표현하는 것에 대응해서 만들어진 것이었다. 양루이쑹은 동아병부라는 말이 중국인의 건강이나 정신 상태를 말하는 것이 아니며, 량치차오와 옌푸 같은 중국 사상가들이 그 말의 뜻을 '재발명한 것'이라고 생각한다. 이들 개혁주의 지식인은 개혁에 대한 인민의 의지를 드높이고 민족의 위기감을 증폭시키기 위해 그런 표현을 차용했던 것이다. 시간이 지나면서 아이러니하게도 중국인들은 이 표현을 중국인의 신체에 대한 경멸적인 용어로 여기게 되었다.

동아병부 담론은 또한 중국의 스포츠, 올림픽과도 밀접하게 연계되어 있다. 베이징 올림픽 조직위원회의 공식 웹사이트에는 "'동아병부'에서 '스포츠 강국'으로"라는 게시물이 실려 있었다. 웹사이트 소개에 따르면, 이것은 본래 베이징 시가 올림픽 역사에 대한 젊은이들의 이해를 고취하기 위해 시작한 교육 운동의 일환이었다.

1949년 이전, 중국 선수들은 세 차례의 올림픽에 참가했다. 하지만 매번 그들은 패배를 안고 귀국했다. 그들은 단 한 개의 메달도 따지 못했다. 한 번은 외국 신문에 오륜기 아래 비쩍 마르고 여윈 중국인들이 인민복을 입고 커다란 오리알—'0'을 의미하는—을 끌고 가는 만평이 실린 적이 있다. 이 만평의 제목이 바로 '동아병부Sick man of East Asia'였다. 이것은 중국 운동선수들에 대한 모욕이자 풍자였으며, 또한 위험에 처해 쇠락해 버린 '올드 차이나old China'가 세계 속에서 아무런 역할도 차지하지 못하고 있음을 가리키는 것이다.[22]

중국 작가 자이화翟華에 따르면, 오리알을 끌고 가는 중국 선수들에 관한 이 만평은 외국 신문에 실리지 않았고, 사실은 싱가포르의 화교 사회에서 발행되는 중국어 신문에 실린 것이었다.[23]

동아병부에 관한 담론에서 자주 언급되는 이름은 류창춘劉長春으로 그는 중국 최초의 올림픽 참가 선수였다. 4억 민족의 유일한 대표자로

서 류창춘은 1932년 로스앤젤레스 하계 올림픽에 참가했다. 그는 국민
당 정부로부터 아무런 재정적 지원을 받지 못했기 때문에 하마터면 로
스앤젤레스로 가지 못할 수도 있었지만, 군벌인 장쉐량의 개인적인 지
원을 받아 가까스로 올림픽에 참가할 수 있었다. 중국 정부는 이 이야기
를 인민들에게 '과거의 중국'이 얼마나 나빴는지를 말해주기 위해 종종
활용해왔다. 류창춘의 이야기는 중국의 여러 역사 교과서에 실렸고, 다
큐멘터리의 소재로도 활용되었으며, 베이징 올림픽이 얼마 남지 않은
2008년 5월에 그의 이야기를 소재로 삼은 영화 〈한 사람의 올림픽〉이
베이징에서 상을 받기도 했다.[24]

이러한 배경지식이 없다면 왜 중국의 관료들과 미디어가 베이징 올림
픽을 중국 100년의 꿈이 실현되는 것이라고 말하는지 이해하기 어렵다.
작가 쉬궈치는 『올림픽의 꿈: 중국과 스포츠, 1895-2008 *Olympic Dreams:
China and Sports, 1895-2008*』에서 스포츠는 현대 중국에서 결코 단순한 개
인적 즐거움이나 육체적 경쟁을 위한 것인 적이 없었다고 언급했다. 그
것은 민족적 영예나 수치이며 정치적 정당성에 관한 것이자 심지어 세
계에서 차지하는 중국의 위치에 관한 것이기도 하다. 많은 중국인은 국
제 스포츠 경기, 특히 올림픽의 승리가 한때 동아병부라고 불린 민족적
치욕을 '씻어내주는' 최고의 방법이라고 열정적으로 믿고 있다.

다시 처음의 질문으로 되돌아가자. 왜 류샹이고 왜 110미터 허들인
가? 많은 중국인에게 류샹의 육상 세계기록은 특히 스포츠 경기에서 중
국인의 신체가 서양인보다 열등하다는 생각에서 벗어나게 해주었다.
2004년 올림픽에서 금메달을 딴 이후, 류샹은 중국이 원하는 그 어떠한
새로운 영역에서도 중국이 세계를 제패할 수 있는 역량을 갖췄다는 즉

각적인 상징이 되었다. 런던의 『타임Time』지가 언급한 것처럼 "그는 다이빙·사격·탁구처럼 전통적으로 강세를 보인 종목이 아닌, 속도와 힘을 겨루는 문화를 뛰어넘는 서양인들의 행사에서 서구를 이겼다."[25] 류샹 자신도 2004년 아테네에서 유명하지만 논쟁적인 발언을 한 적이 있다. "나의 승리는 노란 피부색 역시 검은색이나 흰색 피부 못지않게 빠르게 달릴 수 있다는 것을 입증했다."[26]

그렇다면 중국인에게 금메달은 왜 그토록 중요한 것인가? 사실 중국의 1등에 대한 집착은 오래된 열등감의 표현이다. 1903년 천톈화가 언급한 것처럼 "외국인들은 우리를 일러 동아병부, 야만인, 열등한 인종이라고 부른다."[27] 신체적 열등함 탓에 외국인에게 조롱을 당했다는 것은, 설사 그것이 단순한 상상의 산물이었을지라도, 민족적 치욕에 관한 중국인의 집단적 기억이 수렴하는 부분이었다. 세계적 수준의 스포츠 경쟁에서 금메달을 따는 것보다 그러한 상처를 치유하는 데 효과적인 것은 없었다.

하지만 오직 금메달만이 중국 사람들을 좀 더 확신에 차게 할 수 있었다. 은메달과 동메달은 여전히 중국인이 우승자보다는 열등하다는 것을 의미했고, 오직 금메달리스트만이 메달 시상식에서 국가가 연주되고 국기가 게양되는 것을 즐길 수 있었다. 많은 중국인에게 〈의용군 행진곡〉은 곧바로 자기 나라가 겪은 트라우마적 경험에 관한 역사적 감수성을 불러일으키지만, 올림픽 메달 시상식에서 목에 금메달을 걸고 단상의 맨 위에 서 있는 이의 모습을 지켜보는 것은 그러한 고통을 지워준다. 오직 이러한 순간에서야 비로소 그들의 역사적 감수성은 진정되고 선택된 트라우마는 선택된 영광으로 대체된다.

베이징 올림픽이 개최되기 며칠 전, 중국 국가주석 후진타오는 베이징 올림픽을 취재하러 온 외신 기자들과 기자회견을 가졌다. 기자회견에서 『오스트레일리아인*Australian*』이라는 매체의 한 기자는 올림픽의 슬로건이 '하나의 세계, 하나의 꿈'인데, 후진타오 주석의 꿈은 무엇이며 중국의 꿈은 무엇이냐는 질문을 던졌다. 이에 대해 후진타오는 "나의 꿈은 중국 인민의 꿈과 같습니다. 중국 인민의 꿈은 중국의 현대화를 추진하고 중국 민족의 부흥을 실현시키는 것입니다"[28]라고 말했다.

앞서 언급한 것처럼 중국의 민족적 자존심은 서구와 일본의 급습으로 겪은 치욕적인 경험으로 상처를 받았다. 이후 고대 세계에서 차지했던 위치를 회복하는 것은 중국의 현·당대사를 규정짓는 가장 핵심적인 요소가 되었다. 후진타오를 포함한 여러 중국인에게 있어 2008년 하계 올림픽 개최는 중국 부흥의 상징이었다. 사치스러운 개막식을 통해 중국 정부는 중국의 역사적 영광과 새로운 성취를 보여주었다. 부흥은 그야말로 개막 행사의 키워드이자 중심 주제였던 것이다.

중국인들은 올림픽 개최를 중국이 마침내 '그것을 이루었다'라는 것을 보여준 부정할 수 없는 증거로 여겼다. 대다수 중국인에게 100년의 꿈을 이룩하는 것은 곧 치욕의 세기를 끝낸다는 것을 의미했다. 하지만 그들은 다른 세계, 특히 서구의 승인과 인정이 필요했다. 폴 코헨이 지적한 것처럼, '타자 지향성other-directedness'과 '자기 지향성inner-directedness'이라는 두 극단이 존재한다. 전자가 타자의 승인에 의존하는 것이다. 만약 승인받지 못하거나 조건부로만 승인을 받게 되면 내향적 자존심은 갑자기 억울함, 분노, 깊은 불안정감으로 변할 수 있다.[29]

문화적 오해로서의 민족주의

역사적 기억의 정치를 통해 우리는 올림픽을 향한 중국의 동기와 태도를 이해할 수 있었다. 하지만 올림픽에 관한 중국의 행동방식과 역사적 기억의 정치를 이해하는 데 있어 필수적인 것은 중국 민족의 심층문화가 가진 중요성을 인식하는 것이다. 집단주의가 가진 문화적 가치, 독특한 재난에 관한 문화, 서구의 정치 분석에서 흔치 않은 변수들이 중국 정치와 민족적 정체성을 형성하는 데 있어 결정적인 역할을 했다. 실상 중국 민족주의의 발흥에 관한 최근의 논쟁들—올림픽 성화 봉송 기간에 벌어진 감정적인 대항 시위에서 쓰촨 대지진의 비극과 하계 올림픽에 대한 반응에 이르기까지—역시 문화적 오해Cultural Misunderstanding에서 비롯된 것이기도 하다.

개인주의와 집단주의 사이의 분열은 문화 사이에 존재하는 가장 강력한 차이점 중 하나다. 그러한 분열은 또한 사회적 관계를 지배하는 규범과 가치를 이해하는 데 있어서도 매우 중요하다. 동아시아와 라틴아메리카 같은 집단주의 문화에서 한 개인의 정체성은 집단적 정서에 깊게 뿌리내리고 있다. 그곳에서 사람들은 종종 자신의 개인적 정체성과 평판을 자신의 동료 사회 집단의 구성원들과 연계시킨다. 그들은 집단 내부에서 조화를 이루고 협조하려는 성향을 가지고 있으며, 자신의 공동체와 정부의 이미지에 상당한 신경을 쓰고 외부의 비판으로부터 자신의 집단을 보호하려 한다.

이와는 반대로 서구 사회는 개인주의적, 자기 일 중심적 문화의 대표적인 사례다. 개인주의적 문화는 독립과 자율성을 중시한다. 대다수 서양인의 눈에 올림픽 성화 봉송에 대한 방해 행위는 개인 차원의 활동가들로 이루어진 작은 집단이 벌인 일이었다. 그들이 프랑스 시민이든 미국 시민이든 간에, 그들의 행동은 매우 한정된 사람들만을 대표하는 것이었다. 하지만 대다수 중국인에게 그러한 행동을 통해 드러나는 메시지는 '당신(프랑스인, 미국인, 서양인 전체)은 우리(모든 중국 인민과 민족)를 싫어한다'는 것이었다.

중국의 강력한 역사 인식은 중국의 집단주의적 문화 가치를 통해 이해할 수 있다. 집단주의적 문화 속에서 사람들은 자신 스스로를 집단(가족·직장·부족·민족)의 구성원으로 보는 경향이 있으며, 집단의 필요를 개인의 필요보다 더욱 중요하다고 생각한다. 조너선 머서Jonathan Mercer가 주장한 것처럼, 특정 문화의 집단주의적 성격이 강하면 강할수록 집단 사이의 차별은 더욱 심해진다. 사람들이 자기 집단에 스스로를 일치시키는 감정이 강할수록 자신을 외타의 집난과 더욱 분명하게 구분 짓는 것이다.[30]

민족적 경험에 관한 공통의 역사와 집단적 기억은 공동체를 구성하는 매우 중요한 정체성의 기제가 된다. 앞서 살펴본 것처럼, 중국의 독특한 역사적 경험—가장 중요한 것은 고대 문명에 대한 자부심과 치욕의 세기에 관한 집단적 기억이다—은 중국의 민족적 정체성을 구성하는 데 결정적인 역할을 했다. 그리고 이러한 역사 인식은 1991년부터 시작된 역사 교육과 전국 규모의 애국주의 교육 운동을 통한 현 정권의 교육 사회화 정책으로 더욱 강화되었다. 또한 강한 피해의식으로 말미암아 중국인들은 중국의 존엄에 대한 모욕, 특히 서구 열강에 당한 모욕에 대해 매우 민감한 감정을 가지게 되었다.

이질적인 정치문화 역시 의사소통의 장벽을 만들어냈다. 권위주의적 정치문화 속에 살면서 많은 중국인은 자연스럽게 정부의 의도가 모든 것의 뿌리라고 생각하게 되었다. 예를 들어 대다수 중국인은 티베트 지지자들과 중국의 올림픽 개최를 반대하는 이들이 중국의 굴기를 저지하기 위한 서방 정부의 악질적인 계략에 선동되었다고 해석했다. 중국의 미디어는 교육과 선전을 위해 동원되었고 대다수 미디어의 보도는 집권당의 대변인이었다. 발언의 자유가 없기에 중국인들이 서구 사회의 저항문화를 이해하는 것은 어려운 일이었다. 그러므로 중국인들은 국제적으로 방송되는 미디어의 보도가 다양한 관점을 보도할 필요가 있다는 것을 이해하지 못했다.

집단주의에 기반을 둔 사회에서 존경을 보이는 것이 극도로 중요하다는 사실을 통해서도 알 수 있듯, 문화적으로 중요한 또 다른 변수는 체면·체면치레와 연관되어 있다. 단도직입적인 서구 스타일의 의사소통은 동양문화에서 종종 무례하고 예의가 부족한 것으로 해석된다. 체면·체면치레에 대한 중시는 예의 바름과 대립의 회피가 매우 중요한 것으로 여겨지기 때문이다. 중국의 문화적 관점에서 올림픽 성화 봉송에 대한 항의는 극도로 무례하고 예의 없는 행동이었다. 중국인들에게 하계 올림픽의 개최는 가족의 결혼식과 같은 것이었다. 따라서 그 행사는 희망과 자존심을 가득 담은 '가족의' 새로운 영광의 한 부분으로 여겨진 것이다. 여러 서구 사회가 이해하지 못한 것은 중국인들이 파리·런던·샌프란시스코에서 벌어진 올림픽 성화 봉송에 대한 방해 행위를 중국의 근본적인 민족적 존엄, 체면, 자존심에 대한 공격으로 받아들였다는 것이다.

재난문화와 중국의 정치

역사적으로 중국은 자연재해를 자주 겪었다. 하지만 많은 사람은 중국이 그러한 재난을 겪어왔다는 놀라운 사실을 잘 알지 못한다. 기록에 따르면, 세계의 대륙에서 발생한 33퍼센트의 지진 그리고 모든 지진 피해의 55퍼센트가 중국에서 발생했다.[31] 지난 2세기 동안 가장 치명적인 열 건의 자연재해 중 다섯 건이 중국에서 일어났다.[32] 1980년에서 2006년 사이에 세계에서 가장 파괴적인 홍수도 중국에서 발생했다.[33] 불과 16년이라는 기간 동안 중국은 2억 명에게 영향을 준 것으로 추정되는 1998년의 장강 홍수를 포함해 최소한 9년 동안 홍수에 시달렸다.[34]

중국 문명이 황하 유역에서 유래한 이래로 황하는 '중국 문명의 요람'이라는 이름으로 불렸다. 이곳은 중국 초기 역사에서 가장 번성한 지역이었다. 하지만 황하는 극도로 자주 범람하는 강이었다. 기원전 602년부터 오늘에 이르기까지 황하는 주요 물줄기가 18회 바뀌면서 1,500번 이상 범람했다. 황하의 범람은 세계 역사에서 가장 많은 사상자를 기록했는데, 1931년의 범람은 2억에서 4억 명의 사람을 희생시켰고, 이는 인류 역사에서 가장 많은 사망 기록이다.[35]

그러므로 자연재해는 필연적으로 중국의 정치적·경제적·사회적 패턴을 비롯해 중국의 민족적 특징을 구성하는 중요한 요소가 되었다. 빈번한 자연재해를 다루기 위해, 특히 황하 유역에서 거의 2년마다 한 번씩 발생하는 홍수를 다루기 위해 함께 일하고 권력을 집단화하는 것은 매우 중요한 일이었다. 또한 농업에 기반을 둔 공동체는 거대한 범람에 따른 질병과 기근 탓에 효과적으로 사람들을 동원하고 구호 활동을 조직하기 위한 능력을 갖춘 강한 지도력을 필요로 했다. 고대 그리스에서 형성된 작은 규모의 도시국가와 비교해 군국주의적 위계질서를 갖춘 강력한 중앙정부는 사람들을 동원하고 재난 구호 활동을 펼치는 데 상당한 이점을 갖추고 있었다. 학자들은 왜 초기 중국에서 민주적인 정치 체제가 아닌 독재적인 정치 체제가 형성되었는지를 설명하기 위해 지리적 요인과 자연재해를 그 근거로 생각해왔다.

세계 대다수 사람은 발언의 자유, 자기 결정, 대중적인 정부를 선호할 것이다. 하지만 잦은 자연재해가 일상생활의 한 부분이 된 나라에 산다는 것을 생각하면 중국 인민들이 정부가 중대한 재난에 강력하고도 효과적으로 대처할 수 있는지 신경 쓰는 것을 이해할 수 있을 것이다. 서구 정치인들에게 정당성은 대중 투표를 통해 얻어내는 것이지만, 초기 왕조부터 현재에 이르기까지 중국 정부의 정당성은, 혹은 '하늘의 명'은, 많은 경우 만연한 재난에 대한 대응과 그것을 처리할 수 있는 수행 능력에서 얻어내는 것이다.

2008년 5월 12일에 발생한 쓰촨 대지진에 대한 현 정부의 신속하고도 효과적인 대응은 중국공산당이 필요한 자원을 즉각 동원할 수 있는 권력을 가지고 있음을 생생하게 보여주었다. 이 지진은 리히터 규모 8로 측정되었고 1,500만 이상의 인구가 거주하고 있는 10만 제곱미터의 넓은 산악지대에 영향을 끼쳤다. 9만 명 이상의 사람이 죽거나 실종되었고 최소한 500만 명이 집을 잃었다.[36] 지진 발생 후 최초 72시간 내에 베이징은 10만 명 이상의 병사를 지진 피해 지역에 파견했다.[37]

많은 사람이 중국 정부의 수행 능력을 2005년 미국이 허리케인 카트리나에 대응한 방식과 비교했다. 조지 W. 부시George W. Bush 대통령은 허리케인이 휩쓸고 간 후 일주일이 지나도록 해당 지역[뉴올리언스를 비롯한 남동부 해안 지대]을 방문하지 않았지만, 원자바오 총리는 지진이 발생한 당일 밤 쓰촨 현장에 있었다. 해외 매체는 이례적으로 구조를 위해 중국 정부가 쏟아부은 막대한 노력을 인정했다.

중국에서 '위기'라는 말은 두 개의 한자로 이루어져 있다. 하나는 '위危'이고 다른 하나는 '기機'다. '위'는 위험을 의미하고 '기'는 기회를 의미한다. 현 정부는 분명 이 기회를 잡은 것이다. 중국 정부가 성취한 것은 여러 다른 정부의 눈에는 '불가능한 임무mission impossible'와도 같은 상황으로 보였을 것이다. 그리고 중국공산당은 진실된 인도주의적 행동을 통해 인민이 정부를 더욱 친근하게 느끼도록 만들었다. 중국공산당 지도부, 특히 원자바오 총리는 중국 인민의 마음속에 깊이 자리 잡게 되었다. 중국공산당은 1998년 장강 범람, 2008년의 눈 폭풍과 같은 재해 역시 훌륭하게 처리했다.

이러한 재난들은 또한 정부와 관련된 여러 심각한 문제들을 드러내기도 했다. 예를 들어 사람들은 쓰촨 대지진 당시 사망자 대부분(특히 학생들)이 지진 자체 때문이 아니라 쓰촨 지역 공무원의 부패와 연계된 학교의 부실공사 때문인 것을 알고 극도로 분노했다. 더불어 많은 사람이 현 체제가 심각한 상황 속에서 전국적인 동원과 조직에 상당한 이점을 가지고 있다고 믿게 되었다. 이러한 이유로 정권은 아마도 그 권력을 유지할 수 있을 것이다. 중국의 자연재해 역사는 중국의 정치와 인민-국가 사이의 관계를 이해하는 중요한 배경이다.

실제로 파괴적인 쓰촨 지진은 중국 시민들 사이에서 강력한 일체감과 애국주의 정서의 팽창을 촉발시켰다. 2008년 5월 19일, 3일간이 애도기간 중 첫날 중국 전역의 수많은 인민은 자신이 하던 일을 멈추고 3분 동안 침묵의 시간을 가졌다. 이러한 행동을 통해 중국 민족은 외부 세계에 상당한 결기와 연대를 보여주었다.

자연재해라는 변수는 또한 왜 많은 중국 인민들이 강력한 '하나의 중국'이라는 정서를 갖고 있는지를 이해하는 데도 도움을 준다. 어떤 의미에서 민족의 재통일을 추구하는 것은 중국을 지배해온 여러 정부의 '신성한 임무'가 되었다고 할 수 있다. 그 이유는 간단하다. 하나로 통합된 중앙정부가 재난 구호에 더 효과적이기 때문이다. 황하와 장강에서 발생한 홍수 대부분은 여러 성을 거쳐 광대한 지역에 영향을 끼쳤다. 중국 역사를 통틀어 만청 왕조와 19세기 말에서 21세기 초에 이르는 시기처럼, 중앙정부가 허약하고 나라가 여러 부분으로 분할되면 자연재해의 결과는 더욱 잔혹해지고 더욱 많은 인민이 고통을 받았다.

사실 그러한 재해는 청 제국 쇠락과 직접적으로 연계되어 있기도 하다. 대략 200만 명의 사망자를 발생시키고 여러 중대한 재해를 일으킨 1887년 황하의 범람으로 국가 경제는 극도로 취약해졌다. 이에 더해 태평천국운동은 나라를 더욱 구렁텅이로 몰아넣었다. 그리고 얼마 지나지 않아 청조는 1911년 쑨원이 이끄는 국민당에 의해 무너졌고 중화민국이 건국되었다. 하지만 이 신생 공화국은 1937년 일본의 전면적인 침공 이전에 1924년의 하이위안海原 지진(사망자 24만 명), 1927년의 구랑古浪 지진(4만 명), 1931년의 중부 지역 범람(200만에서 400만), 1933년 디에시疊溪 지진(1만 5,800명)과 같은 여러 차례의 비극적인 자연재해를 겪게 되었다.[38]

새로운 영광, 새로운 트라우마

아편전쟁 이후 한 세기 동안 외세는 각자의 영향력이 미치는 범주를 분할하고 중국 정부를 일련의 불평등조약에 서명하도록 강요했다. 그리고 종종 중국에 대한 무력 침공을 통해 중국의 '불복종 행위'를 처벌했다. 많은 중국인은 서구 열강이 중국의 주요 재난과 아직 어린 소년에 불과한 청나라 후기 황제['푸이'로 널리 알려진 선통제]의 허약한 지도력을 악용했다고 믿고 있다. 또한 자주 발생하는 자연재해는 중화 제국을 쇠락으로 이끈 주요 원인이었다. 집단적 문화를 마음에 품고 있기에 이 100년은 중국의 민족 정체성을 형성하는 데 그야말로 결정적인 요소로 남아 있다.

많은 중국인에게 2008년 올림픽 개최는 나라의 새로운 영광이었다. 이 행사는 많은 희망과 자존심이 깃든 새로운 국가적 성취인 것이다. 하지만 같은 해에 발생한 파괴적인 쓰촨 지진은 잊을 수 없는 새로운 트라우마를 남겼다. 1장에서 살펴본 것처럼, 한 나라의 영광/트라우마 콤플렉스는 사회적 정체성과 세계관을 결정짓는 데 핵심적인 역할을 한 주요 역사적 사건으로 구성된다. 오직 시간만이 중국의 새로운 역사와 현재적 사건에 관한 새로운 집단적 기억이 나라의 미래에 끼친 영향을 말해줄 수 있을 것이다.

중국인들은 위기가 위험과 기회를 동시에 의미한다고 믿고 있지만, 그들은 또한 재난과 트라우마에 대한 특별한 사고방식을 가지고 있다. 중국에서 트라우마는 때때로 선민사상의 증거로 활용될 수도 있다. 중국인들은 자신들이 너무나 많은 고통을 겪었기 때문에 그러한 고통에는 더욱 깊은 의미가 있으며 긍정적이고 심지어 영광스러운 미래에 그것이 드러날 것이라고 느낀다. 요한 갈퉁이 언급한 것처럼, 새로운 트라우마는 공포와 미래에 다가올 자기 충족적 예언에 관한 욕망으로 가득 찬 기대와 뒤섞여 미래로 투사된다.[39]

2008년에 지진이 발생했을 때 베이촨 중학교는 1,000여 명의 학생을 잃었는데, 그들 대부분은 당시 교실에서 수업을 받고 있었다. 지진 발생 2주 후 원자바오 총리는 학교의 임시 교실을 방문해 칠판에 네 글자를 적었다. '다난흥방多難興邦', 즉 많은 재난이 나라를 부흥시킨다는 뜻이다. 원자바오 총리가 떠난 후에도 학생들과 교사들은 그 네 글자를 차마 지우지 못했고, 쓰촨 문화보존국이 총리의 글자를 영구 보존할 수 있는 방법을 찾을 때까지 플라스틱으로 덮어두었다.[40] 『차이나 데일리』는 원자바오 총리가 쓴 네 글자가 생존 학생들만이 아니라 민족 전체를 감동시켰다고 보도했다.[41] '다난흥방'은 중국에서 유명한 사자성어다. 사람들은 이 문구를 민족 치욕의 세기를 설명하기 위해 언급한다. 그들은 재난이 새로운 기회를 열어주고 새로운 도전을 가져다주는 것처럼, 고난과 어려움을 겪고 난 후 민족은 성공을 거둘 수 있다고 믿고 있다.

실제로 지진과 베이징 올림픽은 중국에 눈에 띄는 변화를 가져오고 있다. 예를 들어 자원봉사volunteerism라는 전통이 없던 나라에서 이 두 사건은 자원自願이라는 광범위한 흐름을 촉발시켰다. 100만 명이 넘는 사람들이 올림픽 자원봉사자에 지원했고, 수천 명이 중국 각지에서 모여들었다. 중국의 새로운 사회적 계급의 구성원(기업가와 자영업자)인 그들 중 많은 수가 도움을 주기 위해 지진으로 황폐해진 지역으로 달려갔다. 많은 비정부조직과 비영리기구(이들 중 몇몇은 지진 이전에는 비공식 조직이었다)가 모금에서 트라우마 치료에 이르기까지 여러 재난 구호 활동에 적극적으로 참여했다. 어떤 이들은 지진에 반응한 시민정신의 분출이 중국의 정치를 새롭게 바꿀 수 있을 것이며 지진으로 만들어진 돌무더기에서 시민사회가 등장할지도 모른다고 예측했다.[42]

정권이 지지를 만들어내기 위해 올림픽과 지진을 활용했다는 데는 의심의 여지가 없다. 하지만 하향식 동원은 긍정적인 효과를 만들어내기도 했다. 예컨대 베이징의 수많은 시민은 스스로 2008년 하계 올림픽의 훌륭한 주최자가 되기 위해 영어를 공부했다. 수전 브로넬은 자원봉사자에서 일반 직장인, 택시 운전사에 이르기까지 영어 학습의 범위가 넓어질 것이라고 주장하기도 했다.[43] 이것은 실상 사람들이 매일매일 자신을 글로벌 공동체의 일원으로 보기 시작했다는 것을 보여주는 더 큰 과정의 일부분이다.

마지막으로 언론의 자유가 없는 중국에서 지진에 대한 미디어의 반응은 매우 흥미로웠다. 신문, 텔레비전, 온라인 미디어는 사건을 공개적으로 보도했다. 국영 텔레비전은 계속해서 생방송으로 현장 상황을 보도했다. 비록 미디어가 민감한 언급을 할 수는 없었지만, 그것은 중국 미디어 입장에서는 이미 '대약진'과 같은 것이었다.

올림픽 성화 봉송 중에 발생한 소란에서부터 끔찍한 지진과 하계 올림픽에 이르기까지 2008년에 발생한 일련의 사건들은 중국에서 민족주의의 새로운 흐름을 만들어냈다. 비록 국가적 재난 이후 단결하게 되는 것이 중국만의 독특한 현상은 아니지만, 지진은 강렬한 일체감을 촉발시켰고 중국 시민들 사이에서 애국주의를 분출시켰다. 다른 여러 나라들 역시 중대한 비극과 재난을 견뎌냈고, 그것은 시민적·민족적 연대를 강화하는 비슷한 효과를 만들어낸 바 있다.

이러한 상황을 1900년의 의화단 운동이나 1936년의 나치 올림픽에서 드러난 외국인 혐오 감정과 비교하려는 시도는 나타나지 않았다. 앞 장에서 설명한 것처럼, 올림픽 성화 봉송 기간에 일어난 중국 젊은이들의 저항 시위 역시 문화적 오해에서 비롯된 것이다. 오늘날의 젊은 애국자들은 20년 전 톈안먼 광장에 모인 젊은 시위대와 크게 다르지 않다. 이 두 세대는 역사 인식과 민족적 자존심에 대한 강한 감각을 공유하고 있으며, 모두 자신들의 나라를 더욱 나은 국가로 만들고 싶어 한다.

자연적 재난이든 민족적 수치든, 거대한 재난과 대면한 오랜 역사는 중국에서 새로운 민족주의가 등장한 현상을 설명해준다. 그러한 어려움을 통해 중국은 언제나 문제를 효과적으로 해결할 수 있는 강력한 중앙 집중화된 권위를 요구해왔다. 지금까지 중국공산당은 별문제 없이 그러한 역할을 수행할 수 있었고 인민의 지지를 얻어낼 수 있었다. 하지만 불행하게도 최근의 사건들은 현 체제의 취약점과 모순을 드러내기도 했다.

중국인들은 국가와 인민의 관계를 묘사하기 위해 유가의 '배와 물' 비유를 들곤 한다. "물은 배를 띄울 수도 있지만 뒤집을 수도 있다." 시민은 국가를 숭배하지만 그것을 뒤집을 수도 있는 것이다. 이 이론에 따르면, 중국공산당은 '물'을 주의해야 하고 재난이나 승리를 기회로 삼아 인민의 지지를 지나치게 이용하지 말아야 한다. 나아가 만약 중국공산당이 자신의 비전과 능력에 확신을 가지고 있다면 지지에 연연할 필요가 없다. 왜 중국공산당은 새로운 정부, 다시 말해 진정으로 인민을 대표하는 정부를 만들어내기 위해 인민과 협조하지 않는가? 자연재해와 같은 특수한 민족적 조건은 정치개혁에 관한 핑곗거리가 되지 말아야 한다.

스포츠 민족주의는 세계 어디서나 나타나지만 중국의 스포츠 민족주의는 과거의 치욕에 대한 불만 탓에 특별히 더욱 날카로워져 있다. 하지만 중국의 엘리트들은 쉬궈치의 다음과 같은 언급에 귀를 기울여야 한다. "민족주의적 감정을 부추기고 국내적 정당성을 얻어내기 위해 근메달에 집착하는 국가는 확신에 찬 정부가 아니다. 그리고 스포츠에서 영예롭게 패배를 받아들이지 못하는 대중은 침착하고 안정된 대중이 아니다."[44] 역사적 기억이라는 맥락에서 이해해보면 2008년의 사건은 중국의 미래뿐만 아니라 과거 역시 말해주고 있는 것이다.

7장

기억, 위기,
대외관계

역사적 의식은 의식 깊은 곳에 뿌리를 내리며, 그것은 종종 무의식적인 사유의 패턴으로 자리 잡는다. 민족 '심층문화'의 한 부분으로서 역사적 기억은 잠재적 상태로 남아 있거나 겉보기에는 망각된 것으로 보인다. 하지만 위기와 불안정의 시기 동안 기억은 활성화될 수 있고 사람들은 그 어느 때보다도 더욱 강렬하게 과거를 회상하기 시작한다. 다시 말해 집단적 기억은 사람들의 감정적 분위기에 따라 '뜨거워질' 수도 '차가워질' 수도 있는 것이다. 우리는 집단적 기억의 이 같은 특성을 이해할 필요가 있는데, 만약 우리가 역사적 기억이 어떻게 작동하는지를 이해하려 한다면 어떤 요소나 환경이 그러한 역사적 기억을 활성화하는지 알아봐야 하기 때문이다. 이번 장에서 나는 중국의 충돌 지향적 행동을 촉발시키는 주요 요소인 역사적 기억이 활성화될 수 있는 조건을 그려내려 한다.

앞 장에서 나는 중국공산당과 정부가 민족적 정체성을 구축하기 위해, 특히 당의 규칙과 규범을 구축하기 위해 역사와 기억을 어떻게 활용하고 있는지를 논의했다. 1990년대 중국공산당의 새로운 이데올로기 정책을 고찰한 후 다음과 같은 두 가지 질문이 추가로 제기된다.

1. 애국주의 교육과 장쩌민이 '애국주의로 전향'한 것은 중국 인민들의 세계관, 특히 서구에 대한 태도와 인식에 어떤 영향을 끼쳤는가?
2. 같은 시기 정체성의 재구축과 제도화된 역사 인식이 중국의 대외정책과 그 행동방식에 어떤 영향을 끼쳤는가?

만약 이 책에서 내가 초점을 맞추고 있는 역사적 기억에 관한 설명이 표면적인 것이 아니라 중국의 국내 정치와 대외관계에 대한 설명으로 유효하다면, 그러한 설명을 통해 1990년대와 2000년대 중국의 충돌 지향적 행동방식을 해명할 수 있어야 한다. 제도화된 역사의식이 중국 대외관계 행동방식에 끼친 영향을 그려내기 위해 이번 장에서는 1995년과 2001년 사이에 벌어진 세 차례의 미중 위기, 중국 대외관계에 관한 최근의 몇 가지 사례에 초점을 맞추려고 한다.

문화 혹은 여타 이념적 요소들이 중국의 대외정책에 관한 의사결정에 영향을 미친다는 것은 널리 받아들여지고 있지만, 어느 정도로 이념적 요소들이 충동 지향적 행동을 불러일으키는지에 관해서는 여전히 불확실한 측면이 있다. 역사적 기억과 그것이 정치적 결과에 어떠한 영향을 끼치는지에 관한 체계적인 연구를 수행하기 위해, 이 장의 분석은 내가 특별히 이 프로젝트를 위해 개발한 분석 프레임에 토대를 두고 있다([표 1-3]을 볼 것). 이 프레임에 따르면, 이념이 정책적 행동에 영향을 끼치는 데는 로드맵, 초점과 연관관계focal point and glue, 제도라는 세 종류의 인과 경로가 존재한다. 다시 말해 이념이 갖추고 있는 원칙적·인과적 믿음이 목표 또는 목표-수단 관계에 대한 행동 주체의 인식을 명확하게 해줄 때 정책에 영향을 끼치게 되는 것이다. 또한 이념적 요소들이 별다른 대안이 없는 상황에서 전략적 결과에 영향을 줄 때와 이념적 요소들이 정치제도에 포함되었을 때 정책에 영향을 끼치게 된다.

여기서 언급한 위기들은 이전 연구를 통해 논의된 것이지만, 이 연구는 역사적 기억을 주요 설명 모델로 활용하고 있다는 점에서 기존 연구와는 다르다. 1995년부터 2001년 사이 세 차례의 미중 위기는 실상 냉전 종식 이후 중국이 경험했던 유일한 '뜨거운' 충돌이었다. 이러한 이유로 세 차례의 위기는 위기와 충돌의 순간 역사적 기억의 활성화를 가늠할 수 있는 완벽한 사례라고 할 수 있다. 그리고 그러한 위기에 관한 새로운 관점과 해석을 도출해내기 위해서라도 그 사건들을 다시 살펴볼 필요가 있다.

이 장은 세 부분으로 나뉘어 있다. 첫 번째 부분에서는 세 차례에 걸친 미국과의 충돌 지향적 행동을 다시 검토하고, 특히 그 기간에 발생한 세 가지 현상, 즉 중국의 이례적인 충돌 강도의 증가, 미국 대외정책에 대한 음모론적 정서, 사과에 대한 지속적인 요구를 탐색한다. 두 번째 부분은 이 위기 동안의 인식, 해석, 의사결정 과정에서 역사적 기억이 수행한 역할을 조사한다. 또한 여기에는 과거에 저질러진 불의injustices에 관한 기억이 여타의 해석과 선택 조건을 배제하는 일종의 필터처럼 기능한 것에 관한 논의도 포함되어 있다. 세 번째 부분은 중국 정부가 같은 시기 동안 다룬 몇몇 충돌과 논쟁을 세 차례의 미중 위기와 비교한다. 이 부분에서는 역사와 기억에 대한 믿음이 충돌을 발생시키고 그에 대한 해결을 어렵게 함으로써 어떻게 정책적 행동에 영향을 주는 초점으로서 기능하게 되었는지를 고찰할 것이다.

중국의 충돌 지향적 행동

1995년에서 2001년까지 미국과 중국 사이에서 세 차례의 중대한 충돌이 발생했다. 1995~1996년의 타이완 해협 위기, 주유고슬라비아 중국 대사관에 대한 나토NATO의 폭격 이후 발생한 1999년의 위기, 중국 연안에서 발생한 전투기 충돌 사건으로 촉발된 2001년의 위기가 그것이다. 이 세 차례의 충돌 모두 두 나라 사이의 군사적 대립을 불러왔고, 나토의 폭격과 전투기 충돌 사건은 인명피해까지 초래했다는 점을 고려하면, 이 위기들은 냉전 이후 중국이 경험한 위기 중에서 유일하게 '뜨거운' 충돌이었다고 할 수 있다.

이 세 사건은 놀라울 정도로 닮았다. 특정한 위기 상황의 해결에서 국제적 사건이나 사소한 충돌로 촉발된 위기감의 상승은 각각의 경우 미국의 가해 행위로 추정되는 행동에 대한 중국의 이례적이고도 예상치 못한 강력한 반응에 따른 것이었다. 그렇다면 중국은 왜 그 세 사건에 대해 강하게 대응했는가? 왜 중국은 미국의 의도를 항상 음모론적으로 여기는가? 왜 사과는 중국에 그토록 중요한가? 이러한 문제들에 답하는 것은 중국의 충돌 지향적 행동과 대외정책을 이해하는 데 있어 중요하다.

여러 분야의 학자들은 이 시기 중국의 충돌 지향적 행동에 관한 다양한 이론과 연구를 제공한 바 있다.[1] 몇몇 이론가는 두 나라 간에 발생한 전쟁의 패턴을 고려하면서 기존의 초강대국과 신흥 강국 사이의 전쟁은 불가피한 것인지, 되풀이되는 충돌이 내재된 '문명의 충돌'을 의미하는 것인지에 관한 질문을 제기한다. 그리고 어떤 이론가들은 이질적인 국내 정치 체제가 미국과 중국을 피할 수 없는 경쟁자로 만들고 있다는 주장을 견지하기도 한다.

　기존의 이론과 설명은 미중 갈등의 원인에 대한 의미 있는 통찰을 보여준다. 하지만 그들 중 어떠한 이론과 설명도 위의 문제에 대한 온전한 답을 내놓지는 못하고 있다. 더군다나 이 연구들 대다수는 인식방식과 정체성에 대한 자세한 논의 없이 제도·정책·의사결정에 대한 거시적 분석에 초점을 맞추고 있기도 하다. 비록 세 차례의 위기가 모두 정치적·군사적인 것임에도, 상호관계의 정치적·사회경제적·안보적 차원에만 초점을 맞추는 연구들은 두 나라 사이에 발생하고 있는 충돌과 협력의 깊은 구조를 이해하는 데 있어 치명적인 한계를 드러낸다. 따라서 우선 위기 앞에서 중국이 보이는 충돌 지향적 행동의 첫 번째 현상인 위기의 의도적 고조에 대해 살펴보자.

위기의 의도적 고조?

　1995년 7월부터 1996년 3월에 이르는 시기 동안 타이완 해협은 흔치 않은 주요 위기를 겪고 있었는데, 그 위기는 바로 미국이 1995년 6월 타이완의 지도자 리덩후이李登輝의 미국 방문을 허가하기로 결정하면서 초래되었다. 중국은 이 결정에 대해 분명한 분노를 표현하면서 타이완 근처에서 대규모 군사훈련과 미사일 실험을 진행했다.

　표면적으로 리덩후이의 미국 방문은 별로 해로울 것이 없어 보였다. 그는 졸업 축사를 위해 개인 자격으로 모교인 코넬 대학교의 초청을 받았을 뿐이다. 하지만 리덩후이에게 비자를 발급해주기로 한 클린턴 행정부의 결정은 베이징의 적대감을 불러일으키고 워싱턴의 '하나의 중국'이라는 입장과 배치된다는 이유로 타이완 지도자의 방문을 금지해 온 16년간에 걸친 미국의 행동방식을 뒤집는 것이었다.

베이징은 신속하면서도 맹렬한 기세로 반응했다. 리덩후이가 6일간 의 방문을 마친 지 3일 후인 1995년 6월, 베이징은 워싱턴의 대사를 자 국으로 불러들였고 클린턴이 새로 임명한 주중대사를 거부했다. 하지만 외교적 처벌이 중국의 유일한 전략은 아니었다. 1996년 3월 타이완 근 처에서 대규모의 군사훈련과 미사일 실험이 이어졌던 것이다. 이 세 차 례의 연속적인 움직임은 타이완과 그 주변 섬의 침공에 관한 모의실험 을 위해 설계된 것이었는데, 이는 충돌의 위기감을 더 한층 고조시켰다.

같은 달에 미국은 혹시라도 중국이 타이완에 위협을 가할 것에 대비 해 두 대의 항공모함을 파견했다. 이것은 1975년 베트남전쟁 이래로 미 국이 전개한 가장 큰 규모의 파견이었다. 무장충돌은 발생하지 않았지 만, 이 사건은 중국이 고조시킨 세 차례의 주요 위기 중 첫 번째 위기로 기록되었다. 또 다른 두 차례의 위기는 타이완 해협 위기와는 다른 양상 으로 전개된다. 미국의 행동에 대한 중국 반응의 특징은 미국의 의도에 대한 모호한 해석과 미국에 사과를 요구한 것으로 요약할 수 있다.

미중 외교관계에서 불거진 두 번째 위기는 1999년 5월 8일에 발생한 유고슬라비아 베오그라드의 중국대사관에 대한 나토의 폭격이었다. 미 주리에서 이륙한 미국의 B-2 폭격기가 위성 유도탄이자 정밀 유도탄 인 2,000파운드짜리 JDAMs joint direct-attack munitions 다섯 발을 베오그 라드에 있는 중국대사관에 떨어뜨렸다. 이 폭격으로 대사관이 심각하 게 파괴되었으며 세 명이 죽고 스물세 명이 다쳤다. 국방장관 윌리엄 코 헨William S. Cohen과 중앙정보국CIA 국장 조지 J. 테넷George J. Tenet은 사고 당일 발표한 공동 성명서를 통해 오폭이었다고 주장했다. 미 국방부에 따르면, 중국대사관이 폭격 제외 대상을 담은 데이터베이스에 정확하게 입력되어 있지 않았다고 한다. 중국대사관은 4년 전에 다른 곳에서 이전을 한 것이었는데, 데이터베이스에는 베오그라드의 예전 장소가 입력되어 있었기 때문에 중국대사관은 전자장비를 통해 식별되지 않았고 목표물로 오인되었다는 것이다.[2]

혼란의 와중에 폭격 당일 밤 베이징에서 중앙정치국 상무위원회 긴급회의가 개최되었고 위원회는 다음과 같은 결정을 내렸다.

1. 주유고슬라비아 중국대사관에 대한 나토의 폭격을 강하게 성토하는 중화인민공화국 정부 명의의 엄숙한 성명서를 즉각 발표한다.
2. 중국 외교부는 신속하게 주중 미국대사를 초치하고 미국이 이끄는 나토 본부에 강력한 항의를 진달한다.
3. 극단적인 행동을 방지하기 위해 주변 지역에 경찰을 배치하고 베이징·상하이·광저우·선양 등 중국에 주재하고 있는 미국 외교기관 근방에서 시위를 조직한다.[3]

그리고 이러한 결정은 며칠 지나지 않아 곧바로 시행되었다.

이러한 결정 중 가장 이례적인 것은 미국 외교공관 근처에서 시위를 조직하는 것이었다. 중국 정부는 특히 1989년 학생 시위 이후 일반적으로 [정부에 대한] 불만이 터져 나올 것을 우려해 대규모 집회나 시위를 금지했다. 하지만 이번에는 중국 정부 스스로 시위를 조직한 것이다.

얼마 지나지 않아 수십 년 만에 중국의 주요 도시에서 가장 거대하고도 맹렬한 시위가 벌어졌다. 상하이·청두·광저우에서 수천 명의 학생이 반미·반反나토 구호를 외치며 가두시위를 벌였다. 베이징에서만 약 10만 명의 시위대가 돌과 벽돌을 던지고 경찰과 몸싸움을 벌이며 대사관 차량에 불을 지르려 하면서 미국대사관을 둘러쌌다. 그러자 수백 명의 경찰이 대사관을 지키기 위해 그 주위를 에워쌌다. 미대사 제임스 새서James Sasser와 직원들은 대사관 건물 안에서 '사실상의 인질'이 되어버렸다. 청두 남서부 도시에 있던 미국 총영사의 공관은 기습을 당했고 일부분이 불에 탔다.[4]

2001년 4월 중국 연안에서 발생한 전투기 충돌 사건은 냉전 종식 이후 미국과 중국에 닥친 세 번째 위기였다. 4월 1일 중국 연안에서 정례적인 순찰비행을 하고 있던 미국의 EP-3E 에이리스Aries II 비행기를 중국의 F-8 전투기 두 대가 제지하는 과정에서 한 대와 충돌했다. 손상된 미국 비행기와 스물네 명의 승무원은 링수이陵水에 있는 중국령 하이난 섬에 비상 착륙했고, 그곳에서 중국의 관료들이 승무원들을 억류했다. 손상된 중국 전투기는 바다로 추락했다. 중국은 조종사 왕웨이王偉를 찾으려고 노력했지만 실패했고 이후 그는 사망한 것으로 확인되었다.[5]

4·1 사건 이후 중국은 미국 측 비행기가 갑자기 중국 전투기 쪽으로 방향을 틀었고 허가 없이 링수이에 착륙했다고 주장하면서 즉각 미국의 책임을 물었다. 이후 중국은 4월 4일 공식적인 사과를 요구하는 성명을 발표했다. 이에 대해 미국은 비행기가 중국 영해 밖에서 작전을 수행해왔고 EP-3는 중국의 F-8에 비해 크고 느린 비행기이며, 미국 비행기가 구조신호를 보내고 위급한 상황에서 착륙한 것이라고 대응했다. 결과적으로 미국은 사과가 필요하지도 적절하지도 않다고 결론 내렸으

며, 즉각 승무원과 비행기를 미국으로 돌려보내라고 중국 측에 요구했다. 미 대통령 조지 W. 부시는 '냉정하고 분명하며 공개된 방식으로' 중국과 대화할 것이라고 공개적으로 언급했다. 미국은 사과를 거부하고, 중국은 충돌 사건을 조사하는 동안 승무원들을 억류하기로 결정하면서 이 사건은 주요 위기로 격상되었다.

충돌과정에 대한 검토를 통해 우리는 중국이 세 차례이 위기 동안 충돌을 격화시킬 의도가 있었음을 알 수 있었다. 하지만 중국이 왜 그러한 격화를 주도했는지, 각 위기에 왜 그토록 강경하게 대응했는지는 이해하기 힘들다. 1995년부터 2001년 사이에 세 차례의 위기가 발생한 기간 동안 중국의 외교정책을 되돌아보면, 중국이 같은 기간에 사실은 워싱턴과 한층 더 개선된 관계를 맺고 싶어 했음을 알 수 있다. 베이징은 냉전 종식 이후 줄곧 미국과 직접적으로 충돌하는 일을 피해왔고, 여러 차례 온건한 입장을 취했다. 때로는 심지어 중국의 국익에 해가 되는 것으로 여겨진 결의안에 굴복하기도 했다(예를 들어 WTO 가입과 무기 감축).

또한 같은 시기 중국이 다른 나라들과도 상당한 긴장과 충돌을 겪고 있었지만 그러한 사고를 통해 위기를 고조시키지는 않았다는 것을 기억해야 한다. 예를 들어 중국과 아세안ASEAN 국가들 사이에는 영토 분쟁이 발생한 적이 있었다. 1990년대 후반, 영토에 대한 자신들의 권리를 강화하기 위해 필리핀과 베트남은 적극적으로 중국 어부·어선에 대한 단속을 강화했다. 하지만 중국 정부는 이러한 도발에 대해 매우 절제된 반응을 보였다. 이러한 분쟁은 중대한 충돌이나 위기로 치닫지 않았다. 1996년 인도네시아에서 대규모의 반중국 시위가 벌어졌지만, 중국 정부는 그저 구두로 우려를 표시했을 뿐, 실제적인 행동은 전혀 취하지 않았다. 또한 양국 간에 외교적 충돌 역시 일어나지 않았다.

문제는 왜 중국이 여러 충돌을 다루면서 세계의 초강대국인 미국에는 더욱 공격적으로 접근하면서도 자신보다 작은 나라에 대해서는 좀 더 회유적인 태도를 취하느냐다. 우리는 무엇이 중국으로 하여금 미국에 대해서는 그토록 이례적이고도 격렬한 반응을 촉발하는지 알아볼 필요가 있다. 나아가 왜 중국은 어떤 문제에 관해서는 미국과 협력하면서도 어떤 사례에 대해서는 공격적으로 변하는지도 살펴볼 필요가 있다.

중국의 이례적인 긴장 고조에 대한 문제를 제기하면서 중국의 충돌 지향적 행동의 두 번째 현상, 즉 미국의 외교정책에 대한 음모론적 정서로 주의를 돌려보자. 이후 우리는 다시 중국의 이례적인 긴장 고조에 관한 문제를 좀 더 자세히 살펴볼 것이다.

미국 음모론

나라마다 그 강도는 다르지만, 미국의 외교정책에 대한 음모론적 정서는 세계 어디에나 존재하며 중국에서는 특히 더욱 심하다. 미국의 여러 외교관과 학자는 미중 양국 간에 충돌이 발생할 때마다 중국에서 수많은 음모론이 등장한다는 사실에 놀라곤 했다. 이러한 음모론에는 항상 작금의 상황 뒤에 더욱 거대한 미국의 계획이나 숨겨진 어젠다가 있다는 가정이 따라붙는다.

중국 전역에 걸쳐 워싱턴의 정책에 관한 수많은 음모론이 존재한다. 데이비드 샴보는 중국인들의 관점에서 미국은 "중국의 영토를 갈기갈기 찢어놓고 중국의 정치를 전도시켜 중국을 전략적으로 집어삼키고 경제적으로 무너뜨리기 위한"⁶ 최종 계획을 세우고 있다는 인식이 존재한다는 결론을 내린 바 있다. 음모론은 중국 나름의 담론을 발생시키고 대중의 상상을 사로잡아 양국 사이의 무거우면서도 치명적인 정치적 분위기를 만들어내 상황을 악화시킨다.

미중관계를 둘러싼 모든 측면에서 그러한 음모론적 정서에 관한 수많은 사례가 존재한다. 중국의 많은 전략분석가는 로널드 레이건의 '스타워즈' 계획과 소지 W. 부시의 미사일 방어 체계, 우주 무기 프로그램 사이에 유사성이 있다고 본다. 전자는 소련의 붕괴를 초래했고, 후자 역시 중국의 붕괴를 노리고 있다는 것이다.⁷ 이러한 음모론은 정부뿐만 아니라 중국의 일반 시민 사이에서도 받아들여지고 있으며, 이들은 미국의 의도에 대한 자기 나름의 추론방식을 갖추고 있다. 많은 중국인은 티베트 지지 시위와 올림픽 반대 시위를 중국의 굴기를 저지하기 위한 서방의 비열한 음모로 해석했다. 2003년 봄에 사스SARS가 발생해서 널리 퍼지자 일부 중국인은 사스를 미국이 만들어낸 생물학 무기biological weapon라고 믿었다.⁸ 많은 중국인은 미국이 이러한 생물학 무기 공격을 승인한 이유가 미국이 지배하고 있는 세계에 대해 중국의 굴기가 가할지도 모를 위협과 잠재적 협박 때문이라고 추측했다.

의심의 여지 없이 정보 유용성은 동시대 중국의 외교와 안보 정책에 관한 핵심 사안이다. 실상 그 어떤 나라에서도 정부의 의사결정에 관한 정보를 얻어내는 것은 어렵다. 특히 해당 주제가 비교적 최근의 것이거나 기밀로 분류되어 있으면 더욱 그러하다. 하지만 이 연구는 『1999년의 주룽지』라는 특별 수고手稿에서 중국의 의사결정자들에 대한 생생한 정보를 입수했다. 이 책은 중국공산당 아카이브에서 은밀하게 흘러

나온 메모·연설·노트와 기타 기밀문건들을 특별히 선별해놓은 것이다. 이러한 문건들은 대사관 위기 당시 중국의 의사결정자들이 무슨 생각을 했는지를 폭로하고 있다. 이 책의 한 부분인 「주유고슬라비아 중국 대사관 폭격」에서는 1999년 5월 8일 이른 아침 정치국 상무위원회의 긴급회의를 분 단위로 상세하게 설명해주고 있다.

『1999년의 주룽지』는 맨 처음 미국에서 중국어로 출판되었고 미국의 학술저널인 『중국의 법과 정부Chinese Law and Government』에 영어로 번역되어 발표되었다.[9] 『뉴욕타임스』의 기사대로, 이 책의 출판은 서구에 정보를 흘림으로써 당의 역사를 다시 쓰고 중국의 미래에 영향력을 행사하기 위한 중국공산당 내 핵심 인사들의 움직임이 점차 커지고 있다는 것을 의미했다.[10] 그 기사에 따르면, 컬럼비아 대학교 정치학과 학과장인 앤드류 나단Andrew J. Nathan을 비롯한 여러 중국학 학자는 이 책의 신뢰성과 책에서 언급된 사람들에 관한 정보의 진실성에 신뢰를 보냈다.

중국공산당을 감독하는 일곱 명에서 아홉 명 정도의 사람들로 구성된 정치국 상무위원회는 중국의 최고 의사결정 집단이다. 상무위원회의 권력은 이 위원회의 구성원들이 중화인민공화국 정부에도 직위를 가지고 있다는 사실을 통해서도 대체로 드러난다. 1999년 5월 8일 이른 아침 베오그라드 폭격이 발생하고 난 지 몇 시간 후, 해당 상황과 대응방안을 논의하기 위해 정치국 상무위원회가 소집되었다. 각각의 구성원들은 상황에 관한 자신의 견해를 제시하고 대응방안을 제안했다. 회의 기록에는 상무위원 일곱 명 전원의 발언이 상세하게 녹음되어 있다. 아래는 폭격 사건에 관한 부분이다.[11] 중요한 부분은 따로 강조해두었고 발언자의 당시 직위를 표기해두었다.

- 리펑李鵬, 국가인민위원회 위원장이자 정치국 상무위원회 서열 2위: "동지들! 대사관 유혈 사건은 고립된 사안이 아니며 중국 인민에 대한 단순한 **모욕**과 도전이 아닙니다. 그것은 체제 전복을 위해 **세심하게 계획된 각본**입니다. 세계의 **반중국 세력은 소란을 만들어내기 위해** 중국 내외에서 바람직하시 않은 다양한 요소를 교활하게 활용하고 있습니다. (중략) 미국은 '한 치라도 양보하면 더 많은 것을 요구하고' '약자를 **괴롭히면서도** 강자를 두려워하는' 전형적인 국가입니다. 이 사건은, 그 어떤 사실보다도, 미국이 **적**이라는 것을 일깨워줍니다. 누군가 말했듯이 결코 친구가 아닙니다."

- 후진타오, 중화인민공화국 부주석, 서열 5위: 그는 주로 대응방안에 대해 언급했다. 그는 현재 가장 중요한 것은 "통상석인 업무를 지속해나가면서도 중국에 **새로운 힘을 불어넣기** 위해 실질적인 행동을 하면서 **반중국 세력**에 타격을 가하는 것"이라고 강조했다.

- 리란칭李嵐淸, 부총리, 서열 7위: "이것은 전쟁과 같은 모든 재난을 견뎌내고 세계 평화를 사랑하는 인민에 대한 공개적인 도발입니다. 또한 중국 정부에 대한 심각한 도전입니다! 미래에 중국과 미국의 직접적인 대립은 불가피할 것입니다! 미국이 이러한 행동을 한 의도는 아주 분명합니다. **중국을 떠보고 중국에 혼란을 일으키려는 것**입니다. 우리가 그들 손에 놀아나서는 안 됩니다."

- 리루이환李瑞環, 전국정치협상회의 주석, 서열 4위: "이것이 **중국에서 혼란을 만들어내고** 중국의 젊은이들이 미국에 대해 가지고 있는 불만

을 중국 정부로 향하도록 만들기 위해 사전에 **준비된 각본**일 가능성을 배제할 수 없습니다. (중략) 미국은 [중국] 정부와 광범위한 인민, 특히 젊은 학생들 사이에 **분열을 만들어내고** 그러한 분열을 통해 위기를 고조시키는 것을 바라마지 않습니다. (중략) 미국의 **도발**에 맞서 우리는 국가의 힘을 보여주어야 하고 중국 인민이 결코 **치욕**을 당하지 않을 것이라고 강력하게 외쳐야 합니다."

- 주룽지, 총리, 서열 3위: "폭격의 이유가 무엇이든 간에, 미국이 중국에 아무런 **존중의 마음을 가지고 있지 않다**는 것에는 의심의 여지가 없습니다. 중국에 전략적인 충격을 가해보겠다는 관점 아래 **'돌을 던져 길을 열면서' '중국의 힘을 떠보겠다'**는 의도를 갖고 있을 가능성도 배제할 수 없습니다. 미국은 계속해서 폭격이 단순한 사고라고 주장하면서 진정한 의도를 숨기기 위해 어설픈 성명을 만들어내고 있습니다. 또한 그 성명이라는 것이 미국인들의 귀에도 그럴듯한 것으로 들리지 않습니다. 이것은 '한 치라도 양보하면 더욱 많은 것을 요구하는 것'이고 뻔뻔스러운 **괴롭힘**입니다. (중략) 대사관 폭격은 미국이 활용하는 **계략**에 불과합니다."

- 웨이젠싱尉健行, 중국공산당 중앙기율검사위원회 서기, 서열 6위: "우리 대사관에 대한 폭격은 우리의 주권을 완전히 무시하고 짓밟는 행위입니다. 그것은 또한 중국 인민의 **위엄**에 대한 **모욕**입니다. (중략) 중국은 더는 침묵할 수 없습니다."

- 장쩌민, 중화인민공화국 국가주석과 중국공산당 총서기, 서열 1위: "아시아-태평양과 그 주변 지역에서 세계의 전략적 배치와 상황을 분석해보면, 유도탄으로 유고슬라비아의 우리 대사관을 제멋대로 공격함으로

써 **미국은 유고 연방에 대한 우리의 지원을 시험해보고 국제적 위기와 충돌에 대한 우리의 반응, 주장을 떠보고 있다는 것**을 쉽게 알아챌 수 있습니다. 이 사건을 활용해서 미국은 국제적 위기와 충돌, 특히 갑작스러운 사고에 대한 중국의 반응 강도, 인민의 목소리, 대중 의견의 입장, 정부의 의견과 정부가 취할 수 있는 수단을 알아내고 싶어 합니다. 이는 나토의 새로운 전략을 시행하고 미일 안보전략을 수행하며 아시아-태평양 인보전략을 만들어내고 중국 주변 지역, 심지어 중국의 내정 문제에 간섭하려는 미국에 중요한 토대를 제공할 것입니다.

나아가 유고슬라비아의 우리 대사관에 대한 공중 공격은 중국을 위기와 충돌로 몰아넣고 '하나의 중심과 두 개의 기본 지점'[12]에서 중국의 시선을 흐트러뜨리며 중국을 혼란에 빠뜨려 꼼짝 못 하게 만들거나 중국에 엄청난 군비를 부담 지우려는 더욱 커다란 **각본**의 일부분일지도 모릅니다. 우리는 상황을 명확하게 이해하고 사건의 추이를 정확하게 예측하고 파악해야 합니다. 국제 전략의 관점에서 미중관계를 분석한다면, 당연하게도 우리는 유고슬라비아의 우리 대사관에 대한 폭격에 강력하게 대응할 수 있는 권력을 보유하고 있어야 합니다."

위에서 인용한 언급을 대략적으로만 살펴봐도 일곱 명의 지도자들 중 다섯 명이 **도발** 혹은 **모욕**이라는 용어를 썼고, 네 명은 폭격을 **괴롭힘, 위엄, 치욕**과 같은 용어로 표현했으며, 네 명은 미국의 폭격에 대해 노골적으로 **각본** 혹은 **계략**이라고 말했다. 이를 통해 그 누구도 폭격이 기술적 실수라는 미국의 설명을 받아들이고 있지 않음을 알 수 있다. 대다수 중국 최고 지도자들의 최초 반응은 사건을 중국과 중국 인민에 대한 공개적인 도발이자 모욕으로 해석한 것이다. 이 사건은 중국인의 존엄에 상처를 준 "뻔뻔스러운 괴롭힘"이므로 중국은 "중국 인민이 결코 치욕을 당하지 않을 것이라고 강력하게 외쳐야" 한다.

리펑은 이 사건을 전복을 위해 세심하게 짜인 '각본'으로 규정했다. 정치국 위원 대다수는 "이 사건이 미국의 준비된 각본일 가능성을 배제할 수 없다" 혹은 "이 사건이 더욱 커다란 각본의 일부일 수 있다"는 데 동의했다. 그들의 해석에 따르면, 미국의 각본은 다음의 사항들을 포함하고 있다.

- 중국에서 혼란을 일으키기: 미국은 이 사건을 활용해 '중국 정부와 광범위한 인민 사이에 분열'을 만들어내려 한다.
- '돈을 던져 길을 가늠하기': 장쩌민의 말에 따르면, 미국은 "국제적 위기와 충돌, 특히 갑작스러운 사고에 대한 중국의 반응 강도, 인민의 목소리, 대중 의견의 입장, 정부의 의견과 정부가 취할 수 있는 수단을 알아내고 싶어" 한다.

장쩌민은 심지어 공중 공격이 중국을 위기와 충돌에 말려들게 하고, 경제발전에 주의를 기울이지 못하게 하며, 중국을 혼란에 빠뜨려 꼼짝 못 하게 만들거나 중국에 엄청난 군비를 부담 지우려는 더욱 커다란 각본의 일부라고 가정했다. 위에서 제기된 음모론적 동기가 무엇인지와 관계없이 중국 지도자들은 미국의 폭격이 중국을 해치려는 각본이라는 데 동의했다.

1999년 5월 19일자 『인민일보』의 헤드라인 역시 그러한 지도자들의 해석에 호응했다. "우리는 안정과 발전을 유지해왔으며 서구의 적대적인 세력이 더는 참을 수 없을 정도의 성취를 만들어냈다. 바로 이것이 그들이 우리를 동요하게 만드는 이유이고, 그러한 이유로 혼란의 시대에 우리를 협박하면서 우리에게 적대적인 행동을 취하려는 것이다."[13] 중국 선전매체와 정보 체제에서 『인민일보』의 사설은 정부의 공식 언급으로 볼 수 있다. 중국에서 나온 여러 국제문제 분석들도 미국이 '중국에 혼란을 초래하기 위해' 폭격을 활용했다는 지도자들의 견해를 공유했다.

대사관 폭격이 발생했을 당시, 나는 국제 안보와 관련된 베이징 정부의 싱크탱크에서 일하고 있었다. 내가 근무하고 있던 기구가 최고 지도자들에게 제출한 이 사건에 관한 보고서는 중국에 내부적인 혼란을 일으키는 것이 미국의 중국대사관 폭격의 첫 번째 동기라고 결론짓고 있었다. 이 보고서의 초안 작성을 위한 내부 논의과정에서 몇몇 사람은 그러한 주장을 뒷받침하는 아무런 정보가 없었기 때문에 클린턴 행정부가 그와 같은 음모론의 일부일 거라고 의심하기도 했다. 하지만 연구자 대다수는 폭격이 미국 지도자들에 의해 승인된 국제 행동이라는 데 동의했다.

정치국 상무위원회의 긴급회의는 다음과 같은 이례적인 결론을 도출했다. 그리고 몇몇 주요 도시에 있는 중국공산당 지도부는 1999년 5월 8일에 다음과 같은 지시사항을 전달받았다.

베이징·상하이·광저우·선양 같은 도시에 있는 미국의 외교기구 공간에서 질서 있는 방식으로 시위를 조직할 것. 그와 동시에 극단적인 행동을

방지하기 위해 공안기구가 주중국 미국 외교기관 주변에 배치된 경찰의 수를 늘릴 것.[14]

다시 한 번 1989년 톈안먼 사건 이후 중국 정부는 일반적으로 대규모 집회나 시위를 금지해왔다는 사실을 상기할 필요가 있다. 그럼에도 이번에는 세계를 향해 자신의 주장을 내세우는 것에 대한 두려움을 떨쳐내고 있는 것이다.

중국의 몇몇 도시에서 발생한 학생들의 시위와 폭력적인 행동은 미국 매체를 경악시켰고, 그들은 중국 정부가 시위를 격화시키고 있다고 비난했다. 또한 몇몇 중국 연구자는 중국 인민의 분노와 규탄은 진정성이 있는 것이며 이해할 만한 것이라는 주장을 하기도 했다.[15] 이러한 논쟁의 핵심은 결국 평균적인 중국인들, 특히 시위에 참여한 학생들이 폭격을 어떻게 해석하고 있는지에 관한 것이었다. **그들은** 폭격이 기술적인 실수라고 믿고 있는가?

자오딩신趙鼎新은 사건 발생 이후 몇 개월에 걸쳐 대사관 폭격과 관련된 이슈들에 관한 연구를 진행했다.[16] 이 조사는 1,211명의 학생에 대한 조사와 베이징에 있는 명문 대학 세 곳에 재학 중인 62명에 대한 인터뷰를 기반으로 하고 있다. 자오딩신이 학술지 『차이나 쿼털리China Quarterly』에 게재한 논문에 따르면, 응답자 중 다수가 대사관 폭격이 미국 정부(75.1퍼센트)나 미군(77.8퍼센트)의 사전 계획에 따른 것이었다고 믿거나 강하게 확신하고 있었다. 응답자 중 오직 3.8퍼센트만 폭격이 기술적인 실수였다는 데 동의했다.[17] 또한 조사에 따르면, 응답자의 70.7퍼센트가 중국이 약하기 때문에 중국대사관이 공격을 당했다는 데 동의하거나 강하게 동의하고 있었다. 그리고 많은 학생은 만약 미국이 중국을 진지하게 생각했다면, 공중 공격을 감행하기 전에 가장 먼저 했어야 하는 일은 잠재적인 사고를 방지하기 위해 자신들의 지도에서 중국대사관의 위치를 표기하는 것이었다고 믿고 있었다. 그렇기에 중국 학생들은 미국이 중국을 진지하게 생각하지 않고 있다고 추론한 것이다. 이는 그들의 민족적 자존심을 매우 상하게 했다. 그리고 그 결과 절반이 넘는 응답자(54.2퍼센트)가 대사관 폭격은 중국의 정치적 불안정성을 초래하기 위해 의도된 것이었다는 데 동의하거나 강하게 동의했다.[18]

대사관 폭격에 대한 학생들의 관점이 정부의 선전에 영향을 받은 것이라고 주장할 수도 있다. 하지만 이러한 인식과 관련된 문제는 정부의 선전에 노출된 중국 학생들만 음모론을 믿고 있다는 것이 아니라는 점이다. 존 홀든John Holden 미중관계 국가위원회 의장은 당시 베이징에서 벌어진 반미 시위를 목격했다. [인터넷 신문] 둬웨이多維와 진행한 인터뷰에 따르면, 그는 대다수 중국 인민들이 폭격에 대한 미국 측의 설명을 받아들이지 않는다는 데 놀라움을 표했다. 그는 또한 하버드 대학교의 에즈라 보걸Ezra Vogel 교수가 자신에게 하버드에 재학 중인 중국인 학생들 역시 대사관 폭격이 의도적인 것이었다고 믿고 있다는 말을 해준 것을 듣고 더욱 놀랐다고 한다.[19] 홀든은 매일 미국 신문과 텔레비전 뉴스를 보는 하버드 대학교에 재학 중인 중국인 학생들마저도 어떻게 중국에 살고 있는 다른 학생들과 폭격 사건에 관한 동일한 해석을 공유하고 있는지 이해할 수 없었던 것이다.

단지 몇 해 전에 발생한 군사적 사고임에도, 1999년 5월 8일에 발생한 폭격 배후의 진짜 이유를 판별할 수 있는 학문적 조사에는 여전히 상당한 한계를 안고 있다. 미 국방부와 CIA가 장담한 것처럼, 폭격은 이전 지도를 쓴 탓에 발생한 순수한 기술적 실수였을까? 아니면 몇몇 사람이 추측하는 것처럼, 또 다른 동기와 기밀이 존재하고 있는 것일까? 예를 들어 『옵저버Observer』라는 매체의 기사에 따르면, 중국대사관이 유고슬라비아의 군사 신호를 전달하기 위한 경유기지로 활용되고 있었기 때문에 나토는 의도적으로 그곳을 폭격했던 것이다.[20] 결국 베오그라드 중국대사관을 둘러싼 의견은 그것을 사고로 생각하는 측과 음모론으로 생각하는 측으로 나뉜다. 중국과 미국 두 나라 모두에서, 음모론을 포함해 폭격의 성질을 둘러싼 상이한 이론들이 지속적으로 생산되고 있는 것이다.

이 장의 목적은 사건 배후의 비밀을 조사하는 것이 아니다. 오히려 이 장은 중국 지도자들이 이 사건을 개념화하고 해석하는 방식을 이해하는 것에 초점을 맞추고 있다. 중국의 해석은 증거와 정보에 대한 이성적 평가, 미군과 미국 정치 지도자들에 대한 지식에 기반을 둔 것이었는가? 어떠한 요소가 그들의 해석을 '촉발'시켰는가? 왜 미국의 의도에 관한 음모론이 계속해서 이 사건을 휘감고 있는가? 이러한 질문을 파헤치기 전에 우리는 지속적인 사과의 요구라는 중국의 충돌 지향적 행동방식에 관한 세 번째 현상을 살펴볼 필요가 있다.

미국의 사과

사과하라는 요구는 중국 외교에서 매우 흔한 일이 되었다. 여러 중국인에게 있어 중일관계 개선이 어려움을 겪고 있는 가장 큰 이유는 일본이 2차 세계대전 동안 자행한 잔혹 행위와 관련해서 중국에 공식적으로 사과하기를 꺼리고 있기 때문이다. 마찬가지로 사과하라는 요구는 베오그라드 중국대사관에 대한 나토의 폭격, 2001년 4월 미국의 EP-3 정찰기 충돌 사건 이후 미중 협상의 난제로 떠올랐다.

1999년의 사고 이후 클린턴 행정부는 거의 즉각적으로 공식 사과를 했다. 베오그라드 사건이 발생한 당일인 5월 8일 매들린 올브라이드 Madeleine Albright 미 국무장관은 중국 외교부에 다음과 같은 내용의 공식 서한을 보냈다.

새서Sasser 대사와 다른 관료들이 베오그라드에 있는 귀국의 대사관에 실수로 폭격을 한 비극적인 사고와 관련해서 우리의 깊은 유감을 이미 전달했다는 것을 알고 있습니다. 하지만 나는 개인적으로 사망·부상·피해에 대한 나의 심심한 슬픔을 표현하고 싶습니다. 미국 정부와 나토 회원국을 대표해서 진정성 있는 사과와 조의를 표합니다.[21]

그리고 5월 10일 클린턴 대통령은 미디어 앞에서 다음과 같이 말했다. "다시 한 번 나는 중국 인민들과 지도자들에게 말하고 싶습니다. 나는 이 사건에 관해 사과하고 후회하고 있습니다. 하지만 나는 비극적인 실수와 고의적인 인종청소 행동을 분명하게 구분하는 것이 중요하다고 생각하며, 미국은 계속해서 이 둘을 분명하게 구분할 것입니다."[22] 또한 클린턴은 장쩌민 주석에게 미국 정부의 깊은 유감을 분명하게 표하는 편지를 보내기도 했다. 클린턴은 두 차례에 걸쳐 핫라인을 통해 장쩌민과 대화를 시도했지만 장쩌민은 클린턴의 전화를 거절했다.[23]

5월 14일 장쩌민은 마침내 클린턴 대통령과의 전화 통화를 승낙했다. 클린턴은 베오그라드의 비극에 대한 진정성 있는 유감을 표했고, 부상당한 직원과 희생자 가족들에게 개인적인 위로를 보냈다. 그는 또한 이 사건에 대한 조사가 진행될 것이며 가능한 한 빠른 시일 안에 중국 인민이 진실을 알 수 있게 하겠다고 약속했다. 1999년 12월 16일, 오랫동안 진행된 협상 끝에 베이징과 워싱턴은 보상정책에 합의했다.

미중 간 세 번째 중대 위기를 촉발한 2001년의 전투기 충돌 사건은 사과라는 이슈에 초점을 맞춘 장시간의 협상을 통해 끝을 맺었다. 중국이 충돌에 대한 미국의 책임을 추궁했고, 베이징은 공식적인 사과를 요구했다.

미국 측은 미국 비행기가 중국의 제트기를 들이받고 중국의 주권과 영공을 침해한 것에 대해 중국 정부와 인민에게 즉각적으로 설명해야 하며 중국 측에 **사과하고** 이 사고에 대한 모든 책임을 져야 한다.[24]

비록 베이징은 처음에 중국 연안의 수로에 대한 정찰비행을 중단할 것을 미국에 요구했지만, 결국 그러한 요구는 협상 테이블에서 밀려나고 말았다. 공식적인 사과가 이 사건의 해결을 위한 유일한 요구사항이 되었던 것이다.

하지만 미국은 사과를 하지 않을 것이라는 입장을 단호히 표명했다. 워싱턴은 미국 비행기가 중국 영해 밖에 있었기 때문에 중국 전투기가 접근하지 말았어야 했으며, EP-3는 비상 착륙 전에 구조신호를 보냈고, 따라서 기존의 국제 비행절차에 따라 행동했다고 주장했다. 이러한 상황에서 조지 W. 부시 대통령은 사과하지 않았으며, 스물네 명의 승무원을 석방하라고 중국에 요구했다. 그는 또한 "시간이 갈수록 우리와 중국의 관계가 손상될 가능성이 커진다"[25]라고 말했다. 당시 국무장관 콜린파월은 단호하게 중국 측의 사과 요구를 거절했다. 파월은 "나는 사과를 하자는 제안을 들었지만, 우리는 사과할 것이 없다"라고 말했다. "우리는 아무런 잘못도 하지 않았다."[26]

미중 양국 정부는 자신들이 딜레마에 빠져 있다는 사실을 알아차렸다. 중국은 사과 없이는 미국 승무원을 석방하지 않을 것임을 분명히 했지만, 미국은 결코 공식적인 사과를 하지 않을 것으로 보였다. 양측의 입장은 화해 불가능한 것으로 보였다. 로이터 통신의 한 기사가 지적한 것처럼 "스물네 명의 미국 승무원, 최첨단 정찰 비행기, 아마도 미중관계의 미래는 결국 말 한마디로 마무리될 것이다."[27]

두 정부 사이의 교착 상태는 11일 동안 지속되었다. 4월 11일 대사 조지프 프루어Joseph Prueher는 중국 외교부장 탕자쉬안에게 두 정부의 논의 결과를 반영한 서한을 보냈다. 이것은 중국 측에 전달된 서한의 다섯 번째 버전으로, 미국과 중국 사이에서 진행된 외교적 충돌의 기간에 관한 정확한 용어를 포함하고 있었다. 서한의 영문 버전에서 부시 대통령은 EP-3가 중국 영공에 들어가고 "명확한 구두 통보 없이" 하이난 섬에 비상 착륙한 것에 대해 "매우 유감very sorry"이라고 말한 것으로 되어 있다. 이 서한은 또한 "조종사 왕웨이의 죽음에 대해 중국 인민과 그의 가족들에게 우리가 매우 유감we are very sorry이라고 전해 달라"라고 되어 있다.[28]

베이징 정부는 영문 텍스트를 자기 나름대로 번역했는데, 이 번역문에서 두 차례 등장하는 '매우 유감'이라는 부분은 '심표겸의深表歉意'—
이것은 깊은 사과 혹은 후회를 나타내는 말로 미국은 자신이 번역한 중
국어 번역본에서 이 용어를 피하려고 애썼다—로 표현되었다. 그리고
중국 정부는 각 매체가 이 사건과 관련된 보도를 할 때 이 용어를 쓰도
록 요구했다.[29] 4월 12일 중국 정부는 다음과 같은 성명을 발표했다. "미
국 정부가 중국 인민에게 '**深表歉意**'(영어 버전에서 'very sorry'로 쓰인)를
표했으므로 중국 정부는 인도주의적 고려에서 미국 정찰기에 탑승했던
스물네 명의 승무원을 보내주기로 결정했다."[30]

퍼즐과 주장

앞서 논의한 세 차례의 충돌은 여러 외교관계에 관한 퍼즐을 만들어
냈다. 다양한 분야에 종사하는 학자들은 이 시기 중국의 외교정책 결정
과 충돌 지향적 행동을 설명하기 위해 애썼다. 하지만 앞으로 보게 될
것처럼, 그러한 노력들은 해답을 제시하기보다는 더욱 많은 질문을 만
들어내고 있다.

현실주의 모델에 따르면, 미중 간의 충돌은 권력을 위한 투쟁으로 촉
발된 국가 이익의 충돌이다. 예컨대 에이브럼 슐스키Abram Shulsky는 동
아시아 지역에서 좀 더 능동적인 정치군사적 역할을 하고자 하는 중국
과 해당 지역에서 강력한 군사력을 유지하려고 하는 미국의 두 흐름이
만나게 되면 필연적으로 두 나라 사이에 군사적 충돌의 가능성이 커질
수밖에 없다고 생각한다.[31] 리처드 번스타인Richard Bernstein과 로스 H.
먼로Ross H. Munro는 미중 간의 경쟁이 21세기 최초 10년 동안 중요한

경쟁이 될 것이라고 주장했다. 그리고 이 경쟁은 아시아 지역을 지배하려는 중국의 욕망과 한 나라가 해당 지역을 지배하는 것을 막으려는 미국의 오랜 정책적 입장의 충돌로 발생할 것이다.[32] 중국을 둘러싼 대등한 경쟁자라는 논쟁은 국제정치가 어떻게 작동하는지에 관한 현실주의적 개념 주위를 맴돌고 있다. 다시 말해 권력이 중요한 것이며, 권력에서 중요한 것은 타자, 특히 강대국과 비교되는 상대적 능력이라는 것이다.

몇몇 학자는 탈냉전 이후 미중관계가 '초강대국/강대국 경쟁'의 패턴을 보여준다고 주장한다.[33] 전 지구적 차원에서 경제적·군사적으로 지배력을 확보한 국가는 자기 나름의 정체성·존엄·독립에 대한 강력한 욕구를 품고 급속히 발전하는 지역 세력의 도전에 맞닥뜨리게 되며, 역사는 그에 따른 충돌이 쉽게 통제를 벗어날 수 있음을 보여준다. 로버트 길핀Robert Gilpin이 설명한 것처럼, 이러한 시나리오는 '헤게모니 전쟁'의 위험을 만들어낼 수 있다.[34]

현실주의자들에게 있어 중국의 사과 요구는 그저 파워게임상의 '의지력 테스트test-of-will'에 불과할 수 있다. 사과하느냐, 하지 않느냐는 해당 지역의 상대적 힘을 유지하느냐(미국 측의 입장), 아니면 다시 주장하느냐(중국 측의 입장)에 관한 시험인 셈이다. 케빈 아브루치Kevin Avruch와 내가 제기한 질문처럼 "왜 **사과**인가? 현실주의자는 의지의 충돌에서 어떤 문제라도 구실이 될 수 있다고 말할 수 있을 것이다. 그렇다면 사과라는 문제 역시 그러한 구실이 되지 말라는 법이 있는가?"[35]

어떤 측면에서 현실주의자의 입장은 분명 그럴듯하다. 두 나라 모두에서 사과를 의지력에 대한 시험으로 여기는 민족주의자들이 있었다. 예를 들어 미국의 몇몇 미디어는 클린턴 대통령을 강력하게 비판했는

데, 그 이유는 대사관 폭격에 관해 다섯 차례에 걸쳐 사과했을 때 그가 중국에 '굽실거렸다'는 것이었다. 헨리 키신저Henry Kissinger조차 "사과를 멈추라"[36]라고 요구했다. 2001년 『위클리 스탠더드Weekly Standard』는 기사에서 EP-3 사건과 관련해 중국 측에 세 차례나 사과한 부시 대통령을 가리켜 미국의 '심각한 국치'라고 표현했다.[37]

EP-3 사건을 연구해온 학자들은 다음과 같은 지점에서 일치된 견해를 보여준다. 피터 헤이스와 펑카이핑彭凱平이 말한 것처럼, "EP-3 사건의 마지막 단계에서 두 정부는 무엇 때문인지 서로 협력해 연기를 펼치고 있었다."[38] 앨버트 이Albert Yee는 이 사건의 해결을 두 단계 협상의 결과라고 설명한다. 중국과 미국의 지도자들은 외교적 교착 상태에 처음 직면했는데, 그것은 그들이 최소한도로 수용할 수 있는 입장이 겹치지 않았기 때문이다. 강력한 국내적 제한조건에 직면해서, 그들은 각기 국내의 강경주의자들을 회피하는 방식을 통해 자국의 최초 요구의 수준을 함께 낮춤으로써 거시적인 부분에서 합의에 도달했던 것이다.[39] 그리고 두 정부는 각국의 국내적 여론을 달랠 수 있는 최종 문건의 '공식적' 번역을 각자의 언어로 쓰기 위해 언어적 차이와 그에 따른 다의성을 활용했다.[40]

하지만 만약 그것이 단지 권력 게임을 위한 의지력 테스트에 불과했다면, 왜 두 정부가 서로 협력해 연기를 펼치고 있었던 것일까? 그리고 부시는 왜 2001년 중국이 'very sorry'를 공식적인 사과로 번역했을 때 침묵했는가? 대사관 폭격의 경우, 그런 비극적 실수를 저지른 나라라면 그 어떠한 나라도 사과했을 것이고 클린턴은 그렇게 한 것이다. 그러한 사과는 일반적인 국제적 행동방식이지 의지력에 대한 시험이 아니었다. 하지만 EP-3 사건과 관련해 중국의 최초 요구는 미국이 모든 정찰 비행을 멈추라는 요구를 포함하고 있었다. 국가 이익의 계산이라는 차원에서 이러한 요구는 사과보다 더욱 중요한 것이어야 했다. 하지만 협상과정에서 미국 측의 사과가 중국 측의 유일한 요구가 되어버렸다. 왜 미국 정부의 사과가 중국에 그토록 중요했는가? 그리고 중국의 '사과 외교'를 우리는 어떻게 이해해야 하는가?

현실주의 모델에 대한 비판자들은 현실주의적 접근방식이 국가 행동에 관해 설명하거나 해명하는 데 있어 의미와 대표의 역할을 간과하고 있다고 주장한다. 혹자는 국제관계에 관한 주류 이론이 의도라는 이슈에 잘못 맞춰져 있다고 주장하기도 한다.[41] 다시 말해 현실주의 모델은 무역(WTO 회원 가입), 안보(무기 감축), 영토(남중국해)와 같은 국가적 이해관계에 핵심적인 이슈에 대해 중국이 종종 미국이나 다른 나라들과 직접적인 충돌을 회피하기 위해 노력하면서도 1995년에 타이완 총통이 개인 자격으로 미국을 방문하도록 허가한 일과 EP-3 사건 같은 경우에는 왜 충돌을 격화시키는 데 앞장섰는지 설명하지 못한다는 것이다.

현실주의자들과는 다르게 새뮤얼 헌팅턴Samuel Huntington은 탈냉전 시기의 충돌을 설명하기 위한 특별한 모델을 제공했다. 그에 따르면, 미래 세계에 발생할 충돌의 주요 전선은 임박한 '문명의 충돌'이라는 형태를 띠게 될 것이다. 헌팅턴은 미중관계에 대해 "냉전이 끝남에 따라 중국과 미국 사이에 놓여 있는 차이점은 그 자체로 강화될 것이다. (중략) 중국과 미국 사이에 '신냉전'이 진행되고 있는 것이다"[42]라고 말했다.

의심의 여지 없이 문화는 미국과 중국을 구분하는 중요 요소 중 하나다. 하지만 중국의 외교정책에서 문화가 수행하는 역할에 관한 공유된 인식은 거의 없다. 몇몇 학자는 중국의 충돌 지향적 행동을 분석하기 위해 중국의 전통문화적 특성(특히 유가)을 활용하기도 한다. 다른 이들은 공산주의 이데올로기와 마오이즘을 현시대 중국의 충돌방식의 개념적 토대로 여기기도 한다. 하지만 무엇이 공산주의적인 것인지, 무엇이 중국적인 것인지, 무엇이 유가적인 것인지 어떻게 구별할 수 있단 말인가? 이 두 그룹의 학자들은 분명 중국의 충돌 지향적 행동방식과 합의에 이르는 방식에 관해 서로 다른 결론을 도출해낼 것이다.

알레스테어 이언 존스턴Alastair Iain Johnston은 『문화적 현실주의 Cultural Realism』라는 책에서 중국의 전통적인 전략문화에 평화주의적 성향은 존재하지 않는다고 주장한다. 반대로 중국 지도자들은 항상 힘을 민족적 위신과 생존의 중요한 요소로 간주한다.[43] 하지만 다른 한편에서 어떤 학자들은 오늘날에도 유가·도가 철학의 비폭력적 교설이 폭력을 수용하고자 하는 중국 지도자들의 일반적인 욕망을 통해서 드러난다고 주장하기도 한다.[44] 하지만 문화라는 것은 탈시간적이거나 불변적인 것이 아니다. 유가조차도 역동적이며 진화하는 교리다. 문화 역시 단순히 의례의 집합에 불과한 것이 아니다.

누구도 미국과 중국이 영원히 서로를 오인하고 오해할 운명이라고 주장하지는 않을 것이다. 사과라는 이슈를 둘러싼 2001년의 위기를 단순하게 '사과'라는 개념과 관련된 이질적인 에티켓, 도덕 법칙 혹은 문화적 정서 탓으로 돌릴 수는 없다. 그러므로 중국의 사과 외교에는 단순한 문화적 차이 이상의 이야기가 필요하다. 이러한 질문에 대한 탐색은 외교관계 분석에서 자주 부정되는 주제인 역사와 기억에 관한 재검토로 이어진다. 이어지는 절에서는 역사적 기억이라는 관점을 통해 세 가지 위기를 탐색해볼 것이다.

역사적 기억이라는 로드맵

집단 정체성은 행위자들이 외부 세계와 거기서 들어오는 정보를 이해하고 해석하는 방식에 영향을 끼친다. 1장에서 소개한 이론적 프레임을 따라 이 절에서는 세 가지 위기에 대한 중국의 대응방식을 설명하는 데 있어 역사적 기억의 연관성과 중요성을 보여주기 위해 몇 가지 연구 주제를 탐색해볼 것이다. 그리고 이 연구 주제는 인식과 해석, 정책 결정 과정에서 역사적 기억이 담당하는 역할에 관한 조사와 연계되어 있다. 또한 공식 문건, 지도자들의 연설, 역사 교과서, 신문 사설을 포함한 방대한 범위의 데이터를 탐색할 것이다. 이러한 분석의 목적은 미국과의 세 차례 충돌에서 나타난 중국의 접근방식에서 역사와 기억에 관한 이념이 어떻게 로드맵의 역할을 수행하는지를 조사하는 것이다.

프레임, 유추, 해석: 중국은 세 차례의 사건을 어떻게 바라보았는가?

여러 미국인과 국제문제 전문가들의 관점에서 다음과 같은 가정을 해볼 수 있다.

1. 타이완 총통 리덩후이가 자신의 모교에 졸업식 축사를 하기 위해 비자를 발급해준 것은 전혀 문제될 것이 없다.

2. 1999년 대사관 폭격은 단순한 기술적 사고이며 미국 정부는 충분하고
   도 신속하게 공식적인 사과를 표명했다.
3. 2001년의 비행기 충돌은 중국 영해 밖에서 발생한 사고다.

　대개의 전문가들은 이러한 사건이 고의적이라거나 중국 또는 중국
인민을 향한 괴롭힘 혹은 공격을 보여주는 것이라고 여기지 않을 것이
다. 하지만 앞 절에서 논의한 것처럼, 중국공산당의 정치 관료를 포함해,
중국 인민의 대다수는 대사관 폭격과 정찰기 충돌이 미국의 공격을 보
여주는 분명한 징표라고 여겼다. 이들 중 다수는 이 사건들이 아편전쟁
이후 중국이 국제무대에서 겪은 오래된 수치의 역사에 추가될 또 다른
두 가지 사건이며 중국의 새로운 치욕이라고 여겼다.

　역사적 기억은 개인에게 서로 경쟁하는 사회적 집단을 규정하는 데
유용한 공유된 상징과 유추의 저장고를 제공한다.[45] 이러한 유추는 종종
그것에 대한 기대와 상응하는 방식으로 수용되는 정보 간의 충돌을 조
화시키는 데 도움을 주곤 한다. 중국의 경우, 그러한 유추는 중국인의 의
식에 만연한 희생자 서사를 형성한다. 치욕의 세기는 중국의 지도자들
에게 유추에 적용할 수 있는 수많은 역사적 유비관계를 제공해주고, 그
것은 종종 최근의 사건과 역사적 사건 사이의 평행이론으로 이어진다.
예컨대 1990년 중국의 지도자 덩샤오핑은 1989년 톈안먼 학살에 대한
대응으로 경제 제재를 가하기로 한 서구 선진국 7개국의 결정을 1900년
대 의화단 사건을 빌미로 중국을 침공한 8개국 연합군과 등치시켰다.

　나는 중국인입니다. 그리고 나는 중국에 대한 외세의 침략을 잘 알고 있

습니다. 서구의 7개국 정상이 정상회담에서 중국에 제재를 가하기로 했다는 소식을 들었을 때, 나는 즉각적으로 8개국 연합군이 중국을 침공한 1900년을 떠올렸습니다.[46]

주원리朱文莉는 연구를 통해 나토의 유고슬라비아 대사관 폭격에서도 같은 정서가 발견된다고 언급한 바 있다. "중국이 가리키는 역사적 선례는 히틀러가 자행한 유대인에 대한 인종적 학살이 아니라 의화단 사건에 대한 연합군의 개입이었다."[47] 분명 역사적 유추는 현재의 상황을 과거의 위기와 비슷한 것으로 규정하는 중요한 정보 처리 과정으로 기능하고 있는 것이다.

대사관 폭격으로 초래된 위기의 기간에 중국의 국영매체는 현재 미국의 군사적 행동을 19세기와 20세기 초반의 '군함 외교'와 등치시켰다. 예컨대 『인민일보』의 "1899년의 중국이 아닌 중국"이라는 제목의 특별기사는 1999년의 대사관 폭격을 100년 전에 발생한 8개국 연합군의 침략에 비유했다.

지금은 1999년이지 미국이 중국을 분할하고 있던 여러 나라에 그 세력권을 개방해야 한다고 주장했던 1899년이 아니다. 당시 그들은 중국에 동의 여부를 묻지도 않고 이른바 이익의 평등한 배분을 언급했다. 지금은 서구 세력이 계획적으로 자금성을 약탈하고 원명원을 불태우며 홍콩과 마카오를 차지하기 위해 경쟁하던 시기도 아니고, 청조와 부패한 장제스 정부가 통치하던 시기도 아니다. 중국은 자신의 힘으로 우뚝 일어선 나라이며 일본의 파시스트를 패배시키고 한국의 전장에서 미국과 힌을 겨루어 승리를 쟁취했다. 중국 인민은 괴롭힘을 당하지 않을 것이며 중국의 주권과 위엄에 대한 침해는 용납되지 않는다. 중국 인민의 핏속에는 150여 년에 달하는 반제국 애국주의자의 피가 흐르고 있다. 미국이 이끄는 나토는 이 점을 명심해야 한다.[48]

여기서 우리는 『인민일보』가 중국공산당의 기관지이며 이 신문의 특별기사는 당의 공식적인 관점을 대표한다는 점을 기억해야 한다.

중국 현대사에서 최초의 민족주의 운동이었던 5·4 운동은 1919년 중국인들이 '베르사유 음모'라고 부른 사건으로 촉발되었다. 그해 초 1차 세계대전의 승전국들은 파리에서 평화회담을 개최했다. 이 회담을 주도한 영국과 미국은 전쟁 기간 중에 일본이 독일한테 빼앗은 산둥에서 누리던 특권을 되돌려달라는 중국 대표단의 요구를 거절했다. 중국 군벌정부는 그럼에도 외세에 압력에 굴복해 베르사유 조약에 서명했다. 많은 중국인은 중국을 분할하려는 서구 열강의 계획이 있고 심지어 중국 정부와 외세 간의 비밀 합의가 있다고 믿었다. 5월 4일 베이징 대학을 비롯한 여러 학교에서 3,000명이 넘는 학생들이 운집해 시위를 벌였다. '밖으로는 주권을 위해 싸우고' '안에서는 민족 배신자를 몰아내자'와 같은 구호를 외쳤다. 5·4 운동은 중국인에게 상징적인 프레임이 되었는데, 그것은 그들이 서구 세력 사이의 거대한 음모와 함께 외적과 배신자의 연합을 보았기 때문이다. 그때부터 그와 같은 이념은 중국의 국가안보에 관한 최악의 시나리오가 되었다.

존 포스터 덜레스John Foster Dulles 미 국무장관 시절부터 중국 지도부는 분리와 '평화적 진전peaceful evolution'이라는 전략의 혼합을 통해 중국공산당의 정치적 권위와 역할을 약화시키려는 미국의 움직임을 인지하고 있었다. 1990년대 베이징은 인권에 대한 미국의 강조, 무역 최혜국 지위 확대를 둘러싼 싸움, 자유 아시아 라디오Free Asia Radiao의 개국을 중국공산당의 역할을 훼손시키려는 미국 음모의 증거로 간주했다. 중국 지도부의 시선에서 중국공산당의 정치적 생존에 대한 미국의 위협은 곧 국가안보에 대한 위협과 동일한 것이었다.

이러한 역사적 배경을 알게 되면 왜 몇몇 중국 지도자가 대사관 폭격을 의도적인 사건이며 미국이 '중국을 배제시키고' '중국 내부에 혼란을 일으키려 한다'고 믿는지를 좀 더 쉽게 이해할 수 있다. 정치국 회의에서 리루이환이 언급한 것처럼, "미국은 [중국] 정부와 광범위한 인민, 특히 젊은 학생들 사이에서 갈등을 만들어내려 하고 바로 그러한 이유로 위기를 촉발한 것이다."[49] 국영매체를 통해 제공되는 그와 같은 이념들이 넘쳐나면서 중국의 상당수 일반 시민들도 농일한 믿음을 갖게 된다. 1999년 5월 12일 CNN의 보도에 따르면, 미국대사관 앞에서 시위를 벌이던 한 한생은 다음과 같이 말했다. "오래된 이야기다. 패권국들이 연합해 중국을 괴롭히려 할 때마다 항상 그래왔다. 그들은 중국을 두려워하며 우리를 계속 자기들 밑에 두려 한다."[50]

이와 마찬가지로 레베카 맥키넌Rebecca Mackinnon과 마이크 치노이 Mike Chinoy가 지적한 것처럼, "그러한 시위의 강렬함은 식민 시절 중국에 대한 서구의 간섭을 어떻게 오직 수많은 중국인만 기억하고 있는지를 보여준다."[51] 바로 그렇기 때문에 중국을 겨냥한 음모론에 관한 제도화된 기억이 집단적 정서에 그토록 뿌리 박혀, 그것이 세 가지 위기에 있어 미국의 행동을 설명하는 가장 유력한 방식이 되었던 것이다. 이러한 기억과 민족사에 대해 중국공산당이 만들어낸 거대 서사의 선전이 없었다면, 해당 사건에 대한 중국인들의 해석방식은 매우 달랐을 것이다.

20세기 초 중국이 민족의 생사를 걸고 벌인 투쟁은 중국의 집단적 기억에 깊은 인상을 남겼다. 위기와 불안에 대한 강렬한 감각은 중국에서 민족적 정치 담론의 중요한 주제가 되었다. 애국주의 교육 운동의 결과, 많은 중국인은 과거의 치욕을 피하기보다는 그것에 정면으로 맞서게 되었다. 치욕의 세기 동안 중국이 경험한 비참함에 초점이 맞춰지면서 중국의 공론장에서 희생자 의식이 봇물 터지듯 쏟아져 나오기 시작했다. 이 장에서 살펴본 세 위기 모두 널리 퍼진 '중국의 희생자 의식', 즉 19세기 초와 20세기에 한때 세계에서 가장 위대했던 민족이 [일방적으로] 치욕을 당하기만 했다는 의식에 투사되었다.[52]

역사적 기억이라는 렌즈는 현재를 해석하고 정책을 결정하는 데 있어 대중과 엘리트 모두에게 영향을 끼친다. 역사적 기억에 관한 민감한 기억 탓에 미국인들에게는 고립되거나 우발적인 사건이 중국 지도자들에게는 기나긴 치욕의 역사에 추가된 또 다른 치욕으로 여겨진다. 그렇기 때문에 세 건의 사건은 1800년대 후반과 1900년대 초반 중국이 쇠락한 틈을 이용해 자기 이익을 챙긴 서구 제국주의 국가들에 대한 중국의 민감한 감정을 쉽게 건드릴 수밖에 없었다. 외세에 희생당했다는 깊은 역사적 감각, 중국을 겨냥한 외국의 음모론에 대한 오래된 의구심, 역사적 치욕에 관한 정부 차원의 교육과 선전 운동, 이 모두가 중국 특유의 '불안의 문화'를 구축했다. 이렇게 불안의 문화는 중국인들이 현재의 사건을 해석하고 그들의 반응에 영향을 끼치며 당한 치욕을 바로잡을 것을 요구하게 만드는 프레임이 되었던 것이다.

필터와 선택지: 중국은 어떻게 결정하는가

세 차례의 위기에서 각각의 사건을 다루는 외교적 실천을 포함한 다른 선택지가 있었다. 긴장이 고조되었을 때 그러한 외교적 실천은 차가운 이성적 판단이 우위를 점하도록 한다. 그와 같은 위기 상황 속에서 중국은 긴장을 고조시키는 방식으로 반응했지만, 정책 결정 과정에서 이렇게 다른 외교적 선택지들이 배제되었는지 이해하는 것이 중요하다.

EP-3 비행기 충돌 사건에 대한 일반적인 반응은 사건 발생 후 최초 일주일 이내에 스물네 명의 미국 승무원들을 석방하고 비행기를 붙잡아두는 방식이었을 것이다. 그런 후에야 비로소 두 나라는 보상과 사건 해결에 관한 협상을 시작할 수 있었을 것이다. 중국이 미국 승무원들을 붙잡아둔 것은 분명 긴장을 고조시키려는 선택이었다.

대사관 폭격의 경우, 만약 미국과 다른 나라 사이에서 동일한 사건이 발생했다면 틀림없이 강렬한 반응을 불러일으켰을 것이다. 설사 미국 우방국의 대사관이 폭격을 당했다고 할지라도 감정적 시위는 분명 일어났을 것이다. 하지만 대부분의 나라에서 그 시위는 일시적이었을 것이다. 또한 정부가 그러한 시위를 조직하지도 않았을 것이며, 대신 시위대가 미국의 자산이나 미국의 대사와 직원을 포위하는 것을 막기 위해 노력했을 것이다. 이에 대해 사이먼 션Simon Shen은 다음과 같이 말했다.

폭격에 대한 반미 시위대의 반응이 압도적으로 자발적이었다고 해도 정부는 여전히 간접적으로 그것을 옹호하고 있었다. 일당 독재 체제에서 오직 정부만이 교통편을 제공할 수 있고, 대중의 시위를 허락하면서 안

전에 관한 절차를 느슨하게 만들 수도 있다. 또한 베이징의 미국대사관에 물리적 피해를 입히는 것을 묵인해줄 수 있다.[53]

이와 비슷하게 클린턴 정부가 타이완 총통에게 비자를 발급해주기로 결정한 경우처럼, 타국과 관련된 민감한 이슈에 대해 지난 16년 정책의 실천방식이 뒤집혔다면, 대사를 초치하는 것과 같은 외교적 항의와 행동이 성난 정부의 반응이 될 수 있었을 것이다. 하지만 중국 정부의 반응은 외교적 영역에 국한된 것이었다. 다른 한편 1995년과 1996년 중국의 반응은 타이완을 가로질러 미사일을 발사한 것처럼 실탄을 장착한 세 차례의 대규모 군사훈련이었다.

역사적 기억이라는 변수는 왜 중국 지도자들이 차분한 외교를 통해 대사관 폭격 문제를 해결하려 하지 않았는지를 설명해준다. 대다수의 중국 지도자들과 시민들이 이 사건을 의도적이며 세밀하게 계획된 각본이라고 보았을 때, '차분한 외교'는 국내의 지지를 받을 수 없었고 가능한 선택지가 될 수 없었다. 역사적 기억이라는 렌즈를 통해 고립되거나 우발적으로 일어난 사건은 확대되고 감정이 개입하게 마련이다. 두 나라 사이의 외교는 그에 따라 급속하게 제로섬zero-sum 게임이 되고 만다. 역사적 기억이라는 맥락은 세 차례의 위기 동안 베이징의 행동을 이해하는 열쇠라고 할 수 있다.

세 차례의 위기 상황에서 중국 지도자들을 더욱 화나게 만든 것은 그들이 미국을 벌하거나 그들에게 보복을 가할 마땅한 수단을 가지고 있지 못했다는 사실이다. 1999년 베이징은 예정된 고위급 방문을 취소하고 인권과 군축에 관한 상호 대화를 중단시켰으며 중국의 WTO 가입에 관한 협상을 연기했다. 하지만 이러한 행동은 미국에 대한 진정한 처벌이 되지 못했다. 실상 이러한 행동 중 일부는 오히려 중국을 다치게 하는 결과로 이어지고 말았다. 이렇게 보면 우리는 왜 베이징이 베오그라드 폭격 위기 당시 베이징 주재 미국대사관에 학생들을 보냈는지를 이해할 수 있다. 감정적인 젊은이들이 돌멩이와 벽돌로 미국의 외교시설을 공격하고 미국대사와 직원들을 포위했을 때, 중국인들은 미국이 마침내 이전의 공격에 대해 물리적인 차원의 처벌을 받고 있다고 느꼈던 것이다.

미국의 반복된 사과를 거절하는 것은 중국 정부가 미국인들을 벌주는 또 다른 방식이 되었다. 폭격 직후, 클린턴 행정부는 공식적인 사과를 내놓았다. 클린턴 대통령은 또한 두 차례에 걸쳐 장쩌민 주석과 통화하기 위해 상호 핫라인—이 핫라인은 중국과 타이완 사이의 신뢰 구축의 수단으로서 1996년 다이완 해협 위기 이후 설치된 것이다—을 이용하려 시도했다. 하지만 이 사건의 경우 장쩌민은 클린턴의 전화나 그의 사과를 거부했다. 심각한 상호적 이슈 혹은 사건 이후 최고 지도자들 사이의 직접적인 대화를 시도하는 것은 일반적이면서도 적절한 외교적 행동이며 중국 정부가 대화를 위한 의례적인 외교 채널을 끊어버린 것은 설명할 수 없는 것이었다. 하지만 피터 헤이스 그리스가 중국의 행동에 대해 언급한 대로 "아버지가 계속해서 용서를 구걸하는 아들을 내치는 것처럼, 미국의 반복된 사과를 거절하는 것은 중국 인민에게 중국 지도부가 자신들의 자존감을 회복하려 노력하고 있음을 보여주는 방법의 하나다."[54]

자존심, 체면, 민족주의: 무엇이 중국의 공격성을 촉발하는가

EP-3 사건은 2001년 4월 1일에 발생했다. 하지만 국가주석 장쩌민은 예정된 남미 5개국 순방을 위해 4월 4일에 베이징을 떠났다. 많은 사람이 그가 사건 탓에 방문을 연기할 것이라고 생각했지만, 장쩌민은 강함을 과시하기 위해 방문을 강행했다. 쿠바를 떠나기 전, 그는 자신이 전날 밤 쓴 시를 피델 카스트로Fidel Castro에게 선물했다. 시는 커다랗게 접힌 종이 위에 장쩌민이 손수 한자로 쓴 것이었다.[55]

> 구름이 긴 맑은 새벽
> 나는 중국을 떠나
> 수천 킬로미터 떨어진 라틴아메리카로 향했네.
> 시간은 열흘뿐
> 그리고 나는
> 지구 반대편에서 사나운 바람과 폭풍이 오고 있다는 소식을 들었네.
> 소나무는
> 자존심과 태산 같은 힘으로
> 굳건히 서 있네.[56]

EP-3 사건의 교착 상태가 마무리된 바로 그다음 날 쓰인 이 시에는 장쩌민이 말하고자 하는 바가 무엇인지 분명하게 나타나 있다. 중국 문학 속에서 소나무는 외세의 압박을 두려워하지 않는 변함없는 혁명가와 위대한 지도자를 표현하기 위해 등장하는 흔한 비유다. 이 시는 다음과 같이 해석할 수 있다. 장쩌민에게 위기는 중국과 자신의 자존심, 강인함, 명예, 용기에 대한 시험(지구 반대편에서 불어오는 '사나운 바람'과 '폭풍')이다. 장쩌민이 시에서 어렴풋이 보여주는 것처럼, 그는 그 시험의 승자이며(굳건히 서 있는 소나무), 체면을 세웠고, 자존심을 지켰다('자존심과 태산 같은 힘').

중국 전투기와 미국 정찰기의 충돌은 체면과 자존심에 관한 예기치 못한 충돌로 치달았다. 베이징 입장에서 미국 대통령의 사과 형식은 무엇보다 중국의 체면을 살려준 굴욕적인 제스처였다. 5월 19일자 『인민일보』는 대사관 폭격 사건 동안 장쩌민이 보여준 "확고하면서도 성숙한 리더십"을 특별히 찬양했다. "장쩌민 동지를 중심으로 한 당의 지도력은 복잡한 국내외적 상황을 통제하고 주요 긴급 사건들을 다룰 수 있는 용기와 능력을 보여주었다."[57]

어떤 사건이 괴롭힘과 치욕의 행동으로 여겨졌을 때, 정부에 대한 핵심적인 믿음과 정부의 정당성은 중국의 '체면' 유지에 강하게 의존하기 때문에 정부가 강경해져야 한다는 것은 자연스럽고 또 이해할 만하다. 현재 중국 통치자들의 정당성은 국제무대에서의 성과에 많이 의존하고 있다. 중국의 정치 엘리트는 다른 나라들을 다룰 때 중국의 국가적 체면을 유지해야 할 책임이 있다.[58] 중국공산당은 과거의 착오들에 대한 교정자라는 명성 위에 당의 정당성을 구축했기 때문에 나라가 또다시 치욕을 당하는 것은 허용되지 않는다.

특히 민족적 자존심과 국제적 명예에 관한 민감한 주제를 다룰 때, 역사에 관한 해석은 종종 준비가 되지 않아 허를 찔린 정부가 기억과 역사에 관해 합의된 관점에 대한 대내외적 도전을 다루는 데 상당한 압력으로 작용한다.[59] 그러한 상황에서 서로 충돌하는 해결책은 근본적인 어려움이 될 수 있다.

중국 정부 입장에서 세 차례의 위기는 각각 단순한 주권 침해를 넘어서는 문제다. 다시 말해 각각의 위기는 당에 대한 테스트, 즉 의지만이 아니라 집권당의 정당성과 정치적 신뢰성에 관한 테스트였던 것이다. 중국 정부는 미국에 맞서 일종의 승리를 거두었다는 것을 대중에게 보여줄 필요가 있었다. 만약 정부가 승리를 거두지 못했다면, 지도자들은 대중의 눈에 허약하고 체면을 상실한 것으로 비쳤다고 느꼈을 것이다. 제로섬 같은 체면의 본성과 서구 열강에 희생당한 역사가 합쳐져, 중국 인민들은 외교를 지도자로 대표되는 국가들 사이의 격렬한 체면 싸움으로 보게 된다.[60] 인민들에게 공개적인 사과는 곧 잘못을 인정하는 것을 뜻한다. 클린턴의 심심한 사과, 부시가 두 차례에 걸쳐 표명한 'sorrys'—이 단어는 중국어로 심심한 사과라고 번역되었다—는 중국 관방매체의 능숙한 솜씨 덕에 베이징의 승리로 선전되었다.

베이징은 또한 미국의 사과를 중국이 도덕적 우위를 점하는 데 활용했다. 즉, '우리는 옳으며' '너는 나에게 신세를 졌다'는 논리가 성립하게 된 것이다. 이에 대해 루시안 파이Lucian Pye는 다음과 같이 말했다.

> 중국인이 도덕적 우위를 점했을 때, 그들은 그 상황을 가차 없이 활용한다. 그들은 유가적 전통으로 회귀하는데, 유가적 전통에서 지배자는 도덕적으로 우월하기 때문에 당신의 반대자가 사과했을 때 그것은 곧 그들이 도덕적으로 열등하고 정당한 지배자가 될 수 없다는 사실을 입증하는 것이다.[61]

앞 장에서 논의한 것처럼, 애국주의 교육 운동 기간에 그 초점이 중국 역사의 비참함에 맞춰지면서 중국 대중 사이에서는 희생자 의식이 넘쳐나게 되었다. 더욱 많은 중국 인민이 서구의 나라들을 아주 미워하게 되었고, 특히 미국과 일본을 증오하게 되었던 것이다. 세 차례에 걸친 미중 간의 위기는 중국의 희생자 서사에 완벽하게 들어맞았고, 중국의 대중적 민족주의를 촉발하는 데 필요한 수단을 제공해주었다. 그리한 위기들은 1989년 톈안먼 광장의 비극과 냉전 종식 이후 중국에서 등장한 민족주의의 굴기라는 맥락에서 이해해야 한다. 4장에서 나는 국가가 주도한 애국주의 교육 운동이 어떻게 민족적 수치에 관한 교육을 고취하고 중국 민족주의의 굴기에 힘을 실어주었는지 살펴보고, 그것이 어떻게 당이 윤리적·도덕적 정당성을 되찾는 데 도움을 주었는지를 논의했다. 중국공산당은 냉전의 종식과 동유럽 공산주의의 몰락 이후 스스로 민족주의 정당으로 탈바꿈했다.

하지만 민족주의의 굴기는 양날의 검이다. 그것은 지도자들이 외부 반대자들에 대한 적대감에 초점을 맞춤으로써 중국 사회에서 자신의 권력을 공고히 하고 정치적 연대감을 고취시키는 데 도움을 줄 수 있다. 하지만 다른 한편으로 그것은 정부가 정책을 만들어내는 데 있어 상당한 압력으로 작용할 수도 있다. 세 차례의 위기에서 중국 정부는 미국 정부와 협상해야 했을 뿐만 아니라, 국내의 관중, 특히 민족주의로 무장한 중국의 신세대와도 협상해야 했다. 제프리 와서스트롬Jeffrey Wasserstrom이 언급한 것처럼, 중국 정부는 1999년 민족주의적 분노라는 '호랑이의 등에 올라타' 직접적인 비판 없이 성공을 거두었다. 하지만 항상 그러한 성공을 거둘 수는 없다는 사실을 명심해야 한다.[62]

과거의 트라우마를 둘러싼 치욕의 감정은 현재의 위협을 과장하고 복수를 향한 강렬한 욕망의 감정을 선동할 수 있다. 그렇게 중국에서 역사와 기억에 대한 믿음은 충돌 감정의 상승과 그 이후의 전개과정에 영향을 끼쳤던 것이다. 중국인들에게 있어 강경한 접근을 말하는 것은 곧 그들의 도덕적 우월성을 가리키는 것이다. 이를 통해 우리는 왜 중국 정부의 대외적 사안에 대한 행동이 외국인들에게는 매우 가혹한 것으로 비치는 반면 내국인 대부분에게는 부드러운 것으로 인식되는지 알 수 있다.

쿠바 미사일 위기*에 대한 연구에서 히마딥 무피디Himadeep Muppidi는 1962년의 위기가 '문화적 산물'이라고 언급한다. 자국의 정체성에 관한 미국의 공식적 서사는—그 서사 덕에 미국은 서반구에 위치한 근거리에 소비에트의 미사일을 수용할 수 있었다—1962년 10월의 사건을 위기로 만들면서 그에 관한 다른 해석을 무력화시켰다.[63] 이와 동일한 개념을 적용하면 세 차례에 걸친 미중 간의 위기 역시 문화적 산물이라고 할 수 있다. 과거의 치욕, 희생자 의식, 의심 증후군으로 만들어진 중국의 공식적인 국가적 서사는 중국인들로 하여금 세 건의 사건을 위기로 보게 했으며 대안적인 이해를 막아버렸다. 역사적 기억에 관한 오래된 믿음은 민족주의, 자존심, 중국 체면의 중요성에 바탕을 둔 반응들을 더욱 강화시키는 방향으로 작용한 것이다.

중국인들에게 역사적 기억에 대한 믿음은 충돌 수위의 상승과 그 이

---

* 1962년 10월부터 11월 사이에 소련이 핵탄도 미사일을 쿠바에 배치하려는 움직임에 대해 미국이 대응하면서 핵전쟁 발발 직전까지 갔던 국제적 위기를 가리킨다.

후의 전개방식을 정당화해준다. 강하면서도 거친 태도를 유지하는 것은 윤리적·도덕적으로 올바르기 때문이다. 세 차례의 위기를 거치면서 우리는 역사적 기억이 사람들의 충돌 지향적 행동에 대한 도덕적 동기를 제공하는 데 있어 얼마나 강하게 작동하는지, 정치 지도자들이 대중적 지지를 동원하고 다른 집단에 대한 적대감을 정당화하는 데 어떻게 역사와 기억을 활용하는지 살펴볼 수 있었다. 모종의 목적을 위해 역사와 기억을 수단으로 활용하는 것은 충돌의 상승과 축소에 영향을 줄 수 있는 것이다.

역사적 기억이라는 초점

1장에서 논의한 것처럼 예상되는 여러 결과 중 하나를 선택해야 할 때, 이념이나 정체성은 협력과 집단적 동의를 만들어냄으로써 정책적 행동에 영향을 주는 인과적 요소로 기능할 수 있다. 무엇이 선택의 기준인지에 관한 명백한 지표가 부재한 상황에서 정치 엘리트들은 공유된 문화적·규범적·종교적·종족적·인과적 믿음에 근거를 두고 행동방식을 선택할 수 있다.[64] 하지만 이념과 믿음은 또한 정반대의—심지어 부정적인—방식으로 결과를 산출하며, 그에 따라 충돌과 무질서의 원인이 되기도 한다.

이번 절에서 우리는 세 차례의 미중 위기를 중국과 충돌하거나 긴장관계를 만든 또 다른 두 개의 그룹과 비교할 것이다. 첫 번째 그룹에서 우리는 미중 간의 WTO 협상과 군축 협상, 실제적인 충돌을 배제한 미국 관련 세 차례의 사건에 대한 중국의 행동을 살펴볼 것이다. 두 번째 그룹은 미국 이외 3개국과 관련된 중국의 충돌 지향적 행동인데, 지금부터는 그것을 '비미국적 충돌non-U.S. conflicts'이라고 부를 것이다. 그러한 사건에 대한 분석을 통해 우리는 세 차례의 중대한 충돌을 미중 간충돌이 발생하지 않은 사건, 중국이 타국과 충돌을 빚은 사건과 비교함으로써, 중국의 외교 사안에 대해 역사적 기억의 활성화와 그 효과를 좀더 깊이 있게 탐색할 수 있을 것이다. 그러한 탐색을 통해 우리는 중대한 충돌을 독특하게 만드는 이슈들을 정확히 짚어낼 수 있을 것이며, 또한 기억에 대한 분석과 외교적 사건에 대해 좀 더 깊이 있는 분석을 할수 있을 것이다.

미중 간 충돌이 발생하지 않은 세 차례의 사건

냉전 종식 이래로, 특히 세 차례의 위기 동안, 중국 지도부는 실상 서구, 특히 미국과 직접 부딪치는 상황을 피하고자 상당한 노력을 기울여왔다. 동유럽 공산주의의 붕괴와 루마니아 정권의 전복은 중국 지도자들에게 상당한 충격을 안겨주었다. 이렇게 고통스러운 상황에 이어 서방의 제재와 압력까지 더해지자 베이징의 근심과 불안감은 더욱 커질수밖에 없었다.

중국 지도자들은 그들이 모욕적인 요구로 보는 것에도 때에 따라서는 저자세를 취하면서 많은 경우 온건한 입장을 취해왔다. 예를 들어 중국은 1993년에 미국이 화학무기를 찾기 위해 인허호를 공개적으로 조사하도록 허용해주었다. 비록 인허호에는 아무런 무기가 없었음에도 말이다. 중국은 또한 1991년 핵확산방지조약Nuclear Nonproliferation Treaty

에 가입하는 것에 동의하고, 1992년 미사일 기술 통제 체제에 호응했으며, 1996년에는 포괄적 핵실험금지조약Comprehensive Nuclear-Test-Ban Treaty 가입에 동의하면서 군축 문제에서도 미국과 협조하기 시작했다. 중국은 국제적인 군축과 무장해제의 진전에 적극적으로 공헌하면서 군축과 무장해제에 관한 다자 협상에 확고부동하게 임해왔으며, 거의 모든 다자간 군축 협상에 서명하거나 그것을 비준해왔던 것이다.

중국은 또한 WTO 조약을 100년 전 서구와 체결한 청조의 불평등조약과 다름없다는 국내의 비판을 일축하고 미국과 WTO 가입 동의안에 서명했다. 이 시기가 미중관계를 위협한 세 차례의 격렬한 충돌과 그 시기가 겹친다는 점에 주목해야 한다. 이러한 이슈들을 비교함으로써 우리는 중국이 어떤 이슈에 대해서는 협조하면서도 다른 이슈에 대해서는 충돌의 수위를 올리는지 식별할 수 있다.

위허호 사건, 군축 협상, WTO 가입이라는 세 가시 사례를 '비충돌'이라는 범주에 넣는다고 해서 그것이 아무런 분쟁이나 대립이 없었음을 의미하는 것은 아니다. 예컨대 WTO 협상은 13년이나 걸렸고 그 과정에서 여러 차례의 지연과 심각한 논쟁을 거쳤다. 하지만 이 세 사건에 대한 중국의 주된 접근방식은 충돌 강도의 수위가 올라가는 것을 최대한 피하면서 협조하는 것이었다. 이와 반대로 앞서 논의한 세 차례 미중 간의 위기에서 중국은 의도적으로 충돌의 수위를 높였다. 이 여섯 가지의 사례를 면밀하게 검토해보면, 충돌 사건과 비충돌 사건 사이에는 긴급성, 대중 인식, 협상방식이라는 세 측면에서 차이가 있다는 사실을 알 수 있다.

긴급성

세 차례에 걸친 미중 위기는 모두 우발적인 긴급 상황이었다. 베오그라드 폭격, 비행기 충돌, 비자 문제는 미중 간의 문제에서 즉각적인 곤란함을 만들어냈다. 다른 한편으로 세 차례의 비충돌 사례 중 WTO 협상과 군축 협상 두 가지는 아주 오랜 기간 진행되었다. 하지만 인허호 사건은 긴급 상황이었다. 1993년 7월 23일, CIA는 중국의 컨테이너선 인허호가 이란으로 화학무기를 운반하고 있다고 의심했고, 공해상에서 인허호를 뒤쫓기 위해 미군을 파견했다. 동시에 20일에 걸쳐 자신들의 요구를 납득한 페르시아 걸프 만 국가들에 인허호가 정박하거나 화물을 내리지 못하게 하고, 음식과 물을 보충해주지 말라고 압력을 넣었다.

대중 인식

중국공산당은 중국의 모든 미디어에 대한 엄격한 통제를 유지하고 있다. 그래서 특별한 국제적 사건에 대한 대중의 인식은 당이 해당 사건의 보도를 허가해주느냐 마느냐에 따라 크게 좌우된다. 하지만 몇몇 국제적 사건이나 긴급 상황은 당이 숨기기 어려울 때도 있다. 비록 중국공산당이 정보의 흐름을 통제하고 뉴스를 사전에 검열하려 하지만 희생자가 발생한 상황이면 특히 그렇다.

대사관 폭격은 5월 8일 자정에 발생했지만 중국의 공식 미디어는 대략 열두 시간이 지날 때까지 해당 사건을 보도하지 않았다. 또한 미디어는 5월 8일 클린턴의 첫 번째 사과를 보도하지 않았는데, 그것은 정부가 위기 초반 대중의 분노를 끌어올릴 필요가 있었기 때문이다. 1996년 타이완 해협 위기 동안 베이징은 사실상 미국과 타이완 지도자에 대한 미디어 공격을 퍼부었다. 중국의 미디어는 EP-3 사건에 '정찰기 사건'이라는 부정적인 이름을 붙여놓았다. 공식 미디어는 왜 사건의 책임이 EP-3에 있는지에 관해 상세하게 보도하는 동시에 중국이 미국 승무원들에게 제공하는 인도적 대우에 관한 다큐멘터리를 내보냈다.

하지만 비충돌 사건에 관해서는 종합적인 미디어의 보도가 필요하지 않다. 예를 들어 중국 인민들은 13년에 걸친 WTO 협상과 16년에 걸친 군축 협상이 진행되고 있었다는 것을 알고 있었다. 하지만 그러한 협상들의 세부사항에 대해서는 어떤 보도도 접할 수 없었다. 오늘날에도 일반적인 중국인은 두 나라가 서명한 WTO 조약에 접근할 수 없다. 대다수 중국 인민에게 인허호 사건은 사건도 아니었다. 그것은 중국에서 거의 언급되지 않았다. 다음과 같은 몇 가지 이유로 해당 사건에 대한 공식적인 보도는 거의 이루어지지 않았다. 첫째, 이 사건은 중국 내에서 발생한 것이 아니다. 그렇기 때문에 정부는 그것을 쉽게 숨길 수 있었다. 둘째, 최초 사건이 발생한 후 몇 주 동안 정부 스스로도 컨테이너선에 화학무기가 실려 있는지 아닌지 확실하게 인지하지 못하고 있었다. 셋째, 만약 해당 사건에 대한 보도가 허가되었다면, 대중은 중국 배에 대한 미국의 공개적인 조사를 허가한 것이 수치스러운 일이라고 생각했을 것이다. 중국공산당의 입장에서 이러한 논리구조야말로 대중이 특정 뉴스를 인지하지 못하게 하는 토대가 되어왔던 것이고 지금도 그렇다.

협상방식

여섯 개의 사례 모두 궁극적으로는 충돌을 해결하기 위한 협상을 포함하고 있었지만, 충돌이 발생한 세 가지 사례와 나머지 비충돌 사례를 구분 짓는 협상방식이 존재했다. 세 가지 비충돌 사례의 협상은 주로 두 나라의 전문가들이 수행한 것이었다. 예를 들어 군축 협상에 참여한 중국 측 참여자들은 핵 전문가, 외무부 소속 군축국 공무원, 정부 싱크탱크에 소속된 군축 관련 학자들로 구성되어 있었다. 인허호 사건의 경우 협상은 오직 군축국 공무원들을 통해서만 이루어졌다. 하지만 세 가지 충돌 사건의 경우 협상은 주로 정치적이고 매우 공개적인 방식으로 진행되었다. 그러한 사건에서는 양국의 외교관뿐만 아니라 군대, 미 의회, 미디어까지 간접적으로 대화에 연루되었다. 양국 지도자들은 여러 차례의 공개 성명을 냈고, 그 와중에 여러 통의 서한을 주고받았다.

이 여섯 개 사례의 공통점과 차이점은 [표 7-1]에 정리되어 있다. 표에 나타나 있듯 여섯 개의 사건은 모두 주권과 관련된 이슈였다는 점에서 서로 비교해볼 수 있다. 하지만 세 차례의 충돌 사건(미중 위기)은 다음과 같은 공통점을 가지고 있다.

1. 긴급성과 우발성: 각 사건은 우발적이거나 예기치 못한 것이었다.
2. 대중의 관심을 받았다.
3. 양국 모두에서 대중의 상당한 관심을 받은 상태에서 해결을 위한 협상이 진행되었다.

세 차례의 위기와는 대조적으로 비충돌 사건은 대중의 관심을 많이 받지 못했으며, 상대적으로 간섭이 배제된 환경에서 전문가들끼리 협상에 임했다. 일반적인 중국 인민들은 해당 사건을 잘 알지 못했으며 협

[표 7-1] **사례 비교 연구: 세 차례의 비충돌 사건**

사건	접근방식		주권	대중의식	긴급성	협상방식	
	충돌	협조				전문적	정치적
WTO 협상 (1986~2001)		√	√	낮음	√	√	
군축 협상 (1991~1996)		√	√	낮음	√	√	
인허호 사건 (1993)		√	√	낮음	√	√	
타이완 해협 위기 (1995~1996)	√		√	높음	√		√
대사관 폭격 사건 (1999)	√		√	높음	√		√
EP-3 사건 (2001)	√		√	높음	√		√

상 정보에 관해 제한적인 정보만을 얻을 수 있었다. 비충돌 사건 중 두 건은 긴급 사안이 아니었다. 인허호 사건이 예외적인데, 이 사건은 갑작스럽고 계획되지 않은 것임에도 긴급 사안으로 고려되지 않았다. 이 사건이 대다수 중국 인민에게 알려지지 않았고 협상이 비밀리에 진행되었기 때문에 중국 정부는 특정한 방향으로 이 사건을 해결해야 한다는 압력에 시달리지도 않았다.

다른 나라와의 충돌을 다루는 방식

이 시기 중국은 몇몇 아세안 국가들, 특히 필리핀, 베트남과 영토분쟁을 겪고 있었다. 그리고 1998년 인도네시아에서 거대한 규모의 반중국 시위가 발생했다. 미중 간에 벌어진 세 차례의 위기를 미국이 아닌 국가들과의 충돌과 비교해보면 여섯 개의 사례는 다음과 같은 세 측면에서 그 차이점이 두드러진다.

1. 각 사건은 중국인 희생자를 발생시켰다. 미중 간 위기와 비교해보면, 다른 나라들과의 충돌에서 중국인 희생자 수가 더 많았다.
2. 여섯 개의 사례 모두 긴급 상황이었으며, 이는 곧 지도자가 빠른 결정을 내려야 했다는 것을 의미한다.
3. 각 사건은 주권 이슈와 연관된 것이었다. 남중국해 관련 이슈는 직접적으로 영토에 관한 것이었다. 인도네시아의 경우, 인도네시아 국적의 화교들은 이제 중화인민공화국의 시민이 아니었음에도(중국은 이중국적자를 받아들이지 않는다) 반중국 시위의 타깃이 되었다. 화교들은 1998년 자카르타에서 발생한 유혈 사태 때 표적이 되었던 것이다. 인도네시아 정부 측 자료에 따르면 폭동 기간에 1,000명 이상의 중국인이 사망했고, 다수의 여성이 강간당했으며, 4,000채 이상의 빌딩이 파괴되었다.[65]

[표 7-2]는 세 차례에 걸친 여타 나라와의 충돌과 미중 간 충돌을 비교해서 보여준다.

　　　　　　　　국치를 잊지 말라

[표 7-2] **사례 비교 연구: 다른 나라와의 사례**

사건	접근방식		과거 충돌의 기억	대중 의식	긴급성	사상자
	충돌	협조				
인도네시아 반중국 시위 (1998)		√	낮음	중간	√	√
필리핀과의 남중국해 분쟁 (1990년대)		√	낮음	중간	√	√
베트남과의 남중국해 분쟁 (1990년대)		√	중간	중간	√	√
타이완 해협 위기 (1995~1996)	√		높음	높음	√	√
베오그라드 대사관 위기 (1999)	√		높음	높음	√	√
EP-3 사건 (2001)	√		높음	높음	√	√

　　이 사건들의 유사성을 고려하면, 중국은 충돌을 다룰 때 각각의 나라
들을 서로 다르게 다룬 것처럼 보인다. 그리고 충돌 대상이 어느 나라인
지가 중국이 충돌과 분쟁에 접근하는 방식에 영향을 끼친 것으로 보인
다. 만약 상황이 바뀌었다면—예를 들어 미국 또는 일본에서 반중국 시
위가 발생하거나, 미국 또는 일본이 중국 어민과 어선을 나포하거나 공
격한다면—대응방식은 매우 달랐을 것이다. 이 경우 국가와 인민이라
는 두 가지 차원 모두에서 제로섬 식의 충돌 지향적 행위를 촉발시키는

거대한 민족주의의 물결이 일어났을 것이다.

이렇게 서로 다른 설명방식은 바로 중국이 필리핀·베트남·인도네시아를 아시아의 이웃, 제3세계의 '형제들'로 보고 있을 수 있다는 것이다. 이 나라들은 중국보다 작고 중국을 침략한 일이 없다. 5장에서 살펴본 것처럼, 대다수의 중국인에게 세계는 크게 두 그룹으로 나뉜다. 역사적으로 괴롭혔던 나라(주로 서구 열강)와 괴롭힘을 당한 나라(제3세계 나라)가 그것이다. 중국 정부가 인도네시아·필리핀·베트남을 다루는 방식은 중국이 미중 간에 발생한 세 차례의 위기를 다루었을 때처럼 민감하고 가혹하지 않았음을 보여준다.

두 그룹의 사례를 구별하는 또 다른 요인은 대중 의식의 정도다. 중국의 관영 미디어는 남중국해 분쟁과 인도네시아 폭동을 보도했지만 상세한 내용은 보도하지 않았다. 인도네시아 폭동 기간 여러 장의 사진이 인터넷에 유포되었고, 몇몇 중국 인민, 주로 학생과 지식인들은 인터넷에 접속해 해당 사건을 인식하고 정부가 해외 공문에 대해 지나치게 냉정하고 관심이 없다는 것에 대해 강도 높게 비판했다. 대중 의식의 정도 차이는 중국 정부가 해당 사건이 국내의 주목을 받지 못할 때와 중국 인민의 민감한 역사적 기억을 자극하지 않을 때는 과도한 반응을 하지 않는다는 것을 보여준다.

역사적 기억의 활성화

세 차례의 미중 간 위기 동안 역사와 기억은 로드맵으로 기능했다. 기억이 충돌 상황과 관련된 지도자의 해석과 판단에 영향을 끼친다는 것은 분명하다. 과거에 행해진 불의에 관한 기억이 여타의 변수와 해석을 배제함으로써 선택지를 걸러내는 필터로 기능하는 것이다. 이러한 기억 탓에 중국 지도부는 정책 선택에서 제약을 받게 된다. 중국은 사과라는 것이 잘못에 대한 인정을 상징할 뿐만 아니라 중국의 지위를 높여주는 것이기도 하기에 상대방에게 사과를 요구할 수밖에 없다. 마지막으로 기억은 충돌 지향적 행동에 대한 동기와 그것을 위한 동원의 계기를 제공해준다. 역사적 기억에 대한 강조 없이 중국 인민이 그렇게 쉽게 행동에 나설 수는 없다.

역사와 기억에 대한 믿음은 또한 충돌을 일으키는 초점이 되고 충돌의 해결에 대한 걸림돌이 되기도 한다. 역사적 기억은 왜 중국이 어떤 이슈에서는 미국과 협조하면서도 동시에 다른 이슈에서는 적대적인 태도로 돌변하는지를 설명해준다. 그것은 또한 왜 중국이 충돌을 다룸에 있어 미국과 다른 나라를 다르게 대하는지도 이해하게 해준다. 정체성과 믿음이 협조와 응집력을 강조함으로써 특정 집단을 더욱 뭉치게 하는 효과를 만들어내는 것이 사실이지만, 정체성과 역사에 대한 그러한 감각이 마찬가지로 충돌과 무질서를 만들어내는 것 역시 사실이다.

이번 절에서는 세 차례의 미중 위기를 세 차례의 비충돌적 미중 간 충돌 사건, 세 차례의 여타 국가들(베트남·필리핀과 벌인 영토분쟁, 1998년 인도네시아에서 발생한 반중국 시위)과의 충돌 사례와 비교했다. 비교 연구를 통해 다음과 같은 요소들이 중국의 역사적 기억을 활성화한다는 것을 알 수 있었다.

1. 긴급성(우발적이거나 예기치 못한 사건)과 시급성

2. 중국인의 고통을 유발한 사건(사상자)

3. 역사적으로 중국과 갈등을 겪은 나라와의 분쟁

결국 역사적 기억이라는 변수가 왜 중국이 세 차례의 사건에는 공격적으로 변했으면서도 같은 시기 미국에 대체로 협조적인 태도를 보였는지, 중국이 왜 충돌을 다룰 때 다른 나라와는 다르게 미국을 다루었는지를 설명해준다. 민족이 겪은 트라우마에 대한 중국 인민의 집단적 역사의식, 국가의 과거에 대한 정치적 활용이 중국인이 외부적 충돌을 개념화하고 관리하며 해결하는 방식에 강력한 영향력을 발휘하는 것이다. 대립과 충돌이 벌어진 위기 상황에서, 특히 중국인들이 그 대립 상황을 근본적 정체성, 체면, 권위에 대한 공격으로 인식할 때 역사적 기억은 종종 주된 동기 부여 요인으로 작용하게 된다.

그간 위기 상황 속에서 중국의 충돌 지향적 행동을 해석하기 위해 정책 집단과 학문 집단은 수많은 책을 출판하고 논문을 생산해왔다. 비록 기존의 이론과 설명이 세 차례에 걸친 미중 간 위기의 특정 측면을 규명했지만, 이 연구는 역사적 기억이라는 렌즈를 통해 분석될 때에야 비로소 그러한 사건들의 온전한 그림이 드러나게 된다는 것을 보여준다.

8장

기억, 교과서,
중일관계 회복

역사의 죄수?

중국 남서쪽 도시 중 하나인 충칭重慶은 2008년 2월에 동아시안컵 축구 대회를 개최했다. 이 대회에는 중국·한국·일본·북한의 주요 동아시아 국가가 참여했다. 그리고 2월 20일에 열린 개막전은 중일전이었다. 게 임 전 중국 축구협회장 셰야롱謝亞龍은 중국 측 선수들에게 30분 정도 격려사를 했다. 중국의 주요 인터넷 뉴스 사이트인 시나닷컴Sina.com의 보도에 따르면, 격려사 초반 셰야롱은 항일전쟁 기간 충칭이 담당한 역 할에 대해 이야기했다고 한다.

　전쟁 당시 중국의 임시수도로서 충칭은 일본의 가혹한 폭격의 주요 목표였다. 폭격은 1938년부터 1943년까지 5년 이상 지속되었다. 보수 적으로 통계를 내봐도 5,000회 이상이었고 1만 1,500발의 폭탄이 떨 어졌다. 최근 연구에 따르면, 당시 폭격으로 2만 3,600명이 죽었고 3만 1,000명이 부상을 당했다. 1941년 6월 5일 하루에만 스무 차례가 넘는 충칭에 대한 일본의 폭격이 세 시간 동안 이어졌고 4,000명가량의 거주 민이 대피 터널에서 질식해 죽었다.[1]

셰야롱은 전쟁 기간 일본의 충칭 폭격과 지역 주민들이 겪은 트라우마를 선수들에게 들려준 것이었다. 연설 말미에 셰야롱은 "이곳 충칭에서 우리는 그 어떤 팀에게도 질 수 있지만, 절대로 일본에 패배해서는 안 된다. 오늘은 역사에 기록될 것이다. 중국 팀은 반드시 일본을 이겨야 한다!"라고 말했다. 그의 긴 연설 탓에 중국 팀은 경기에 지각을 했다.[2] 그리고 그날 밤 중국은 일본에 0대 1로 패했다.

항일전쟁 중 900여 곳에 이르는 중국 도시가 일본에 점령당했다. 충칭 같은 여러 도시가 전쟁에 관한 비극적인 기억을 품고 있다. 2008년 축구팀 멤버들을 포함해 오늘날의 젊은 세대는 자기 할아버지나 셰야롱 같은 사람들처럼 여러 기회를 통해 전쟁에 관한 많은 이야기를 듣는다. 중국의 여러 도시에는 항일전쟁을 기념하기 위한 수많은 박물관·기념물·사적지가 존재한다. 기억에 관한 이 모든 자료는 망각을 불가능하게 만든다. 우리는 왜 2차 세계대전이 끝난 후 60년도 더 지난 시점에도 전쟁의 유령이 중일관계를 사로잡고 있는지 이해할 수 있다. 중일관계가 정상화된 지 30년이 지났지만 과거의 적대감은 여전히 살아남아 있는 것이다.

2005년 4월 5일, 일본의 교육부장관은 『새로운 역사 교과서新しい歴史教科書』라는 이름의 중·고등 교과서를 승인했다. 그리고 이 교과서는 '새로운 역사 교과서를 만드는 모임新しい歴史教科書をつくる会'에서 쓴 것이다. 이러한 움직임은 몇몇 아시아의 나라들, 특히 중국과 한국에서 즉각적인 반발을 불러일으켰는데, 이 나라들은 이 조직이 일본의 전쟁 책임을 최소화하기 위해 수정된 역사 교과서를 이용하고 있다고 비판했다.[3] 이들의 비판에 따르면, 교과서는 일본의 식민과 전쟁 활동에 대

한 왜곡되고 이기적인 설명을 제공하고 있다. 그러한 사례 중 하나가 바로 한반도에 대한 침략을 일본의 안보를 위해 필요했고 아무런 반대도 없었던 병합이라고 묘사한 부분이다.[4]

[『새로운 역사 교과서』가 승인된 후] 4일 뒤인 4월 9일, 1만 명에서 2만 명에 달하는 중국인들이 주베이징 일본대사관으로 몰려가 해당 시설에 돌을 던졌다. 다음 날에는 2만 명의 시위대가 광둥 성 남쪽에서 행진을 벌였고 선전深圳에 있는 일본 백화점을 공격했다.[5] 교과서가 승인된 후 2주 뒤 열 곳 이상의 중국 도시에서 항일 시위가 벌어졌다. 각 시위대는 구호를 외치고 일본 국기를 불태웠다. 사람들은 '일본은 반드시 중국에 사과해야 한다', '국치를 잊지 말라', '일본 상품 불매'와 같은 구호가 쓰여 있는 현수막을 가지고 다녔다.[6] 이 시위는 1972년 양국 관계가 정상화된 이래 가장 큰 규모의 반일 시위였고, 미국이 코소보전쟁 중 베오그라드에 주재하고 있던 중국대사관을 폭격한 1999년 이후 타국에 대한 가장 큰 규모의 시위였다.

분노는 한국에서도 타올랐다. 한국에서는 외교부 대변인이 새롭게 승인된 교과서가 여전히 "보편 가치와 역사적 진실을 설명하기에 한참 부족하다"라고 말했다. 새 교과서는 한국이 자국의 영토로 주장하는 독도에 대한 일본 영유권의 정당성을 강조하고 있다.[7] 서울에서는 박경자와 조승규가 일본의 독도 영유권 주장에 항의하기 위해 일본대사관 앞에서 식칼과 작두로 자신들의 손가락을 잘랐다.

깊은 뿌리를 가진 충돌, 과거의 관계와 그에 따른 문제들은 오늘날의 현실을 사로잡는 유령이 되고 종종 정상적인 커뮤니케이션에 영향을 끼친다. 역사적으로 두 민족 사이의 불행한 관계와 의심은 건설적인 논의를 방해한다. 매우 자주 인간적 충돌에 사로잡힌 사람들은 자신들의 정체성, 역사적 불만, 기억이나 소외의 느낌을 나누지 않는다. 그렇기에 대다수의 다루기 힘든 충돌은 그것에 대한 형식적 개입(예를 들어 중재와 같은) 혹은 협상에 대한 준비가 되어 있지 않다.

실제로 역사적 이슈와 과거에 대한 해석은 중국·일본·한국의 실제적인 화해에 대한 주요 장애물이었다. 그리고 동아시아에서 역사 교육과 역사 교과서 채택을 둘러싼 논쟁은 여러 학과에 소속된 학자들 사이의 주요 쟁점이었다.[8] 이번 장에서 나는 충돌의 해소라는 관점에서 이 주제를 논의해보려 한다.

과거의 충돌에 대한 기억은 동아시아의 국제관계를 상당한 정도로 규정해왔다.[9] 하지만 그 어떤 나라도 과거의 감옥에 갇힌 죄수가 되어서는 안 된다. 요한 갈퉁이 언급한 것처럼 "우리는 역사에 얽매여서는 안 된다. 하지만 그러한 역사의 구속력이 가진 본성에 대한 높은 의식은 필요하며, 그것에서 해방되고자 하는 의지 역시 필요하다."[10] 이러한 측면에서 동아시아의 국가들이 갈퉁과 같은 이념은 물론 빠르게 성장하고 있는 충돌의 분석과 해결 분야에 종사하는 전문가들이 선도적으로 개척해온 방법들을 활용하는 것이 중요하다.

이러한 측면에서 나는 외교관계에서 그리고 위기의 시기 동안 중국이 애국주의 교육에서 어떻게 역사와 기억을 활용했는지에 관한 설명을 시도해보려 한다. 나는 비록 중국공산당의 도구로 활용된 역사에 초점을 맞추었지만, 역사는 또한 오래된 상처를 치유하고자 하는 이들의 도구로 활용될 수도 있다. 만약 역사가 적대감을 불러일으키는 도구가 아니라 화해의 도구로 활용된다면 어떨까? 중국과 일본의 인민들, 특히 양국의 엘리트들은 [과거의 기억에서] 해방되려는 의식을 가지고 있는가? 과거의 그림자를 극복하기 위해 활용할 수 있는 전략과 방법은 무엇인가? 이번 장에서 나는 이러한 질문에 초점을 맞춰보려 한다.

'증오의 담론'에서 '용서의 담론'으로

비비안 자브리Vivienne Jabri는『폭력에 관한 담론Discourse on Violence』에서 충돌과 전쟁의 원인에 대한 '정통' 이론에 도전한다. 그녀는 정통 이론이 충돌을 발생시키는 사회적 조건보다 그러한 충돌이 어떻게 발생하게 되는지에 지나치게 초점을 맞춤으로써, 폭력적인 충돌을 이해하는 데 충분하지 않다고 주장한다. 자브리에 따르면, 폭력적 충돌은 단순히 지도부와 의사결정에 대한 분석만으로는 이해할 수 없다. 그러므로 충돌을 활성화하고 그것에 정당성을 부여하는 사회 속의 연속성을 밝혀내는 작업이 필요한 것이다.[11]

그녀는 폭력적 충돌이 사회적·정치적 담론을 통해 재생산되는 사회적 제도이며, 그러한 제도가 폭력적 충돌에 정당성을 부여한다고 주장한다. 특정한 조건 속에서 배타주의적 언어를 통해 집단 정체성이 규정될 때, 그것은 고정관념의 토대를 제공할 수 있다. 타 집단에 대한 반대에 기반을 둔 집단 정체감이 가진 함의는 폭력을 정당화하는 과정을 이해하는 데 매우 중요하다. 이러한 과정을 통해 만들어진 적은 차별과 폭력의 정당한 대상이 된다. 자브리가 지적하는 핵심은 결국 폭력적 충돌을 만들어내는 배타주의적 담론이 현재 진행 중인 전장에만 국한되는 것이 아니라 오히려 그러한 싸움 이전에 발생한다는 것이다.

역사 교과서는 민족 서사를 구축하고 재생산하는 주요 구성 요소로 여겨져왔다. 역사 교육은 단순히 역사에 관한 여러 '학술적 관점'을 전달하는 것만이 아닐뿐더러 정치적 영향에서 완전히 자유로울 수도 없다. 중국·한국·일본이 자국의 교육 체제 안에서 어떻게 역사적 쟁점들을 다루어왔는지를 살펴보면 상당히 불편한 메시지를 포착할 수 있다. 이 세 나라에서 역사 교과서와 역사 교육은 자브리가 묘사한 것과 동일한 배타주의적 담론의 자원이 되었다.

교과서는 특정 정보에 관한 중립적이고도 합법적인 출처로 가장하지만, 정치인과 시민들은 종종 자신의 집단에 아첨하기 위해 단순한 서사를 유지하는 데 더욱 몰두한다. 역사가 '우리의 조상들'에 관한 것이라는 가정 역시 동아시아에서 매우 흔하며, 이러한 인식은 역사를 사람들—그들이 누구든지 간에—이 과거에 어떻게 살았고 서로 어떻게 대응해왔는지에 관한 사실로 인식하는 것과는 분명 다르다. 하지만 역사 교과서가 그들이 우리의 조상이어야만 한다는 가정에 근거해 편찬되면, 교과서는 자칫 종족 중심주의적 관점, 고정관념과 편견으로 가득 차게 되어 특정한 집단을 예찬하거나 악마화하는 것을 피하기 어렵게 된다. 이렇게 역사 교과서는 논쟁과 충돌의 근원이 되는 것이다.

과거에 발생한 타 집단과의 충돌을 설명하기 위해 중국·한국·일본세 나라의 역사 교과서는 '승리자 서사'와 '희생자 서사'를 혼합한다. 중국과 한국 교과서는 전쟁 기간 중에 일본이 자행한 잔혹 행위를 상세하게 묘사하는 데 반해, 일본 교과서에서 그러한 내용은 중요하게 다루어지지 않는다. 대신 일본 교과서는 전쟁을 히로시마와 나카사키 원폭, 도쿄 대공습과 연결시킨다. 이에나가 사부로家永三郞에 따르면, 1920년 이래로 일본의 교과서는 후속 세대에게 전쟁은 영광스러운 것으로 가르쳐왔으며, 그 결과 전쟁에 관한 여러 슬픈 진실을 은폐해왔다.[12] 요시다 다카시吉田俊는 일본 정부가 전쟁 기간을 자세하면서도 비판적인 태도로 그려내는 것을 저어해왔다고 주장한다.[13]

하마다 도모코浜田とも子는 이러한 쟁점을 이해하기 위해 세 종류의 일본 교과서에 포함되어 있는 일본의 아시아 지역 식민화(1937~1945)에 대한 묘사를 중국 정부가 승인한 교과서와 비교해보았다. 연구 결과, 일본 교과서가 실패의 고귀함을 묘사하는 방식을 따르고 있는 것과는 달리, 중국 교과서는 인내, 투쟁, 궁극적 승리와 같은 기능적인 요소로서 전통적인 영웅 설화에 집착하고 있다는 것이 밝혀졌다.[14] 또한 서정희의 연구에 따르면, 한국인들은 일본과의 파란만장한 역사적 관계의 기억 속에 자리 잡은 희생자 감정에 깊이 사로잡혀 있으며, 그러한 감정은 일본이 역사 교과서에서 쌍방적이면서도 지역적인 사건을 종족 중심으로 표현해놓았다는 것에 대한 민족주의적 감정을 촉발시키고 있다. 또한 서정희는 이것이 바로 일본의 새로운 역사 교과서가 한국에서 그토록 격렬한 '민족주의적 분노'를 만들어내는 이유라고 주장했다.[15]

일본에서 많은 사람은 중국의 반일 감정을 중국의 역사 교육과 연결시킨다. 예를 들어 마치무라 노부나카町村信孝는 "중국의 교과서는 일률적으로 '우리나라가 옳다'라는 관점을 전달하고 있다는 방식에 있어서 극단적이다"라고 주장하면서, 베이징이 중국 학생들에게 과거에 대한 균형 있는 관점을 심어주지 못한다고 비난했다. 또한 몇몇 일본의 입법위원들은 베이징의 중국 인민 항일전쟁 기념관에서 사실에 부합하지 않는 전시물들을 모두 치울 것을 베이징에 요구해야 한다고 주장하기도 했다.[16] 교토 통신사의 기사에 따르면, 중국 정부는 2차 세계대전 전후로 일본이 중국에서 자행한 잔혹 행위를 강조하는 방식으로 학생들에게 반일 감정을 고취하기 위해 1994년 '애국주의 교육'을 도입했다.[17]

다른 집단의 역사와 비교해서 자신의 민족적 경험에 대해 상이한 기준과 접근방식을 채택하게 되면, 필연적으로 서로 다른 역사적 서사를 만들어내게 된다. 두 나라가 각자의 역사 교과서에서 동일한 역사적 사건을 매우 다르게 묘사할 수 있고, 이것이 쌍방 간의 관계에서 오해로 발전하게 되는 것이다. 오랜 충돌의 역사를 가진 나라들은 자신들의 역사 중 특정한 부분을 다른 나라에서는 어떻게 서술하고 가르치는지에 대해 특별히 민감하다. 요컨대 사람들은 자신들이 진실이라고 수용한 것을 역사 교과서가 정확하게 말하고 있는지에 관해 다투고 있는 셈이다. 이렇게 역사 교과서는 숙적 사이의 새로운 충돌의 원인이 된다.

중일관계에서 가장 논쟁적인 역사적 이슈는 난징 학살이다. 중국 인민들에게 있어 '난징 침탈'은 결코 잊지 못할 민족적 트라우마다. 중국 인민들은 1937년 12월 일본군이 난징을 점령한 후 30만 명 이상을 처형했다고 믿고 있다. 30만 명은 중국의 공식적인 집계이자 중국 학생들이 역사 교과서에서 배운 숫자다. 공식 중등 역사 교과서는 이 사건을 되새기기 위해 여러 장의 사진, 통계표, 목격자 설명, 개인적 일화를 활용하고 있다. 또한 교과서는 수많은 사람이 여러 처형장소에서 어떻게 처형당했는지, 일본군이 그들의 시체를 어떻게 버렸는지에 관해 상세한 설명을 제공하고 있다. 또한 난징 침탈에 관한 수많은 영화, 소설, 역사 교과서와 신문이 중국에서 제작·발행되었고, 특히 애국주의 교육이 시작된 1990년대 이후 그러한 흐름은 더욱 강화되었다.

그러나 '새로운 역사 교과서를 만드는 모임'이 출판한 2005년판 역사 교과서를 보면 난징 학살에 대한 언급을 전혀 찾아볼 수 없다. 실제로 해당 사건을 언급한 문장은 하나도 없다.

1937년 8월 일본 병사 [그리고] 장교가 상하이에서 총에 맞아 사망했디. 이 사건 이후 일본과 중국의 적대감은 고조되었다. 일본군 장교들은 국민당의 수도인 난징을 손에 넣으면 장제스가 항복할 것이라고 생각했다. 그리고 그들은 12월 난징을 차지했다. 하지만 장제스는 멀리 떨어진 충칭이라는 도시로 수도를 옮겨버렸다. 충돌은 계속되었다.[18]

이 부분에서 편집자는 학살을 직접 언급하는 각주를 달아놓았다. "당시 많은 중국 병사와 시민이 일본 부대의 손에 죽거나 다쳤다(난징 사건). 문서 자료를 토대로 이 사건의 희생자 수가 정확한지에 관해 의문이 제기되고 있다. 그리고 논쟁은 오늘날에도 계속되고 있다."[19] 요시다의 연구에 따르면, 일본의 중등 교과서 일곱 종 가운데 단 두 종만 쟁점이 되고 있는 난징 학살의 희생자 수를 제시하고 있을 뿐이다. 다른 교과서들은 일본 우익의 압박을 회피하기 위해 '많은', '대량의'와 같은 좀 더 모호한 용어로 희생자 수를 표현하고 있다.[20]

양국의 교과서에서 동일한 사건이 상이하게 다루어지고 있다는 것을 고려하면 왜 역사 교과서가 대규모의 시위를 촉발하는지를 이해하는 것은 어렵지 않다. 로라 헤인Laura Hein과 마크 셀던Mark Selden이 언급한 것처럼, 역사 수업은 한 사회 속에서 시민들의 행동방식을 규정지을 뿐만 아니라 '타자와의 시간관계chronicle relations with others'를 규정짓기도 한다. 사람들은 그러한 교과서의 내용에 대해 논쟁을 벌이는데, 교육은 미래에 연계되어 있고, 사회의 깊숙한 곳에까지 영향을 끼치며, 대부분 국가가 직접 기술하기 때문이다.[21]

실제로 중국과 일본 사이에는 일종의 순환고리가 존재하는데, 민족주의적 역사 교육이 민족주의의 굴기를 자극하고 민족주의의 굴기가 민족주의적 메시지를 위한 더욱 큰 시장을 제공해주는 것이다. 동시에 최고 지도자들은 자신들의 지위에 얽매여 있을 뿐만 아니라, 종종 정치적 동원을 위해 역사적 분노를 모종의 자원으로서 활용하기도 한다.

동아시아 지역에서 역사 교육과 역사 교과서 채택을 둘러싼 논쟁은 특히 역사 교육과 교과서가 싸움을 불러일으킬 정도로 중요한 것이냐는 질문을 제기한다. 실상 역사 교육과 교과서를 둘러싼 싸움은 비단 특별히 아시아 지역에만 국한되는 것은 아니다. 일련의 연구에 따르면, 그러한 싸움은 뿌리 깊은 충돌에 연루된 여러 나라의 '공통된' 현상이다. 과거에 대한 조작은 종종 타자를 묘사할 때 고정관념과 편견을 이용하는 것으로 나타나기도 한다. 이것이 극단으로 치우치면 고정관념과 편견은 엘리 포데Elie Podeh가 '탈정당화delegitimization'라고 부른 것을 심화시키는데, 그것은 "특정 집단을 수용 가능한 규범 그리고/또는 가치의 한계 안에서 활동하는 인간 집단에서 배제된 극단적으로 부정적인 사회적 집단으로 분류"[22]하는 것이다. 이렇게 교과서는 두 문명 사이의 증오를 퍼뜨릴 수 있다. 하지만 사람들은 결국 그러한 순환고리에 갇혀버릴 운명인 걸까? 사람들이 증오의 담론을 통과할 수 있는 도구나 전략은 없는 걸까?

비비안 자브리의 이론으로 돌아가 보면, 그녀는 충돌을 막는다는 것은 단기적으로는 배타주의적 담론과 상징 정치의 기회를 제한함으로써 그러한 담론과 정치를 사전에 차단하고, 장기적으로는 적대적 신화와 태도를 바꾸는 것을 의미한다고 주장한다.[23] 자브리의 제안을 따른다면, 선택된 과거의 트라우마에서 벗어나는 최고의 전략은 증오와 싸움에 관한 현재의 담론들을 관용··용서·화해에 관한 대화로 교체하는 것이다. 자브리에 따르면, 구조와 행위자는 서로 구축하는 관계이기 때문에 행위자는 자신이 행동하는 충돌의 구조를 바꾸기 위해 노력할 수 있다. 또한 행위자는 자신을 구조에서 해방시킬 수 있고, 평화에 관한 새로운 담론의 창조 가능성을 만들어낼 수도 있다. 그리고 이것은 평화적인 환경을 사회적 연속성으로 제도화하는 역할을 할 수 있을 것이다. 충돌의 해결과 변화의 전략에 관한 그녀의 관점은 충돌의 장기적인 사회적 원인을 다루기 전까지는 폭력석 충놀에 대한 기존의 충돌 지향적 해결방식을 결코 쉽게 지양할 수 없을 것이라는 사실을 함축하고 있다.

평화 구축 방법으로서의 합동 역사 저술

교과서와 역사에 대한 여러 서술이 서로 다른 국가들 사이에서 충돌의 씨앗이 된다면, 공동 저술을 통해 내용을 수정하는 것이 화해와 충돌의 해결을 위한 다양한 방법 중 하나가 될 수 있을 것이다. 충돌 해결 연구를 정초한 인물인 존 버튼John Burton에 따르면, 뿌리 깊은 충돌을 해결하는 데는 충돌의 원인을 분석적으로 이해하는 방법, 그리고 전통적인 권력 협상과는 무관한 방법이 필요하다.[24] 이를 일러 '공동 문제해결 접근법joint problem-solving approach'이라고 부른다. 공유하고 있는 문제를 해결하려는 협력적 노력은 아시아-태평양 지역에서 뿌리 깊은 충돌로 촉발된 상호관계성에서 그러한 문제를 해결하기 위한 지침이 될 수 있을 것이다.

2005년 5월 동아시아에서는 3년의 준비 끝에 첫 번째로 공동 저술된 교과서 『동아시아 3국의 현·당대 역사*The Modern and Contemporary History of Three East Asian Countries*』*가 중국·한국·일본에서 (각국의 언어로) 동시에 출판되었다.[25] 세 나라에 속한 독립적인 교사, 역사가, 시민단체가 참여한 이 비정부 프로젝트의 목표는 역사에 대해 서로 공유하는 해석을 수립하는 데 목표를 두고 있었다.

이 프로젝트는 2002년 3월에 시작되었는데, 당시 중국에서 개최된 역사 교육 관련 회의에 중국·한국·일본의 역사가들이 참여했다. 이 회의에서 참석자들은 과거의 충돌에 관한 통일된 역사적 해석을 기록한 문건이 3국 사이의 화해에서 결정적인 역할을 할 것이라는 데 합의했다. 회의가 끝난 후 곧바로 3국에 국가 교과서 저술위원회가 설립되었고, 2002년 8월에 첫 번째 프로젝트 회의가 서울에서 개최되었다.[26] 3국 역사 교과서 저술위원회는 53명의 위원으로 구성되었는데, 한국 23명, 중국 17명, 일본 13명으로 구성되었다. 그리고 이들 대부분은 자국의 역사 연구기관이나 박물관과 연계된 역사교수 혹은 원로 연구자들이었

*　한국에서는 『미래를 여는 역사—한중일이 함께 만든 동아시아 3국의 근현대사』(한겨레출판사, 2005)로 출판되었다.

다. 일본과 한국의 위원회 구성원 중에는 중학교 역사교사, 비정부 기관과 시민단체 회원들도 있었다. 이들 모두는 독립 학자로 참여했는데, 이 프로젝트가 본질상 비정부적 성격으로 시작되어 일체의 지원금이나 보조금이 없었기 때문이다.[27] 3년 동안 열일곱 차례의 회의와 여섯 번의 수정을 거쳐 2005년에 마침내 공동 역사 교과서가 출판되었다.

이러한 교과서의 출판이 평화 구축과 화해의 방편으로서 역시 교과서의 다자간 협의를 통한 저술을 활용한 최초의 사례는 아니다. 독일과 폴란드, 독일과 프랑스 간의 쌍방 협의를 통한 역사 교과서가 출판되고 있다. 이러한 노력은 2차 세계대전 이후와 유럽연합 통일과정에서 이들 나라의 화해에 상당한 공헌을 했다.[28] 제프리 와서스트롬은 되돌아보면 동아시아 지역에서 3국 협의를 통한 역사 교과서의 출판이 "아시아 관계의 또 다른 이정표가 될 것이며, 이 이정표는 곧 일본·중국·한국이 마침내 과거에 관한 공유된 이야기를 수용하기 시작했다는 것을 의미한다"[29]라고 주장했다. 이러한 언급은 지나치게 낙관적인 것일지도 모르지만 이 프로젝트의 효과는 인정할 만한 것이다. 프로젝트의 결과물인 교과서와 프로젝트 자체가 집단 사이의 충돌과 화해에 있어 역사의 역할을 분석하는 풍부한 사례가 될 수 있기 때문이다.

공동으로 저술된 역사 교과서는 3국에서 이전에 출판된 여타 역사 교과서와 다른 몇 가지 특징을 가지고 있다. 첫째, 『미래를 여는 역사』는 단일한 국가의 관점을 통해 역사를 제시하지 않고 3국이 공인한 역사 해석을 소개하기 위해 특별한 노력을 기울였다. 역사 교과서는 종종 단일한 관점으로 기술된다. 다시 말해 그러한 교과서들은 과거에 대한 자국 중심주의적 관점에 기반을 두고 있으며, 역사에 관한 민족적 서사의 토대가 되는 것이다. 이와 반대로 동아시아에서 출판된 이 최초의 공동 역사 교과서는 동아시아 3국 사이의 상호작용에 주로 초점을 맞추고 있다. 이 교과서의 서문에 나오는 것처럼, 이들 나라는 매우 밀접한 지리적·역사적 관계를 맺고 있으며 그들의 역사는 서로 분리해서 이해할 수 없다.[30]

둘째, 이 교과서는 3국이 과거의 충돌과 폭력을 설명하기 위해 전통적인 민족 역사 교과서에서 활용한 가해자와 피해자 서술방식을 '자기 성찰적 서술방식introspective narrative'으로 교체했다. 더불어 이 교과서는 독자가 역사적 비극의 깊은 뿌리와 원인을 탐색하게 하고 과거의 실수를 성찰하게 하며 역사에서 배우게 한다. 서문에서 편집진은 독자에게 다음과 같은 질문을 고려해볼 것을 요청하고 있다. 동아시아의 역사를 공부함으로써 우리는 어떠한 교훈을 얻을 수 있는가?[31]

실제로 교과서 전체를 통해 초점은 아시아-태평양 전쟁의 원인을 탐색하는 것에 맞춰져 있다. 편집진은 이 책을 편찬한 가이드라인에 대해 다음과 같이 설명한다. "과거의 실수를 기억함으로써 우리는 같은 실수를 반복하는 것을 피할 수 있고 더 현명해질 수 있다. 우리는 과거의 경험과 교훈을 기억하고 미래를 열기 위해 역사를 공부한다."[32] 사람들에게 그저 과거에 무슨 일이 일어났는지를 말해주는 대신에 역사에 대한 자기 성찰적 서술방식은 **왜** 그러한 사건들이 발생했는지, 나아가 같은 사건이 다시 발생하는 것을 어떻게 막을 것인지를 고민해보도록 독자들을 고취할 것이다.

셋째, 『미래를 여는 역사』의 편집진은 사건을 소개하기 위해 다량의 사진, 통계, 목격자 설명, 개인 경험담을 광범위하게 활용했다. 이러한 내용이 전체 교과서 공간의 3분의 1을 차지한다. 이렇게 많은 양의 사진과 목격담을 실은 것은 민감한 역사적 사건들에 대한 설명방식의 불일치를 피하기 위해 민족적 편견을 바로잡고, 자신들의 언급을 최소화하기 위한 편집진의 의도에 따른 것인지도 모른다. 하지만 이 교과서에서 역사적 사건들을 설명한 방식은 때때로 매우 간략하고 단순하다. 이전에 각국에서 출판된 교과서와 비교해 각 나라의 국내적 사안과 외교관계에 대한 묘사는 꽤 간략하다.

예를 들어 중국의 항일전쟁을 언급하면서 이 교과서는 중국공산당과 국민당 사이의 내부 충돌을 전혀 언급하지 않고 있다. 하지만 대륙의 공식 역사 교과서에서 해당 내용은 상당한 부분을 차지하고 있다. 이 교과서가 3국이 공동으로 역사를 설명한 최초의 협업이라는 점을 고려할 때, 편집진이 논란을 피하기 위해 상당한 주의를 기울인 것은 이해할 만하다. 다시 말해 그들은 최대한 3국의 공통된 토대를 찾기 위해 노력했던 것이다. 하지만 국내 정치에 관한 정보와 그 상세한 내용의 결여는 자칫 이 교과서를 중학교 역사 교과서의 주교재가 아닌 보조교재로 격하시킬 위험도 있다.

마지막으로, 이 교과서는 학생들에게 화해의 어려움과 복잡함을 소개해주고 있다. 이 교과서를 통해 학생들은 3국이 몇몇 역사적 사건에 대해 서로 다른 해석을 하고 있으며 역사적 이슈들이 건강한 관계를 수립하는 데 장애물이 되어왔음을 배울 수 있다. 3국의 공동 교과서는 전후 세 나라의 국가 건설 과정과 화해의 지난한 과정을 담고 있다. 그것은 또한 일본과 이웃 동아시아 나라 사이의 최근 관계에 영향을 주고 있는 몇몇 논쟁적 이슈인 개인 배상 문제, 전쟁 기간 '위안부' 문제, 역사

교과서 내용에 관한 문제, 일본 지도자들의 도쿄 야스쿠니 신사 방문 등에 대해서도 언급하고 있다.[33]

3개국 언어로 된 3국 공동 교과서는 각 나라에서 환영받고 있다. 중국어 버전의 초판은 2만 부가 인쇄되었고 이틀 만에 모두 팔렸다. 한국어 버전과 일본어 버전 역시 첫 주에 각각 2만 부가 팔려나갔고 이 숫자는 이들 나라의 사회과학 분야에서 주목할 만한 것이었다. 일본 출판사는 2판과 3판을 추가로 인쇄하기로 했고, 초판에 더해 1만 5,000부를 추가하기로 결정했다.[34] 이 책은 처음 출판된 후 1년이 되는 2006년 5월까지 세 가지 언어의 판본을 모두 합쳐 1만 5,000부가 팔렸다. 중국어 버전 수정판은 약간의 수정과 새로운 사진을 추가해 2006년 5월에 출판되었지만 초판에서 크게 벗어나지는 않았다.[35]

편집진의 본래 목표는 중학생을 위한 교과서를 만드는 것이었지만, 3개 국어로 된 이 역사책은 아직 교과서로 인정받지는 못한 상태다. 교과서는 공식적인 승인을 얻기 위해 엄격한 과정을 거쳐야 하는데, 이 교과서는 아직 어떤 나라에서도 승인받지 못한 상태인 데다 학생들이 읽어야 할 보충교재도 되지 못하고 있다.[36] 비록 이 책이 교실에 들어가지는 못했지만 시장에서 거둔 상대적인 성공은 이들 나라에서 새로운 역사 서술에 상당한 관심이 있음을 잘 보여준다.

이 책의 출판은 또한 특히 중국과 한국에서 광범위한 미디어의 주목을 받았다. 중국의 공식적인 신문과 인터넷 웹사이트에서는 우호적인 논평과 지지를 받았지만, 학자 개인의 블로그와 온라인 토론방에서는 비판을 받기도 했다. 예를 들어 어떤 이는 편집진이 모종의 합의를 할 수밖에 없었기 때문에 가끔 논쟁을 피하기 위해 매우 간략한 서술을 했다는 점을 알아냈다.[37] 중국의 비판적 작가인 위화余華는 "독점 체제 아래서 진실된 역사는 없다專制之下無信史"는 글에서 이 교과서를 검토하면서 이 책이 기본적으로 베이징의 공식적인 역사 서술과 배치되는 내용을 전혀 담고 있지 않다고 주장했다. 예컨대 이 교과서는 중국공산당이 실상 일본과의 싸움에서 적극적인 역할을 하지 않았는데도 항일전쟁에서 중국공산당이 거둔 성공에 대해 상당한 신뢰를 보여준다는 것이다. 또한 이 책은 북한이 한국전쟁을 일으켰다는 사실도 명확히 하지 못했다.[38]

일본에서는 3국 공동 교과서에 대한 토론의 초점이 주로 이 프로젝트에 참여한 일본 참가자들에게 맞춰졌다. 열세 명의 일본 편집진 중 여섯 명은 '아이와 교과서 전국 네트워크 21', '역사 교육 아시아 네트워크'라는 두 조직에 속해 있었는데, 이들은 모두 역사 교과서의 내용 탓에 『새로운 역사 교과서』를 만든 단체로부터 강력한 항의를 받았다. 실제로 이 두 단체는 일본의 지역 학교위원회가 『새로운 역사 교과서』를 수용하는 것을 저지하려는 특정한 목적을 가지고 세워졌다. 3국 공동 교과서에 참여한 일본의 역사학자 대다수가 일본의 좌파를 대표하는 것으로 그려졌고, 우익 역사학자는 아무도 이 프로젝트에 참여하지 않았기 때문에, 일본 사람들에게 이 책은 중국·한국과 공모한 또 다른 종류의 좌익 서적이라는 인상을 남기고 말았다.

대부분의 사회에서 역사 교과서와 시민 교과서는 민족적 경험에 관한 '공식적 이야기' 혹은 거대 서사를 대표한다. 그러한 책을 만드는 일은 비교적 간단한 일이다. 서로 경합하는 관점이 설령 있다고 하더라도 실제로는 거의 없기 때문이다. 하지만 3국 공동 교과서를 만드는 것은 당연히 매우 어려운 일이었는데, 필진과 출판업자들은 집필과정에서 '치열한 논쟁'이 광범위하게 벌어졌음을 인정했다.[39] 이 세 나라는 모두 해당 분야의 역사에 대한 자신만의 관점을 확립해놓은 상태였기 때문에 합의에 도달하기가 매우 어려울 수밖에 없었다. 그럼에도 이 책의 출판은 중요한 첫걸음이었다. 많은 사람이 서로 다른 관점을 인지한 상태에서 동아시아의 논쟁적이면서도 민감한 역사적 이슈들에 접근한 것은 처음이었기 때문이다.

사람들은 진실을 말한다고 하면서 역사 교과서의 정확성에 관해 다툼을 벌인다. 그러한 '진실'은 화해의 과정 속에서 중요한 요소이기도 하다. 존 폴 레더락John Paul Lederach에 따르면, 화해는 이미 발생한 잘못을 '바로잡으려는' 노력(즉, 정의) 그리고 가해자에 대한 용서(즉, 자비를 보이는 것)와 함께 발생한 것(즉, 진실)에 대한 확인과 인정을 포함한다.[40] 화해는 또한 한쪽이 상대방을 완전히 압도하거나 양측이 서로 쪼개지는 강압적인 만남이 아니라, 진실과 용서가 실현되고 융합되는 사회적 공간의 창조를 포함한다. 실제로 이것은 남아프리카 진실과 화해위원회South African Truth and Reconciliation Commission가 취한 접근방식이기도 하다.[41] 제임스 L. 깁슨James L. Gibson의 연구에 따르면, 진실 말하기혹은 [진실에 관한] 논의과정은 남아프리카에서 화해와 민주화의 과정에 상당한 도움을 주었다.[42]

간단히 말해 새로운 교과서가 과거의 충돌에 관한 민감한 진실을 얼마나 잘 반영하고 있는지가 화해의 과정에 역사 교과서가 어느 정도 기여할 수 있는지를 결정하는 중요한 요인이 되는 것이다. 과거를 대면하는 것은 화해를 위한, 그리고 폭력에서 평화로, 권위주의에서 민주주의로 이행하고 있는 나라들을 위한 확정적 규범이 되었다. 트리스탄 보러 Tristan Borer에 따르면, 진실 말하기는 화해, 인권, 젠더 평등, 회복적 정의restorative justice, 법치, 폭력의 완화, 트라우마의 치료에 도움을 주며, 이 모든 것은 지속 가능한 평화를 구축한다.[43]

하지만 많은 역사적 사건에 있어 역사적 진실을 회복하는 것은 쉬운 일이 아니며, 화해가 아무런 원칙도 없는 합의를 의미하는 것은 아니다. 합의를 이루려는 진지한 노력 이후에도 과거 사건에 대한 반대되는 의견과 해석이 존재할 수 있다. 여전히 화해의 과정에 필요한 것은 나라나 집단 사이의 협력적 노력이다. 그러한 노력에 필요한 핵심적인 한걸음으로서 공동의 역사 서술은 둘 혹은 그 이상의 나라들이 공유한 과거를 대면할 수 있는 기회를 제공해주어야 한다. 역사 교과서는 한쪽만의 이야기를 제공하는 대신 과거의 사건들에 관한 둘 혹은 그 이상의 서사를 제공해줄 수 있고, 학생들로 하여금 자신들이 수용하고자 하는 바를 스스로 선택하도록 할 수 있다. 그렇게 함으로써 역사 교과서는 학생들에게 화해 자체의 복잡한 과정을 알려주고 비판적으로 생각할 수 있는 소양을 높여줄 수 있다. 이에 대해 엘리자베스 콜과 주디 바살로우는 다음과 같이 말했다.

비판적 사유의 소양, 단순한 모델에 대해 질문을 제기하는 의지, 공감 능력, 폭력에 호소하지 않으면서도 과거에 관한 해석과 그러한 해석이 내포한 현재의 사회적 이슈에 대한 함의에 동의하지 않을 수 있는 능력을 고양함으로써, 역사 교과서와 역사 교육 프로그램의 내용과 방법론을 수정하는 것은 장기적 화해를 고취할 수 있다.[44]

다수의 관점을 제공함으로써 역사 교육은 특정한 집단을 배제하거나 악마화하는 것을 피할 수 있다. 교육은 학생들로 하여금 폭력의 영향을 받은 여러 집단의 다양한 경험을 탐색하게 한다. 그러므로 역사를 가르치는 것은 참여적이고 책임감 있는 시민이 될 수 있도록 도와준다. 공동의 역사 서술 과정은 또한 이전에 충돌하던 지역의 역사가들이 진솔한 토론에 참여하게 해준다. 이것이 바로 두 집단이 진실·정의·자비를 찾기 위한 과정에 참여하게 하는 필수적인 단계다.

역사를 가르친다는 측면에서 학생들에게 서로 다른 나라에서는 몇몇 역사적 사건이 서로 다르게 해석되고 있다고 가르치는 일이 적절하지 않은 것은 아니다. [역사에 관한] 서로 다른 판단을 이해하는 것은 고무적일 수 있다. 이러한 접근방식은 또한 학생들에게 역사에 관한 배타적인 민족주의적 묘사를 외부의 시각으로 볼 수 있게 해준다. 자기 나라의 이야기만을 들려주는 대신에, 교과서를 통해 상이한 견해를 알려주고 학생들로 하여금 스스로 사건들을 해석할 수 있게 만드는 것이다. 이러한 방식으로 교과서는 역사적 사건을 전달할 수 있을 뿐만 아니라, 화해를 향한 장기적인 길을 알려줄 수 있으며, 학생들로 하여금 역사적 사건과 최근의 사건 역시 비판적으로 독해할 수 있도록 독려할 수도 있다.

『미래를 여는 역사』라는 3국 공동의 역사 집필 프로젝트는 동아시아에서 이해와 관용을 고취하기 위한 노력을 기울였다. 이 책에 포함된 역사에 관한 정확한 설명이나 관점에 관해서는 서로 다른 견해가 있을 수 있지만, 이 책의 출판은 각국에서 이제 정치적 담론의 일부가 된 새로운 접근방식을 고취하는 데 공헌했다. 충돌을 예방하는 것은 불화의 기회를 제한하고 적대감으로 이어지는 신화와 태도를 바꿈으로써 배타주

의적 담론과 상징을 예방하는 것을 의미한다. 동아시아의 진정한 화해
는 현재도 이용되고 있는 역사적 증오와 트라우마를 관용과 용서를 통
해 새롭게 정립한 평화적 담론과 화해로 대체할 수 있느냐에 달려 있다.
[한중일] 3국의 공동 역사 저술 프로젝트는 그러한 담론에 시동을 걸기
위한 중요한 노력일 것이다.

'상명하달'에서 '중간연대'로

캐나다의 국회의원이었던 어윈 코틀러Irwin Cotler는 다음과 같이 말한
바 있다. "기억이 없는 곳에는 진실이 없다. 진실이 없는 곳에는 정의가
없다. 정의가 없는 곳에는 화해가 없다. 화해가 없는 곳에는 평화가 없
다."[45] 동아시아에서 역사 교육은 이제 국내 이슈가 아니다. 역사 서술과
과거에 대한 해석은 언제나 진정한 화해를 방해하는 장벽이었으며 해
당 지역에서 대중 민족주의를 불러일으켰다. 동시에 최고 지도자들은
종종 개인의 지위 혹은 정당 정치의 범주에 갇혀 있었다. 심지어 그들
중 몇몇은 정치적 동원을 위해 역사적 분노를 활용하기도 했다. 이러한
역학관계를 고려할 때, '중간연대middle-out'라는 방식은 동아시아 지역
에서 화해와 충돌의 해결을 위한 필수적 단계라고 할 수 있다.

존 폴 레더락과 같은 충돌 해결 전문가들은 중간급 리더십의 중요성
과 평화 구축을 위한 이른바 '중간연대 접근법'을 강조한다. 이 접근방
식은 중간급 지도자들('비공식적이지만 영향력이 있는' 사회, 정치단체와 개인)
이 국가적·지역적 차원의 모든 지도자에게 영향력을 행사할 수 있는 자

연스러운 중간다리가 될 수 있다고 본다. 명망 높은 개인(예를 들어 노벨상 수상자, 저명한 학자), 시민단체와 기구의 리더 혹은 특정 집단의 리더가 이들 중간급 지도자가 될 수 있다. 이들은 최고위층과 기층 모두에서 사람들과 관계를 맺을 수 있고 그들의 지위는 정치적·군사적 권력에 의존적이지 않다.

당파적 관계의 역사에 뿌리박고 있으면서 희생자 의식으로 강화된 가치와 믿음은 좀처럼 바뀌지 않는다. 하지만 경험적 증거에 따르면, 믿을 만한 출처에서 얻은 정보는 설사 그것이 과거의 인식과 충돌한다고 할지라도 당파적 믿음을 바꿀 수 있다.[46] 물론 대중의 의견을 바꾸는 일은 특정 개인의 의견을 바꾸는 것보다 훨씬 더 복잡하다. 그러한 전환에는 사회적 네트워크 혹은 정치 지도자와 같은 사회적 요소, 부정적 고정관념을 강화하는 가족과 친구 같은 심리적 요인처럼 많은 장애물이 존재한다. 하지만 새로운 정보가 나타나면 그런 장애물은 쉽게 무너질 수 있다. 다만 그 새로운 정보의 출처가 믿을 만하고, 대중매체와 개인적 네트워크를 통해 확산되며, 해당 이슈의 상반된 두 측면을 모두 포함하고 있어야 한다.

중간급 지도자는 새로운 인식과 이념을 일반 시민들에게 여과해서 전달하는 역할을 할 수 있으며, 그들은 또한 권한을 가진 정책 결정자와 대화할 수 있다. 다시 말해 그들은 새로운 정보와 개념의 믿을 만한 출처인 셈이다. 그러므로 중간연대 접근법은 새로운 개념을 고위급 지도자층과 일반 대중 모두에게 전달해줄 수 있는 것이다. 두 나라의 중간급 지도자들의 서적, 대중 연설과 대화는 작은 변화를 만들어낼 수 있다.[47]

예를 들어 2002년 베이징에 기반을 둔 학술지 『전략과 관리戰略與管

理』에 발표되어 널리 회자된 논문「중일관계에 관한 새로운 생각」은 중국에서 중일관계에 대한 주요 논쟁을 촉발시켰다.『인민일보』의 저명한 편집자인 마리청馬立成이 쓴 이 논문은 중국이 피해자 의식에서 벗어나 건강한 심리를 갖춘 확신에 찬 대국이 되어야 한다고 주장했다. 이 논문에서 그는 중국이 전쟁 기간의 분노를 묻어버릴 것을 공개적으로 요구하면서 중국의 강력한 반일 감정에 가차 없는 비판을 퍼부었다. 마리청은 일본으로 하여금 전쟁 범죄에 대해 사과하도록 요구하는 것과 관련된 이슈는 이미 해결된 것이라고 보았다. 그는 "중요한 것은 앞을 내다보는 것"[48]이라고 썼다. 마리청의 관점은 대체로 학자와 대중에게 비판을 받았지만 지지를 받기도 했다.

국제관계 전문가인 스인홍時殷弘의 글「중일 화해와 외교 혁명」역시 상당한 이목을 집중시켰다. 스인홍은 상호 간의 증오와 적대감은 일본에서 공격적인 중국 혐오를 만들어낼 수 있고 잠재적으로 중국에서 위험할 수 있는 악순환 구조로 이어질 수 있다고 경고했다. 스인홍은 또한 중국이 역사의 짐을 한쪽으로 치우고 일본의 재무장을 이해해야 하며, 심지어 일본의 유엔 안전보장이사회 상임이사국 참가 시도 역시 지지해야 한다고 조언했다.[49]

인터넷 뉴스를 비롯해 중국의 주요 외교 문제 저널들은 해당 논문을 출판하거나 이 논쟁을 위한 특별포럼을 조직하기도 했다. 해당 주제에 관한 여러 찬반 의견이 출판되었다. 이는 매우 이례적인 경우인데, 중국에서 외교정책 결정에 관한 공개적인 논쟁은 금지되어 있으며 중국 내 대다수 미디어와 국제관계 전문가들은 습관적으로 당의 노선을 따라왔기 때문이다. 공개적인 저널에 마리청과 스인홍의 논문이 게재된 것은 긍정적인 변화다. 대다수는 여전히 그들이 제시한 견해에 동의하지 않고 있으며 두 저자에 대한 개인적 공격이 인터넷상에서 나타나고 있지만, 이미 새로운 생각이 퍼져나가고 있고 중국 정치 담론의 일부가 되어가고 있다.

3국 공동 역사 교과서는 중간연대 접근법의 또 다른 좋은 사례다. 총 53명의 편집진은 모두 저명한 역사학자이자 교육자다. 그들은 서로 다른 나라 출신이지만, 역사학이라는 분야에서 비슷한 학술적 훈련을 받았고 역사학자라는 사회적 책임에 대해 강한 신념을 공유하고 있었기에 함께할 수 있었다. 해당 교과서의 대중적인 성공은 각 나라에 서로 다른 관점과 새로운 정보에 관한 관심이 많다는 사실을 보여주었다.

개인과 그보다 큰 사회에 대한 역사 교육의 영향력을 평가하기는 쉽지 않다.[50] 평화 만들기와 평화 유지는 충돌의 와중이나 그 이후 곧바로 시작되는데, 평화 구축은 충돌의 이면에 내재하는 원인에 영향을 끼치기 위한 과정이다. 더군다나 비교적 빠르게 시행되는 평화 유지와 몇 달 안에 시작될 수 있는 평화 만들기와는 다르게, 평화 구축은 어찌 보면 영원히 완성될 수 없는 장기적이면서도 느린 정치적·사회적 과정이다. 그렇기에 공동 역사 저술 프로젝트가 [중일] 양국 관계에서 아주 빠른 시간 안에 급격한 변화를 만들어낼 수 있다고 믿는 것은 비현실적이다. 하지만 3국 공동 교과서가 출판된 이후 긍정적인 변화가 나타나고 있다.

일본 수상 아베 신조安倍晋三는 2006년 10월에 중국을 방문했다. 지난 5년간 일본 수상이 베이징의 초대에 응한 건 처음이었다. 아베의 전임자였던 준이치로 고이즈미小泉純一郎는 야스쿠니 신사에 참배함으로써 베이징을 화나게 했다. 그 결과 중국과 한국은 자국과 일본에서 고이즈미와의 회담을 거부했고, 2001년 10월 이후 중국과 일본 지도자들 사이에는 그 어떠한 상호 교류도 없었다. 회담 기간 동안 아베와 중국 총리 원자바오는 양국 간에 이례적인 합의를 이루었다. 양국 역사관 사이의 유사점을 찾고 차이점을 분석하기 위해 두 나라 사이에 역사적 이슈에 관한 연구를 수행하는 공동 역사 연구 집단을 설립하는 것에 합의했던 것이다.

이러한 합의에 따라 각국은 프로젝트에 참여하는 열 개 팀을 지명했다.[51] 2006년 12월 26일, 중국과 일본의 역사가 스무 명이 처음으로 정부 지원을 받는 역사 연구 프로젝트를 수행하기 위해 베이징에 모였다. 비정부 프로젝트였던 3국 공동 역사 교과서 위원회의 참가자 부핑步平이 중국 팀의 수장으로 임명되었다. 일본 팀의 수장은 일본과 한국의 공동 역사 연구에 참여한 적이 있고 유엔의 일본 측 차석대표를 역임한 신이치 가타오카伸一北岡가 맡게 되었다. 회담 기간 양측은 공동 연구의 작업과정, 범위, 주제에 합의했다.[52]

양국 정부의 이러한 움직임은 고무적이다. 뿌리 깊은 여러 충돌에 있어서, 과거의 관계와 문제는 현재 사건의 해결을 방해하는 난제가 되고 화해의 과정을 지연시킨다. 이러한 난제 탓에 각국은 까다로운 충돌들을 제대로 다루지 못하게 되고, 공식적인 충돌 관리 기술은 그다지 쓸모없는 것이 되어버린다. 해럴드 선더스Harold Saunders는 그러한 충돌에 있어서는 '지속적인 대화sustained dialogue'가 이면에 숨겨진 원인에 대한 대응으로서 더욱 적절하다고 주장한다.[53]

실제로 점점 더 많은 충돌 해결 전문가들은 뿌리 깊고 가치에 기반을 둔 충돌을 해결하기 위해 대화를 해왔으며, 팔레스타인·이스라엘·북아일랜드 집단 사이의 충돌을 해결하기 위해서도 대화를 우선시했다. 상대방의 입을 다물게 함으로써 설득을 하는 논쟁과는 다르게, 매우 논쟁적이면서도 감정적인 이슈에 관해 서로 반대되는 견해를 지닌 소규모 집단의 사람들이 모여서 수행하는 대화의 목적은 상호 이해와 존중—요컨대 반대되는 견해의 타당성을 인정하는 것—을 만들어내는 것이다.[54] 비록 이러한 대화가 곧바로 충돌의 해결로 이어지는 것은 아니지만, 충돌의 방향성을 변화시킬 수 있다. 분명 중국과 일본의 최고 지도자들 역시 공동 역사 연구와 대화가 관계의 재구축을 위해 필수적이고 효과적인 발걸음이 된다는 사실을 깨달았던 것이다.

부핑의 임명 역시 양국 정부 사이의 공식적인 대화를 위해 비정부 프로젝트가 어떻게 사전 준비 단계를 마련할 수 있는지를 보여주는 좋은 사례다. 역사 교사들과 역사가들 역시 뿌리 깊은 충돌의 화해를 위해 중요한 역할을 할 수 있다. 그리고 역사 교육과 역사 교과서는 '기억의 대리인agents of memory'이 될 수 있다. 역사 교육과 역사 교과서가 역동적인 방식—우리가 스스로를 어떻게 이해하는지에 관해서뿐만 아니라 우리가 타자에게 어떻게 이해되는지에 관해서—으로 우리의 정체성을 규정하는 것이다. 의미 있는 교육 개혁 없이 여타의 정치적 메커니즘—정치 지도자들 사이의 외교적 회담, 나라 간의 공식적 교환과 같은—은 상명하달top-down의 방식이 되기 쉽고 평화 구축과 이해에 제한적인 영향만을 주는 데 그치게 될 것이다.

하지만 역사가들 사이의 대화만으로는 부족하다. 동아시아 3국은 정부 당국자들은 물론 서로 연관된 주요 시민단체들 사이의 접촉과 교류를 대폭 늘려야 한다. 예를 들어 강경주의자들을 포함한 중국과 일본 대표부는 숙련된 조력자들과 함께 비공개 회담을 가질 필요가 있다. 그리고 이러한 회담은 몇 년에 걸쳐 정기적으로 지속되어야 한다. 타국을 악마화하는 각국 미디어의 성향을 고려하면, 리포터와 평론가들이 타국 국민들 사이에서 살아보는 언론인 사이의 교류 프로그램이 시행될 필요도 있다.

쏘데가 주장한 것처럼 교과서를 둘러싼 논쟁은 "각각의 사회가 민족적 서사를 협상하고, 제도화하며, 재협상하는"[55] 주요 방식을 드러낸다. 동아시아 각국에는 역사적 이슈, 특히 젊은 세대가 역사 수업에서 어떠한 역사적 사실을 배워야 하는지를 둘러싼 내부적 논의와 논쟁이 존재한다. 그리고 내부적 합의의 결여는 이들 나라에서 국가 건설이 완성되지 못했으며 정체성을 찾기 위한 시도가 계속되고 있음을 가리킨다. 중국의 역사 교육에 관한 『뉴스위크Newsweek』지의 기사처럼 "자신감 있게 미래를 대면하기 위해 중국은 진정성 있게 자신의 과거를 대면해야 한다."[56] 이 언급이야말로 동아시아 각국에 딱 들어맞는 말이라고 해야 할 것이다.

9장

기억, 민족주의, 중국의 굴기

2008년 잡지 『포브스』의 한 기사에서 싱가포르 전 총리 리콴유李光耀는 중국의 시 한 편을 인용했다.[1] 세계에서 서양 문화와 동양 문화 모두에 정통한 몇 안 되는 지도자 중 하나인 그는 이 시를 읽으면서 중국인과 서양인 사이에 '깊은 이해의 골'이 있는 것을 보게 되어 유감이라고 말했다. "당신이 우리한테 진짜로 원하는 게 뭐야?"라는 제목의 시는 이해 받지 못한 데 대한 중국인의 선명한 좌절감, 중국인과 서양인 사이에 놓여 있는 깊은 인식의 차이를 생생하게 그려내고 있다.

우리가 동아병부였을 때,
당신들은 우리를 황화黃禍라 불렀네.
우리가 다음의 슈퍼파워로 지목되자,
당신들은 우리를 위협이라 불렀네.
우리가 문을 닫았을 때,
당신들은 공개 시장으로 마약을 밀수해 들여왔지.
우리가 자유무역을 받아들이자,
당신들은 우리가 당신들의 직업을 앗아간다고 욕했어.

우리가 분열되자,

당신들은 군대를 주둔시켜 당신 몫을 챙겼어.

우리가 다시 조각난 영토를 회복하려 하자,

당신들은 '티베트를 해방하라'고 외쳤지. 이건 침략이야!

우리가 공산주의를 시도하자,

당신들은 우리가 공산주의자라고 미워했어.

우리가 자본주의를 받아들이자,

당신들은 우리가 자본주의자라고 미워했지.

우리에게 수억 명의 인구가 생기자,

당신들은 우리가 행성을 파괴한다고 욕했어.

우리가 인구수를 통제하자,

당신들은 인권을 유린한다고 말했지.

우리가 가난했을 때,

당신들은 우리가 개라고 생각했어.

우리가 당신들에게 돈을 빌려주었더니

당신들의 나라 빚이 생겼다고 우리를 욕했지.

우리가 우리 산업을 육성하자,

당신들은 우리가 오염을 시킨다고 욕했어.

우리가 당신들에게 물건을 팔았을 때,

우리가 지구 온난화를 부추긴다고 욕했지.

우리가 기름을 사면,

당신들은 그걸 착취와 학살이라고 불렀어…….

우리한테 진짜로 원하는 게 뭐야?

국치를 잊지 말라

우선 진지하게 생각하고, 대답해주길.[2]

제목이 알려지지 않은 이 중국 시가 인터넷 채팅방을 통해 널리 배포되고 논의되는 동안, 많은 사람이 이 시가 중국인들의 감정을 잘 반영하고 있다고 말했다. 서양인들은 이 시가 언급하는 사건들이 오랜 시간에 걸쳐 발생한 개별적이고 서로 비교할 수 없는 것이라고 생각할지도 모르겠다. 하지만 대다수 중국인은 이 사건들이 현재적이며 100년 전에 발생한 사건과 밀접하게 연관되어 있다고 볼 것이다. '치욕의 세기'는 중국인들이 활용할 수 있는 수많은 유사점을 제공해주었고, 그러한 유사점들은 현재적 사건과 역사적 사건이 서로 동일한 것이라는 관점을 만들어낸다.

지난 30년간 중국은 엄청난 전환을 겪어왔다. 이에 더해 중국 사람들은 대내외적으로 일련의 급격한 변화를 경험했다. 그리고 중국은 변하고 있을 뿐만 아니라 세계무대에서 굴기하고 있다. 이러한 사실들을 고려하면, 서구가 중국을 다시 생각해야 할 때가 되었다는 것은 분명하다.

최근 이집트 미디어를 통해 보도된 탱크 앞에 서 있는 사람의 영상은 1989년 톈안먼 광장의 '탱크맨'의 모습과 비견된다. 당시 탱크 행렬 앞에 한 남자가 서 있었을 때, 중국인은 물론 외국인들도 이제 정부가 곧 무너질 것이라고 믿었다. 이 책에서 나는 베이징이 어떻게 살아남았는지, 심지어 1989년의 수치스러운 탄압 이후에 어떻게 대중적 지지를 얻어냈는지에 관한 질문에 답했다. 번영과 발전만이 그것을 설명할 수 있는 요소가 되는 것은 아니다. 앞선 논의를 통해 우리는 정치적 전환과 민족적 정체성의 형성에 역사적 기억이 상당한 힘을 발휘한다는 것을 확인할 수 있었다. 중국의 선택된 트라우마를 다시 강조하고 공개함으로써, 베이징은 공산주의 이데올로기의 파산에서 역사적 기억에 기반을 둔 민족주의 이데올로기로 전환하는 데 성공했다. 한마디로 역사적 기억은 중국공산당이 자신의 정치적 힘을 유지할 수 있게 해주는 효과적인 도구였던 것이다.

역사적 기억은 중국의 민족적 정체성을 구축하는 주된 원재료raw material다. 중국의 역사의식에 관한 전반적 이해는 중국의 정치와 외교 정책상의 행동을 분석하는 데 필수적이다. 그것은 이번 세기의 남은 기간 동안 굴기하는 권력인 중국을 이끌어갈 젊은 애국주의자들의 마음속에서 어떤 일이 벌어지고 있는지를 이해하는 데 도움을 준다. 결론 부분인 이 장에서 나는 특히 역사와 기억이라는 렌즈가 중국의 민족적 정체성, 민족주의, 중국의 굴기와 그 의도에 관해 더 잘 이해하도록 해주는지에 초점을 맞추면서, 앞서 살펴본 내용을 검토하고 발전시켜볼 것이다.

역사적 기억과 민족적 정체성

역사적 기억은 일상적인 뉴스·소설·행위예술에서 계속 뜨거운 이슈가 되는데도, 많은 정치 과학자가 일반적으로 회피하는 주제였다.[3] 그 이유는 한 사회에서 역사적 기억의 효과를 가늠하는 것보다 역사에 관한 이야기를 말하는 것이 더욱 쉬운 일이기 때문이다. 인식과 행동의 직접적인 연관관계를 찾아내는 것은 어렵다. 마찬가지로 정체성과 인식이 어떻게 의사결정 행동에 영향을 주는지를 가늠하는 것 역시 어렵다.

이 책에서 나는 당대 중국의 민족적 정체성의 형성에서 역사적 기억의 기능을 체계적으로 설명했다. 행동 이면에 놓여 있는 인과적 요소인 역사적 기억을 언급한다는 도전을 마주해 나는 분석에 필요한 로드맵과 도구로서 두 가지 분석적 프레임을 활용했다. 1장에서 논의한 것처럼, 첫 번째 프레임은 집단 정체성으로서 역사적 기억을 측정하는 방법이다. 이 프레임은 집단 정체성이 구성적 규범, 관계적 내용, 인식론적 모델, 사회적 목적이라는 네 가지 유형의 정체성을 포함하고 있다는 이론에 기반을 두고 있다. 그리고 이 네 가지 유형은 각각 집단 정체성과 정책 행동 혹은 실천 사이에 교차적 인과 경로를 내포하고 있다.

구성적 규범은 집단 구성원의 자격과 거기서 추정되는 자질―누가 집단의 구성원인지, 그리고 구성원이 된다는 것이 무엇을 의미하는지―에 관한 규칙을 특정한다. 앞선 논의에서는 공산당 정부, 특히 최고 지도자들이 포스트 톈안먼 시대와 탈냉전 시대에서 집권당의 규칙과 규범을 구축하기 위해 어떻게 역사적 기억의 내용을 활용해왔는지를 살펴보았다. 5장에서 논의한 것처럼, 중국공산당 지도부는 포스트 톈안먼 시기 당원의 자격과 임무를 다시 규정하기 위한 새로운 이론과 설명을 만들어내기 위해 역사적 기억의 내용을 창조적으로 활용했다. 중국공산당은 '중국 노동 계급의 전위'가 아니었다. 그것은 이제 '가장 확고하고, 가장 철두철미한' 애국자였고, 당은 스스로를 위한 새로운 범주를 찾아낸 것이다. 당의 임무에 관한 문구에서 '공산주의 사회의 실현'이라는 단어를 지움으로써 중국공산당은 '중화민족의 위대한 부흥'을 거시적 임무로 만들었다.

역사적 기억은 또한 다른 집단에 관한 비교와 참조를 구성하기 위해 그들 집단과 연계된 내용을 제공하기도 한다. 베이징이 역사적 트라우마를 새롭게 강조하면서 정부가 중국과 역사적으로 껄끄러운 관계를 가지고 있던 나라들을 다루는 방식에 대한 민감도가 현저하게 증가했다. 7장과 8장은 왜 중국이 분쟁과 충돌에 있어 미국과 일본을 여타 나라들과는 다르게 다루는지에 초점을 맞추었다.

역사적 기억은 상호관계적 내용으로서 집단 간 비교를 가능하게 할 뿐만 아니라, 사회적 동원과 변화를 위한 모종의 자원을 제공해주기도 한다. 4장에서 언급한 것처럼, 애국주의 교육 운동의 기본적인 목표는 두 가지다. 그것은 우선 목표인 '중화민족 부활'의 실현과 함께 긍정적인 '사회 변화'를 북돋우면서 중국을 발전시키는 것이다. 나아가 그것은 부정적인 사회적 정체성의 결과로 인민들이 당을 떠나거나 심지어 이민을 떠나는 '사회적 유동성'을 방지하는 것이다.

역사적 기억은 또한 정치 지도자들에게 대중적 지지를 사회적으로 동원하기 위한 특별한 자원을 제공하기도 한다. 쑨원에서 장제스, 장쩌민에서 후진타오에 이르기까지, 나는 서로 다른 세대의 중국 지도자들 모두가 대중의 지지를 동원하기 위해 트라우마에 빠진 중국의 민족 경험을 어떻게 활용해왔는지를 보여주었다. 각 지도자들 모두 자신의 임무는 중국이 이전에 차지하고 누렸던 위치와 영광을 회복하는 것이라는 점을 강조했다. 이들은 또한 자신의 부하들에게 국가를 위한 위대한 집단적 임무에 더욱 잘 헌신하기 위해 개인적 이익을 희생할 준비를 하라고 요구했다. 상이한 역사적 상황을 관통해, 민족의 부활이라는 거대한 임무는 정치적 독재와 발언의 자유에서 인터넷의 자유에 이르는 시민 권리에 대한 다양한 제재를 정당화하기 위한 수단으로 활용되었다. 중국 인민들은 줄곧 이러한 모든 통제가 궁극적인 국가의 위대한 임무를 달성하는 데 필요한 조치라는 말을 들어왔다.

한발 더 나아가 역사적 기억은 중국 인민의 외부 세계에 대한 인식과 이해에 근본적인 영향을 끼쳤다. 1장에서 논의한 것처럼, 역사적 기억에 관한 인식 내용은 외부 세계를 해석하기 위한 프레임·렌즈·비유의 자원을 제공한다. 나는 베이징의 정책 입안자들이 정치적 의사결정에 필수적인 특수한 인지·정보 처리 작업을 수행하기 위해 어떻게 역사적 비유를 활용해왔는지에 관한 사례들을 제시하기도 했다. 7장은 특히 치욕의 세기와 관련해서 만들어진 기억이 1996년, 1997년, 2001년 세 차례에 걸친 미중 간 위기를 다루는 중국의 외교에 어떻게 영향을 끼쳤는지에 초점을 맞추었다. 자신이 외세의 희생자가 되었다는 뿌리 깊은 역사적 감각—역사적 치욕에 관한 정부 주도의 강력한 교육 운동과 연계되어 있는—은 중국 특유의 '불안의 문화'와 중국을 적대시하는 외국의 음모론에 대한 의구심을 낳았다.

요약하면 역사적 기억은 다양한 방식을 통해 현재의 중국을 규성해왔다고 할 수 있다. 역사적 기억은 집권당의 새로운 당원 자격을 위한 규범이나 규칙을 구체화시켰는데, 그것은 바로 타국, 특히 중국의 오랜 적국에 대한 참조와 비교를 구축하고, 중국의 지도자와 인민이 세계를 해석하고 이해하는 방식에 영향을 끼치며, 정부와 인민에게 사회적으로 적합한 역할을 부여하는 것이다. 이러한 연구 결과를 통해 우리는 고대 문명이라는 중국의 선택된 영광과 치욕의 세기에 형성된 선택된 트라우마라는 중국의 독특한 민족적 경험이 중국의 민족 정체성을 형성하는 데 결정적인 역할을 했음을 알 수 있었다. 중국 민족의 정체성 구축 과정에서 역사적 기억이 수행한 역할을 체계적으로 조사함으로써, 중국의 새로운 민족주의와 중국의 굴기에 관한 새로운 관점을 구축할 수 있었던 것이다.

'신화-트라우마'에 기반을 둔 중국의 민족주의

민족주의는 복잡한 현상이다. 다양한 형태의 민족주의가 존재하는데, 시민·종족·문화·종교 혹은 이데올로기적 노선에 따라 각기 다르게 표현되는 민족주의가 존재한다. 다른 나라와 비교하면 중국의 민족주의는 종교와 종족에 근간을 둔 것이 아니며, 이데올로기에 바탕을 둔 것도 아니다. 그것은 중국의 민족적 경험과 강력한 역사의식에 연결되어 있는 것이다. 선택성-신화-트라우마 콤플렉스라는 개념은 중국의 민족주의를 이해하는 데 매우 유용한 도구다. 중심 왕국Central Kingdom[즉, 중국中國]의 자랑스러운 시민으로서 중국인이 느끼는 강력한 선민의식, 서구와 일본의 급습 때문에 반식민지 상태로 전락했다는 경험이 바로 중국인들이 언급하는 '민족 치욕'의 구체적 내용이다. 이것이 바로 중국의 민족적 트라우마를 형성하는 경험인 것이다. 분명 역사적 기억의 정치학을 이해하는 것은 탈냉전 시대 중국의 새로운 민족주의를 둘러싼 논쟁을 파악하는 데 있어 필수적이다.

국가와 시민사회 사이에서

중국의 민족주의를 둘러싼 최근의 논쟁은 중국의 민족주의가 국가가 부과한 하향적 현상인지, 아니면 인민이 주도한 상향적 현상인지에 초점이 맞춰져 있었다. 이 연구에서 내가 제시한 관점은 중국의 민족주의에 대한 단일한 방식의 접근—그것이 원초적인 것이든, 구성적인 것이든, 혹은 중국 민족주의에 관한 기능주의적 설명이든, 해당 주제에 관한 그 어떠한 양자택일 방식의 논쟁이든 간에—은 복잡한 현실에 대한 과도한 단순화라는 것이다.

중국의 독특한 역사 인식이 국가의 트라우마적인 민족 경험에서 도출된 것일 뿐만 아니라, 공산당 정부의 도구주의적 동기로 구축된 것이기도 하다는 것은 사실이다. 4장에서는 중국 전역에서 진행된 애국주의 교육 운동을 통해 어떻게 베이징이 중국공산당 일당 지배의 정당화와 당의 영광을 위해 역사 교육을 도구로 활용했는지를 논의했다. 이 새로운 서사는 또한 민족 치욕에 관한 담론이 중국 민족주의 구축의 통합적 부분이 되었음을 의미하기도 한다.

오랜 기간 여러 중국 연구자들은 공산당 정부가 스스로를 선전하기 위해 활용한 다양한 방식을 고찰해왔다. 그러한 선전은 통상 진실이 아닌 거짓, 즉 만들어진 이야기에 토대를 두고 있다. 애국주의 교육 운동은 분명 정부 선전기구의 일부분이지만, 중국의 새로운 역사 교과서에 실린 외세의 침략과 불평등조약, 애국주의 교육을 위한 박물관에 전시된 기사들과 같은 실제로 일어난 역사적 사건들이 만들어진 것은 아니다. 대부분의 경우 정부가 학교 교과서와 공식 출판물에서 역사적 사건에 관한 온전하고 편향되지 않은 설명을 제공해주는 것은 아니라는 점은 명백한 사실이다. 하지만 공식적인 역사 교과서의 서사는 분명 날조되거나 상상된 사건이 아닌, 역사적인 사실에 기반을 두고 있는 것이다. 다만 중국 정부가 전략적으로 이 같은 실제 역사적 사건들을 자신들이 선전하고 싶은 메시지로 전환시키고 있을 뿐이다.

　애국주의 교육 운동은 하향식 역사 교육 프로젝트지만, 그것이 중국 인민들이 민족적 치욕에 관한 지식을 얻게 되는 유일한 원천이라고 할 수는 없다. 원자바오 총리의 가족처럼, 많은 중국인이 치욕의 세기 동안 엄청난 상실을 경험했다. 가족·집·토지의 상실 이 모든 것이 트라우마가 되고, 당시 사람들이 견뎌낸 공포에 대한 서술과 재서술은 세대에서 세대로 전해진다. 오늘날 젊은이들은 자기 부모나 조부모가 목격하고 경험한 역사에 대해 아주 강한 유대감을 지니고 있다. 이들은 세대를 거쳐 전해 내려오는 오래된 가족사진과 일기, 잘 보관된 기사들을 통해 고통스러운 기억을 배워왔다. 이러한 동정심 가득한 많은 관객을 고려하면, 애국주의 교육 운동을 그저 선전에 불과하다고 치부해버리기는 어렵다. 중국 민족주의의 원초적 배경에 대한 이해 없이는 엘리트 주도의 하향식 선전이 정권의 정치적 정당성을 드높이고 사회적 유대감을 증진시킨다는 목적을 어떻게 달성했는지 온전히 이해할 수 없다.

　실제로 이 연구를 통해 우리는 하향식 접근방식과 상향식 반응방식을 연계하는 연결고리가 역사의식이라는 것을 알 수 있었다. 국가의 '공식적 민족주의'는 대개 모든 시민에게 공유된 '사회적 민족주의'가 얼마나 강한지에 크게 의존한다. 만약 대중 사이에서 민족적 행동을 성공적으로 불러일으키고자 한다면, 국가는 사회적 민족이 되어야 한다.[4]

다수의 중국인은 자신의 나라가 겪은 치욕의 세기에 관한 강력한 집단적 역사의식을 공유하고 있으며, 이것이 바로 중국의 민족적 정체성을 규정짓는 중심 요소가 된다. 중국 정부는 개혁 정책을 추진하면서 일종의 통합 전략으로 공산주의 이데올로기를 버리고 중국의 민족적 정체성, 역사, 문화에 대한 공통 감각을 강조하기 시작했다. 당이 민족주의로 회귀한 것은 중국의 공동체를 재창조하는 데 실패했음을 보여주는 지표다. 중국공산당은 중국 인민들이 그들 스스로 공동체를 만들어내고, 그 결과 민족주의적 열망이 촉발되면 자신들이 공동체에서 축출될 수도 있다는 공포감에 휩싸였던 것이다.[5]

애국주의 교육 운동은 베이징의 정체성 정치의 주요 변화를 보여준다. 중국공산당 지도부는 중국을 이데올로기적 민족에서 사회적 민족으로 변화시켜놓았다. 그리고 그렇게 함으로써 중국공산당 정권은 정치적 정당성과 동원력—이 두 가지 요소 모두 1989년 6월의 민주주의 지지 운동pro-democracy movement에 대한 잔인한 진압 이후 당이 상실했던 것이다—을 회복하고자 했다.

중국의 민족주의는 오랜 시간에 걸쳐 사회적 불안, 정치적 불확실성의 시기에 연대감을 제공해주는 매우 효과적인 도구로 판명되었다. 이 책을 통해 살펴보았듯이, 중국의 정치 교육과 당 노선 선전 운동에서 사회주의적 이데올로기보다 민족적 자존심에 더욱 방점을 두는 오늘날의 흐름에는 강력한 역사적 선례가 존재한다. 애국주의 교육 운동은 더욱 방대하고도 깊은 감정을 지닌 중국 민족주의에 대한 감성적 호소력을 지니고 있다. 그리고 이러한 민족주의는 종족적 정체성과 역사적으로 형성된 영토 범위에 대한 애착에 초점을 맞추고 있다.[6]

내부적 이유와 외부적 이유 사이에서

중국 민족주의에 관한 또 다른 논쟁은 탈냉전 시기에 중국 민족주의의 굴기를 추동시킨 주요 요소가 내부적인 것이냐 외부적인 것이냐에 관한 것이다. 몇몇 중국 연구자는 국가 주도의 애국주의 교육 운동과 반서구 민족주의의 굴기 사이에 직접적인 연관성이 있다고 본다. 하지만 다른 이들은 1989년 톈안먼 광장의 시위 진압 이후 시작된 중국에 대한 서구의 압박과 적대감에 대한 **대응**으로서 중국의 민족주의가 굴기하게 되었다고 주장한다.[7]

나는 최근 민족주의의 발화를 설명하기 위해 역사적 기억의 활성화에 초점을 맞추었다. 7장과 8장에서 논의한 것처럼 역사의식은 종종 깊은 사유의 패턴 속에 묻히게 되고, 무언가 그것을 발화시키기까지 잠재적인 상태로 남아 있게 된다. 그것의 활성화를 이해한다는 것은 역사적 기억에 관한 연구에서 가장 흥미로운 현상 중 하나다. 민족사의 급격한 변화의 시기, 정치 지도자나 사회적 엘리트들은 종종 집단의 트라우마와 영광을 선택적으로 활성화하고, 그것은 민족주의를 발화시키는 불쏘시개가 되며, 나아가 해당 집단과 다른 민족 사이에 존재하는 충돌을 더욱 악화시킨다.[8] 역사적 기억은 또한 외국의 적대적 행동이나 대화와 같은 외부적 요인으로 활성화되기도 한다. 그것이 의도적인 것이든 그렇지 않든, 기억은 특정한 시기, 특히 위기의 순간에 쉽게 재활성화된다.

4장에서는 중국의 애국주의 교육 운동이 정치 지도자들이 주도한 역사적 기억의 의도적 활성화로 보일 수 있는지를 강조했다. 공식 이데올로기인 공산주의가 신뢰를 잃어버리자, 정권은 미래에 대한 사회주의적 비전으로는 대중적 지지를 얻어낼 수 없었다. 이러한 상황에서 중국 공산당은 민족적 치욕에 관한 인민의 역사의식을 재활성화하고 강화하기 위해 애국주의 교육을 시작하게 되었다. 역사 교과서 수정에서 기념관 건축에 이르기까지, 여러 가지 형태의 애국주의 교육 운동은 중국의 젊은 세대가 자국이 겪은 과거의 치욕을 대면하도록 만드는 것을 목표로 삼고 있었다. 하지만 이 운동의 진짜 목적은 포스트 덴인민 시대 중국공산당 지도부의 정당성을 재정립하고 공식 이데올로기인 마르크스주의와 마오쩌둥 사상의 실패 이후 발생한 '정신적 공백'을 메우는 것이었다.

역사적 기억은 몇몇 국제적 위기 동안 중국의 충돌 지향적 행동을 이해하는 데, 특히 여타의 문제에 대해서는 침묵을 유지하면서도 몇몇 국제적 사건에 대해서는 그토록 강력한 반응을 보이는지를 이해하는 데 유용한 설명 모델을 만들어낸다. 7장에서 나는 중국의 역사적 기억을 자주 활성화하는 세 가지 조건을 제시한 바 있다. 긴급성이나 시급성, 중국 인민의 고통을 수반하는지 여부, 역사적으로 중국과 갈등을 겪은 나라와의 분쟁이 그것이다. 대립과 충돌이 발생하는 위기의 상황에서—특히 중국인들이 그러한 대립을 근본적인 정체성, 체면, 권위에 대한 공격이라고 볼 경우—역사적 기억은 자주 주요 활성 요소로 작용한다. 역사적 기억이라는 렌즈를 통해 보면, 그렇지 않을 경우 고립적이거나 우발적인 것으로 보일 수 있는 사건임에도, 중국 지도자들은 그것을 치욕의 새로운 형태로 인식할 수 있다. 7장에서 살펴본 세 차례의 충돌 기간 중 미국이 보여준 우발적이거나 짓궂은 행동은 희생자를 낳았고, 그렇게 19세기와 20세기 초반 서구 제국주의와 쇠약해진 중국에 대한 착취를 바라보는 중국인의 민감한 감정을 다시 촉발시켰다.

역사적 경험은 베이징에 대한 서구의 압력이 종종 역풍을 일으킨다는 것을 보여준다. 그러한 전략은 중국의 애국주의적 감수성을 자극해 결국 중국의 역사적 기억을 활성화하는 결과를 초래한다는 것이 판명되었다. 많은 중국인은 현 정권의 부패와 실정에 짜증을 내면서도 외국 정부가 중국에 무엇이 옳고 그른지를 말해줄 필요가 없으며 중국의 내정 문제에도 간섭할 필요가 없다고 믿고 있다. 그렇기에 베이징을 향한 서구의 비우호적 태도나 정책은 곧 중국 인민을 겨냥한 것으로 여겨진다. 서양인은 중국의 일에 대한 자신들의 언급을 확고하고 단도직입적인 것으로 생각할 수도 있겠지만, 평균적인 중국 시민은 그러한 언급을 무례하고 악의적인 것이라고 받아들인다.

중국공산당은 내부 결속을 다지고 정치적 반대자들을 억압하며 대중적 지지를 동원하기 위해 너무 자주 외부적 압력을 활용한다. 적과 반대자를 만들어내거나 그들을 대면하지 않고서 애국주의를 강화하는 것은 불가능하지는 않다 하더라도 매우 어렵다. 중국의 관영매체는 반대자에 대한 대중의 적개심이 내부 결속력을 높이고 국내 지지 세력을 동원할 수 있다는 의도를 가지고 서구(특히 미국)의 외교정책을 가차 없이 비판한다. 민족주의의 굴기와 반서구 선전은 서로를 강화하며, 이 둘은 함께 내부적 일치와 결속을 다지는 데 필요한 정권의 필요에 부응한다.

역사적 기억을 활성화할 수 있는 조건과 환경에 대한 철저한 이해는 중국 민족주의의 원천과 역학을 이해하는 데 많은 도움을 준다. 이에 더해 그러한 이해는 미래의 위기와 충돌의 위험성을 예측하는 데도 도움을 줄 수 있다.

정치와 문화 사이에서

이 책에서 수행한 고찰을 통해 역사적 기억이라는 것은 다면적이면서도 거대하고 복잡한 주제라는 점이 명확해졌다. 집단적 기억의 정치적 측면—국가가 주도하는 기억의 활용과 엘리트가 주도하는 역사 만들기—에 주로 초점을 맞추면서도 나는 민족의 심층문화 요소인 역사석 기억이라는 개념을 소개했다. 중국 애국주의 교육의 중요한 특징은 민족사와 집단적인 역사적 기억이 특정 집단의 민족적 '심층문화'가 된다는 점이다. 사유와 감정의 사전적·사후적 패턴으로서 심층문화는 객관적인 지식이 아니며, 분명하게 학습할 수 있는 것도 아니다. 오히려 그것은 우리의 '집단 무의식'이며, 일반적으로 직관적 수준에서 자각을 벗어나 기능하는 것이다. 그러므로 심층문화는 상호작용의 필요성에 직면하기까지 휴지기의 상태에 머물러 있다.[9]

각 사회의 심층문화에는 문화적 지식, 믿음 혹은 공동체의 현자들에게서 전해져 내려오는 가르침과 같은 공유된 서사들이 존재한다. 이렇게 공유된 서사들은 특정 집단의 사람들이 어떻게 숭배할 것인지에서 어떻게 기념할 것인지에 이르기까지 다양한 실천에 영향을 주고, 심지어 패배와 치욕에 대한 대응방식을 알려줌으로써 상이한 환경 속에서 어떻게 행동할 것인지를 지시해준다. 다양한 문화는 독특한 '치욕의 문화'라는 특성을 공유하고 있는 것이다.

중국의 치욕의 문화에 관한 우화가 있다. 이 이야기는 월왕 구천에 관한 것으로 기원전 5세기의 이야기로 세대에서 세대로 전승되어 중국에서 가장 유명한 이야기가 되었다. 춘추시대에 오나라의 부차 왕이 월나라를 공격했다. 이 공격으로 월왕 구천이 붙잡혔다. 구천은 수년 간 부차에게 복종하라는 강요를 받았다. 자유를 얻고 난 후, 구천은 월나라로 돌아가 자신의 군대를 재건했다. 패배가 안긴 치욕을 잊지 않기 위해 구천은 비단으로 된 자신의 침대를 장작더미로 된 침대로 교체하고 방 천장에 곰의 쓸개를 걸어두었다. 자기 자신에게 고통을 가함으로써 구천은 다시 힘을 길러 결국 20년 후 오나라를 정복했다. 역사가 폴 코헨은 구천의 이야기가 '매우 중요하며', 그 이유는 그것이 "특정한 시점에 형성된 중국적 세계관의 내면"[10]을 말해주기 때문이라고 주장했다.

중국에서 구천의 이야기는 매우 오랫동안 교육의 소재였다. 구천의 이야기에서 파생된 와신상담臥薪嘗膽, 즉 장작더미 침대에 누워 곰의 쓸개를 맛본다는 뜻의 사자성어는 모든 학생이 초등학교에서 배우는 것이다. 와신상담에 관한 수업의 주된 주제는 패배와 치욕에 어떻게 대응해야 하는지를 어린 세대에게 가르쳐주는 것이다. 여기서 강조점은 치욕 자체에 놓여 있는 것이 아니라 치욕에 대응하는 방식에 놓여 있다. 중국 역사 속에서 구천에 대한 교육은 고된 노력과 끈질김을 통해 자신의 목표를 성취하라는 개인적 차원의 고취에만 국한되지 않는다. 중국인들이 과거에 겪은 패배와 치욕에 대한 기억의 중요성과 그러한 집단적 치욕을 어떻게 바로잡아야 하는지를 이 이야기를 통해 나라 전체에 교육하고 있는 현실에서도 알 수 있듯, 더욱 중요한 것은 그러한 가르침이 공동체 전체에 적용되고 있다는 사실이다.

구천의 고사를 통해 우리는 중국이 1차 아편전쟁에서 항일전쟁에 이르는 치욕의 세기 동안 겪은 민족적 경험에 대응하는 방식을 좀 더 잘 이해할 수 있다. 또한 우리는 이 책에서 살펴본 중국의 전현직 지도자들에 관한 또 다른 세 가지 사례를 통해 중국의 미래를 좀 더 잘 이해할 수 있다.

- 20년 넘게 매일매일 자신의 일기장에 '**설치**雪恥'(치욕을 씻음)라고 쓴 장제스의 이야기.
- 항상 어린 시절에 겪은 전란의 기억을 자신의 정치적 신념을 소개하는 데 활용한 원자바오의 이야기: "나는 당신에게 분명하고 단호하게 말할 수 있습니다. 나 자신과 우리 인민은 우리 스스로의 힘으로 우리나라를 재건할 것입니다."[11]
- 연설을 끝내면서 항상 인민들에게 "중화민족의 위대한 부흥을 위해 노력하자"라고 말하는 후진타오의 사례.

2,500년 전의 구천에서 70년 전의 장제스, 오늘날 후진타오와 원자바오에 이르기까지 각 시기 중국의 지도자들은 패배와 치욕에 대해 항상 같은 태도를 유지하고 있었으며, 나라의 치욕을 씻겠다는 흔들리지 않는 결심을 공유하고 있었다. 이러한 각각의 이야기들은 비단 역사적 기억의 힘을 보여주고 있을 뿐만 아니라 심층적인 민족문화의 힘 역시 보여주고 있는 것이다.

역사와 기억이 정치적 목적을 위한 도구로 이용될 수도 있지만 정치적 영향력은 종종 금방 사라지고 만다. 예컨대 오늘날 시행되고 있는 애국주의 교육 운동이 얼마나 오래 지속될 것인지는 알 수 없다. 정치적 움직임에 영향을 끼치는 요소가 매우 많기 때문이다. 하지만 구천의 이야기가 중국의 공동체 안에서 세대에서 세대를 거쳐 전승될 것이라는 점은 분명하다. 이것이 바로 정치와 문화의 차이다. 세간의 이목을 집중시키는 정치에서 잠재의식에 깃들어 있는 민족적 심층문화에 이르기까지, 정체성을 구축하기 위한 원재료에서 이데올로기 운동을 위한 도구에 이르기까지, 중국의 역사와 기억에 관한 이슈의 다면적 차원은 중국 사회의 복잡성을 이해하는 데 도움이 될 것이다.

기억과 사이버공간 사이에서

집단적 기억에 대한 일반적인 견해는 시간이 흐르면서 젊은 세대의 집단적 트라우마에 대한 기억과 태도가 점차 사그라든다는 것이다. 하지만 중국의 경우 포스트 냉전 시대의 대중적 민족주의는 민족적 치욕을 직접 경험하지 않은 젊은이들이 주요 참여자라는 점에서 본질적으로 젊은이들의 민족주의다. 페이민신에 따르면, 도시에 사는 교육받은 젊은 중국인일수록 더욱 민족주의적이며, 그들은 민족주의적 분노를 고취하기 위해 인터넷을 적극 활용한다.[12] 몇몇 중국 연구자 역시 고도로 연결되고 인터넷 친화적인 최근 중국의 젊은이들이 극렬 민족주의로 등장하고 있다.[13]

인터넷이 중요한 통신수단으로 처음 등장했을 때 서구의 여러 연구자는 인터넷이 중국과 같은 권위주의 사회에서 민주화를 위한 중요한 역할을 수행하게 될 것이라고 믿었다. 하지만 이제 인터넷은 민족주의적 수사를 위한 새로운 미디어로 악용되고 있다. 2002년 『위클리 스탠더드Weekly Standard』에 "누가 중국의 인터넷을 잃어버렸는가?Who lost China's Internet?"라는 제목의 기사에서 에단 구트만Ethan Gutmann은 중

국에서 인터넷이 "민주화를 위한 역량이 아닌 베이징 정부의 도구"였다고 주장한 바 있다.[14]

최근 몇 년간 중국에서 인터넷 사용 붐이 일었다. 인터넷 사용자 수는 2008년 말에 이르러 2억 5,300만 명에 달해, 세계 최대의 인터넷 시장으로서 미국을 앞질렀다. 이에 더해 한 조사에 따르면, 중국 인터넷 사용자의 약 70퍼센트가 30세 혹은 그 이하였다.[15] 지난 20년간 인터넷이 등장으로 몇 건의 특정한 사건 이후로 민족주의자들은 자신들을 표현할 수 있는 더욱 강한 힘을 얻게 되었다. 예를 들어 다양한 인터넷 채팅방이 2005년 반일 시위를 조직하는 데 있어 중요한 역할을 했다. 일본 자민당의 총서기 아베 신조는 "중국의 반일 교육 탓에 그러한 시위가 발생하기 쉬웠으며 인터넷 때문에 많은 사람이 모일 수 있었다"[16]라고 말한 바 있다. 인터넷은 더욱 대규모의 더 집중된 시위를 가능케 함으로써 중국의 거리 시위 방식에 혁명을 일으키고 있다.[17]

인터넷은 또한 젊은 사람들이 온라인상에서 역사적 사건에 관한 정보에 더욱 쉽게 접근할 수 있게 함으로써 역사 공부를 한층 쉬운 것으로 만들고 있다. 인터넷 채팅방은 과거의 역사적 트라우마와 사건에 관한 대화를 가능케 하는 포럼을 제공하고 있다. 중요한 기념일이 다가올 때마다 중국의 인터넷 사용자들은 자기 의견을 포스팅하고 해당 기념일과 관련된 사건에 대해 활발하게 논의한다. 게릿 공에 따르면, 현대의 디지털 기술과 인터넷 기술은 기억을 증강하고 역사와 기억의 함의 역시 강화한다.[18] 공은 이미지와 소리를 원거리에서 반복적으로 틀어주는 새로운 기술이 과거의 사건에 대한 사람들의 기억을 강화한다고 보는 것이다. 글로벌 네트워크의 확장과 직접적인 대인 접촉이 늘어나면서 그러한 기술의 발전은 역사적 기억에 상당한 영향을 준다. "그러한 기술들은 기억과 망각이라는 이슈에 놀랄 만한 집중도와 속도를 부여하고 감정적 공명을 일으키는 이미지와 소리를 한데 모으기"[19] 때문이다. 과거의 트라우마를 잊는 것이 더욱 어려운 일이 될 수도 있는 것이다.

글로벌리즘과 민족주의 사이에서

오늘날 베이징은 글로벌리즘과 민족주의라는 딜레마에 직면하고 있다. 역사의 조작과 민족주의의 굴기는 서로를 강화하면서, 동시에 정권의 국내적 필요를 충족시켜 정당성과 내부 결속을 높이는 데 기여한다. 앞서 언급한 것처럼 중국에는 민족주의적 역사 교육이 민족주의의 굴기를 부추기고 민족주의의 굴기가 민족주의적 메시지에 더욱 커다란 시장을 제공하는 순환구조가 존재한다. 하지만 동일한 두 요소는 또한 진일보한 개방과 세계화된 무대에서 중국의 국가적 이익을 추구하려는 정부 방침에 주된 방해 요소가 되기도 한다.

분명 민족주의는 양날의 검이다. 폴 코헨의 다음과 같은 언급을 보자.

중국 지도자들은 대중적 민족주의가 정치적 효용성을 위한 대체재적 형식으로 기능하는 한에서 그리고 중국 인민들에게 서구와 일본에 당한 과거의 치욕을 일깨워주고 그러한 치욕이 '깨끗하게 씻겨나가는' 모든 일(홍콩 수복과 1945년 일본에 대한 승전 같은)을 축하하는 데 도움이 되는 한에서 그것을 환영했다.[20]

국치를 잊지 말라

하지만 다른 한편으로 민족주의의 굴기는 정부의 정책 입안 능력에 대한 압박의 수위를 높이기도 했다. 정부는 또한 완전히 고삐 풀린 대중적 민족주의가 정권의 안정성을 해치고 중국의 현대화를 위한 노력을 저해하며 정부의 외교정책에 방해가 되지 않을까 두려워했다.[21]

중국은 전례 없는 부와 권력을 가져다준 세계화globalization를 통해 가장 큰 이익을 본 나라 중 하나다. 중국이 세계화라는 흐름을 수용하면서 수백만 개의 직업이 생겨났고 중국 사람들의 부는 계속해서 증가했다. 20년 전과 비교해보았을 때 중국에서 가장 낮은 계층 사람들의 생활 수준 역시 엄청나게 상승했다. 하지만 중국처럼 거대한 권력이 글로벌리즘*과 민족주의를 동시에 수용하는 것은 불가능하지는 않다 하더라도 위험한 것이다.

제임스 파러James Farrer가 쓴 『예일 글로벌Yale Global』의 기사에 따르면, 2005년에 발생한 항일 시위가 어떻게 상하이 시정부를 곤란한 상황에 처하게 했는지를 보여주는 좋은 사례다. 파러에 따르면, 시정부는 일본의 역사 교과서와 일본의 유엔 안보리 상임이사국 도전에 대한 민족주의적 시위 기간에 불거진 국가적 이익과 지역적 이익 사이의 충돌 탓에 상당히 곤란해졌다. 베이징 지도부는 이러한 상황에 영향을 받은 기

---

*   globalism: 세계화 또는 글로벌라이제이션은 통상 20세기 후반 본격화된 신자유주의의 굴기와 그것을 기반으로 전 세계가 자본주의 체제로 통합된 현상을 가리킨다. 안토니오 네그리와 마이클 하트가 『제국』에서 고찰한 것처럼, 냉전 이후 전 세계는 자본주의 체제로 통합되었다. 글로벌리즘은 바로 이러한 세계화/글로벌라이제이션을 떠받치는 이데올로기를 가리키는 것으로 국가 간 무역장벽의 철폐, 인간의 모든 가치를 시장가치로 환원시키는 신자유주의 이데올로기의 보편화를 그 구체적인 내용으로 삼고 있다.

업가들에게 해명할 필요가 없다고 생각했지만, 시 정부는 이제 민족주의적 감정을 달래기 위해 자신의 범세계주의적 야심을 위험에 처하게 하고 싶지 않았다.

시위 다음 날, 지방정부는 [시위 때문에 발생한] 손해 통제 모드에 돌입했고, 재산상의 손실을 입은 가게 주인들과 접촉하며 손해배상을 위한 청구서를 제공해주었다. 상하이 시의 외사국장은 일본 총영사를 만나 재산상의 손실에 대한 유감을 표했다. 결국 중국 중앙정부는 시위에 대한 사과나 보상을 공개적으로 거부한 데 반해, 상하이 시정부는 발 빠르게 움직였던 것이다.[22]

최근의 반외세적 대중 민족주의 시위—베오그라드 폭격과 미국 정찰기 사건, 일본 교과서와 야스쿠니 신사 참배 논쟁에 이르기까지—기간, 중국 정부가 외국 정부와 협상했을 뿐만 아니라 자국민들, 특히 중국의 새로운 민족주의자들과도 협상해야 했다는 사실은 흥미롭다. 케네스 파일이 언급한 것처럼, "정부는 자신의 거대 서사를 유지하려고 애쓰지만, 민족주의를 고취하면서도 억누르려는 시도는 온갖 위험에 직면해 있다."[23] 이와 마찬가지로 게릿 공은 중국의 "민족적 정당성을 만들어내기 위한 과도한 역사에 대한 의존이 자신의 인민들을 만족시키거나 국제적으로 개입하려는 정부의 능력에 도전이 될 수 있다"[24]라고 말한다.

민족주의가 역사적 기억을 재활성화하고 역사적 기억이 민족주의를 촉발시키는 순환고리를 깨기 위해 중국은 그 역사적 서사를 바꿔야 한다 이러한 측면에서 나는 민족 건설과 평화 구축의 과정에서 학자·역사가·관료 같은 중간 지도자 역할의 중요성을 인정하는 '중간연대' 접근방식을 추천한다. 3장에서 논의한 것처럼, 중국은 20세기 초 루쉰과 같은 새로운 지식인들이 민족의 구원을 위해 일반 인민과 중국 최고 엘리트를 모두 아울렀던 중간연대 접근방식의 전통을 수용한 바 있다.

최근 불과 10여 년에 걸쳐 중국은 매우 독특한 전환의 시기를 겪어왔다. 중간 계층이 증가하고 시민사회가 등장한 것이다. 그리고 중요한 것은 이러한 변화 대부분이 상층부에서 시작된 것이 아니라 중간층에서 시작되었다는 사실이다. 계속 성장하고 있는 중국의 지식 계층(마리청·스잉훙·위안웨이스가 대표적이다)과 비즈니스 엘리트들은 상부 계층과 일반 대중 모두에게 새로운 개념을 알려주기 위해 노력하고 있다. 8장에서 살펴본 것처럼, 역사와 기억이 부정적인 담론을 뒤집는 데 활용된 사례가 있다. 중간연대 접근방식을 통해 민족 서사에 변화를 불러일으킬 수 있고 그것을 과거와 대면하게 만들 수 있다. 하지만 민족적 기억에 대한 새로운 접근방식이 없다면 중국은 민족주의와 글로벌리즘이라는 딜레마에 빠지게 될 것이다. 중국은 인민들이 평화와 화해를 위한 새로운 담론에 참여하도록 고무해야 한다.

탈냉전 시기에 지속되어온 이념은 세계화가 민주화를 위한 촉매제가 될 것이며, 폐쇄사회나 준폐쇄사회를 개방시키는 수단이 될 수 있다는 것이었다. 하지만 우리는 또한 세계화와 시장화가 특정 시기 사회 속에서 민족주의와 광신적 애국주의에 관한 사회적 담론의 발흥을 촉진시킬 수 있다는 점을 이해해야 한다. 나는 개인적으로 세계 문제를 보도하고 의견을 제시하는 몇몇 저명한 중국의 언론인과 학자를 알고 있다. 그들은 상당한 양의 정보를 가지고 자주 해외를 방문한다. 그런데 언론인과 학자들이 각기 다른 청중에게 이야기할 때마다 얼마나 상이한 관점에서 이야기하는지를 살펴보는 것은 흥미로운 일이다. 예컨대 그들이 친구와 이야기를 나눌 때 그들의 관점은 객관적이다. 하지만 대중과 직접 만날 때, 그들은 갑자기 '반미 영웅'이 된다. 중국 사회 속에 반미 담론과 민족주의 담론을 위한 거대한 시장이 존재한다는 것이야말로 이러한 행동방식을 설명할 수 있는 유일한 방법이다. 최근 중국의 사회적 맥락에서 민족주의적 목소리는 평화와 이성보다 더욱 시장성을 갖춘 상품인 것이다.

세계화의 결과로 나타난 또 다른 경향성이 있다. 중국이 세계화를 수용하면서 한때 투덜대던 엘리트들을 공유된 경제적 이익이라는 전선으로 결집시켰다는 것이다. 무역을 통한 잉여 이익과 세계 최대의 외환을 보유한 중국이 세계화를 통해 얻어낸 배당금은 지식 엘리트와 경제 엘리트의 충성심을 사들이는 데 충분한 자원을 정부에 제공해주었다. 톈안먼 광장에 각기 분열되어 서 있었던 학자, 기업가, 정부 관료들은 이제 서로 연합해서 새로운 '주식회사 중국China, Inc.'의 주주이자 공동 소유주가 되었다. 예를 들어 중국 최고 대학의 교수들은 정기적으로 국가에서 연구자금을 받는다. 이에 더해 정부 관료들과 군 장교들의 월급은 빈번하게 인상되며 그들의 수입은 지난 5년간 두 배가 되었다. 중국의 최고위층이 일치단결해 세계화와 일당 지배의 안정성을 칭송하면서 번영의 배당금을 나누는 데 만족하고 있다는 것은 분명해 보인다.

이 책의 실증적 핵심은 오늘날 중국 정치에서 가장 잘못 이해되고 있으면서도 가장 적게 언급되는 요소인 역사적 기억을 해석하는 데 맞춰져 있다. 중국의 민족주의를 직접 언급하지 않으면서도 나는 중국 민족주의의 문화적·역사적 토대를 설명하기 위해 역사적 기억을 활용했다. 이 분석이 보여준 것처럼, 역사적 기억의 정치학을 이해하는 것은 오늘날 중국의 하향식 민족주의와 대중 민족주의의 연관관계, 민족주의 운동을 촉발하는 조건과 환경, 글로벌리즘과 민족주의 사이의 논쟁을 이해하는 데 필수적이다.

역사적 기억과 중국의 굴기

전 세계가 중국의 '굴기'에 대해 이야기하고 있지만, 정작 중국인들은 **'부흥'**이라는 단어를 쓰기 좋아한다. 이 단어를 통해 중국인들은 자신들의 위치를 이전의 위치로 되돌려놓고 영광을 회복하겠다는 결심을 강조한다. 5장에서 논의한 것처럼, **부흥**이라는 단어는 중국의 역사와 역사적 기억에 깊이 뿌리내리고 있다. 한때 중국은 가장 힘이 센 제국이었고 세계에서 가장 오래된 문명이지만, 19세기 중엽부터 시작된 중국의 현대사는 치욕으로 점철되어 있었다. 그렇기 때문에 중국인들은 자신들의 역사적 영광을 되살리고 싶어 하는 것이다. 중국공산당은 이러한 대중의 열망에 호응해 냉전이 종식된 이후 자신의 임무를 '공산주의의 실현'에서 '중화민족의 위대한 부흥'으로 바꿔놓았다.

실로 이러한 전환은 중국공산당의 역사에서 가장 근본적인 변화다. 1980년대 이후로 최근 몇 년간 중국공산당은 노동자-농민의 혁명당에서 엘리트 중심의 민족주의 정당으로 진화하면서 점차 덜 이데올로기적인 정당이 되었다. 중국 외교정책에 관심이 있는 이라면 반드시 이러한 배경에 특별한 주의를 기울여야 한다. 후진타오는 중국의 '위대한 부흥'에 대한 열렬한 지지자로, 그는 종종 자신의 연설을 인민들에게 '중국의 위대한 부흥을 위해 분투할 것'을 요청하면서 마무리 짓곤 한다. 후진타오는 심지어 자신의 개인적 꿈이 "중화민족의 위대한 부흥을 이루는 것"[25]이라고 말한 적도 있다. 많은 중국인에게 중국의 부흥은 단순히 **부강**富强을 의미하는 것이기도 하다. 이는 모든 나라가 추구하는 목표인 것처럼 보이지만, **부강**이라는 단어를 특별히 쓰는 것은 곧 이 목표가 인민의 역사적 기억 속에 깊이 뿌리내리고 있는 만큼 중국에 얼마나 중요한지를 보여주는 것이기도 하다.

중국인의 집단적 기억은 가난·굶주림·기아로 가득 차 있다. 중국의 오랜 역사를 통틀어 부는 항상 특정한 집단의 사람들에게 집중되어 있었고, 대다수의 시민은 가난에 허덕였으며 개인 재산을 거의 갖고 있지 않았다. 6장에서 살펴본 것처럼, 잦은 자연재해는 가난과 기아를 악화시켰다. 더군다나 고대 중국에서 가장 중요한 도덕적·철학적·준종교적 사상체계인 유가는 사실상 사람들로 하여금 부와 개인적 자산을 추구하지 못하도록 했다. 이러한 이유로 1992년 연설에서 덩샤오핑이 "중국은 수천 년 동안 가난했다. 이제 부흥해질 때다"라고 말했을 때 그의 언급은 혁명적인 것으로 여겨졌다. 그는 또한 "부자가 되는 것은 좋은 것이다"라고 말하기도 했다. 덩샤오핑의 이와 같은 유명한 발언은 중국에서 총체적인 혁명을 불러일으켰다. 그의 경제 개혁은 단순한 경제적 드라이브를 촉발한 것 그 이상이었다. 그것은 황제와 군벌, 이익 집단의 이익을 치워버리고 마침내 자신의 재산을 축적하도록 수많은 평범한 중국인득의 세계관을 뒤집어놓았던 것이다.

중국 사람들은 가난한 나라가 강한 나라가 될 수 없다는 것을 깨달았기 때문에 **부**와 **강**이라는 글자를 서로 긴밀하게 연결해서 쓴다. 중국 속담에 '뒤처지면 두드려 맞는다'는 말이 있는데, 이는 치욕의 세기 동안 중국이 겪은 민족적 경험을 설명하기 위한 정치적 이론으로 활용되어 왔다. 5장에서 언급한 것처럼, 중국공산당은 일반 무기와 핵무기는 물론 유인 우주 프로그램을 정당화하기 위해 이 이론에 의존해왔다. 강력한 군대를 건설한다는 이념은 또한 일반 인민들 사이에서 매우 인기 있는 것이기도 했다. 중국 밖에서는 '**부국강병**'을 이룩하는 것에 관한 민족적 목표가 공격적으로 바뀌어 현 상태를 뒤집을 것인지에 관한 논쟁이 있지만, 중국 사람들에게 이것은 그저 소박한 목표일 뿐이다. 중국이라는 집단에게는 내 나라가 나를 보호할 수 있을 만큼 강해지고 과거에 겪은 민족적 치욕을 다시는 당하지 않는 것이 가장 중요한 목표다.

2007년 개정된 중국공산당의 새 장정章程에는 집권당이 2021년까지 '샤오캉小康 사회'를 이룩한다는 비전이 제시되어 있다.

새로운 세기의 이 새로운 단계에서 경제적·사회적 발전의 전략적 목표는 애초 이룩한 상대적으로 평안한 삶을 공고화하고 발전시켜, 중국을 창당 100주년까지 10억 인민의 복지를 달성할 수 있는 좀 더 높은 단계의 중간 정도로 부유한 사회로 만들며, 1인당 GDP를 중진국 정도의 수준으로 끌어올려 중화인민공화국 100주년까지 현대화를 실현하는 것이다.[26]

이러한 목표에 따르면, 중국의 1인당 GDP는 2021년까지 1만 달러를 달성해야 하는데, 2000년 국가 전체의 GDP는 800달러 정도였다.

한 나라가 부강함을 수치화하기 위해 실현 가능한 목표를 설정할 수는 있다. 하지만 부흥에 관한 중국의 담론에는 중요한 비물질적인 목표도 존재한다. 그것은 바로 존경이다. 중국인들에게 있어 부흥은 다른 나라의 존경을 받고 외세의 공격에서 자유로울 때에야 비로소 성취할 수 있는 것이다. 이러한 존경의 이념은 인민의 역사적 기억과 밀접하게 연계되어 있다. 중국인의 후진성과 신체적 차이점에 대한 외국인의 조롱('동아병부' 같은 이념)은 민족적 치욕에 관한 중국인의 집단적 기억을 통합시키는 부분이며, 이것은 다른 나라와의 상호관계에 있어 중국 인민의 태도·해석·행동에 영향을 끼쳐왔다.

중국의 집권당이 인민들에게 자신의 꿈과 임무를 말해주려 하지만, 외부 세계에 중국의 의도를 설명하는 것은 종종 어려운 일이다. 앞서 언급한 것처럼 최근의 논쟁은 중국의 굴기가 세력 균형을 뒤엎어버릴 것인지, 아니면 상호 의존적인 관계 덕에 중국이 더욱 평화롭게 바뀌고 세계에 통합될 것인지라는 두 가지 주제에 초점이 맞춰져 있다. 이언 존스턴은 다음과 같은 질문을 제기한다. 중국은 현상유지형 권력인가, 아니면 수정주의적 권력인가?[27]

그 어떠한 나라의 의도도 이렇게 단순하게 표현될 수 없기 때문에 나는 이 질문에 직접적인 답변을 하지 않을 것이다. 하지만 나는 이 문제에 대한 기존의 대답이 '중국 의도의 우발적 변화에 대한 일반적인 설명'을 결여하고 있다는 제프리 레그로의 언급을 가장 타당한 것으로 본다.

설사 우리가 오늘날 중국 정부의 내부적 작동방식에 접근할 수 있다고 할지라도, 우리가 거기서 얻은 정보가 미래의 목표에 관해 이야기해줄 수는 없을 것이다. 설사 중국이 오늘날 세계 패권 혹은 세계 평화에 대한 비밀계획을 가지고 있다고 할지라도, 그러한 목표는 중국의 성장과 그것이 만들어낼 과정에 따라 바뀌게 될 것이다.[28]

실제로 중국의 최고 지도자들과 1대 1 인터뷰를 갖는다 해도 중국의 진정한 의도를 예측하는 것은 거의 불가능하다. 중국의 지도자들은 중국이 평화롭게 굴기할 것이며 절대로 패권을 추구하지 않을 것이라고 주장한다. 2009년 케임브리지 대학교 연설에서 원자바오 총리는 패권에 관한 정치 과학이 중국에는 적용되지 않는다고 분명하게 밝혔다.

큰 권력은 패권을 추구하게 되어 있다는 주장은 중국에는 적용되지 않습니다. 패권을 추구하는 것은 중국의 문화적 전통과 중국 인민의 의지에 배치되는 것입니다. 중국의 발전은 아무도 해치지 않고 위협하지 않습니다. 우리는 평화를 사랑하는 나라이자 다른 나라에서 배우려고 하고 다른 나라와 협력하는 나라가 되어야 합니다. 우리는 조화로운 세계를 구축하고자 힘쓰고 있습니다.[29]

우리가 원자바오 총리의 언급을 인용할 수는 있다. 하지만 일부 사람들이 그것은 베이징의 선전에 불과하다고 지적한 것처럼, 그러한 언급이 실제로 중국이 평화롭게 굴기할 것이라는 진짜 증거가 될 수는 없다. 설사 중국의 현 지도자들이 자신들의 수사에 진심이라고 할지라도 다음 세대의 지도자가 그것을 따를 것이라고 예측할 수는 없다. 중국에 관한 논쟁은 중국의 오늘에 관한 것이 아니라 중국이 내일 무엇을 원할 것인지에 관한 것이다.

국가의 의도에 관한 그 어떠한 판단도 해당 국가의 민족적 정체성과 국가적 이익에 대한 깊은 이해에 바탕을 두어야 한다. 이러한 이유로 나는 이 책에서 중국의 민족적 정체성을 이해하는 데 초점을 맞춘 것이다. 나는 역사적 기억이 중국의 민족적 정체성에 관한 정보의 핵심 요소이며, 이러한 요소에 대한 이해 없이 중국 인민의 인지방식·태도·의도를 완전히 이해할 수 없다고 본다. 따라서 나는 중국 인민의 역사 인식과 신화-트라우마 콤플렉스가 중국의 대중적 수사와 관료적 절차에서 지배적인 이념이라고 주장하려 한다.

한 나라의 외교정책, 특히 그 나라의 향후 의도를 이해하는 것은 학자들과 정책 입안자들에게 있어 중요하면서도 핵심적인 도전이다. 외교정책과 국가적 의도에 관한 기존의 연구방법은 대상 국가의 정치적·경제적·사회적 배경—지도자·리더십과 정책 결정—에 초점을 맞춰왔고, 이 모든 것은 눈에 보이는 것들이다. 지난 몇 년간 이론가들과 현장에서 직접 일을 하는 사람들은 문화와 그 밖의 이념적인 요소들을 상대적으로 무시해왔지만 최근에 와서야 그러한 요소들이 국가의 행동과 국제정책을 이해하는 데 결정적인 요소임을 깨달아가고 있다. 레이먼드 코헨Raymond Cohen이 회고한 대로 문화는 '숨겨진 차원'이며, 다시 말해 그것은 보이지 않지만 개인·집단·사회에 광범위한 영향을 끼치는 것이다.[30]

눈에 보이는 제도에서 문화와 이념, 역사적 기억이라는 숨겨진 차원에 이르기까지, 국가의 행동과 외교정책에 대한 우리의 이해는 더욱 깊고 넓어져야 하며 더욱 종합적이 되어야 한다. 하지만 연구자들은 이념적인 요소들을 변수로 활용할 때 주의를 기울여야 한다. 그러한 요소들은 고정된 가치나 경향성과 같이 일련의 고정된 심리적 특성으로 다루어질 수 없다. 문화와 이념 자체는 역동적이고 적응적이며 공개적인 것으로, 연구자들은 그러한 것들이 바뀔 수 있다는 것―그리고 종종 바뀌고 있다는 것―에 익숙해져야 한다.

나는 1990년대와 2000년대 중국 민족주의의 굴기를 설명하기 위해 중국의 역사 교육과 하향식 이데올로기 교육 운동을 살펴봤다. 하지만 2020년대에 중국의 의도와 중국의 민족주의가 어떻게 될 것인지를 알기 위해서는 구성주의적 접근방식을 따라 이후 몇 년 동안 중국의 정체성 교육과 사회적 담론에 주의를 기울일 필요가 있다.

우리는 애국주의 교육 운동이 중국 교육 체제의 한 단면에 불과하다는 것을 알아야 한다. 오늘날 3억 명에 달하는 중국의 어린이들이 영어를 배우고 있고 100만 명이 넘는 젊은이들이 외국에서 공부하고 있다.[31] 2009년 한 해에만 9만 8,510명의 중국 학부생과 대학원생이 미국의 단과대학과 종합대학으로 유학을 갔다. 이 숫자는 매 신학기마다 증가하고 있다. 국제교육기구Institution of International Education의 보고에 따르면, 2009년 학부 입학이 증가했는데, 그중 약 60퍼센트를 중국 학생들이 차지했다.[32]

이 연구를 통해 역사적 기억이 중국의 교육 시스템, 대중문화, 대중매체 속에 제도화되고 각인된다는 것이 분명해졌다. 하지만 그와 동시에 세계의 여러 곳에서 들어오는 다양한 문화와 정보 역시 중국의 텔레비전·라디오·인쇄매체를 통해 일상 속에 그 모습을 드러낸다. 할리우드 영화, 일본 만화, 한국의 텔레비전 쇼는 중국 젊은이들 사이에서 매우 인기가 많다. 두 가지의 경향성이 동시에 진행되고 있다는 것은 분명하다. 민족적 치욕에 관한 교육과 영어 학습 사이에 논쟁이 벌어지고 있지만, 이 두 가지 방향성 모두 중국의 다음 세대의 정체성 형성에 중요한 역할을 할 것이고, 따라서 향후 중국의 의도에도 영향을 줄 것이다.

중국에 관한 최근의 논의는 주로 '평화적 굴기'에 관한 정부의 국가전략을 둘러싸고 진행 중이다. 많은 사람은 중국이 공산주의 독재에서 정기적인 선거가 실행되는 다당제 민주주의로 변화된 이후에야 평화로운 굴기가 가능하다고 생각한다. 하지만 역사적 신화, 트라우마와 관련된 강력한 콤플렉스에서 벗어나지 않으면, 다당제 민주주의는 중국을 위험한 방향으로 몰고 갈 수 있다. 역사와 기억이라는 이슈가 새로운 민주주의 중국과 이전 세력 사이에서 대중 동원이나 충돌을 발생시키기 위한 민족주의 지도자들의 도구로 활용되기 쉽기 때문이다.

중국은 민족의 부흥을 추구하고 있다. 하지만 이러한 과정 속에서 중국은 금융 시스템과 고속 인터넷망을 현대화시켜야 할 뿐만 아니라 정치 시스템과 시민 교육 역시 현대화시켜야 한다. 중국 지도자들과 엘리트들은 중국의 잃어버린 영광을 회복하겠다는 꿈이 민족의 건설이라는 좀 더 현실적이고도 덜 민족주의적인 목표로 맞춰져야 한다는 것을 깨달아야 한다.

분명 공동체의 모든 구성원이, 특히 중국과 같이 거대하고 다양한 공동체에서는, 동일한 역사적 기억을 공유하고 있는 것은 아니다. 중국 시골 지역의 공동체가 가지고 있는 집단적 기억은 치욕의 세기보다는 기아와 내부적 폭력을 더욱 강조할 수도 있다. 하지만 나는 중국의 '거대 역사 서사master historical narrative'에 초점을 맞추었다. 교육 시스템과 외교정책 모두를 국가가 만드는 것이고, 그러한 거대 서사가 중국 사회의 주류적 힘이기 때문이다.

하지만 우리는 중국이 최근에 겪은 내전, 혁명, 대중 폭력, 기아와 같은 끔찍한 내부적 충돌을 잊어서는 안 된다. 이러한 국내적 충돌과 폭력에 관한 역사적 진실의 대다수는 여전히 공식 설명 안에 갇혀 있다. 오늘날 중국에서 민족사에 대한 서대 서사는 여전히 대중적 공감보다는 공식 성명에 기반을 두고 있는 것이다. 당 지도부가 중국 인민에게 '결코 국치를 잊지 말라'고 가르치기 위해 노력하고 있지만, 그들은 항상 당이 만들어낸 엄청난 실패와 재난에 대해 논의하는 것을 회피해왔다.

집권당의 정당성은 효과적으로 중국 인민의 역사의식에 스며든 왜곡된 '역사적 공헌'에 기반을 두어왔다. 그러한 역사적 기억의 정치학은 중국 집권당에 대중 동원과 사회적 합의를 위한 도구를 제공해왔다. 이러한 사실을 고려하면 중국의 민주화는 아마도 그러한 역사적 진실을 폭로하는 것에서 시작될지도 모른다. 이러한 의미에서 우리는 중국의 국내 정치와 국제정세에서 역사와 기억의 문제가 갖는 중요성, 역사적 기억의 렌즈를 통해 중국 시사를 연구하는 것의 의의를 더 잘 이해할 수 있을 것이다.

감사의 글

이 책은 많은 사람의 도움으로 완성되었다. 나는 먼저 미국평화기구U.S. Institute of Peace에 감사를 표하고 싶다. 나는 이 책의 최종 수정본을 이 기구의 국제적 평화를 위한 제닝스 랜돌프 프로그램Jennings Randolph Program for International Peace의 선임 연구원으로 있을 때 완성했다. 그리고 세턴홀 대학교, 특히 존 C. 화이트헤드 외교·국제관계학부 동료들에게 감사한다. 또한 나에게 많은 조언을 해준 조지메이슨 대학교 분쟁분석·해결연구소의 케빈 아브루치, 캐럴 햄린Carol Hamrin, 존 페이든 John Paden, 리처드 루벤스타인Richard Rubenstein에게도 감사를 표한다.

앤드류 베리Andrew Berry, 밴스 크로우Vance Crowe, 찬드라 드냅 Chandra DeNap, 조지프 임브리아노Joseph Imbriano, 히서 마르티노 Heather Martino, 로렌 리드Lauren Reed, 프랜시스 탄조스Francis Tanczos에게 감사를 표한다. 이들은 내 책의 최초 독자였을 뿐만 아니라 소중한 피드백·제안·수정사항을 알려주었고, 이들 대부분이 이 책에 포함되었다. 나는 또한 철저하고 꼼꼼한 코멘트를 남겨준 익명의 검토자들에게도 감사를 표하고 싶다. 그들에게 받은 제안을 바탕으로 초고를 상당히 다듬을 수 있었다.

이 책을 아내인 샤오주안小涓에게 바친다. 그녀의 사랑·지지·격려가 없었다면 이 작업은 결코 시작되거나 완성될 수 없었을 것이다. 그리고 내가 이 책에 몰두하고 있는 도중에 태어난 딸 안야에게도 이 책을 바친다. 이제 책이 완성되었으니 아빠는 너와 더욱 많은 시간을 보낼 날을 고대하고 있단다.

들어가며

1 David Shambaugh, "China at 60: The Road to Prosperity," *Time*, September 28, 2009.

2 Shirk, *China: Fragile Superpower*, 10.

3 Legro, "What China Will Want," 515.

서문: '탱크맨'에서 신新애국자로

1 Matthew Forney, "China's Loyal Youth," *New York Times*, April 13, 2008.

2 Barmé, "Anniversaries in the Light, and in the Dark."

3 Smith, *The Ethnic Origins of Nations*, 383.

4 Callahan, "History, Identity and Security," 184.

5 Pennebaker, *Collective Memory of Political Events*, vii.

6 Eller, *From Culture to Ethnicity to Conflict*.

7 Gong, *Memory and History*, 26.

8 Gries, "Face Nationalism," 15.

9 Unger, *Using the Past*, 1.

10 Thurston, "Community and Isolation," 170.

11 Minxin Pei, "China's Fragile Mindset," *Christian Science Monitor*, April 9, 2001.

12 PEP, *Quanrizhi putong gaoji zhongxue jiaokeshu*, 42~47.

13 Lind, "Regime Type and National Remembrance."

14 Fukuyama, "The New Nationalism," 38~41.

15 Shaules, *Deep Culture*, 12.

16 Markovits and Reich, *The German Predicament*, 9.

17 Cohen, *Speaking to History*, 232~233.

18 This definition was given by the journal *History & Memory*, published by the Indiana University Press.

1장 역사적 기억, 정체성, 정치

1 T. H. R., "Uses of the Past," 5.

2 McBride, *History and Memory in Modern Ireland*, 1.

3 Roudometof, *Collective Memory*, 5.

4 Gong, *Memory and History*, 26~27.

5 Jedlicki, "Historical Memory," 226.

6 Roudometof, *Collective Memory*, 6~7.

7 Ibid.

8 Goldstein and Keohane, "Ideas and Foreign Policy," 4.

9 George, "The Causal Nexus," 95.

10 Bruland and Horowitz, "Research Report," 1.

11 George, "The Causal Nexus."

12 Wang, *Limited Adversaries*, 28.

13 Callahan, "History, Identity and Security," 184.

14 예를 들어, Halbwachs, On Collective Memory을 볼 것. 또한 Eller, *From Culture to Ethnicity to Conflict*을 볼 것.

15 Smith, *The Ethnic Origins of Nations*.

16 Volkan, *Bloodlines*, 48.

17 Galtung, "The Construction of National Identities."

18 Volkan, *Bloodlines*, 48.

19 Volkan, "Large Group Identity," 6.

20 Volkan, *Bloodlines*, 48.

21 Ibid., 81.

22 Volkan, "Large Group Identity," 6.

23 Smith, *The Ethnic Origins of Nations*.

24 Gong, *Memory and History*, 26~27.

25 Halbwachs, *On Collective Memory*, 224.

26 Anderson, *Imagined Communities*.

27 Hutchinson, *Ethnicity*, 8~9.

28 Kaufman, *Modern Hatreds*.

29 Kammen, *The Mystic Chords of Memory*, 5.

30 Apple and Christian-Smith, *The Politics of the Textbook*, 10.

31 Ibid.

32 Tajfel, *Human Groups and Social Categories*.

33 Khong, *Analogies at War*.

34 Putnam and Holmer, "Framing, Reframing, and Issue Development."

35 Avruch, *Culture and Conflict Resolution*.

36 Markovits and Reich, *The German Predicament*, 9.

37 Khong, *Analogies at War*, 101.

38 Ibid.

39 Record and Terrill, *Iraq and Vietnam*.

40 Griffin, *The New Pearl Harbor*.

41 Gong, *Memory and History*, 28.

42 Ibid., 36.

43 Volkan, *Bloodlines*.

44 Bell, *Memory, Trauma and World Politics*, 6.

45 Jedlicki, "Historical Memory," 226.

46 Smith, *Myths and Memories of the Nation*, 9.

47 Kaufman, *Modern Hatreds*.

48 Zerubavel, *Recovered Roots*.

49 Bell, *Memory, Trauma and World Politics*, 20.

50 Zajda and Zajda, "The Politics of Rewriting History."

51 Bar-Tal, *Shared Beliefs in a Society*.

52 하버드 대학교의 한 연구 그룹은 학제 간 연구팀을 만들어 정치적 행동을 설명할 때 도움이 되는 일종의 변수로서의 정체성을 체계적으로 도입하는 데 방해가 되는 문제를 극복하기 위한 연구를 수행했다. 하버드 정체성 프로젝트의 주요 출판물에는 압델랄Abdelal 등이 저술한 "Identity as Variable"(변수로서의 정체성)이 포함되어 있다.

53 Abdelal et al., "Treating Identity as a Variable," 3.

54 Abdelal et al., "Identity as a Variable," 696.

55 Ibid., 698~699.

56 Abdelal et al., "Treating Identity as a Variable," 8.

57 Tajfel and Turner, "Social Identity Theory."

58 Mercer, "Anarchy and Identity."

59 Tajfel and Turner, "Social Identity Theory," 9.

60 Goldstein and Keohane, "Ideas and Foreign Policy."

61 Katzenstein, "Alternative Perspectives," 24.

2장 선택된 영광, 선택된 트라우마

1 Teng and Fairbank, *China's Response to the West*, 266~269.

2 Jiang, *Zhongguo jindaishi*, 17. 따로 언급되지 않으면, 모든 번역은 저자가 직접 한 것이다.

3 Mitter, *A Bitter Revolution*, 30.

4 Ebrey, *The Cambridge Illustrated History of China*, 257.

5 Jiang, *Zhongguo jindaishi*, 15~16.

6 Volkan, *Bloodlines*, 81.

7 Galtung, "Construction of National Identities," 244~245.

8 Galtung, *Globe Projections*, 9~10.

9 Chiang, China's Destiny, trans. Wang Chung-hui, 9.

10 L iu, The Clash of Empires, 94.

11 Von Falkenhausen, "The Waning of the Bronze Age," 544.

12 Dikotter, The Discourse of Race in Modern China, 2.

13 Ibid.

14 Volkan, "Large Group Identity," 6.

15 Madeleine Brand and Howard Berkes, "China Celebrates Opening of Summer Olympics," *National Public Radio*, August 8, 2008.

16 "Beijing Olympic Games Open in Passion as Quake-Affected China Hosts World with Pride," *Xinhua*, August 9, 2008, http://news.xinhuanet.com/english/2008-08/09/content_9067226.htm에서 이용할 수 있다.

17 "Ancient Chinese Music at Beijing Olympics Opening," *Xinhua*, August 8, 2008, http://news.xinhuanet.com/english/2008-08/08/content_9052538.htm에서 이용할 수 있다.

18 Tamura, *China*, 70.

19 PEP, *Chuji zhongxue jiaokeshu zhongguo gudaishi*, 139.

20 Xu, *China and the Great War*, 21.

21 Wade, "The Zheng He Voyages," 1.

23 Mitter, *A Bitter Revolution*, 26.

24 Callahan, "National Insecurities," 206.

25 Wireman, "The People's Republic of China Turns 50," 19.

26 Gries, "Face Nationalism," 14.

27 Hu, "Dui lishi xu xinhuai qianjing."

28 Volkan, *Bloodlines*, 48.

29 Fairbank and Goldman, *China*, 201~205.

30 Schoppa, *Revolution and Its Past*, 120.

31 Jiang, *Zhongguo jindaishi*, 6.

32 Ibid, 9.

33 E brey, *The Cambridge Illustrated History of China*, 257.

34 Spence, *The Search for Modern China*, 155.

35 E brey, *The Cambridge Illustrated History of China*, 239.

36 PEP, *Putong gaozhong kecheng biaozhun shiyan jiaokeshu lishi*, 52.

37 Kataoka, *Resistance and Revolution in China*, 5.

38 광둥 성 후먼의 아편전쟁 박물관에서 저자가 구입한 박물관 안내서에 토대를 두었다. 번역 역시 저자가 직접 한 것이다.

39 Hanes and Sanello, *The Opium Wars*, 176.

40 Ibid., 223~228.

41 Barmé, "Yuanming Yuan."

42 Ibid.

43 Callahan, *China*, 16.

44 Ibid.

45 PEP, *Putong gaozhong kecheng biaozhun shiyan jiaokeshu lishi*, 52.

46 예를 들어 "China Says Christie's Auction of Looted Relics a Lesson to World," Xinhua, March 2, 2009를 볼 것.

47 Ebrey, *The Cambridge Illustrated History of China*, 253.

48 Fairbank and Goldman, *China*, 221.

49 이 부분의 이와 같은 충돌에 대한 묘사는 Fairbank and Goldman, *China*, 220; Ebrey, *The Cambridge Illustrated History of China*, 252~254; the "Sino-Japanese War" entry in the *Encyclopedia Britannica*에 토대를 두고 있다.

50 예를 들어 "MIT Web Page Upsets Chinese Students: Image Depicting Sino-Japanese War Removed After Complaints," Associated Press, April 28, 2006; Peter C. Perdue, "Open Letter to Chinese Students at MIT," April 28, 2006, http://web.mit.edu/history/Open%20Letter%20to%20Chinese%20 Students%20at%20MIT.pdf를 볼 것.

51 Fairbank and Liu, *The Cambridge History of China*, 115~123.

52 Ibid., 125~130.

53 Mitter, *A Bitter Revolution*, 34.

54 Ebrey, *The Cambridge Illustrated History of China*, 285.

55 Ibid.

56 Chang, *The Rape of Nanking*, 51~52.

57 Ebrey, *The Cambridge Illustrated History of China*, 285.

58 Askew, "The Nanjing Incident."

59 Fairbank and Liu, *The Cambridge History of China*, 533~540.

60 Ibid., 540.

61 PEP, *Quanrizhi putong gaoji zhongxue jiaokeshu zhongguo jinxiandaishi*, 43, and Higher Education Press, *Zhongguo jixiandaishi*, 519~520을 볼 것.

62 Chiang, *China's Destiny*, 17~55.

63 Ibid., 39.

64 Ibid., 40.

65 Fairbank and Goldman, *China*, 200.

66 Hsu, *The Rise of Modern China*, 190.

67 Fairbank and Goldman, *China*, 201.

68 Wang, *China's Unequal Treaties*, 11.

69 Ibid.

70 Chiang, *China's Destiny*, 31.

71 Treaty of Shimonoseki, 1895, translation available at http://www.taiwan documents.org/ shimonoseki01.htm.

72 Ibid.

73 Xu, *China and the Great War*, 174.

74 Chiang, *China's Destiny*, 31.

75 Boxer Protocol, Article 6, September 7, 1901, translation available at http://www.international.ucla.edu/asia/article.asp?parentid=18133.

76 Spence, *The Search for Modern China*, 235.

77 Boxer Protocol, Article 9.

78 Chiang, *China's Destiny*, 43.

79 Mitter, *A Bitter Revolution*, 40.

80 Michael Duffy, ed., "'21 Demands' Made by Japan to China, 18 January 1915," August 22, 2009, http://www.firstworldwar.com/source/21demands.htm.

81 Hsu, *The Rise of Modern China*, 494~502.

82 Callahan, "National Insecurities," 203.

83 Ibid., 210.

84 Chiang, *China's Destiny*, 54.

85 PEP, *Putong gaozhong kecheng biaozhun shiyan jiaokeshu lishi*, 61.

86 Chiang, *China's Destiny*, 59.

87 "Chiang Kai-shek: Death of the Casualty," *Time*, April 14, 1975.

88 Gries, *China's New Nationalism*, 47.

89 Volkan, "Large Group Identity."

90 Mitter, *A Bitter Revolution*, 40.

91 Ebrey, *The Cambridge Illustrated History of China*, 258.

92 Fairbank and Goldman, *China*, 205.

3장 '천하'에서 국민국가로: 민족적 치욕과 국가 건설

1 Morse, *The International Relations of the Chinese Empire*, 223.

2 Kim, "The Evolving Asian System," 37~38.

3 Xu, "Internationalism, Nationalism, National Identity," 102.

4 Townsend, "Chinese Nationalism."

5 Ibid., 12.

6 Duara, "De-constructing the Chinese Nation," 34.

7 Townsend, "Chinese Nationalism," 2.

8 Xu, "Internationalism, Nationalism, National Identity," 102~103.

9 Duara, "De-constructing the Chinese Nation," 31.

10 Hsu, *China's Entrance*, 13.

11 Pye, "International Relations in Asia," 9.

12 Xu, "Internationalism, Nationalism, National Identity," 103.

13 Kohn, "The Nature of Nationalism," 1001~1021.

14 Xu, "Internationalism, Nationalism, National Identity," 102.

15 Kohn, "The Nature of Nationalism," 1001.

16 Liang, *Wuxu zhengbian ji*, 44.

17 Xu, "Internationalism, Nationalism, National Identity," 103,

18 Fitzgerald, "The Nationless State," 66.

19 Xu, "Historical Memories of May Fourth."

20 Levenson, *Confucian China*.

21 Townsend, "Chinese Nationalism," 1~30.

22 Cohen, "Remembering and Forgetting," 1.

23 Ibid., 20.

24 Ibid., 23.

25 Lu, *Nahan*, 23.

26 Wang, *China's Unequal Treaties*, 63.

27 Barmé, "Anniversaries."

28 Wang, *China's Unequal Treaties*, 78~80.

29 Jayshree Bajoria, "Nationalism in China," *Newsweek*, April 24, 2008.

30 Wang, *China's Unequal Treaties*, 67.

31 Ibid., 72.

32 Fitzgerald, *Awakening China*.

33 Wang, *China's Unequal Treaties*, 65에서 재인용.

34 Ibid.

35 Wang, *China's Unequal Treaties*, 70.

36 Huang, "Chiang Kai-shek's Politics," 11~12.

37 Ibid. 이 일기의 도입부는 Wang Yugao, *Shilue Gaoben* [Shilue Manuscripts].
    Archives of President Chiang Kai-shek, Academia Historica, Hsintien, Taiwan,
    May 9, 1928에서 인용했다.

38 Ibid., 29.

39 Chiang, *China's Destiny*, 46.

40 Wang, *China's Unequal Treaties*, 78.

41 Ibid., 74.

42 Fitzgerald, "The Nationless State," 73.

43 Cohen, "Remembering and Forgetting," 23.

44 Yick, *Making of Urban Revolution in China*, 185.

45 "China: Crisis," *Time*, November 13, 1944, http://www.time.com/time/

magazine/article/ 0,9171,801570-4,00.html.

46 Chiang, *China's Destiny*, 46.

47 Callahan, "History, Identity and Security," 185.

48 Ibid., 210.

49 Cohen, "Remembering and Forgetting," 9.

50 Wang, *China's Unequal Treaties*, 63.

51 Xu, "Historical Memories of May Fourth."

52 Mao, "The Chinese People Have Stood Up!"

53 Weber, *Essays in Sociology*.

54 Xu, "Internationalism, Nationalism, National Identity," 102.

55 Mao, *Selected Works*, 2:224.

56 Guo, "Political Legitimacy and China's Transition," 8.

57 Coble, "China's 'New Remembering,'" 397.

58 Ibid., 396.

59 Callahan, "History, Identity and Security," 185.

60 Denton, "Heroic Resistance and Victims of Atrocity."

61 Buruma, "The Joys and Perils of Victimhood," 4.

62 Ding, *The Decline of Communism*, 164.

63 Ibid.

64 Mao, *Selected Works*, 2:337.

65 Barmé, "To Screw Foreigners Is Patriotic," 234.

66 Buruma, "The Joys and Perils of Victimhood," 3~4.

67 Barmé, "Mirrors of History"에서 인용.

68 "Chinese National Anthem," *China Travel Discovery*, n.d., http://www. chinatraveldiscovery.com/china-facts/national-song.htm.

69 Chen, "The China Challenge."

70 Chen, "The Impact of Reform," 22~24.

71 Zhao, *A Nation-State by Construction*, 288.

72 Sullivan, "Discarding the China Card," 3~4.

73 Kennedy and O'Hanlon, "Time to Shift Gears on China Policy," 52.

4장 승리자에서 희생자로: 애국주의 교육 운동

1 Podeh, "History and Memory in the Israeli Educational System," 65.

2 예를 들어 Podeh, "History and Memory in the Israeli Educational System"; Hein and Selden, "The Lessons of War, Global Power, and Social Change"; and Cole and Barsalou, *Unite or Divide?*를 볼 것.

3 Evans, "Redesigning the Past," 5.

4 또한 Merridale, "Redesigning History in Contemporary Russia"를 볼 것.

5 예를 들어 the *Journal of Contemporary History*'s special issue "Redesigning the Past: History in Political Transitions," vol. 38, no. 1 (2003)를 볼 것.

6 Harrison, "Communist Interpretations of the Chinese Peasant Wars," 92.

7 Deng Xiaoping, "Address to Officers at the Rank of General and Above in Command of the Troops Enforcing Martial Law in Beijing," June 9, 1989, in Deng, *Selected Works*, available at http://english.peopledaily.com.cn/dengxp/vol3/text/c1990.html.

8 CCCPC (Central Committee of the Communist Party of China), 「關於充分運用文物進行愛國主義和革命傳統敎育的通知」.

9 Jiang, "Jiang Zemin zongshuji zhixin Li Tieying," 1.

10 Ibid.

11 국가교육위원회, 「中小學加强中國近代現代史及國情敎育的總體綱要」.

12 Zhao, A Nation-State by Construction, 218.

13 CCCPC, 「愛國主義敎育實施綱要」 1.

14 Pyle, "Nationalism in East Asia," 31.

15 Cohen, "Remembering and Forgetting," 18.

16 Callahan, "History, Identity and Security," 186.

17 Cohen, "Remembering and Forgetting," 18~19.

18 Unger, *Using the Past to Serve the Present*.

19 Thurston, "Community and Isolation," 150.

20 Barmé, "History for the Masses," 260.

21 PEP, 『初級中學敎科書 中國歷史』와 PEP, 『高級中學敎科書 中國近代現代史』.

22 Gries, "Face Nationalism," 80~81.

23 Gries, *China's New Nationalism*, 73.

24 Ibid., 70.

25 Ministry of Education,「歷史教學大綱」.

26 CCCPC,「愛國主義教育實施綱要」, 1.

27 CCCPC,「關於充分運用文物進行愛國主義和革命傳統教育的通知」, 1.

28 Ibid.

29 http://cn.netor.com/m/box200106/m63/3.asp?BoardID=6373를 볼 것.

30 항일선생 기념관 웹사이트 http://www.1937china.com를 볼 것.

31 「中宣部負責同志談第二批愛國主義教育基地」, PLA Daily, June 13, 2001.

32 「北京愛國主義教育基地12年參觀人數逾2.5億人次」, Xinhua, October 12, 2004, http://news.xinhuanet.com/newscenter/2004-10/12/content_2081385.htm.

33 「河北省愛國主義教育基地建設巡禮」, *Zhongguo hongse luyou wang [China Red Tourism]*, July 14, 2004, http://www.crt.com.cn/98/2004-7-14/news200471411931.htm, 2005년 7월 6일 접속.

34 "Jiangsu 189 ge aiguozhuyi jiaoyu jidi mianfei kaifang" [Jiangsu Province's 189 patriotic education bases free of charge to the whole society], Xinhua, October 1, 2004, http://internal.northeast.cn/system/2004/10/01/017350497.shtml, 2005년 7월 6일 접속.

35 "Jiangxi xiang weichengnianren mianfei kaifang ziguozhuyi jiaoyu jidi" [Jiangxi Province opens its patriotic education bases to the minors free of charge], *Xinhua*, June 23, 2004, http://www.edu.cn/20040623/3108703.shtml.

36 "Wu Linhong, yu aiguo qing, li baoguo zhi, anhuisheng aiguozhiyi jiaoyu jidi xunli," [The development of patriotic education in Anhui Province], *Anhui News*, June 13, 2005, http://ah.anhuinews.com/system/2005/06/13/001282026.shtml, 2005년 7월 6일 접속.

37 CCCPC,「關於進一步加强和改進未成年人思想道德建設的若干意見」.

38 Zhao, "A State-Led Nationalism," 298.

39 CCCPC,「關於加强和改進愛國主義教育基地工作的意見」.

40 『勿忘國恥』는 2002년 하이옌海燕출판사에서 출판되었다.

41 "China Boosts 'Red Tourism' in Revolutionary Bases," *Xinhua*, February 22, 2005, http://www.china.org.cn/english/government/120838.htm.

42 Ibid.

43 "'Red Tourism' Booming in China," *Reuters*, December 21, 2007.

44 Zhao, *A Nation-State by Construction*, 220.

45 Cohen, "Remembering and Forgetting," 18.

46 "중국의 가족계획이 2005년까지 4억 명의 출산을 막았다." *Xinhua*, May 3, 2006, http://english.people.com.cn/200605/03/eng20060503_262703.html.

47 Markovits and Reich, *The German Predicament*, 9.

48 Cole and Barsalou, *Unite or Divide?* 13.

49 Goldstein and Keohane, "Ideas and Foreign Policy."

50 Ibid.

51 White, "Postrevolutionary Mobilization in China," 55.

52 Ibid. 화이트는 이러한 정의를 중국공산당 중앙위원회의 공식 잡지인 『홍기紅旗』 1959년의 글에서 인용하고 있다.

53 White, "Postrevolutionary Mobilization in China," 58~59.

54 Ibid., 59.

55 "Professionals, Entrepreneurs New Pillar of China," *Xinhua*, July 26, 2006, available at http://www.chinadaily.com.cn/china/2006-07/26/content_649812.htm.

56 Rupert Wingfield-Hayes, "China's Rural Millions Left Behind," *BBC News*, March 6, 2006.

57 袁偉時,「現代化與歷史敎科書」.

58 Joseph Kahn, "China Shuts Down Influential Weekly Newspaper in Crackdown on Media," *New York Times*, January 25, 2006.

59 袁偉時,「現代化與歷史敎科書」. 위안이 언급한 교과서는 *Chinese History, Third Volume (Zhongguo lishi disance)*, edited by the People's Educational Press (PEP)다. 이 교과서는 중등학교 1학년 공식 교재이며 '치욕의 세기'인 1840년에서 1949년의 역사를 다루고 있다.

60 袁偉時,「現代化與歷史敎科書」.

61 Philip P. Pan, "Leading Publication Shut Down in China," *Washington Post*, January 25, 2006.

62 CCCPC,「愛國主義實施綱要」.

63 관련 문건에 대해서는 중국 교육부의 공식 웹사이트를 볼 것. http://www.moe.gov. cn/publicfiles/business/htmlfiles/moe/moe_772/201001/xxgk_80672.html, 2012년 1월 22일 접속.

64 Guo, "Patriotic Villains and Patriotic Heroes."

65 CCCPC,「愛國主義實施綱要」.

66 Lovell, "It's Just History."

67 Zhao, "A State-Led Nationalism," 288.

68 Ibid.

69 Geoffrey Crothall, "Patriotic Patter Winning Students," *South China Morning Post*, July 10, 1994.

70 "Japan Glosses, China Distorts," *Asian Wall Street Journal*, April 11, 2005.

71 Mark Magnier, "Like Japan's, Chinese Textbooks Are Adept at Rewriting History," *Los Angeles Times*, May 8, 2005.

5장 전위에서 애국자로: 중국공산당의 재구축

1 Christensen, "Chinese Realpolitik," 46.

2 Ibid.

3 Barmé, "To Screw Foreigners Is Patriotic," 211.

4 Ibid., 211~212.

5 Jiang,「愛國主義和我國知識分子的使命」.

6 Mercer, "Anarchy and Identity."

7 Cohen, "Remembering and Forgetting," 18.

8 Barmé, "To Screw Foreigners Is Patriotic," 213.

9 Deng, *Selected Works*, 3: 372.

10 Miller, "The Road to the 16th Party Congress."

11 Renwick and Qing, "Chinese Political Discourse."

12 Miller, "The Road to the 16th Party Congress."

13 14차 당대회 정치보고 초안 작업에 관해서는 He Husheng, 「中國新腦筋」[China's new ideas], Section 5, http://www.tianyabook.com/zhexue/newbrain/index.html를 볼 것, 2008년 5월 15일 접속.

14 16차 당대회 정치보고 초안 작업에 관해서는 「官方媒體披露十六大報告一年零二十天的起草過程」(Official sources disclose the one year and twenty days' drafting process of the report of the 16th Party Congress), Xinhua, November 20, 2002, http://www.chinanews.com.cn/2002-11-20/26/245383.html를 볼 것.

15 Miller, "The Road to the 16th Party Congress."

16 중국공산당 장정의 영문 번역은 http://news.xinhuaᴛnet.com/english/2007-10/25/ content_6944738.htm에서 이용 가능하다.

17 Jiang, "Speech at the 6th Plenary Session," translated by Xinhua. 강조 추가.

18 Jiang, "Report at the 16th CCP National Congress," translated by Xinhua.

19 Jiang, "Speech at the 6th Plenary Session."

20 CCCPC, 「愛國主義敎育實施要綱」.

21 Hu, "Report at the 17th CCP National Congress," translated by Xinhua.

22 Jiang, "Speech at the Meeting Celebrating the 80th Anniversary."

23 Zerubavel, Recovered Roots.

24 Jiang, "Speech at the Meeting Celebrating the 80th Anniversary."

25 Jiang, "Report at the 15th CCP National Congress."

26 Thurston, "Community and Isolation."

27 Bell, Memory, Trauma and World Politics, 20.

28 Renwick and Qing, "Chinese Political Discourse," 111~113.

29 Yan, "The Rise of China in Chinese Eyes."

30 Jiang, "Speech at the Meeting Celebrating the 80th Anniversary."

31 Hu, "Report at the 17th CCP National Congress."

32 Ibid.

33 Jiang, "Speech at the Meeting Celebrating the 80th Anniversary."

34 "Hu Jintao Meets with New Party Delegation," *Xinhua*, July 13, 2005, http://english.china.org.cn/english/China/134789.htm.

35 Cummings, "PRC Foreign Policy Responsiveness," 1.

36 Rose Brady, "A New Face on China's Foreign Policy," *BusinessWeek*, August 4, 2003, http://www.businessweek.com:/print/magazine/content/03_31/b3844142.htm.

37 Song, Zhang, and Qiao, 「中國可以說不」(쑹챵 외 지음, 강식진 옮김, 『No라고 말할 수 있는 중국』, 동방미디어, 1999).

38 Yan, 「中國國家利益分析」.

39 "Chinese Foreign Minister Tang Jiaxuan Gives a Press Conference During the 1st Session of the 10th NPC," Ministry of Foreign Affairs, March 6, 2003, http://www.mfa.gov.cn/eng/wjdt/zyjh/t24953.htm, 2005년 6월 14일 접속.

40 "Statement by Foreign Minister Tang Jiaxuan at the 54th Session of the UN General Assembly," Ministry of Foreign Affairs, November 19, 1999, http://www.china-un.ch/ eng/ljzg/zgwjzc/t85884.htm.

41 Brady, "A New Face on China's Foreign Policy."

42 Gries, *China's New Nationalism*, 102.

43 Wen Jiabao, "Turning Your Eyes to China," speech given at Harvard University, Cambridge, MA, December 10, 2003, http://www.news. harvard.edu/gazette/2003/ 12.11/10-wenspeech.html.

44 「溫家寶歡迎宴會上致辭」 [Wen Jiabao addresses at the welcoming dinner], *China Daily*, December 9, 2003, http://www.chinadaily.com.cn/gb/doc/2003-12/09/ content_288689, 2005년 7월 24일 접속.

45 "Premier Wen Jiabao Held a Press Conference," Ministry of Foreign Affairs, March 18, 2003, http://www.fmprc.gov.cn/eng/topics/3696/ t18867.htm, 2005년 7월 24일 접속.

46 Ibid.

47 "Washington Post Interview with Premier Wen Jiabao," *People's Daily*, November 24, 2003, http://english.people.com.cn/200311/23/eng 20031123_128838. shtml에서 이용할 수 있다.

1　Economy and Segal, "China's Olympic Nightmare," 48.

2　"Chinese Students Say Huge Crowds Made for Successful Relay," Xinhua, April 24, 2008, http://www.chinadaily.com.cn/olympics/torch/2008-04/24/content_6642166.htm에서 이용할 수 있다.

3　Shaila Dewan, "Chinese Student in U.S. Is Caught in Confrontation," *New York Times*, April 17, 2008.

4　Henry Sanderson, "China Protests French Retailer Carrefour," Associated Press, April 19, 2008, http://www.msnbc.msn.com/id/24218173, 2008년 5월 22일 접속.

5　중국 온라인 토론방에서 번역, http://www.xcar.com.cn/bbs/viewthread.php?tid=7882759&page=1, 2008년 10월 5일 접속.

6　"'One World, One Dream' Selected as the Theme Slogan for Beijing 2008 Olympic Games," press release, Beijing Organizing Committee for the Olympic Games, December 25, 2005, http://en.beijing2008.cn/75/66/article211996675.shtml

7　Houlihan and Green, *Comparative Elite Sport Development*, 46.

8　Jo Kent, "The Pressure's on as China Rushes for Gold: Chinese Athletes Face High Expectations to Win Big in Beijing," ABC News, July 24, 2008.

9　「鄒凱獲中國奧運冠軍單筆最高獎金」 "Zoukai huo zhongguo Aoyun guanjun danbi zuigao jiangjin," *Yahoo Sports*, September 18, 2008, http://sports.cn.yahoo.com/ 08-09-/357/2aq8i.html에서 이용할 수 있다.

10　Ibid.

11　Xu, *Olympic Dreams*, 203.

12　"China's Darling Liu Xiang Prepares to 'Fly' at Bird's Nest," *China Daily*, August 2, 2008.

13　Ibid.

14　"Fame Holds No Attraction for Liu Xiang," *Times* (London), May 27, 2008.

15　China Mourns as Liu Xiang Pulls Out of Hurdles," *Times* (London), August 18,

2008.

16 Yang, "Imaging National Humiliation."

17 Xu, *Olympic Dreams*, 19.

18 翟華, 「"東亞病夫"說法的來龍去脈」[The origin and development of the phrase "Sick Man of East Asia"], Sina Blog, http://blog.sina.com.cn/s/blog_ 48670cb201008rtk. html.

19 Yang, "Imaging National Humiliation."

20 Brownell, *Beijing's Games*, 34.

21 Yang, "Imaging National Humiliation."

22 「從東亞病夫到競技大國」, Beijing Organizing Committee for the Olympic Games, April 29, 2004, http://www. beijing2008.cn/37/67/article 211986737.shtml, 2008년 5월 17일 접속.

23 翟華, 「"東亞病夫"說法的來龍去脈」.

24 "*The One Man Olympics* premieres in Beijing," May 16, 2008, China Internet Information Center, http://www.china.org.cn/culture/2008-05/18/content_ 15311813.htm.

25 "Fame Holds No Attraction for Liu Xiang," *Times* (London), May 27, 2008.

26 "It's Pride of Asia, Liu Xiang Says," *Xinhua*, August 27, 2004, http://news. xinhuanet.com/english/2004-08/28/content_1902300.htm.

27 Translation quoted from Xu, *Olympic Dreams*, 19.

28 "Hu Jintao Receives a Group Interview with Foreign Journalists," August 1, 2008, accessed August 5, 2008, http://www.fmprc.gov.cn/eng/zxxx/t463165. 또한 "Stay Out of Politics, Hu Tells the Media," *Australian, August* 2, http:// www.theaustralian.com.au/news/stayout-of-politics-hu-to-media/story-e6frg6t6-1111117086099를 볼 것, 2008년 8월 5일 접속.

29 "Coming Distractions: Speaking to History" [interview with Paul A. Cohen], *China Beat*, September 26, 2008, http://thechinabeat.blogspot.com/2008/09/ coming-distractions-speaking-to-history.html.

30 Mercer, "Anarchy and Identity."

31 Woods Hole Oceanographic Institution, U.S. Geological Survey, and American

Geophysical Union, "May 2008 Earthquake in China Could Be Followed
by Another Significant Rupture," press release, September 10, 2008, http://
www.whoi.edu/ page.do?pid=45697&cid=49386&c=2.

32 "The World's Worst Natural Disasters: Calamities of the 20th and 21st
Centuries," *CBC News*, August 30, 2010, http://www.cbc.ca/world/story/2008/
05/08/f-natural-disasters-history.html.

33 "Flood—ata and Statistics," *Prevention Web*, accessed March 29, 2009, http://
www.preventionweb.net/english/hazards/statistics/?hid=62.

34 Ibid.

35 David Crossley, "10 'Worst' Natural Disasters," Department of Earth and
Atmospheric Sciences, Saint Louis University, October 18, 2005, http://
www.eas.slu. edu/hazards.html.

36 "Wenchuan Earthquake Has Already Caused 69,196 Fatalities and 18,379
Missing," *Sina*, July 6, 2008, http://news.sina.com.cn/c/2008-07-06/
162615881691.shtml.

37 Liu Yunyun, "The PLA Shoulders the Load," *Beijing Review*, May 23, 2008.

38 "The World's Worst Natural Disasters."

39 Galtung, *Peace by Peaceful Means*, 254.

40 Merkel-Hess et al, *China in 2008*, 215.

41 41. You Nuo, "Words of Wisdom from Distant Past," *China Daily*, June 2, 2008.

42 Yang, "A Civil Society."

43 Brownell, *Beijing's Games*, 191.

44 Xu, *Olympic Dreams*, 268.

7장 기억, 위기, 대외관계

1 냉전 종식 이후 중국의 충돌 지향적 행동에 대한 학술적 연구에 관해서는 Bernstein
and Munro, The Coming Conflict with China; Christensen, "Chinese
Realpolitik"; Gries, *China's New Nationalism*; Gilpin, *War and Change in*

World Politics; Johnston, *Cultural Realism*; Mearsheimer, *The Tragedy of Great Power Politics*; and Shulsky, *Deterrence Theory and Chinese Behavior*를 볼 것.

2 William Arking, "Q&A on Chinese Embassy Bombing," *Washington Post*, May 8, 2000.

3 Zong, "Zhu Rongji in 1999 (2)," 74~75.

4 Rebecca MacKinnon, "Protesters Attack U.S. Embassy in Beijing," *CNN*, May 8, 1999.

5 위기에 대한 묘사는 협상의 과정에서 발표된 양측의 공식 성명, 연설, 서한, 기자회견 브리핑에 기반을 둔 것이다. 이 사건에 대한 중국의 공식 성명은 중국 외교부 웹사이트 http://www.fmprc.gov.cn/eng/topics/3755/3756/3778/ default.htm에서 찾아볼 수 있다.

6 Shambaugh, "The United States and China" 241.

7 Ching Cheong, "China Debates Its Foreign Policy," *Straits Times*, May 24, 2001을 볼 것.

8 예컨대 통정은 사스가 미국이 만든 생물학 무기일 수 있다는 관점을 담은 책을 출판했다. 이 책은 즉각 중국의 인터넷 토론 게시판과 채팅방에서 논쟁을 촉발시켰다.

9 이 저널의 소개에 따르면, *Chinese Law and Government*는 "학술 연구, 정치 영역과 정부에서 발생한 정책 문건의 가감 없는 번역을 포함한다. 이 잡지의 방점은 연구에 지속적인 가치가 있는 자료의 번역에 맞춰져 있다." M. E. Sharpe가 1년에 6회 발행하는 이 잡지는 SSCI와 Law journal list에 등재되어 있다.

10 Craig S. Smith, "Tell-All Book Portrays Split in Leadership of China," *New York Times*, January 17, 2002.

11 Zong, "Zhu Rongji in 1999 (2)," 76~81.

12 '하나의 중심'은 경제 건설을 당의 모든 업무의 중심에 놓는다는 것을, '두 개의 기본 지점'은 한편으로는 개혁·개방을, 다른 한편으로는 '4개 원칙'―사회주의 노선, 인민 민주 독재, 중국공산당의 영도, 마르크스-레닌주의, 마오쩌둥 사상―을 가리킨다.

13 "Commentary on Awareness, Power of Chinese People," *People's Daily*, May 19, 1999.

14 Zong, "Zhu Rongji in 1999 (2)," 78.

15 예컨대 Gries, *China's New Nationalism*; Shen, "Nationalism or Nationalist

Foreign Policy?"; Zhao, "An Angle on Nationalism in China Today"를 볼 것.

16 Zhao, "An Angle on Nationalism in China Today."

17 자오딩신에 따르면, 연구는 1999년 여름 베이징에서 수행되었다. 베이징이 연구 대상으로 선택된 것은 해당 도시가 항상 중국의 정치적 행동주의의 중심이었기 때문이다. 학생들이 연구 대상으로 선택된 것은 그들이 중국의 민족주의 정치에서 중요한 역할을 수행해왔기 때문이다.

18 Zhao, "An Angle on Nationalism in China Today."

19 둬웨이 신문은 뉴욕에 기반을 둔 중국어 신문이다. 이 인터뷰는 또한 존 홀든의 개인 블로그 http://blog.sina.com.cn/s/blog_4ee219e301000a82.html에서 찾아볼 수 있다.

20 John Sweeney and Jens Holsoe, "NATO Bombed Chinese Deliberately," *Observer*, October 17, 1999.

21 "Albright Apologizes for Accidental Bombing of China Embassy," U.S. State Department, May 8, 1999, http://usembassy-israel.org.il/publish/press/state/archive/1999/may/sd3511.htm.

22 Clinton, "Bombing of Chinese Embassy in Belgrade," May 10, 1999, 733.

23 Ibid.

24 "Spokesman Zhu Bangzao Gives Full Account of the Collision between US and Chinese Military Planes," Chinese Foreign Ministry, April 4, 2001, http://www.fmprc.gov.cn/eng/topics/3755/3756/3778/t19301.htm; emphasis added.

25 "Diary of the Dispute," *BBC News*, May 24, 2001, http://news.bbc.co.uk/2/hi/asia-pacific/1270365.stm.

26 "Secretary Colin L. Powell Briefing for the Press Aboard Aircraft En Route to Andrews Air Force Base," U.S. State Department press release, Washington, DC, April 3, 2001.

27 "US-China Ties Hinge on Connotation of Single Word," Reuters, April 10, 2001.

28 "Ambassador Joseph W. Prueher's Letter to Foreign Minister Tang Jiaxuan," United States Embassy in Beijing, Beijing, China, April 11, 2001. http://www.usembassy-china.org.cn/press/ release/2001/0113letter-en.html.

29 Avruch and Wang, "Culture, Apology, and International Negotiation"을 볼 것. 중국 외교부가 번역한 이 편지의 번역본은 http://www.fmprc.gov.cn/chn/9704.html에서 찾을 수 있다.

30 "US Spy Plane Crew Leaves Haikou, South China," *People's Daily*, April 12, 2001, http://english.people.com.cn/english/200104/12/eng20010412_67543.html. 이 성명의 중국어 버전은 http://www.people.com.cn/GB/paper39/3163/417194.html에서 찾을 수 있다.

31 Shulsky, *Deterrence Theory and Chinese Behavior*.

32 Bernstein and Munro, *The Coming Conflict with China*.

33 Brookes, "Strategic Realism."

34 Gilpin, *War and Change in World Politics*.

35 Avruch and Wang, "Culture, Apology, and International Negotiation," 345.

36 Melinda Liu and Leslie Pappas, "How Low Would He Bow?" *Newsweek International*, June 28, 1999; William Safire, "Cut the Apologies," *New York Times*, May 17, 1999; Henry Kissinger, "Chinese Behavior Is Excessive and Really Unacceptable," *CNN*, May 11, 1999.

37 Robert Kagan and William Kristol, "National Humiliation," *Weekly Standard*, April 9, 2001.

38 Gries and Peng, "Culture Clash?", 176

39 Yee, "Semantic Ambiguity."

40 Avruch and Wang, "Culture, Apology, and International Negotiation."

41 Gries, *China's New Nationalism*, 156.

42 Huntington, *Clash of Civilizations*, 34.

43 Johnston, *Cultural Realism*.

44 예컨대 Chen and Ma, *Chinese Conflict Management and Resolution*을 볼 것.

45 Tidwell, *Conflict Resolved?*

46 Deng, *Selected Works*. http://www.cpcchina.org/2010-10/26/content13918429.htm에서 이용할 수 있다.

47 Zhu, "How Chinese See America."

48 Zhongkun Han, "China, Not in 1899," *People's Daily*, May 12, 1999.

49 Zong, "Zhu Rongji in 1999 (2)," 79.

50 MacKinnon, "Protesters Attack U.S. Embassy in Beijing."

51 Rebecca MacKinnon and Mike Chinoy, "Chinese Embassy Bombing Exposes Raw Historical Nerve," *CNN*, May 12, 1999.

52 Fox Butterfield, "China's Demand for Apology Is Rooted in Tradition," *New York Times*, April 7, 2001.

53 Shen, "Nationalism or Nationalist Foreign Policy?"

54 Gries, *China's New Nationalism*.

55 "Jiang Gives Castro Gift of Words," *Miami Herald*, April 16, 2001.

56 이 시의 중국어 원문은 신화통신에 실렸다. 이 영문 번역문은 필자가 번역한 것이다.

57 "Chinese People's Awareness and Strength," *People's Daily*, May 19, 1999.

58 Gries, *Face Nationalism*, 102.

59 Gong, *Memory and History*, vii.

60 Gries, *Face Nationalism*, 199.

61 Fox Butterfield, "China's Demand for Apology Is Rooted in Tradition," *New York Times*, April 7, 2001에서 재인용.

62 Wasserstrom, *China's Brave New World*, 93.

63 Muppidi, "Postcoloniality."

64 Goldstein and Keohane, "Ideas and Foreign Policy," 18.

65 "Ethnic Chinese Tell of Mass Rapes," *BBC News*, June 23, 1998, accessed on July 5, 2005, http://news.bbc.co.uk/2/hi/events/indonesia/special_report/118576.stm.

8장 기억, 교과서, 중일관계 회복

1 "Chongqing Bombing Victims Sue," Japan Times, March 31, 2006, http://search.japantimes.co.jp/text/nn20060331a6.html에서 찾아볼 수 있다.

2 西尾幹二, 『新しい歴史教科書』를 볼 것. 일본의 '새로운 역사 교과서를 만드는 모임'이라는 조직은 일본사에 대한 수정된 관점을 보급하기 위해 1997년 일련의

보수주의적 학자들이 만들었다. 이 모임의 초기 버전은 2001년 중국·북한·한국·
일본에서도 광범위한 저항을 불러일으켰다.

3 일본 역사 교과서를 둘러싼 논쟁은 학자들 사이에서 심각한 논의 주제였다.
Barnard, *Language, Ideology and Japanese History Textbooks*; Hein and
Selden, *Censoring History*; and Hamada, "Constructing a National Memory"을
볼 것.

4 Phillip J. Cunningham, "Japan's Revisionist History," *Los Angeles Times*, April
11, 2005.

5 "China's Anti-Japan Rallies Spread," BBC, April 10, 2005, http://news.bbc.co.
uk/ 2/hi/asia-pacific/4429809.stm.

6 "Japan Seeks China Talks on Riots," CNN, April 16, 2005, accessed March 12,
2008, http://www.cnn.com/2005/WORLD/asiapcf/04/16/china.japan.ap/
index.html에서 이용할 수 있다.

7 "S. Koreans Chop Off Fingers in Anti-Japan Protest," Reuters, March 14, 2005.

8 예컨대 "The Glorification of War in Japanese Education"; Lee, "Textbook
Conflicts"; and Rose, *Interpreting History in Sino-Japanese Relations*을 볼 것.

9 Gong, *Memory and History*.

10 Galtung, "Construction of National Identities."

11 Jabri, *Discourses on Violence*.

12 Ienaga, "The Glorification of War in Japanese Education."

13 Yoshida, "Advancing or Obstructing Reconciliation?" 55.

14 Hamada, "Constructing a National Memory."

15 Soh, "Politics of the Victim/Victor Complex."

16 "Japan Urges China to 'Improve' Education on History," *Kyodo News*, March 5,
2005.

17 "Anti-Japan Mood Seen Keeping Japan, China Apart," *Kyodo News*,
September 15, 2004, http://www.thefreelibrary.com/TokyoNow%3A+Anti-
Japan+mood+seen +keeping+Japan,+China+apart.-a0122269102.

18 西尾幹二, 『新しい歴史教科書』, 49. 이 부분과 아래의 영어 번역은 '새로운 역사
교과서를 만드는 모임'이 제공한 것이다(http://www.tsukurukai.com/05_rekisi_

text/rekishi _English/English.pdf). 번역의 질이 나쁜 편은 아니나, 일본어 원문의 축자적 번역을 제공하고 있다.

19 Ibid.

20 Yoshida, "Advancing or Obstructing Reconciliation?" 68~69.

21 Hein and Selden, "The Lessons of War, Global Power, and Social Change," 3~4.

22 Podeh, "History and Memory in the Israeli Educational System," 68.

23 Jabri, *Discourses on Violence*.

24 Burton, *Conflict Resolution*.

25 중국어 판본인『東亞三國的近現代史』는 베이징 사회과학출판사社會科學出版社에서 2005년 출판되었고 번체자 버전은 홍콩 삼련출판사三聯出版社에서 출판되었다. 일본어 판본인『未来を拓く歴史: 東アジア三国の近現代史』은 도쿄 고분켄高文研에서, 한국어 판본은 한겨레출판사[『미래를 여는 역사』]에서 출판되었다.

26 2007년 7월 5일 신화통신의 주청산과 나눈 인터뷰에 기반을 두었다. http://www.js.xinhuanet.com/xin_wen_zhong_xin/2005-07/05/content_4569047.htm.

27 Ibid.

28 Horvat, "Overcoming the Negative Legacy of the Past"을 볼 것.

29 Wasserstrom, "Asia's Textbook Case," 80.

30 *Dongya sanguo de jinxiandaishi*, 2.

31 Ibid., 1~2.

32 Ibid., 1.

33 Ibid., 214~215. 일본 천황을 위해 싸우다 죽은 이들을 영혼을 기리는 야스쿠니 신사는 중국인들에게는 일본 제국주의 침략의 상징으로 여겨진다. 특히 일본 내각과 총리의 신사 참배는 자국 일본을 비롯해 중국·북한·한국을 포함한 이웃 국가들의 항의 시위를 불러일으켰다.

34 Raymond Zhou, "East Asia History Book Sets Facts Right," *China Daily*, June 10, 2005, http://www.chinadaily.com.cn/english/doc/2005-06/10/content_450083.htm에서 찾아볼 수 있다.

35 "*Dongya sanguo de jinxiandaishi* chuban xiudingban," *People's Daily*, May

16, 2006.

36 Zhou, "East Asia History Book Sets Facts Right."

37 이러한 독자들의 리뷰는 http://comm.dangdang.com/reviewlist/9000330에서 찾아볼 수 있다.

38 Yu Hua, "Zhuanzhi zhixia wu xingshi," *Baidu Blog*, accessed December 22, 2008, http://tieba.baidu.com/f?kz=246558051.

39 Zhou, "East Asia History Book Sets Facts Right."

40 Lederach, *Building Peace*, 23–35.

41 Cole and Barsalou, *Unite or Divide?*

42 Gibson, *Overcoming Apartheid*.

43 Borer, *Telling the Truths*.

44 Cole and Barsalou, *Unite or Divide?* 21.

45 Irwin Cotler, "Beyond Annapolis: Rectifying an Historical Injustice," *JPost.com*, December 10, 2007, http://cgis.jpost.com/Blogs/guest/entry/beyond_annapolis_rectifying_an_historical.

46 예컨대 Brito et al., *Politics of Memory*, 1~39; and Christie, *The South African Truth Commission*을 볼 것.

47 Lederach, *Building Peace*, 46.

48 Ma, "Dui ri gaunxi xin siwei."

49 Shi, "Zhongri jiejing ju waijiao geming."

50 Cole and Barsalou, *Unite or Divide?* 13.

51 "China, Japan End First Joint Study Session on History," Associated Press, December 27, 2006, http://www.chinadaily.com.cn/china/2006-12/27/content_769169.htm.

52 Ministry of Foreign Affairs of Japan, "The First Meeting of the Japan-China Joint History Research Committee (Summary)," December 2006, http://www.mofa.go.jp/region/asia-paci/china/meet0612.html.

53 Saunders, "Sustained Dialogue in Managing Intractable Conflict."

54 Burgess et al., *Transformative Approaches to Conflict*를 볼 것.

55 Podeh, "History and Memory," 68.

56 Zakaria, "The Virtue of Learning Vices."

9장 기억, 민족주의, 중국의 굴기

1 Lee Kuan Yew, "Two Images of China," *Forbes*, June 16, 2008.

2 이 시의 전문은 http://www.washingtonpost.com/wp-dyn/content/ article/2008/05/16/ AR2008051603460.html에서 확인할 수 있다.

3 Markovits and Reich, *The German Predicament*, 9.

4 Kellas, *The Politics of Nationalism and Ethnicity*, 196.

5 Thurston, "Community and Isolation," 171.

6 Hamrin and Wang, "The Floating Island," 343.

7 예컨대 Li, "China Talks Back"; Zhang Ming, "The New Thinking of Sino-US Relations."

8 Volkan, "Large Group Identity"를 볼 것.

9 Shaules, *Deep Culture*, 12.

10 Cohen, *Speaking to History*, 240.

11 「溫家寶歡迎宴會上致詞」(Wen Jiabao addresses at the welcoming dinner), *China Daily*, December 9, 2003, accessed July 24, 2005, http:// www.chinadaily.com.cn/ gb/doc/2003-12/09/content_288689.htm.

12 Jayshree Bajoria, "Nationalism in China," *Newsweek*, April 24, 2008.

13 예를 들어 Paul Mooney, "Internet Fans Flames of Chinese Nationalism," *YaleGlobal*, April 4, 2005, http://yaleglobal.yale.edu/content/internet-fans-flames-chinese-nationalism.

14 Ethan Gutmann, "Who Lost China's Internet?" *Weekly Standard*, February 15, 2002.

15 David Barboza, "China Surpasses U.S. in Number of Internet Users," *New York Times*, July 26, 2008.

16 E rich Marquardt, "The Price of Japanese Nationalism," *Asia Times*, April 14, 2005.

17 Gries, "Face Nationalism," 252.

18 Gong, *Memory and History*, 32.

19 Ibid.

20 Cohen, "Remembering and Forgetting," 22.

21 Ibid.

22 Farrer, "Nationalism Pits Shanghai Against Its Global Ambition."

23 Pyle, "Nationalism in East Asia," 33.

24 Gong, *Memory and History*, 42.

25 "Stay Out of Politics, Hu Tells the Media," *Australian*, August 2, 2008.

26 중국공산당 장정의 신화통신 번역은 http://news.xinhuanet.com/english/2007-10/25/content_ 6944738.htm에서 찾아볼 수 있다.

27 Johnston, "Is China a Status Quo Power?"

28 Legro, "What China Will Want."

29 "Full Text of Chinese Premier's Speech at University of Cambridge," Xinhua, February 3, 2009, http://news.xinhuanet.com/english/2009-02/03/content_10753336 _1.htm.

30 Cohen, *Negotiating Across Cultures*.

31 "Full Text of Chinese Premier's Speech at University of Cambridge."

32 Mary Beth Marklein, "Chinese College Students Flocking to U.S. Campuses," *USA Today*, December 8, 2009.

참고문헌

Abdelal, Rawi, Yoshiko M. Herrera, Alastair Iain Johnston, and Terry Martin.
"Treating Identity as a Variable: Measuring the Content, Intensity, and Contestation
of Identity." Paper presented at the annual convention of the American Political
Science Association (APSA), San Francisco, August 30 – September 2, 2001.

Abdelal, Rawi, Yoshiko M. Herrera, Alastair Iain Johnston, and Rose McDermott.
   "Identity as a Variable." *Perspectives on Politics* 4, no. 4 (2006): 695~711.

Anderson, Benedict. *Imagined Communities: Reflections on the Origin and
   Spread of Nationalism*. London: Verso, 1991.

Apple, Michael W., and Linda K. Christian-Smith. *The Politics of the Textbook*.
   New York: Routledge, 1991.

Askew, David. "The Nanjing Incident: Recent Research and Trends." *Electronic
   Journal of Contemporary Japanese Studies* (2002). http://www.
   japanesestudies. org.uk/articles/Askew.html.

Avruch, Kevin. Culture and Conflict Resolution. Washington, DC: U.S. Institute of
   Peace Press, 1998.

Avruch, Kevin, and Zheng Wang. "Culture, Apology, and International Negotiation:
   The Case of the Sino-U.S. 'Spy Plane' Crisis." *International Negotiation* 10
   (2005): 337~353.

Barmé, Geremie R. "Anniversaries in the Light, and in the Dark." *China Heritage
   Quarterly*, March 19, 2009.

Barmé, Geremie R. "History for the Masses." In *Using the Past to Serve the Present:
   Historiography and Politics in Contemporary China*, edited by Jonathan
   Unger, pp. 260~286. Armonk, NY: M. E. Sharpe, 1993.

Barmé, Geremie R. "Mirrors of History on a Sino-Japanese Moment and Some Antecedents." *Japan Focus*, May 11, 2005.

Barmé, Geremie R. "To Screw Foreigners Is Patriotic: China's Avant-Garde Nationalists." *China Journal* 34 (1995): 209~234.

Barmé, Geremie R. "Yuanming Yuan, the Garden of Perfect Brightness." *China Heritage Quarterly*, December 2006.

Barnard, Christopher. *Language, Ideology and Japanese History Textbooks*. London: Routledge Curzon, 2003.

Bar-Tal, Daniel. *Shared Beliefs in a Society: Social Psychological Analysis*. Thousand Oaks, CA: Sage, 2000.

Bell, Duncan S. A. Memory, *Trauma and World Politics: Reflections on the Relationship Between Past and Present*. New York: Palgrave, 2006.

Bernstein, Richard, and Ross H. Munro. *The Coming Conflict with China*. New York: Knopf, 1997.

Borer, Tristan Anne, ed. *Telling the Truths: Truth Telling and Peace Building in Post-Conflict Societies*. Notre Dame, IN: Notre Dame University Press, 2006.

Brito, A. Barahona de, et al. *The Politics of Memory: Transitional Justice in Democratizing Societies*. Oxford: Oxford University Press, 2001.

Brookes, Peter T. R. "Strategic Realism: The Future of U.S.-Sino Security Relations." *Strategic Review* (Summer 1999): 53~56.

Brownell, Susan. *Beijing 'Games: What the Olympics Mean to China*. New York: Rowman & Littlefield, 2008.

Bruland, Peter, and Michael Horowitz. "Research Report on the Use of Identity Concepts in Comparative Politics." Harvard Identity Project, Harvard University, 2003.

Burgess, Heidi, Guy Burgess, Tanya Glaser, and Mariya Yevsyukova. *Transformative Approaches to Conflict*. University of Colorado Conflict Research Consortium, http://www.colorado.edu/conflict/transform/index.html.

Burton, John W. *Conflict Resolution: Its Language and Processes* Lanham, MD:

Scarecrow Press, 1996.

Buruma, Ian. "The Joys and Perils of Victimhood." *New York Review of Books*, April 8, 1999.

Callahan, William A. *China: The Pessoptimist Nation*. Oxford: Oxford University Press, 2010.

Callahan, William A. "History, Identity and Security: Producing and Consuming Nationalism in China." *Critical Asian Studies* 38, no. 2 (2006): 179~208.

Callahan, William A. "National Insecurities: Humiliation, Salvation, and Chinese Nationalism." *Alternatives* 29 (2004): 199~218.

CCCPC (Central Committee of the Communist Party of China). "Aiguo zhuyi jiaoyu shishi gangyao" [Outline on the implementation of patriotic education]. *Renmin Ribao* [People's Daily], September 6, 1994.

CCCPC. "Guanyu chongfeng liyong wenwu jinxing aiguozhuyi he geming chuantong jiaoyu de tongzhi" [Notice about conducting education of patriotism and revolutionary tradition by exploiting extensively cultural relics]. Beijing: Government Printing Office, 1991.

CCCPC. "Guanyu jiaqiang aiguozhuyi jiaoyu jidi gongzuo de yijiang" [Opinions on strengthening and improving the work of patriotic education bases]. *Renmin Ribao*, October 3, 2004.

CCCPC. "Guanyu jingyibu jiaqiang he gaijing weichengnianren sixiang daode jianshe de ruoguan yijiang" [Proposals of the CCCPC and the State Council on further strengthening and improving ideological and moral education of minors]. Beijing: Government Printing Office, 2004.

Chang, Iris. *The Rape of Nanking: The Forgotten Holocaust of World War II*. New York: Basic Books, 1997.

Chen, Guo-ming, and Ringo Ma. *Chinese Conflict Management and Resolution*. Westport, CT: Ablex, 2000.

Chen, Jian. "The China Challenge in the Twenty-First Century." Peaceworks no. 21. Washington, DC: U.S. Institute of Peace, 1998.

Chen, Jie. "The Impact of Reform on the Party and Ideology in China." *Journal of*

Contemporary China 9 (1995): 22~34.

Chiang, Kai-shek. *China' Destiny*. Translated by Wang Chung-hui. New York: Macmillan, 1947. Reprint, New York: Da Capo Press, 1976.

Christensen, Thomas J. "Chinese Realpolitik: Reading Beijing's World-View." *Foreign Affairs* 75, no. 5 (1996).

Christie, Kenneth. *The South African Truth Commission*. New York: St. Martin's Press, 2000.

Clinton, Bill. *Public Papers of the Presidents of the United States, William J. Clinton, Book 2*. Washington, DC: National Archives and Records Administration, 1999.

Coble, Parks M. "China's 'New Remembering' of the Anti-Japanese War of Resistance, 1937 – 1945." *China Quarterly* 190 (2007): 394~410.

Cohen, Paul A. "Remembering and Forgetting: National Humiliation in Twentieth-Century China." *Twentieth-Century China* 27, no. 2 (2002): 1~39.

Cohen, Paul A. *Speaking to History: The Story of King Goujian in Twentieth-Century China*. Berkeley: University of California Press, 2009.

Cohen, Raymond. *Negotiating Across Cultures: Communication Obstacles in International Diplomacy*. Washington, DC: U.S. Institute of Peace Press, 1991.

Cole, Elizabeth, and Judy Barsalou. *Unite or Divide? The Challenges of Teaching History in Societies Emerging from Violent Conflict*. Special Report no. 163. Washington, DC: U.S. Institute of Peace, 2006.

Cummings, Lucy M. "PRC Foreign Policy Responsiveness to Domestic Ethical Sentiment." PhD diss., Johns Hopkins University, 2001.

Deng, Xiaoping. *Selected Works of Deng Xiaoping*. Vol. 3. Translated by *People' Daily*. Beijing: Foreign Language Press, 1994.

Denton, Kirk A. "Heroic Resistance and Victims of Atrocity: Negotiating the Memory of Japanese Imperialism in Chinese Museums." *Japan Focus*, October 17, 2007.

Dikötter, Frank. *The Discourse of Race in Modern China*. Stanford, CA: Stanford University Press, 1992.

Ding, X. L. *The Decline of Communism in China: Legitimacy Crisis, 1977 – 1989*. Cambridge: Cambridge University Press, 1995.

Duara, Presenjit. "De-constructing the Chinese Nation." In *Chinese Nationalism*, edited by Jonathan Unger, pp. 31~55. Armonk, NY: M. E. Sharpe, 1996.

Ebrey, Patricia Buckley. *The Cambridge Illustrated History of China*. Cambridge: Cambridge University Press, 1996.

Economy, Elizabeth C., and Adam Segal. "China's Olympic Nightmare: What the Games Mean for Beijing's Future." *Foreign Affairs* 87, no. 4 (2008): 47~56.

Eller, Jack David. *From Culture to Ethnicity to Conflict: An Anthropological Perspective on International Ethnic Conflict*. Ann Arbor: University of Michigan Press, 1999.

Evans, Richard J. "Redesigning the Past: History in Political Transitions." *Journal of Contemporary History* 38, no. 1 (2003): 5~12.

Fairbank, John King, and Merle Goldman. *China: A New History*. Cambridge, MA: Harvard University Press, 2006.

Fairbank, John K., and Kwang-Ching Liu, ed. *The Cambridge History of China*. Vol. 2, Late Ch'ing, 1800 – 1911, part 2. Cambridge: Cambridge University Press, 1980.

Farrer, James. "Nationalism Pits Shanghai Against Its Global Ambition." *Yale Global*, April 29, 2005.

Fitzgerald, John. *Awakening China: Politics, Culture, and Class in the Nationalist Revolution*. Stanford, CA: Stanford University Press, 1996.

Fitzgerald, John. "The Nationless State." In *Chinese Nationalism*, edited by Jonathan Unger, pp. 56 – 85. Armonk, NY: M. E. Sharpe, 2007.

Fukuyama, Francis. "The New Nationalism and the Strategic Architecture of Northeast Asia." *Asia Policy* 3 (2007): 38~41.

Galtung, Johan. "The Construction of National Identities for Cosmic Drama: Chosenness-Myths-Trauma (CMT) Syndromes and Cultural Pathologies." In *Handcuffed to History*, edited by P. Udayakumar, pp. 61~81. Westport, CT: Praeger, 2001.

Galtung, Johan. *Globe Projections of Deep-Rooted U.S. Pathologies*. Occasional
Paper no. 11. Fairfax, VA: Institute for Conflict Analysis and Resolution, 1996.

Galtung, Johan. *Peace by Peaceful Means*. London: Sage, 1996.

George, Alexander. "The Causal Nexus Between Cognitive Beliefs and Decision-
Making Behavior." In *Psychological Models in International Politics*, edited by
L. Falkowski, pp. 95~124. Boulder, CO: Westview Press, 1979.

Gibson, James L. *Overcoming Apartheid: Can Truth Reconcile a Divided Nation?*
New York: Russell Sage Foundation, 2004.

Gilpin, Robert. *War and Change in World Politics*. Cambridge: Cambridge
University Press, 1981.

Goldstein, Judith, and Robert O. Keohane. "Ideas and Foreign Policy: An Analytical
Framework." In *Ideas and Foreign Policy: Beliefs, Institutions, and Political
Change*, edited by Judith Goldstein and Robert O. Keohane, pp. 3~30. Ithaca,
NY: Cornell University Press, 1993.

Gong, Gerrit W., ed. *Memory and History in East and Southeast Asia*. Washington,
DC: CSIS Press, 2001.

Gries, Peter Hays. *China' New Nationalism: Pride, Politics, and Diplomacy*.
Berkeley: University of California Press, 2004.

Gries, Peter Hays. "Face Nationalism: Power and Passion in Chinese Anti-
Foreignism." PhD diss., University of California, Berkeley, 1999.

Gries, Peter Hays, and Peng Kaiping. "Culture Clash? Apologies East and West."
Journal of Contemporary China 11, no. 30 (2002): 173~178.

Guo, Baogang. "Political Legitimacy and China's Transition." *Journal of Chinese
Political Science* 8, nos. 1 - 2 (2003): 1~25.

Guo, Yingjie. "Patriotic Villains and Patriotic Heroes: Chinese Literary Nationalism
in the 1990s." In *Nationalism and Ethnoregional Identities in China*, edited by
William Safran, pp. 163 - 88. London: Routledge, 1998.

Halbwachs, Maurice. *On Collective Memory*. Edited and translated by Lewis A.
Coser. Chicago: University of Chicago Press, 1992.

Hamada, Tomoko. "Constructing a National Memory: A Comparative Analysis of

Middle-School History Textbooks from Japan and the PRC." *American Asian Review* 21, no. 4 (2003): 109~145.

Hamrin, Carol Lee, and Zheng Wang. "The Floating Island: Change of Paradigm on the Taiwan Question." *Journal of Contemporary China* 13 (2004): 339~349.

Hanes, W. Travis, III and Frank Sanello. *The Opium Wars: The Addiction of One Empire and the Corruption of Another*. Naperville, IL: Sourcebooks, 2002.

Harrison, James P. "Communist Interpretations of the Chinese Peasant Wars." *The China Quarterly* 24 (1965): 92~118.

Harrison, James P. *The Long March to Power: A Political History of the Chinese Communist Party, 1921 - 1972*. London: Praeger, 1972.

Hein, Laura, and Mark Selden. "The Lessons of War, Global Power, and Social Change." In *Censoring History: Citizenship and Memory in Japan, Germany, and the United States*, edited by Laura Hein and Mark Selden, pp. 3~52. Armonk, NY: M. E. Sharpe, 2000.

Higher Education Press. *Zhongguo jixiandaishi: 1840 - 1949* [Higher education "95" national key textbook, Chinese modern and contemporary history, 1840 - 1949]. Beijing: Gaodeng Jiaoyu Chubanshe, 2001.

Horvat, Andrew. "Overcoming the Negative Legacy of the Past: Why Europe Is a Positive Example for East Asia." *Brown Journal of World Affairs II* (Summer - Fall 2004): 137~148.

Houlihan, Barrie, and Mick Green. *Comparative Elite Sport Development: Systems, Structures and Public Policy*. Oxford: Butterworth-Heinemann, 2007.

Hsu, Immanuel C. Y. *China's Entrance into the Family of Nations: The Diplomatic Phase, 1858 - 1880*. Cambridge, MA: Harvard University Press, 1960.

Hsu, Immanuel C. Y. *The Rise of Modern China*. New York: Oxford University Press, 1990.

Hu, Jintao. "Report at the 17th CCP National Congress." Beijing, October 24, 2007.

Hu, Ping. "Dui lishi xu xinhuai qianjing." In *Hu Ping geren wenji* [Selected works of Hu Ping], 2003. http://members.lycos.co.uk/chinatown/author/H/HuPin/HuPin137.txt.

국치를 잊지 말라

Huang, Grace. "Chiang Kai-shek's Politics of Shame and Humiliation, 1928 – 34." Paper presented at the Institut Barcelona D'Estudis Internacional (IBEI), Barcelona, Spain, June 11, 2009.

Huntington, Samuel P. *The Clash of Civilizations and the Remaking of World Order.* New York: Simon & Schuster, 1996.

Hutchinson, John, and Anthony D. Smith, eds. *Ethnicity.* Oxford: Oxford University Press, 1996.

Ienaga, Saburo. "The Glorification of War in Japanese Education." *International Security* 18, no. 3 (1994): 113- 133.

Jabri, Vivienne. *Discourses on Violence: Conflict Analysis Reconsidered.* Manchester, England: Manchester University Press, 1996.

Jedlicki, Jerzy. "Historical Memory as a Source of Conflicts in Eastern Europe." *Communist and Post-Communist Studies* 32 (September 1999): 225~232.

Jiang, Tingfu. *Zhongguo jindaishi* [Modern history of China]. Changsha: Shangwu, 1938. Reprint, Shanghai: Shanghai Guji Chubanshe, 2001.

Jiang, Zemin. "Aiguo zhuyi he woguo zhishi fenzi de shiming" [Patriotism and the mission of the Chinese intellectuals; speech at a report meeting held by Youth in the Capital to commemorate the May 4th Movement]. *Renmin Ribao*, May 4, 1990.

Jiang, Zemin. "Jiang Zemin zongshuji zhixin Li Tieying He Dongchang qiangdiao jinxing zhongguo jinxiangdaishi he guoqing jiaoyu" [General Secretary Jiang Zemin's letter to Li Tieying and He Dongchang stressed to conduct education on Chinese modern and contemporary history]. *Renmin Ribao*, June 1, 1991.

Jiang, Zemin. "Report at the 15th CCP National Congress." Beijing, September 12, 1997.

Jiang, Zemin. "Report at the 16th CCP National Congress." Beijing, November 14, 2002.

Jiang, Zemin. "Speech at the Meeting Celebrating the 80th Anniversary of the Founding of the Communist Party of China." *Renmin Ribao*, July 1, 1991.

Jiang, Zemin. "Speech at the 6th Plenary Session of the 14th CCP National

Congress." *Renmin Ribao*, October 10, 1996.

Johnston, Alistair Iain. *Cultural Realism: Strategic Culture and Grand Strategy in Chinese History*. Princeton, NJ: Princeton University Press, 1995.

Johnston, Alistair Iain. "Is China a Status Quo Power?" *International Security* 27, no. 4 (2003): 5~56.

Kammen, Michael. *The Mystic Chords of Memory*. New York: Vintage Books, 1993.

Kanji, Nishio, et al., eds. *Atarashii rekishi kyōasho* [New history textbook]. Tokyo: Fusosha, 2005.

Kataoka, Tetsuya. *Resistance and Revolution in China: The Communists and the Second United Front*. Berkeley: University of California Press, 1974.

Katzenstein, Peter J. "Alternative Perspectives on National Security." In *The Culture of National Security: Norms and Identity in World Politics*, edited by Peter J. Katzenstein, pp. 1~2. New York: Columbia University Press, 1996.

Kaufman, Stuart J. *Modern Hatreds: The Symbolic Politics of Ethnic War*. Ithaca, NY: Cornell University Press, 2001.

Kellas, James G. *The Politics of Nationalism and Ethnicity*. New York: Macmillan, 1998.

Kennedy, Scott, and Michael O'Hanlon. "Time to Shift Gears on China Policy." *Journal of East Asian Affairs* 10, no. 1 (1996): 45~73.

Khong, Yuen Foong. *Analogies at War: Korea, Munich, Dien Bien Phu, and the Vietnam Decisions of 1965*. Princeton, NJ: Princeton University Press, 1992.

Kim, Samuel S. "The Evolving Asian System: Three Transformations." In *International Relations of Asia*, edited by David Shambaugh and Michael Yahuda, pp. 35~56. Lanham, MD: Rowman & Littlefield, 2008.

Kohn, Hans. "The Nature of Nationalism." *American Political Science Review* 33, no. 6 (1939): 1001~1021.

Lederach, John Paul. *Building Peace: Sustainable Reconciliation in Divided Societies*. Washington, DC: U.S. Institute of Peace Press, 1997.

Lee, Myon-Woo. "Textbook Conflicts and Korea-Japan Relations." *Journal of East*

Asian Affairs 15, no. 2 (Fall - inter 2001): 421~446.

Legro, Jeffrey W. "What China Will Want: The Future Intentions of a Rising Power." *Perspectives on Politics* 5, no. 3 (2007): 515~534.

Levenson, Joseph R. *Confucian China and Its Modern Fate: A Trilogy.* Berkeley: University of California Press, 1968.

Li, Hongshan. "China Talks Back: Anti-Americanism or Nationalism? A Review of Recent 'Anti-American' Books in China." *Journal of Contemporary China* 6, no. 14 (1997): 153~160.

Liang, Qichao, "Wuxu Zhengbian Ji" [An account of the 1898 coup]. In *Yinbingshi Heji* [Collected works of Yinbingshi], Vol. 6, pp. 1~157. Shanghai: Zhonghua Shuju, 1936.

Lind, Jennifer M. "Regime Type and National Remembrance." EAI Fellows Program Working Paper Series no. 22. Seoul: East Asia Institute, 2009.

Liu, Lydia. *The Clash of Empires: The Invention of China in Modern World Making.* Cambridge, MA: Harvard University Press, 2004.

Lovell, Julia. "It's Just History: Patriotic Education in the PRC." *China Beat*, April 22, 2009. http://thechinabeat.blogspot.com/2009/04/its-just-history-patriotic -education-in.html.

Lowenthal, David. *The Past Is a Foreign Country.* Cambridge: Cambridge University Press, 1985.

Lu, Xun. *Nahan* [Call to Arms]. In *Lu Xun 'Vision of Reality*, translated by W. Lyell. Berkeley: University of California Press, 1976.

Ma, Licheng. "Dui ri guanxi xin siwei" [New thinking on Sino-Japanese relations]. *Zhanlue yu Guanli* [Strategy and Management] 6 (2002).

Mao, Zedong. "The Chinese People Have Stood Up!" *Renmin Ribao.* September 22, 1949.

Mao, Zedong. *Selected Works of Mao Tse-tung.* Vol. 2. Beijing: Foreign Languages Press, 1967.

Markovits, Andrei S., and Simon Reich. *The German Predicament.* Ithaca, NY: Cornell University Press, 1997.

McBride, Ian, ed. *History and Memory in Modern Ireland*. Cambridge: Cambridge University Press, 2001.

Mearsheimer, John. *The Tragedy of Great Power Politics*. New York: W. W. Norton, 2001.

Mercer, Jonathan. "Anarchy and Identity." *International Organization* 49, no. 2 (1995): 229~252.

Merkel-Hess, Kate, Kenneth L. Pomeranz, Jeffrey N. Wasserstrom, and Jonathan D. Spence. *China in 2008: A Year of Great Significance*. New York: Rowman & Littlefield, 2009.

Merridale, Catherine. "Redesigning History in Contemporary Russia." *Journal of Contemporary History* 38, no. 1 (2003): 13~28.

Miller, H. Lyman. "The Road to the 16th Party Congress." *China Leadership Monitor*, no. 1 (2002): 1~10.

Ministry of Education [China]. *Lishi jiaoxue dagang* [Teaching guideline for history education]. Beijing: Renmin Jiaoyu Chubanshe, 2002.

Mitter, Rana. *A Bitter Revolution*. Oxford: Oxford University Press, 2004.

Morse, Hosea Ballou. *The International Relations of the Chinese Empire*. Vol. 1. London: Longmans Green, 1910.

Muppidi, Himadeep. "Postcoloniality and the Production of International Insecurity." In *Cultures of Insecurity*, edited by Jutta Weldes, Mark Laffey, Hugh Gusterson, and Raymond Duvall, pp. 119~146. Minneapolis: University of Minnesota Press, 1999.

National Education Council [China]. "Zhongxiaoxue jiaqiang jindai xiandaishi he guoqing jiaoyu de zongti gangyao" [General outline on strengthening education on Chinese modern and contemporary history and national conditions]. Beijing: Government Printing Office, 1991.

Pei, Minxin. "The Paradoxes of American Nationalism." *Foreign Policy* 136 (2003): 30~37.

Pennebaker, J. W. *Collective Memory of Political Events*. Mahwah, NJ: Erlbaum, 1997.

PEP (People's Education Press). *Chuji zhongxue jiaokeshu zhongguo gudaishi* [Middle school textbook Chinese ancient history]. Beijing: Renmin Jiaoyu Chubanshe, 1992.

PEP. *Chuji zhongxue jiaokeshu zhongguo lishi* [Middle school textbook Chinese history]. Beijing: Renmin Jiaoyu Chubanshe, 1992.

PEP. *Gaoji zhongxue jiaokeshu zhongguo jinxiandaishi* [High school textbook Chinese modern and contemporary history]. 2 vols. Beijing: Renmin Jiaoyu Chubanshe, 1992.

PEP. *Putong gaozhong kecheng biaozhun shiyan jiaokeshu lishi* [Normal high school standard textbook history]. Vol. 1. Beijing: Renmin Jiaoyu Chubanshe, 2007.

PEP. *Quanrizhi putong gaoji zhongxue jiaokeshu zhongguo jinxiandaishi* [Full-time standard high school textbook Chinese modern and contemporary history]. 2 vols. Beijing: Renmin Jiaoyu Chubanshe, 2003.

Podeh, Elie. "History and Memory in the Israeli Educational System: The Portrayal of the Arab-Israeli Conflict in History Textbooks, 1948 – 2000." *History and Memory* 12 (2000): 65~100.

Putnam, L., and M. Holmer. "Framing, Reframing, and Issue Development." In *Communication and Negotiation*, edited by L. Putnam and M. E. Roloff, pp. 128~155. Newbury Park, CA: Sage, 1992.

Pye, Lucian W. *International Relations in Asia: Culture, Nation and State*. Washington, DC: Sigur Center for Asian Studies, 1998.

Pyle, Kenneth B. "Nationalism in East Asia." *Asia Policy* 3 (2007): 29~37.

Pyle, Kenneth B. "Reading the New Era in Asia: The Use of History and Culture in the Making of Foreign Policy." *Asia Policy* 3 (2007): 1~11.

Record, J., and W. Andrew Terrill. *Iraq and Vietnam: Differences, Similarities and Insights*. Carlisle, PA: Strategic Studies Institute, 2004.

Renwick, Neil, and Cao Qing. "Chinese Political Discourse Towards the 21st Century: Victimhood, Identity and Political Power." *East Asia* 17, no. 4 (1999): 111~143.

Rose, Caroline. *Interpreting History in Sino-Japanese Relations: A Case Study in Political Decision-Making*. London: Routledge, 1998.

Roudometof, Victor. *Collective Memory, National Identity, and Ethnic Conflict: Greece, Bulgaria and the Macedonian Question*. Westport, CT: Praeger, 2002.

Saunders, Harold H. "Sustained Dialogue in Managing Intractable Conflict." *Negotiation Journal* 19, no. 1 (2003): 85~95.

Schoppa, Keith. *Revolution and Its Past: Identities and Change in Modern Chinese History*. 2nd ed. Upper Saddle River, NJ: Pearson Prentice Hall, 2006.

Shambaugh, David. "The United States and China: A New Cold War?" *Current History* 94, no. 593 (1995): 241~247.

Shaules, Joseph. *Deep Culture: The Hidden Challenges of Global Living*. Clevedon, England: Multilingual Matters, 2007.

Shen, Simon. "Nationalism or Nationalist Foreign Policy? Contemporary Chinese Nationalism and Its Role in Shaping Chinese Foreign Policy in Response to the Belgrade Embassy Bombing." *Politics* 24, no. 2 (2004): 122~130.

Shi, Yinhong. "Zhongri jiejing yu waijiao geming" [Japan-China rapprochement and diplomatic revolution]. *Zhanlue yu Guanli* [Strategy and Management], 2003.

Shirk, Susan L. *China: Fragile Superpower*. New York: Oxford University Press, 2007.

Shulsky, Abram N. *Deterrence Theory and Chinese Behavior*. Arlington, VA: Rand, 2000.

Smith, Anthony D. *The Ethnic Origins of Nations*. Oxford, England: Blackwell, 1986.

Smith, Anthony D. *Myths and Memories of the Nation*. Oxford: Oxford University Press, 1999.

Soh, Chunghee Sarah. "Politics of the Victim/Victor Complex: Interpreting South Korea's National Furor over Japanese History Textbooks." *American Asian Review* 21, no. 4 (2003): 145~179.

Song, Qiang, Zhang Zangzang, and Qiao Bian. *Zhongguo keyi shuo bu: Lengzhan*

hou shidai de zhengzhi yu qinggan jueze [China can say no: Political and
  emotional choices in the post−old War era]. Beijing: Zhonghua Gongshang
  Lianhe Chubanshe, 1996.

Spence, Jonathan D. *The Search for Modern China*. New York: W. W. Norton,
  1990.

Sullivan, Roger W. "Discarding the China Card." *Foreign Policy* 86 (1992): 3~23.

Tajfel, Henri. Human Groups and Social Categories: Studies in Social Psychology.
  Cambridge: Cambridge University Press, 1981.

Tajfel, H., and J. C. Turner. "The Social Identity Theory of Intergroup Behavior." In
  Psychology of Intergroup Relations, edited by S. Worchel and L. W. Austin, pp.
  7~24. Chicago: Nelson−Hall, 1986.

Tamura, Eileen H, et al. *China: Understanding Its Past*. Honolulu: University of
  Hawaii Press, 1997.

Teng, Suyu, and John Fairbank. *China 'Response to the West*. Cambridge, MA:
  Harvard University Press, 1954. Reprinted in Mark A. Kishlansky, ed., *Sources
  of World History*, vol. 2. New York: HarperCollins College, 1995.

T. H. R. "The Uses of the Past." *Hedgehog Review* 9, no. 2 (2007): 1~6.

Thurston, Anne F. "Community and Isolation: Memory and Forgetting." In *Memory
  and History in East and Southeast Asia*, edited by G. Gong, pp. 149~172.
  Washington, DC: CSIS Press, 2001.

Tidwell, A. C. *Conflict Resolved? A Critical Assessment of Conflict Resolution*. New
  York: Pinter, 1998.

Tong, Zeng. *Zuihou yidao fangxian* [The last frontier]. Beijing: China Social
  Science Press, 2003.

Townsend, James. "Chinese Nationalism." In *Chinese Nationalism*, edited by
  Jonathan Unger, pp. 1~30. Armonk, NY: M. E. Sharpe, 1996.

Unger, Jonathan, ed. *Using the Past to Serve the Present: Historiography and
  Politics in Contemporary China*. Armonk, NY: M. E. Sharpe, 1993.

Volkan, Vamik D. *Bloodlines: From Ethnic Pride to Ethnic Terrorism*. New York:
  Farrar, Straus & Giroux, 1997.

Volkan, Vamik D. "Large Group Identity and Chosen Trauma." *Psychoanalysis Downunder* 6 (2005): 1~32.

Volkan, Vamik D. *The Need to Have Enemies and Allies: From Clinical Practice to International Relationships*. Northvale, NJ: Jason Aronson, 1988.

von Falkenhausen, Lothar. "The Waning of the Bronze Age: Material Culture and Social Developments, 770 – 481 b.c." In *The Cambridge History of Ancient China: From the Origins of Civilization to 221 B.C.*, edited by Michael Loewe and Edward L. Shaughnessy, pp. 450~544. Cambridge: Cambridge University Press, 1999.

Wade, Geoff. "The Zheng He Voyages: A Reassessment." ARI Working Paper no. 31. Singapore: Asia Research Institute (October 2004): 1~27.

Wang, Dong. *China' Unequal Treaties: Narrating National History*. Lanham, MD: Lexington Books, 2005.

Wang, Jianwei. *Limited Adversaries: Post –old War Sino–American Mutual Images*. New York: Oxford University Press, 1999.

Wasserstrom, Jeffrey N. "Asia's Textbook Case." *Foreign Policy* 152 (2006): 80~82.

Wasserstrom, Jeffrey N. *China' Brave New World, and Other Tales of Global Times*. Bloomington: Indiana University Press, 2007.

Weber, Max. *Essays in Sociology*. Edited by H. H. Gerth and C. Wright Mills. New York: Oxford University Press, 1946.

White, Tyrene. "Postrevolutionary Mobilization in China: The One–Child Policy Reconsidered." *World Politics* 43, no. 1 (1990): 53~76.

Wireman, Billy. "The People's Republic of China Turns 50." *Vital Speeches of the Day*, July 15, 2000.

Xu, Guoqi. *China and the Great War: China' Pursuit of a New National Identity and Internationalization*. Cambridge: Cambridge University Press, 2005.

Xu, Guoqi. "Internationalism, Nationalism, National Identity: China from 1895 to 1919." In *Chinese Nationalism in Perspective*, edited by George Wei and Xiaoyun Liu, pp. 101~120. Santa Barbara, CA: Greenwood Press, 2001.

Xu, Guoqi. *Olympic Dreams: China and Sports, 1895 – 2008*. Cambridge, MA:

Harvard University Press, 2008.

Xu, Jilin. "Historical Memories of May Fourth: Patriotism, but of What Kind?" Translated by Duncan M. Campbell. *China Heritage Quarterly*, no. 17 (2009).

Yan, Xuetong. "The Rise of China in Chinese Eyes." Journal of Contemporary China 10, no. 26 (2001): 33~39.

Yan, Xuetong. *Zhongguo guojia liyi fenxi* [Analysis of China's national interests]. Tianjin: Tianjin People's Press, 1997.

Yang, Guobin. "A Civil Society Emerges from the Earthquake Rubble." *Yale Global*, June 5, 2008.

Yang, Jui-Sung. "Imaging National Humiliation: 'Sick Man of East Asia' in the Modem Chinese Intellectual and Cultural History." *Journal of History* (Zheng zhi da xue li shi xue bao) 23 (2005): 1~44.

Yee, Albert. "Semantic Ambiguity and Joint Deflections in the Hainan Negotiations." *China: An International Journal* 2 (2004): 53~82.

Yick, Joseph. *Making of Urban Revolution in China: The CCP-GMD Struggle for Beiping-Tianjin, 1945 - 1949*. New York: M. E. Sharpe, 1995.

Yoshida, Takashi. "Advancing or Obstructing Reconciliation? Changes in History Education and Disputes over History Textbooks in Japan." In *Teaching the Violent Past*, edited by Elizabeth Cole, pp. 51~80. New York: Rowman & Littlefield, 2007.

Yuan, Weishi. "Xiandaihua yu lishi jiaokeshu" [Modernization and history textbooks]. *Bingdian*, January 11, 2006.

Zajda, Joseph, and Rea Zajda. "The Politics of Rewriting History: New History Textbooks and Curriculum Materials in Russia." *International Review of Education* 49, no. 3/4 (2003): 363~384.

Zerubavel, Yael. *Recovered Roots: Collective Memory and the Making of Israeli National Tradition*. Chicago: University of Chicago Press, 1995.

Zhang, Ming. "The New Thinking of Sino-U.S. Relations: An Interview Note." *Journal of Contemporary China* 6, no. 14 (1997): 117~123.

Zhao, Dingxin. "An Angle on Nationalism in China Today: Attitudes among Beijing

Students after Belgrade 1999." *China Quarterly* 172 (2002): 49~69.

Zhao, Suisheng. *A Nation-State by Construction: Dynamics of Modern Chinese Nationalism*. Stanford, CA: Stanford University Press, 2004.

Zhao, Suisheng. "A State-Led Nationalism: The Patriotic Education Campaign in Post-Tiananmen China." *Communist and Post-Communist Studies* 31, no. 3 (1998): 287~302.

Zhu, Wenli. "How Chinese See America." Paper presented at "China - ,S. Substantial China Dialogue," Beijing, October 31 - ovember 2, 2000.

Zong, Hairen. "Zhu Rongji in 1999 (1)." *Chinese Law & Government* 35, no. 1 (2002): 1~73.

Zong, Hairen. "Zhu Rongji in 1999 (2)." *Chinese Law & Government* 35, no. 2 (2002): 1~91.

ㄱ

국치를 잊지 말라

국치를 잊지 말라

역사적 기억으로 본 중국의 정치와 외교

2024년 8월 30일 초판 1쇄 발행

지은이 | 왕정
옮긴이 | 피경훈
펴낸곳 | 여문책
펴낸이 | 소은주
등록 | 제406-251002014000042호
주소 | (10911) 경기도 파주시 운정역길 116-3, 101동 401호
전화 | (070) 8808-0750
팩스 | (031) 946-0750
전자우편 | yeomoonchaek@gmail.com
페이스북 | www.facebook.com/yeomoonchaek

ISBN 979-11-87700-07-4 (93340)

여문책은 잘 익은 가을벼처럼 속이 알찬 책을 만듭니다.